Ute Schulz

Journalistinnen im Schulterschluss?

Studien zur Kommunikationswissenschaft
Band 45

Ute Schulz

Journalistinnen im Schulterschluss?

Motivationen der Entscheidungen
für oder gegen
kollektives Frauenhandeln

Westdeutscher Verlag

Die Deutsche Bibliothek – CIP-Einheitsaufnahme
Ein Titeldatensatz für diese Publikation ist bei
Der Deutschen Bibliothek erhältlich

1. Auflage Oktober 2000

Der Westdeutsche Verlag ist ein Unternehmen der
Fachverlagsverlagsgruppe BertelsmannSpringer.

www.westdeutschervlg.de

Höchste inhaltliche und technische Qualität unserer Produkte ist unser Ziel. Bei der Produktion und Verbreitung unserer Bücher wollen wir die Umwelt schonen. Dieses Buch ist auf säurefreiem und chlorfrei gebleichtem Papier gedruckt. Die Einschweißfolie besteht aus Polyäthylen und damit aus organischen Grundstoffen, die weder bei der Herstellung noch bei der Verbrennung Schadstoffe freisetzen.

Umschlaggestaltung: Christine Huth, Wiesbaden
Druck und buchbinderische Verarbeitung: Rosch-Buch, Scheßlitz
Printed in Germany

ISBN 3-531-13560-0

Dank

Die vorliegende Arbeit ist die leicht überarbeitete Fassung meiner Dissertation, die ich im Herbst 1999 am Fachbereich Politik- und Sozialwissenschaften der Freien Universität Berlin einreichte. Das Promotionsprojekt wurde von der Berlin-Forschung an der Freien Universität gefördert. Materielle Unterstützung erhielt ich darüber hinaus vom Graduiertenkolleg „Geschlechterverhältnis und sozialer Wandel - Handlungsspielräume und Definitionsmacht von Frauen" an der Universität Dortmund, finanziert durch die Deutsche Forschungsgemeinschaft (DFG). Ich bedanke mich bei beiden Institutionen.

Ganz besonders dankbar bin ich meiner Erstgutachterin Prof. Dr. Eva Kreisky. Trotz ihrer starken Beanspruchung an der Universität Wien begleitete sie den Fortschritt meiner Arbeit in Berlin. Eva Kreisky ließ mir ein großes Maß an Freiheit, sie gab mir gleichzeitig stets das Gefühl, voll hinter mir und meiner Arbeit zu stehen. Prof. Dr. Barbara Baerns (Freie Universität Berlin) bin ich sehr dafür verbunden, daß sie mit großem Interesse die Zweitbegutachtung der Dissertation übernahm.

Ich danke herzlich Werner Klosa, der das Projekt von Anfang bis Ende mit Kritik und Zuspruch unterstützte und sich für die sprachliche Qualität des Textes engagierte.

Nicht zuletzt gilt mein Dank den interviewten Redakteurinnen, ohne deren Bereitschaft zu einem längeren Gespräch und ohne deren Offenheit diese Untersuchung nicht möglich gewesen wäre.

Berlin, im August 2000   Ute Schulz

Inhalt

Einleitung

Kollektives Handeln, verstanden als gemeinschaftliches Agieren von ähnlich Interessierten, gilt als besonders erfolgversprechendes Mittel zur Durchsetzung eines gemeinsamen Anliegens (Sofski 1991:187). Versuche der Einflußnahme auf äußere Bedingungen mittels Zusammenschlüssen bieten sich vor allem dann an, wenn eine größere Anzahl von Menschen vom Verhalten anderer oder von bestehenden Regeln und Entscheidungen betroffen ist. Das Wirken im Verbund mit Gleichgesinnten ermöglicht einerseits Reflexion gemeinsamer Probleme, Formulierung von Interessen und Öffentlichmachung von Forderungen; ein gemeinsames Vorgehen, z.B. in Verbänden, Gruppen oder informellen Kreisen, verbessert andererseits Chancen, eigene Vorstellungen und Forderungen verwirklichen zu können (Segerman-Peck 1994).

Einen Hinweis für die Wirksamkeit bzw. das Erfolgspotential kollektiven Handelns gibt auf geschlechtsspezifischer Ebene die Bilanz des feministischen Engagements im Kontext der zweiten Frauenbewegung seit den 60er Jahren. Die äußeren Rahmenbedingungen für Frauen im Erwerbsbereich weisen deutliche Erfolge auf: Gleichstellungsgesetze und -einrichtungen (Bundesministerium für Familie, Senioren, Frauen und Jugend (BMfFSFJ) 1998:7ff) oder die Verabschiedung von Frauenförderplänen in größeren Unternehmen (ebd.:83) deuten auf zunehmende Macht von Frauen hin. Darüber hinaus zeugen sie von einer Sensibilisierung der Öffentlichkeit und von Entscheidungsträgern in bezug auf ungleich verteilte Chancen zwischen den Geschlechtern in Beruf und Gesellschaft. Auch statistische Daten spiegeln gesellschaftliche Veränderung wider: Die Zahl weiblicher Führungskräfte nimmt stetig zu; allmählich finden immer mehr Frauen Zugang zu typischen Männerberufen mit hohem Sozialprestige und besseren Gehaltstarifen (ebd.:60ff; 55ff).

Dasselbe gilt für den Journalismus: Der Anteil weiblicher Berufsangehöriger ist in den letzten zwei Jahrzehnten deutlich gestiegen, immer mehr Frauen scheint der Aufstieg in betriebliche Hierarchien zu gelingen (Amend/Schulz 1993:23f, Schneider et al. 1993b:360, Weischenberg et al. 1993:27).

Doch von Gleichberechtigung kann keine Rede sein, weder im Erwerbsbereich allgemein, noch im Journalismus. Nach wie vor ist der Arbeitsmarkt horizontal und vertikal segmentiert: Noch immer werden Frauen bei vergleichbaren Aufgaben schlechter bezahlt als ihre männlichen Kollegen (BMfFSFJ 1998:66ff), noch immer sind sie in bestimmten Berufszweigen eine Minderheit, noch immer nehmen nur wenige leitende Positionen ein (ebd.:55ff; 60ff). Auch Journalistinnen sind in ihrem Berufsfeld weiterhin unterrepräsentiert; in Führungsfunktionen und prestigeträchtigen Ressorts der Massenmedien ist das weibliche Geschlecht nur marginal vertreten (Amend/Schulz 1993:23f; Schneider et al. 1993b:360; Weischenberg et al. 1993:27).

Es stellt sich die Frage, ob die Entwicklung in Richtung Gleichberechtigung stagniert. Der Backlash scheint absehbar, schaut man/frau auf die US-amerikanische Situation (Fröhlich/ Holtz-Bacha 1995a; Fröhlich 1992b). Dort hat sich der Journalistinnenanteil seit Anfang der 80er Jahre bei ca. 30 Prozent eingependelt (Weaver/Wilhoit 1996:177), während beispielsweise der Berufsstand Public Relations (PR) an Ansehen zu verlieren scheint, seit die 50-Prozent-Marke überschritten wurde (Fröhlich 1992b:72). Es handelt sich bei den Vereinigten Staaten immerhin um die Gesellschaft, die eine unangefochtene feministische Vorreiterrolle einnimmt.

Die geschilderte Situation bildet den Hintergrund, vor dem das Forschungsinteresse der vorliegenden Untersuchung entwickelt wurde. Handlungsbedarf von Journalistinnen, also die Notwendigkeit, sich für die Verbesserung ihrer beruflichen Situation einzusetzen, ist demnach für die Zukunft anzunehmen. Die These vom Erlahmen politischen Engagements im Verlauf des gesellschaftlichen Strukturwandels innerhalb der Moderne, gekennzeichnet durch Mitgliederschwund in Parteien, Verbänden und Gewerkschaften, wird hinsichtlich des Engagements von Frauen in jüngerer Zeit widerlegt. Z.B. waren im Deutschen Frauenrat, der 52 Mitgliedsorganisationen umfaßt, 1997 etwa elf Millionen Frauen organisiert (BMfFSFJ 1998:146; vgl. auch Büchner 1993:25; zu einzelnen Verbänden vgl. Deutscher Frauenrat 1991). Auch die stetig wachsende Zahl von beruflichen Frauennetzwerken deutet auf zunehmende Bereitschaft zu gemeinsamem Agieren für die Verbesserung der beruflichen Situation hin (vgl. auch Dick 1994).

Im Journalismus hingegen scheint das Interesse an kollektivem Handeln nur gering verbreitet zu sein. Im Rahmen politischer Aufbruchstimmung im Zuge der zweiten Frauenbewegung, die eine breite Öffentlichkeit für die gesellschaftliche Benachteiligung des weiblichen Geschlechts sensibilisierte, erkannten zwar auch Journalistinnen Möglichkeiten oder die Notwendigkeit gemeinschaftlichen Vorgehens: Ende der 70er Jahre wurden mehrere Zusammenschlüsse von Medienfrauen gegründet (Blumschein 1981). Doch schon in der „Boom-Phase" von Medienfrauengruppen wurde verschiedentlich mangelnde Bereitschaft für kollektives Engagement beklagt (Baur 1978). In einer umfassenden empirischen Erhebung aus jener Zeit äußerten Journalistinnen vorwiegend Skepsis und Abneigung gegenüber Frauengruppen in den Massenmedien (Neverla/Kanzleiter 1984:191ff).

Eine eigene Studie zeigt jedoch (bezogen auf West-Berlin), daß sich ein Wandel der Einstellungen vollzogen zu haben scheint: Während noch 1980 Journalistinnengruppen als weibliche Interessenvertretungen in den Massenmedien kein positives Ansehen genossen, hielt 1990 eine überwiegende Mehrheit interviewter Journalistinnen berufliche Zusammenschlüsse von Frauen zur Durchsetzung ihrer Interessen für sinnvoll (Amend/Schulz 1993:29). Zwischen einer positiven Einstellung gegenüber kollektivem Handeln und dessen tatsächlicher Realisierung klafft jedoch eine große Lücke: Nur ein höchst bescheidener Anteil der befragten Journalistinnen - neun Prozent - gehörte 1990 einer geschlechtsspezifischen Berufsgruppe oder -organisation an (ebd.).

Dieses widersprüchlich scheinende Ergebnis ist Ausgangspunkt der vorliegenden Arbeit. Ziel ist es, die Haltung von Journalistinnen gegenüber kollektivem Handeln zu untersuchen und Ursachen der Diskrepanz zwischen positiver Bewertung und aktivem Vollzug der Durchsetzung von Interessen durch Zusammenschlüsse zu ermitteln. Dabei stößt die Analyse in eine Forschungslücke. Zwar wurden in einzelnen Untersuchungen Handlungsorientierungen erhoben, doch Begründungen dafür, was Journalistinnen bewegt, sich mit Kolleginnen zusammenzuschließen bzw. was ihr eigenes Engagement verhindert, können sie nicht hinreichend erklären.

Die Diskrepanz zwischen Einstellungen und ihrer Umsetzung in veritables Handeln (bzw. der Verzicht darauf) stellt die Frage nach Motivationen für Entscheidungen, sich mit Kolleginnen zusammenzuschließen. Damit verbunden ist die besondere Berücksichtigung der subjektiven Sicht auf Bedingungen, die Handlungsbereitschaft bzw. -entscheidungen fördern oder hemmen. Aus diesem Grunde steht im Mittelpunkt der vorliegenden Arbeit die qualitative Befragung von Journalistinnen zu ihren Motivationen kollektiven Handelns.

Als Basis der Untersuchung wird im 2. Kapitel die Geschlechtersituation im Journalismus dargestellt. Grundlage dafür sind Ergebnisse deutscher Kommunikator- bzw. Kommunikatorinnenforschung, ergänzt durch internationale Untersuchungsdaten.

Den Studien liegen unterschiedliche theoretische Perspektiven auf das Geschlechterverhältnis zugrunde, die Forschungsansätze und -leistungen beeinflussen. Vor dem Hintergrund der in jüngerer Zeit höchst kontrovers geführten Debatte über Geschlechtergleichheit, Geschlechterdifferenz und Konstruktion von Zweigeschlechtlichkeit erscheint es deshalb um so notwendiger, zuvor den Ausgangspunkt der vorliegenden Arbeit im Bereich der feministischen Theorie zu erläutern (1. Kap.).

Da kollektives Handeln von Journalistinnen in engerem Bezug zu aus dem Geschlechterverhältnis resultierenden Bedingungen für Frauen in den Massenmedien steht, wird in Kapitel 2 ein Bild der beruflichen Situation von Journalistinnen gezeichnet. Dazu wird zunächst die Datenlage dargestellt, aus der Erkenntnisse über Umfang und Struktur der Frauenbeschäftigung im Journalismus hervorgehen. Empirische Forschungsergebnisse weisen auf zentrale Konfliktfelder hin, die die Zufriedenheit[1] von Journalistinnen in ihrer beruflichen Situation, in ihrem Alltag und hinsichtlich ihrer professionellen Zukunft beeinträchtigen können. Das sind einerseits Diskriminierungen mit ihren unterschiedlichen Dimensionen und von vermeintlich männlichen Sichtweisen abweichende inhaltliche oder arbeitsmethodische Vorstellungen und berufliche Maximen. D.h., geschlechtsspezifische Benachteiligungen oder ein „weibliches" journalistisches Selbstverständnis könnten Ausgangspunkt kollektiven Handelns sein.

Für den Stand der Forschung zu kollektivem Handeln von Journalistinnen (2.3.3) stehen lediglich erste Erkenntnisse älterer Studien zur Verfügung. Ihrer Analyse ist die Erörterung der potentiellen Bedeutung professionsbezogener Frauenzusammenschlüsse für einzelne Beteiligte und ihr Stellenwert zur Aufhebung ungleicher Geschlechterbeziehungen vorangestellt (Kap.2.3.1 und 2.3.2). Aussagen von Journalistinnen zu gemeinschaftlichem Agieren verdeutlichen die Notwendigkeit, den theoretischen und empirischen Zugang zum Problem mit der Perspektive auf Handlungs*motivation* zu wählen.

Da Entscheidungen zu kollektivem Handeln auch im Zusammenhang stehen können mit bestimmten Merkmalen von Zusammenschlüssen, werden als Untersuchungsgrundlage verschiedene Formen von Handlungskollektiven voneinander unterschieden (Kap.2.4).

Im Theorieteil wird zunächst der Handlungsbegriff definiert (Kap. 3.1.1). Da *Motivationen* kollektiven Handelns im Mittelpunkt des Untersuchungsinteresses stehen, richtet sich der Forschungsblick auf den individuellen Handlungsentscheidungen vorausgehenden Prozeß. Die Fragestellung ermöglicht die Bezugnahme auf eine psychologische Theorie, die von Heinz Heckhausen (1989, erstmals 1980) entwickelt wurde (Kap. 3.1.2). Sein Modell hat den Vorzug, daß es innere und äußere bzw. individuelle und strukturelle Einflußfaktoren für Handlungsmotivationen berücksichtigt und somit die für Handlungsentscheidungen wirksamen Motivationsparameter abzubilden vermag. Es bietet darüber hinaus eine methodisch-systematische Grundlage, auf der die anschließende Untersuchung durchgeführt wird.

In ihrem Mittelpunkt stehen Redakteurinnen. Denn sie stellen eine relativ homogene Gruppe dar, und es kann angenommen werden, daß sie auf vergleichbare Bedingungen für kollektives Handeln treffen. Redakteurinnen befinden sich in der betrieblichen Hierarchie auf einer ähnlichen Stufe. Ihr berufliches Umfeld ist in erster Linie der Medienbetrieb, in dem sie festangestellt sind. Er ist der

---

[1]   Der Begriff der ‚Berufszufriedenheit' wird an dieser Stelle vermieden, weil anzunehmen ist, daß er von Interviewten nicht immer eindeutig ausgelegt wird. So treffen Diskriminierungserfahrungen und Berufszufriedenheit von Befragten in empirischen Untersuchungen durchaus zusammen (vgl. Amend/Schulz 1993:26ff). Es gibt aber Hinweise darauf, daß Freude *mit* und *am* Beruf von der *im* Beruf zu unterscheiden ist und letzteres aus dem Verständnis von Berufszufriedenheit ausgeklammert wird (ebd., vgl. auch Kap. 2.2.5).

Ort, an dem sich berufliche Diskriminierungen im wesentlichen ereignen und von dem kollektives Handeln seinen Ausgang nehmen könnte. Deshalb bezieht die Darstellung der beruflichen Rahmenbedingungen die Situation von Journalistinnen in Organisationen allgemein mit ein. Als eines der wichtigsten Modelle von Medienorganisationen gilt Manfred Rühls (1979, erstmals 1969) empiriebezogene Theorie der Redaktion als organisiertem sozialen System, das zunächst kritisch betrachtet wird. Eine Medienorganisationstheorie, die das Geschlechterverhältnis und die besonderen Bedingungen von Journalistinnen zu erklären versucht, steht jedoch noch aus.

Auch Ansätze für eine feministische Organisationstheorie, die anschließend diskutiert werden, können diese Leerstellen nicht füllen, sie werfen vielmehr weitere Fragen auf. Dennoch wird deutlich, daß Betriebe, wie Medienorganisationen, Reproduktionsrahmen von Geschlechterhierarchie darstellen (Acker 1991:162). Vorschläge, die in organisationstheoretischen Arbeiten für Maßnahmen gegen geschlechtshierarchische Bedingungen entwickelt wurden, stehen in engem Zusammenhang mit Erklärungen für deren Entstehung und Aufrechterhaltung. Nach Rosabeth Moss Kanters Diagnose, wonach Benachteiligungen von Frauen vor allem in ihrer Minderheitensituation in höheren Hierarchieebenen von Organisationen begründet ist, folgt daraus die Forderung nach Selbstorganisation von Frauen zur Unterstützung, Orientierung und Rekrutierung von Geschlechtsgenossinnen (Kanter 1977a:282f).

Die Analyse von Motivationen kollektiven Handelns von Journalistinnen erfordert einen methodischen Zugang, der für viele Aspekte und Nuancen aus der Sicht von Betroffenen offen ist (Kap. 4). Als besonders geeignet erscheinen qualitative Interviews, die Einblick in Erfahrungen, Wahrnehmungen und Einstellungen von Redakteurinnen geben. Die empirische Untersuchung (Kap. 5), die den Schwerpunkt der vorliegenden Arbeit bildet, verdeutlicht die Vielfalt der Faktoren, die Motivationen kollektiven Handelns positiv (Kap. 5.1) oder negativ (Kap. 5.2) beeinflussen.

1 Das Geschlechterverhältnis aus dem Blickwinkel unterschiedlicher Wissenschaftspositionen

Feministische Frauenforschung, die sich in Deutschland im Zuge der zweiten Frauenbewegung in den 70er Jahren etablierte, richtete sich gegen den Androzentrismus vermeintlich geschlechtsneutraler Wissenschaften. Ein zentrales Anliegen galt dem Nachweis, daß Beziehungen zwischen den Geschlechtern und die Situation von Frauen Ausdruck und Folge eines Herrschaftsverhältnisses sind. Untersuchungen von Entstehungszusammenhängen und Entwicklungslinien hierarchisch strukturierter Beziehungen zwischen Männern und Frauen vollzogen sich in den folgenden Jahrzehnten unter unterschiedlichen Perspektiven auf das Geschlechterverhältnis.[2]

Die theoretische Verankerung wissenschaftlicher Arbeiten z.B. im ‚Gleichheitsansatz', im ‚Differenzansatz' oder in der ‚Geschlechterforschung' beeinflußt ihre Fragestellungen und Forschungskonzeptionen.

> „Die jeweilige Positionierung hat (...) Einfluß auf den *Fokus*, den spezifischen *Forschungsansatz*, die Wahl des *Forschungsgegenstands* und die *Schwerpunkte* der Medienforschung." (Klaus 1998:67, Herv. i.O.)

Forschungsleistungen sollten folglich vor dem Hintergrund theoretischer Prämissen gewürdigt werden, die ihnen zugrunde liegen. Entwicklungslinien in der wissenschaftlichen Auseinandersetzung mit dem Geschlechterverhältnis, die im Zusammenhang steht mit weiblicher Erwerbs- und Berufstätigkeit, werden daher in wesentlichen Zügen im vorliegenden Kapitel nachgezeichnet. Es dient damit einerseits einem besseren Verständnis bisheriger Ergebnisse und Entwicklungen der Kommunikatorinnenforschung und andererseits der theoretischen Verortung der vorliegenden Arbeit.

Vor dem Hintergrund politischer Forderungen nach gleichberechtigter Teilhabe von Frauen an gesellschaftlichen Entscheidungsprozessen und damit ver-

---

[2] Unterschiedliche Standortbestimmungen finden unter anderem auch Ausdruck in unterschiedlichen Bezeichnungen der Arbeitsbereiche von Sozialwissenschaften, die das Geschlechterverhältnis untersuchen: z.B. Frauenforschung, feministische Wissenschaft, Geschlechterforschung oder women studies, gender studies (vgl. z.B. Angerer/Dorer 1994). Die Änderung von Frauenforschung in Geschlechterforschung wird in der Regel, aber nicht einhellig als Perspektivenwechsel betrachtet; Ute Gerhard sieht darin z.B. „nicht so sehr eine Verschiebung der Schwerpunktsetzung als den Versuch, Mißverständnisse oder eine *politische* Standortbestimmung zu vermeiden (...)." (Gerhard 1995:200; Herv. U.S.).

bunden auch nach Gleichstellung im Beruf richtete sich feministische Wissenschaft zunächst gegen biologistische Erklärungsmuster für männliche Superiorität, wonach Frauen aufgrund ihrer Geschlechtszugehörigkeit mit minder zu bewertenden Eigenschaften ausgestattet seien. Forschungsinteressen galten dem Nachweis, daß Frauen und Männer (zumindest teilweise) über gleiche Fähigkeiten, grundsätzlich aber über dieselben Potentiale verfügen (Mühlen-Achs 1987:40).

Ziel jener Analysen, die dem Gleichheitsansatz zuzurechnen sind, war es, den gesellschaftlichen und individuellen Mechanismen nachzuspüren, die Frauen an der vollständigen Entfaltung all ihrer Fähigkeiten hindern. Als wesentliche Erklärungen für Benachteiligung von Frauen wurden Diskriminierungen und Sozialisationsvorgänge ermittelt.

> „Die heute bestehenden Unterschiede zwischen Frauen und Männern - psychisch oder physiologisch - sind rein gesellschaftlich bedingt (ausgenommen einzig die direkt mit der Gebär- und Zeugungsfunktion verbundenen biologischen Unterschiede, d.h. der anatomische Unterschied in den Geschlechtsorganen, sowie hormonaler und chromosomaler Unterschied). Alles, was daraus abgeleitet wurde, ist Resultat der geschlechtsspezifischen Arbeitsteilung, der Herrschaft der Männer über die Frauen in unserer Gesellschaft. Diese geschlechtsspezifischen gesellschaftlichen Verhältnisse werden im Prozeß der geschlechtsspezifischen Sozialisation reproduziert. " (Scheu 1977:13)

Bezugnehmend auf die englische Sprache etablierte sich folgende Differenzierung: Unterschieden zwischen Frauen und Männern sowie in ihren Lebensäußerungen und in ihren gesellschaftlichen Stellungen liegt nicht ihr ‚biologisches Geschlecht' (sex) zugrunde, sondern das ‚soziale Geschlecht' (gender), das historisch entstanden, kulturell und gesellschaftlich geprägt ist und von Männern und Frauen individuell angeeignet wird.

Eine (leichte) Öffnung männlich dominierter Berufe und Institutionen für Frauen war zwar in den 70er/80er Jahren zu registrieren. Viele Frauen, die diese Chance ergriffen hatten, empfanden und kritisierten jedoch die Notwendigkeit, sich an männlich geprägte Strukturen und Verhaltensweisen anpassen zu müssen, die ihren eigenen Erfahrungen und Vorstellungen widersprachen (Neverla 1986b:217). Vor diesem Hintergrund suchten feministische Wissenschaftlerinnen bald nach Konzepten, die die „Differenz in der Gleichheit", so ein Kongreßtitel, ermöglichten (vgl. Clemens et al. 1986).

Mit dem Differenzansatz vollzog sich ein Perspektivenwechsel: Unterschiede zwischen den Geschlechtern wurden herausgestrichen. Geschlechtsspezifische Eigenschaften und Merkmale wurden postuliert und durch unterschiedliche Erfahrungs- und Lebenswelten von Frauen und Männern erklärt. Der „weibliche Lebenszusammenhang" (Prokop 1976) wurde als Folge traditioneller geschlechtsspezifischer Arbeitsteilung verstanden, der die Ausbildung spezifisch weiblicher Fähigkeiten bewirkt.

In seinen politischen Dimensionen zielte der Differenzansatz auf Überwindung der Bewertung von Frauen als „defizitäre Männer" (Wetterer 1992:15) und auf Anerkennung und Akzeptanz spezifischer Sichtweisen und Erfahrungen von Frauen. Damit einher ging der Versuch einer Positivierung des „Weiblichen"[3]: Patriarchaler Minderbewertung wurde die Aufwertung des Weiblichen entgegengesetzt.[4]

Der „in der deutschen Frauenforschung bislang wohl folgenreichste Versuch zur Bestimmung der Differenz der Geschlechter" (Wetterer 1992:16) ist das von Elisabeth Beck-Gernsheim und Ilona Ostner entwickelte Konzept des „weiblichen Arbeitsvermögens" (Beck-Gernsheim 1976; Beck-Gernsheim/Ostner 1977; Ostner 1978). Es wurde ausgiebig rezipiert und ist - trotz teilweise heftiger Kritik - Grundlage unzähliger empirischer Studien. Es wird im folgenden kurz skizziert, zumal sich auch kommunikationswissenschaftliche Arbeiten auf dieses Konzept beziehen (vgl. Becker 1980; Neverla/Kanzleiter 1984; Keil 1992).

Der Ansatz basiert auf der Differenzierung von Arbeit in Erwerbs- und Reproduktionsarbeit und untersucht deren geschlechtsspezifische Verteilung: Traditionell üben Frauen unbezahlte Haus- und Familienarbeit aus, die auch Reproduktion männlicher Arbeitskraft beinhaltet. Sie ist gekennzeichnet durch die Gleichzeitigkeit „vielfältiger Aufgaben unterschiedlicher Struktur und Logik" (Ostner 1991:109) sowie durch Unmittelbarkeit von Erfolgs- bzw. Mißerfolgserfahrungen. Erwerbsarbeit hingegen vollzieht sich in hierarchisch und funktional spezifisch geordneten Tätigkeiten, geprägt durch Konkurrenz und entfernt von konkreten Bedürfnissen. Arbeits- und Aufstiegsbedingungen in der Erwerbswelt basieren auf traditioneller geschlechtsspezifischer Arbeitsteilung. Hohe betriebliche Anforderungen verlangen zur Entlastung von Mitarbeitern, insbesondere von Führungskräften, zusätzliche Unterstützung einer nicht erwerbstätigen oder nur teilzeitbeschäftigten Person, die familiäre und häusliche Pflichten übernimmt. In der Regel ist dies die Ehefrau. Die von einer meist männlichen Person ausgeübte Erwerbstätigkeit vollzieht sich damit als „Anderthalb-Personen-Beruf" (Beck-Gernsheim 1980:68).

---

[3] Wie unter anderem auch im folgenden deutlich wird, kann (und soll) „Weiblichkeit" und „Männlichkeit" nicht eindeutig bestimmt werden. Die beiden Begriffe bezeichnen Darstellungsformen und Merkmale von Frauen und Männern. Was jedoch als „weiblich" oder „männlich" zu verstehen ist bzw. welche Eigenschaften als solche bezeichnet werden, unterliegen politischen und theoretischen Wertungen (vgl. z.B. Knapp 1993). Der Begriff kann sich seiner stereotypen Aufladung nicht entledigen. Seine Verwendung läuft Gefahr, selbst zur Vorurteilsbildung beizutragen (ebd.). Dennoch wird im folgenden aus Gründen der besseren Lesbarkeit auf Anführungszeichen verzichtet.

[4] Als Argument für Förderung von Frauen im Berufsleben wurden in der Folge z.B. Vorteile für Unternehmen durch Nutzung spezifisch weiblicher Fähigkeiten herausgestrichen (z.B. „kooperativer Führungsstil") (vgl. z.B. Werner/Bernardoni 1987a:82ff).

Erwerbsarbeit und Reproduktionsarbeit stellen Beck-Gernsheims Ansicht nach jeweils gleichzeitig geschlechtsspezifische Sozialisationsziele dar, die zur Herausbildung entsprechender Eigenschaften und Orientierungen führen. So würden Frauen für die familiär-reproduktionsbezogene Arbeit im wesentlichen „Dispositionen zum Sich-Aufopfern und Sich-Unterordnen" (Beck-Gernsheim 1976:66) entwickeln. Auf der Nutzung des „weiblichen Arbeitsvermögens" in bestimmten Berufen, wie z.b. in der Krankenpflege[5], und für besondere Aufgaben in Betrieben sei die Arbeitsmarktsegmentation zurückzuführen.

Das besondere Verdienst der These vom „weiblichen Arbeitsvermögen" liegt in der Aufdeckung von Zusammenhängen zwischen Reproduktions- und Erwerbsarbeit. Dennoch ist dieses Konzept, teilweise stellvertretend für den Differenzansatz, vielfach und ausführlich diskutiert und kritisiert worden (vgl. z.B. Gildemeister/ Wetterer 1992; Gottschall 1990a; Knapp 1988; ausführlich: Knapp 1987). Problematisch erscheint es aus mehreren Gründen, denen nach Gudrun-Axeli Knapp zugrunde liegt, daß

> „(...) es suggeriert, daß das Arbeitsvermögen von Frauen durchgängig geschlechtsspezifisch bestimmt ist (...)." (Knapp 1987:254)

D.h., das Konzept des „weiblichen Arbeitsvermögens" kann, wie der Differenzansatz insgesamt, dahingehend mißverstanden werden, daß *alle* Frauen über weibliche Eigenschaften und *ausschließlich* über diese verfügen. Der Versuch, Weiblichkeit positiv zu denken, führt zu einer neuen Vereindeutigung und Vereinseitigung von Weiblichkeit und wird ihr damit nicht gerecht.

> „Die ‚Ähnlichkeit' von Frauen ist eher die ihrer Lebenslage und der damit verbundenen Identitätszwänge, nicht Ausdruck ihrer Subjektivität oder ihrer persönlichen Potentiale. Sie verdankt sie Machtverhältnissen, die Frauen Gleichwertigkeit, Gleichrangigkeit und Gleichwirklichkeit verweigern (...)." (Knapp 1988:17)

Weiblichkeit steht zwangsläufig in Relation zu Männlichkeit und kann „die kulturelle Verortungs-Triade, die Frauen als das ‚Besondere-Mindere-Andere' identifiziert" (Knapp 1987:265), nicht überwinden.

> „Weibliche Identität hätte danach ihre Kristallisationspunkte nur in jenen Erfahrungsdimensionen, die für das, was gesellschaftlich als ‚weiblich' gilt und verinnerlicht wurde, von Bedeutung sind. Dies aber ist ein reduziertes und vereinseitigtes Vor-Bild. Sein Maßstab ist nicht der Entwurf eines authentischen und autonomen weiblichen Subjekts, sondern der eines untergeordneten Komplementären." (Becker-Schmidt/Knapp 1987:147)

Die „bipolare Struktur der Kontrastierung" (Wetterer 1992:16) von Männlichkeit und Weiblichkeit leistet darüber hinaus der Bildung von Geschlechtsstereotypien Vorschub, „die die alltäglichen Ordnungsvorstellungen und Vorurteile von Menschen prägen" (Becker-Schmidt/Knapp 1987:145).

---

[5] Vgl. bes. Beck-Gernsheim/Ostner 1979.

Geschlechtsstereotypien sind auf individualpsychologischer Ebene Etiketten zur Abgrenzung, Distanzierung und Degradierung, und auf sozialpsychologischer Ebene stellen sie ein stabilisierendes Element für Männerbünde und für Ausgrenzung von Frauen aus bestimmten (beruflichen) Feldern dar (Knapp 1987:249). Sie übernehmen damit eine Vermittlungsfunktion für geschlechtsspezifische Arbeitsteilung. Die Geschlechtsstereotypien zugrundeliegende Struktur ist eine grundlegende Bedingung für Geschlechterhierarchie.

Kritische Auseinandersetzungen mit dem Differenzansatz haben zu einer Infragestellung der Kategorie ,Frau' geführt, die die Kategorie ,Mann' mitbedeutet (wie dies auch umgekehrt der Fall ist). Vor dem Hintergrund der kritischen Auseinandersetzung mit dem Differenzansatz gewinnt die Geschlechterforschung besondere Bedeutung.

Einen Kernpunkt theoretischer Auseinandersetzungen in der Geschlechterforschung bildet das „symbolische System der Zweigeschlechtlichkeit" (Hagemann-White 1984). Kulturanthropologen weisen bereits seit Jahrzehnten auf verschiedene Formen von Geschlechtsklassifikationen hin (z.b. Mead 1974, erstmals 1935). Angehörige anderer Kulturen erhalten ihre Geschlechtszugehörigkeit nach Kriterien, die von unseren abweichen. Ein Beispiel ist die Reklassifikation unfruchtbarer Frauen zu Männern, die dann Frauen heiraten dürfen. Darüber hinaus hat es durchaus Kulturen mit drei Geschlechtern gegeben (vgl. Hirschauer 1992:334ff).

Eine eindeutige Geschlechtsdefinition gelingt auch der Biologie nicht.[6] Naturerkenntnis muß als sozial produziertes Wissen gelten (Hirschauer 1989:101). Auch das System der Zweigeschlechtlichkeit kann als soziale/kulturelle Konstruktion verstanden werden.

Eine Bestätigung dafür liefert unter anderem die Transsexuellenforschung (vgl. Ortner/Whitehead 1981; Pomata 1983). Besonders aufschlußreich ist z.B. Stefan Hirschauers Untersuchung der kulturellen Konstruktion von Geschlechtszugehörigkeit[7], die deshalb im folgenden kurz umrissen wird. Aufbauend unter anderem auf mikrosoziologischen Studien von Suzanne Kessler/Wendy Mc Kenna und von Harold Garfinkel (vgl. Hirschauer 1989:100f) erfaßt er die kultu-

---

[6] Folgende Uneindeutigkeiten sind im Hinblick auf Möglichkeiten der Geschlechterbestimmung auszumachen: Chromosomengeschlecht, Keimdrüsengeschlecht, morphologisches Geschlecht, Hormongeschlecht und Besonderheiten im Gehirn (vgl. Hagemann-White 1984:33ff).

[7] Als Charakteristika von Geschlechtszugehörigkeit, die bereits jedes Kind kennenlernt (psychologische und kognitive Leistung), listet Carol Hagemann-White auf: Eindimensionalität (alle Menschen sind entweder weiblich oder männlich); bestimmte äußerliche Merkmale, aber auch Namen und Funktionen zeigen Geschlechtszugehörigkeit an; der Unterschied ist an Genitalien (im wesentlichen: Penis haben oder nicht) festzumachen und Geschlechtszugehörigkeit ist unveränderbar (Hagemann-White 1984:82f).

relle Konstruktion von Geschlechtszugehörigkeit als einen interaktiven Prozeß, der sich in Elemente des Zuschreibens und Darstellens gliedert (ebd.).[8]

Interaktive Konstruktion von Geschlechtszugehörigkeit verläuft innerhalb eines gesellschaftlichen Kontextes, der auf historischen Beziehungen konstruierter Geschlechter beruht. Die auf biologischem Wissen gründende Unterscheidung zwischen männlich und weiblich schließt an ein

> „kulturell etabliertes Alltagswissen von Zweigeschlechtigkeit an. (...) Denn zur Feststellung von ‚Geschlechtsunterschieden' und (biologischen) ‚Geschlechtsmerkmalen' müssen immer bereits Geschlechter unterschieden sein." (Hirschauer 1989:102)

Die Initialzündung beruht auf gesellschaftlichen Konventionen, Geschlechter bipolar zu unterscheiden: Im Augenblick bzw. unmittelbar nach der Geburt wird Menschen aufgrund des körperlichen Merkmals, Penis haben oder nicht, ein Geschlecht zugeschrieben.

Transsexuelle fühlen sich mit dem Geschlecht identisch, das ihnen *nicht* zugewiesen wurde (und verweigert wird). Sie sind bestrebt, in Interaktionsprozessen für dieses andere Geschlecht Geschlechtsgeltung zu erlangen. Der bzw. die Darstellende muß - so die Erfahrung von Transsexuellen - seine bzw. ihre Geschlechtszuständigkeit unter Beweis stellen. Sie beinhaltet zum einen Kompetenz, sich dem „neuen" Geschlecht gemäß darstellen zu können, und zum anderen explizites Wissen von geschlechtstypischen Erwartungen, Erfahrungen, Funktionen und Fähigkeiten (Hirschauer 1989).

Verhaltensstandards lassen sich nur in Form der jeweiligen Geschlechtskonformität erwerben (vgl. auch Lindemann 1992). Und, so machen auch Regine Gildemeister und Angelika Wetterer deutlich, da die Lebensgeschichte einzelner auf Grundlage der Polarität errichtet wird, gibt es keine Möglichkeit des Identitätserwerbs jenseits eines Bezugs auf die Geschlechtskategorie (Gildemeister/Wetterer 1992:236).

Darüber hinaus bedeutet Geschlechtskompetenz auch Abhängigkeit von sozialer Umgebung: Geschlechtsgeltung wird von anderen Menschen verliehen. Im Interaktionsprozeß greifen Darstellung und Attribution ineinander (Hirschauer 1989:112f). Betrachter von Geschlechtsdarstellungen mobilisieren ein System von Geschlechtszeichen und konstatieren in einem komplizierten Prozeß eindeutige Geschlechtszugehörigkeit. Dies geschieht nicht aufgrund der primären Geschlechtsorgane, sondern auf Basis geschlechtlich konnotierter äußerlicher Merkmale.

Auf die kulturelle Konstruktion von Zweigeschlechtlichkeit und ihre Bedeutung für feministische Theoriebildung wies Hagemann-White zwar bereits 1984

---

[8] Hirschauer entwickelte seine Überlegungen auf der Grundlage von Gesprächen mit Transsexuellen und ihren Interaktionspartnern über Erfahrungen nach der Geschlechtsumwandlung (ebd.:102).

hin. Ihre Überlegungen fanden in der feministischen Wissenschaft jedoch kaum Widerhall. Auch die Auseinandersetzung mit sozialer/kultureller Konstruktion von Zweigeschlechtlichkeit im amerikanisch-englischsprachigen Bereich wurde im deutschsprachigen Raum lange ignoriert. Diese „Rezeptionssperre" (Gildemeister/Wetterer 1992:202) wurde quasi erst aufgebrochen in der Auseinandersetzung mit Judith Butlers philosophisch-diskurstheoretischer Analyse „Das Unbehagen der Geschlechter" (1991, im Original 1990).

In der Folge fand in einer breiten, nicht allein wissenschaftlichen Öffentlichkeit eine intensive Diskussion über sprach- und diskurstheoretische Ansätze statt, die sich im Poststrukturalismus und in der Postmoderne[9] verorten. Gleichzeitig und oft in Verbindung mit diesen Arbeiten wurden verschiedentlich Erkenntnisse aus der Ethnomethodologie und des symbolischen Interaktionismus' fruchtbar gemacht, um Geschlecht zu dekonstruieren (vgl. z.B. Gildemeister/Wetterer 1992; Hirschauer 1993).

Butler verdeutlicht, daß das kulturelle Geschlecht das biologische Geschlecht mitdefiniert, zumal der Körper selbst als eine Konstruktion gelten muß.

> „In bestimmter Hinsicht beinhaltet die Vorstellung, daß die Geschlechtsidentität eine Konstruktion darstellt, einen bestimmten Determinismus der Bedeutungen der Geschlechtsidentität (gender meanings), die in die anatomisch differenzierten Körper eingeschrieben sind, wobei diese Körper ihrerseits als passive Empfänger eines unumstößlichen kulturellen Gesetzes verstanden werden." (Butler 1991:25, Herv. i.O.)

Sowohl Geschlechtsmerkmale als auch die Vielfalt der Körper sind bipolar definiert und damit sind sie Ergebnis einer kulturellen Handlung. Die biologische Definition eines Menschen als Mann oder Frau greift darauf zurück.

Deutlich wird, daß die sex/gender-Differenzierung verworfen werden muß (ebd.:22f, vgl. auch Gildemeister/Wetterer 1992:206): Wenn das kulturelle nicht ursächlich mit dem biologischen Geschlecht verbunden ist, muß eine grundlegende Diskontinuität zwischen ‚sex' und ‚gender' denkbar sein. Das würde bedeuten, daß männliches ‚gender' nicht ausschließlich auf männliche Körper bezogen sein dürfte und weibliches ‚gender' nicht ausschließlich auf weibliche Körper. Des weiteren dürfte die biologische Dichotomie nicht binäre Geschlechtsidentitäten zur Folge haben.

Aus der Perspektive der Geschlechterforschung ist Geschlecht „nicht etwas, was wir ‚haben' oder ‚sind', sondern etwas, was wir tun" (Hagemann-White 1993:68) oder, wie es die US-amerikanische Kommunikationswissenschaftlerin Lana Rakow definiert:

> „Gender, in sum, is usefully conceptualized as a culturally constructed organization of biology and social life into particular ways of doing, thinking, and experiencing the world." (Rakow 1986:23)

---

9   Zur Definition von Poststrukturalismus und Postmoderne vgl. Engelmann 1990.

Ein Paradigmenwechsel feministischer Theoriebildung zog natürlich auch methodologische Überlegungen nach sich. Es wurden Forderungen erhoben, Herstellungs- und Fortschreibungsprozesse von Zweigeschlechtlichkeit und dichotomer Geschlechtszuordnung zu untersuchen (z.B. West/Zimmermann 1991). Hagemannn-White plädiert für eine

> „methodologische Komplexität (...), welche eine konstruktivistische Perspektive auf die Zweigeschlechtlichkeit nach sich zieht. Sie verlangt von uns, nicht bloß unseren Blickwinkel zu verlagern, sondern zugleich den alten im Vollzug gelebter Zweigeschlechtlichkeit involvierten Blick beizubehalten, da dieser das Instrument ist, mit dem wir das Material für jenen gewinnen." (Hagemann-White 1993:74)

Damit ist der Forschungsgegenstand ‚Frau' nicht obsolet; denn eine „Ordnung der Geschlechtszugehörigkeit" (Hagemann-White 1993:69) besteht nach wie vor (wie auch eine geschlechtshierarchische Strukturierung der Gesellschaft). Das Geschlecht übernimmt noch immer die Funktion des „sozialen Platzanweisers" (Knapp 1988:12).

Elisabeth Klaus (1998) sieht in jeder skizzierten wissenschaftlichen Perspektive auf das Geschlechterverhältnis, nämlich der auch in der vorliegenden Arbeit gewählten Unterscheidung zwischen Gleichheitsansatz, Differenzansatz und Geschlechterforschung, eine eigene Berechtigung. Denn jede für sich kommt zu spezifischen Ergebnissen und bietet besondere Interpretationsblickwinkel. Sie ergänzen sich demnach. Klaus hat den Versuch unternommen und überzeugend ausgeführt, daß das Erkenntnispotential aufgrund spezifischer Fragestellungen der unterschiedlichen theoretischen Perspektiven nutzbar zu machen ist, indem sie sie als Interpretationsfolie für empirische Untersuchungen anwendet.

Vor dem Hintergrund der referierten theoretischen Erkenntnisse ist von der vorliegenden Untersuchung vor allem eine größtmögliche Offenheit in bezug auf Hypothesen und besonders gegenüber Interviewten und der Interpretation ihrer Aussagen zu fordern.

Es ist davon auszugehen, daß Benachteiligung und Geschlechterhierarchie im Journalismus existiert. Dies wird anhand des Forschungsstands kritisch überprüft und illustriert. Redakteurinnen können entsprechend über geschlechtsspezifische Erfahrungen verfügen und geschlechtsspezifische Einstellungen und Orientierungen in den Beruf bzw. in massenmediale Aussagen einbringen wollen.

Darüber hinaus muß aber auch vorausgesetzt werden, daß diese Phänomene aus subjektiver Sicht nicht bestehen müssen, daß die individuelle Situation von Befragten tatsächlich nicht diskriminierend ist und daß Frauen keine geschlechtsspezifischen Widersprüche zu Normen ihrer Organisation oder ihres Berufs und zu Inhalten ihrer Aufgaben wahrnehmen. Nur so wird die Untersuchung den Interviewten gerecht und werden Vereindeutigung des Weiblichen und Vereinseitigung von Frauen umgangen. Nur so können erneute Geschlechterkonstruktionen vermieden werden.

2 Grundlagen der Untersuchung

Das Forschungsinteresse der vorliegenden Arbeit zu Haltungen und Motivationen von Journalistinnen gegenüber kollektivem Handeln bezieht sich auf Aktivitäten zu Veränderungen professionsbezogener Bedingungen. Deshalb wird im folgenden die Berufssituation von Frauen im publizistischen Metier näher betrachtet.

Der Journalismus erweist sich als geschlechtshierarchisch strukturiert. Aufschluß darüber geben sowohl Daten zur Verteilung von Männern und Frauen in diesem Beruf, in Mediengattungen, Hierarchien, Beschäftigungsverhältnissen und Ressorts als auch Daten hinsichtlich geschlechtsspezifischer Unterschiede in Einkommen und Ausbildung. Des weiteren weisen Erfahrungen und Wahrnehmungen von Journalistinnen darauf hin, daß das Geschlechterverhältnis in diesem Beruf ein hierarchisches ist.

Die Geschlechterstruktur des Journalismus wird - bezogen auf Deutschland - nach einer Beschreibung der Datengrundlagen im folgenden detailliert dargestellt. Ergänzt werden diese Ausführungen durch Erkenntnisse, die für andere europäische Länder und für die USA gewonnen wurden. Die Geschlechterverhältnisse im Journalismus jener Staaten weisen Ähnlichkeiten auf zu dem in der Bundesrepublik; eine direkte Vergleichbarkeit ist jedoch aufgrund anderer sozialpolitischer, massenmedialer und journalistischer Rahmenbedingungen nur bedingt gegeben[10].

Geschlechtsspezifische Orientierungen oder Interessen, die Frauen aufgrund ihres biographischen Hintergrunds möglicherweise in den Journalismus einbringen oder in ihrem Arbeitsalltag verwirklichen wollen, stellen einen weiteren Aspekt dar, der für die Skizzierung der beruflichen Situation von Journalistinnen von besonderer Bedeutung ist. Forschungsergebnisse zu diesem Thema werden anschließend unter dem Stichwort ‚weiblicher Journalismus' dargestellt.

Darauf folgend werden Problemstellung und Forschungsinteresse der vorliegenden Arbeit näher ausgeführt. Die Frage nach Haltungen und Motivationen von Journalistinnen gegenüber kollektivem Handeln entwickelt sich einerseits vor dem Hintergrund der geschlechtshierarchischen Strukturierung der Branche: Die im folgenden dargestellte berufliche Situation von Journalistinnen führt zu der Annahme, daß sie Veränderungen verlangt. Andererseits liegt dem Forschungsinteresse die These zugrunde, daß mögliche Maßnahmen gegen ge-

---

[10] Das zeigt z.B. deutlich ein Vergleich von Rahmenbedingungen mehrerer europäischer Länder (Lünenborg 1997:60ff), den Margret Lünenborg in ihrer Analyse der Geschlechterstruktur im europäischen Journalismus durchgeführt hat.

schlechtshierarchische Bedingungen mittels kollektiven Handelns eher und besser angeregt oder durchgesetzt werden können als durch individuelle Strategien. Aus diesem Grund wird die Bedeutung von geschlechtsspezifischen Zusammenschlüssen im allgemeinen diskutiert, bevor auf der Grundlage erster Hinweise aus der kommunikationswissenschaftlichen Literatur Forschungsfragen herausgearbeitet werden. Zur begrifflichen Klärung werden anschließend verschiedene Formen von Zusammenschlüssen gegeneinander abgegrenzt.

2. 1 Datenlage zur beruflichen Situation von Journalistinnen

Forschungsaktivitäten zur Teilhabe von Frauen am Journalismus erweisen sich im internationalen Vergleich als sehr unterschiedlich. In den USA wurde z.b. die quantitative Geschlechterstruktur in diesem Beruf seit Anfang der 70er Jahre kontinuierlich erfaßt (Johnstone et al. 1976; Weaver/Wilhoit 1991, 1996). In Europa steht eine umfangreiche Forschung in nördlichen Ländern, insbesondere in Schweden, einer weitgehenden Ignorierung dieses Themas in südlichen Ländern, wie Griechenland oder Portugal, gegenüber, wo Mitte der 90er Jahre nicht einmal Zahlen über den Frauenanteil im Journalismus vorlagen (Lünenborg 1997:17). In Deutschland war bis Anfang der 90er Jahre eine unzureichende Datenlage zu beklagen, wie im folgenden deutlich wird. Die Entwicklung einer kommunikationswissenschaftlichen Frauen- bzw. Geschlechterforschung ließ lange auf sich warten.[11]

Die erste systematische Untersuchung zur Berufssituation von Journalistinnen ist die Doppeldissertation von Heinrich Freise und Jochen Draht (Freise/Draht 1977). Sie beschäftigt sich in der ersten Teilarbeit mit der Situation von Journalistinnen in drei Rundfunkanstalten, ihrer Sozialisation, ihrer Mobilität und ihrem Selbstverständnis (Freise 1977)[12]. Im zweiten Teil wurden Berufsmo-

---

[11] Das hängt nicht nur mit mangelndem Erkenntnis- und Forschungsinteresse der Medienwissenschaft zusammen, sondern auch mit fehlender Bereitschaft von Medienorganisationen, insbesondere auch von öffentlich-rechtlichen Anstalten, ihre Beschäftigtenzahlen zu veröffentlichen (Marchal 1994:236ff). Darüber hinaus erschweren es forschungstechnische Probleme, statistische Aussagen zum Frauenanteil im Journalismus zu treffen. Grund dafür sind Definitionsschwierigkeiten, was unter einem Journalist bzw. einer Journalistin zu verstehen ist. Der freie Zugang zum Beruf ohne Ausbildungsbestimmungen oder obligatorischem Qualifikationsnachweis (vgl. Rühl 1989:256; Kunczik 1988), freiberuflicher Journalismus als Nebentätigkeit oder bei mehreren Medienbetrieben sind nur einige Faktoren, die die Eingrenzung erschweren (vgl. Scholl 1997). Deshalb werden Statistiken im folgenden nicht näher aufgeschlüsselt, in denen die journalistische Berufsgruppe nicht explizit oder nur ausschnitthaft untersucht wird (wie z.B. Wiesand 1987).

[12] Befragt wurden 42 Journalistinnen aus den ARD-Anstalten: *Westdeutscher Rundfunk (WDR)*, *Süddeutscher Rundfunk (SDR)* und *Radio Bremen (RB)* (Freise 1977:17).

tivation und -wirklichkeit von Journalistinnen einer Rundfunkanstalt untersucht (Draht 1977)[13].

Tageszeitungsjournalistinnen wurden erstmals Gegenstand der Forschung mit Barbara von Beckers 1980 erschienenen Untersuchung. Es handelt sich um eine qualitative Befragung der 17 Journalistinnen einer Tageszeitung (Becker 1980:139). Mit dieser Studie fanden erstmals feministische Theorien Eingang in die Kommunikatorinnenforschung, und zwar damals aktuelle sozialisations- und rollentheoretische Ansätze. Der Frauenanteil in Redaktionen der Massenmedien blieb jedoch weiterhin ungewiß.

Erste verläßliche Daten zum Anteil von Journalistinnen in Rundfunk, Tageszeitungen und Zeitschriften lieferten Irene Neverla und Gerda Kanzleiter (1984).[14] Anfang der 90er Jahre entstanden zwei repräsentative Befragungen von Journalisten und Journalistinnen in Deutschland (Schneider et al. 1993a, 1993b, 1994; Weischenberg et al. 1993, 1994a, 1994b). Beide Untersuchungen wurden annähernd parallel durchgeführt, beziehen sich aber auf etwas unterschiedlich angelegte Grundgesamtheiten[15].

Der Hannoveraner Erhebung liegt eine repräsentative Stichprobe *festangestellter* Journalisten und Journalistinnen zugrunde (Schneider et al. 1993a:6).[16] Die Münsteraner Untersuchung der Forschungsgruppe Journalistik basiert auf einer systematischen Stichprobe, die nach einer vorherigen Ermittlung der Grundgesamtheit aller *festangestellten* und *freiberuflichen* Journalisten und Journalistinnen gezogen wurde (Weischenberg et al. 1993:24)[17]. Ein weiterer Unterschied besteht darüber hinaus in der Journalismusdefinition. Während die Forschungsgruppe um Beate Schneider ihre Stichprobe aus der Grundgesamtheit klassischer Medien, nämlich Zeitungen, Zeitschriften, Nachrichtenagenturen, Hörfunk und Fernsehen, gewann (Schneider et al. 1993a:6f), berücksichtigte das

---

[13] Befragt wurden 22 von 23 Hörfunk-Journalistinnen aus einer nicht genannten öffentlich-rechtlichen Anstalt (Draht 1977:187).

[14] Ihre quantitative Bestandsaufnahme basiert hinsichtlich der Gesamterhebung der Beschäftigungslage von Journalistinnen in Hörfunk und Fernsehen weitgehend auf Daten der Rundfunkanstalten von 1979/80; hinsichtlich der Zahlen von Journalistinnen in Tageszeitungen und Zeitschriften auf Daten des Versorgungswerks der Deutschen Presse für 1978 (Neverla/Kanzleiter 1984:25ff). Der qualitative Untersuchungsteil umfaßt Interviews mit 72 Redakteurinnen und freien Journalistinnen sowie 26 Redakteuren aus einer Rundfunkanstalt und einer Tageszeitung (ebd.:57-62).

[15] Zur Repräsentativität der Untersuchungen vgl. Weiß 1994.

[16] Die Stichprobe umfaßt 1568 Befragte, davon 452 Frauen (Schneider et al. 1993b:359ff). Details zur Ermittlung der Grundgesamtheit der westdeutschen Journalistinnen und Journalisten vgl. außerdem Böckelmann et al. 1994:460f.

[17] Nach einer Erhebung von Grundgesamtheit, Verteilungen auf Mediengattungen, Positionen und Ressorts 1992 wurde Anfang 1993 eine Befragung durchgeführt (Weischenberg et al. 1993:27). Die gewichtete Stichprobe (Weischenberg et al. 1994a:154) umfaßt 1498 Interviewte, davon 464 Frauen (Weischenberg et al. 1994b:12, Tab.1f; vgl. auch Scholl 1997).

Forschungsteam um Siegfried Weischenberg in der Grundgesamtheit außerdem Anzeigenblätter, Stadtmagazine, Fachzeitschriften und Mediendienste (Weischenberg et al. 1993:24). Die Ergebnisse der beiden Untersuchungen liegen dennoch relativ nah beieinander.[18]

Bereichert wird die Datenlage zur Geschlechterstruktur in den Medien Anfang der 90er Jahre durch weitere Untersuchungen, die sich aber thematisch oder regional begrenzen (Brinkmann/Wiesand 1995; Klaus 1995b; Wermke 1994; Klaus et al. 1993; Schulz/Amend 1993a; Fröhlich 1992a).

2. 2   Umfang und Struktur von Frauenbeschäftigung im Journalismus

2.2.1   Zum Journalistinnenanteil

Ende der 70er Jahre betrug der Anteil von Journalistinnen in Tageszeitungen, Zeitschriften und Presseagenturen knapp zwölf Prozent und in den öffentlich-rechtlichen Rundfunkanstalten etwa 16 Prozent[19] (Neverla/Kanzleiter 1984: 28,32). Gut ein Jahrzehnt später hat er sich auf etwa 30 Prozent erhöht (Amend/Schulz 1993:23; Schneider et al. 1993b:360; Weischenberg et al. 1993:27).

Während nach der Hannoveraner Untersuchung die Journalistinnenquote mit 25 Prozent (Schneider et al. 1994:173) anzugeben ist, ermittelte das Münsteraner Team einen Frauenanteil im Journalismus von 31 Prozent (Weischenberg et al. 1993:27). Der leicht nach oben abweichende Wert gegenüber der Hannoveraner Erhebung scheint im Zusammenhang zu stehen mit dem breiteren Sample der Münsteraner Untersuchung; denn der Journalistinnenanteil in Mediendiensten, Stadtmagazinen und Anzeigenblättern liegt mit Werten von 44 Prozent, 37,5 Prozent und 32 Prozent über dem des Durchschnitts (Weischenberg et al. 1993:27).

In einer eigenen, mit Heike Amend 1990 für West-Berlin durchgeführten Untersuchung[20] lag die durchschnittliche Journalistinnenquote bei 31 Prozent

---

[18]   Beide Studien erfassen damit auch Daten zur Geschlechterstruktur ostdeutscher Medien (vgl. besonders Schneider et al. 1993b). Sie können lediglich als eine Momentaufnahme verstanden werden, da die Daten in der Umstrukturierungsphase erhoben wurden, die erhebliche Veränderungen der Beschäftigtenstruktur zur Folge hatte.

[19]   Die Journalistinnenquote erschien Anfang der 70er Jahre - bezogen auf drei Rundfunkanstalten - noch geringer: Sie betrug 1973 im *SDR* mit 18 Journalistinnen 15,1 Prozent, bei *RB* mit zehn Journalistinnen 12,7 Prozent und beim *WDR* mit 26 Journalistinnen 10,7 Prozent (Freise 1977:40f).

[20]   Die Untersuchung gliedert sich in zwei Teile: Nach der Erhebung ihrer Grundgesamtheit wurde 1990 eine telefonische Befragung von festangestellten Journalisten und Journalistinnen aller tagesaktuell arbeitenden West-Berliner Medien durchgeführt mit einer Ausschöpfungsquote von 82 Prozent (Amend/Schulz 1993:19-22). Das waren 178 weibliche und 375 männliche Befrag-

(Amend/Schulz 1993:23). Von der ermittelten Grundgesamtheit der 678 festangestellten Journalisten und Journalistinnen gehörten 79 der *tageszeitung (taz)* an, die aufgrund ihrer Quotenregelung zu 49 Prozent Redakteurinnen beschäftigte. Die Journalistinnenquote der übrigen Medienorganisationen betrug im Durchschnitt 24 Prozent (Schulz 1993b:545).

Dieser „Rest-Wert" für West-Berlin scheint auch näher an der *westdeutschen* Journalistinnenquote von 1992 zu liegen. Der Frauenanteil im Journalismus Deutschlands insgesamt würde vermutlich ungünstiger ausfallen, enthielte er nicht einen überproportional hohen Frauenanteil aus der ehemaligen DDR. Der Münsteraner Untersuchung folgend, liegt der Journalistinnenanteil in den neuen Bundesländern bei 39 Prozent, während er im Bundesdurchschnitt (also insgesamt) mit 31 Prozent angegeben wird (Weischenberg et al. 1993:27). Nach der Hannoveraner Erhebung beträgt die Journalistinnenquote in Ostdeutschland 36 Prozent, in Westdeutschland 25 Prozent (Schneider et al. 1993b:360). Der Verband der Journalisten in der DDR wies 1989 weibliche Mitglieder mit 36 Prozent aus (Mahle/Böckelmann 1994:43). Gleichzeitig ist ein Journalistinnenanteil beim ostdeutschen Fernsehen von 56 Prozent und beim ostdeutschen Hörfunk von 44 Prozent zu verzeichnen (ebd.:120)[21].

Im Vergleich zum europäischen Ausland nimmt der Frauenanteil in der berichtenden Zunft in Deutschland einen Platz im Mittelfeld ein. Die Journalistinnenquote von Dänemark liegt Anfang der 90er Jahre bei 32 Prozent; sie beträgt für Italien 25 Prozent und für Spanien 17 Prozent (Lünenborg 1997:108).[22]

Frauen im deutschen Journalismus sind nach wie vor in der Minderheit, scheinen aber auf stetigem Vormarsch zu sein. Dieser Eindruck vermittelt sich besonders bei ihrem Anteil unter Auszubildenden: Anfang der 90er Jahre waren etwa die Hälfte (51%) der Studierenden von Kommunikationswissenschaft/ Publizistik und Journalistik weiblich (Fröhlich 1995:112). Der Frauenanteil in Journalistenschulen schwankt, sowohl zwischen den verschiedenen Ausbildungsstätten als auch jeweils zwischen den verschiedenen Jahrgängen: Die niedrigste Frauenquote lag bei 27 Prozent, die höchste bei 62 Prozent (ebd.:108). In den öffentlich-rechtlichen Anstalten wurden seit 1986 mindestens 50 Prozent der Volontariate an Frauen vergeben, 1993 übernahmen sie 64 Prozent dieser Ausbildungsplätze (ebd.).

---

te. Anschließend wurden in einem qualitativen Untersuchungsteil mit 30 Redakteurinnen 1991/1992 offene Leitfadengespräche geführt (Schulz/Amend 1993b:42ff).

[21] Weitere detaillierte Daten zur Geschlechterstruktur in der DDR vgl. Lünenborg 1997:119-132.

[22] Margret Lünenborg untersuchte die Geschlechterstruktur im europäischen Journalismus bezogen auf die vier Länder Dänemark, Deutschland, Italien und Spanien. Sie ermittelte die Personalstruktur von Rundfunkanstalten und nationalen Tageszeitungen. In Experten- bzw. Expertinneninterviews und mittels Dokumentenanalysen fragte sie darüber hinaus „nach Ursachen des *Gendering*" (Lünenborg 1997:158, Herv. i.O.) und suchte auf der Grundlage von Leitfadengesprächen „nach Auswegen aus dem *Gendering*" (Lünenborg 1997:208, Herv. i.O.).

Volontariate aller Medienbereiche insgesamt wurden 1992 mit ca. 40 Prozent weiblich besetzt; den höchsten Frauenanteil bot das private Fernsehen mit 65 Prozent (Weischenberg et al. 1993:27).

Daß die relativ ausgewogene Präsenz von Frauen unter Auszubildenden im Journalismus zu einem weiteren Anstieg ihres Anteils in diesem Beruf führt, kann jedoch nicht vorausgesagt werden. In der Vergangenheit stieg die Quote von Frauen im Journalismus nicht proportional zu ihrem Anteil beim Nachwuchs. Eine Ursache dafür könnte in sozialpolitischen und beruflichen Rahmenbedingungen liegen: Journalistinnen unterbrechen ihre Berufslaufbahn häufiger als Männer, insbesondere um Familienpflichten zu übernehmen (vgl. z.b. Amend/Schulz 1993:34f).

Es gibt darüber hinaus verschiedene Hinweise darauf, daß Frauen noch immer schwerer Fuß fassen können in diesem Beruf. Z.B. deuten US-amerikanische Daten über den Verbleib von Frauen und Männern nach ihrer journalistischen Ausbildung darauf hin, daß Absolventinnen nach ihrem Abschluß schlechtere Chancen haben, als ihre Kommilitonen: Während sie in ,news editorial jobs' und in Tageszeitungen proportional geringer vertreten sind als ihre ehemaligen Mitstudenten, finden sie sich proportional häufiger als Arbeitslose wieder (vgl. Beasley 1989:183f). Prognosen über einen weiteren sicheren Anstieg der Journalistinnenquote sind also mit Vorsicht zu treffen.

Ein Blick auf die Situation von Frauen im Journalismus in den USA zeigt, daß dort ihr Anteil nach erheblichen Steigerungen in den 70er Jahren heute stagniert: die Journalistinnenquote lag 1971 bei 20,3 Prozent, 1982/83 bei 33,8 Prozent (Weaver/Wilhoit 1991:19) und 1992 bei 34 Prozent (Weaver/Wilhoit 1996:177)[23]. Der geringe Anstieg der letzten Jahre steht auch weiterhin nicht im Einklang mit dem Frauenanteil unter Auszubildenden, wo sie seit langem deutlich besser vertreten sind (Weaver/Wilhoit 1996:177).

Die US-amerikanische Entwicklung wirft die Frage auf, ob nach dem Erreichen eines bestimmten Frauenanteils eine Kehrtwende einsetzt bzw. ob eine entsprechende Entwicklung in Deutschland zu gewärtigen ist. Dieses Problem wird nach der detaillierten Beschreibung der Geschlechterstruktur näher betrachtet.

---

[23] Die beiden älteren Untersuchungen basieren auf nationalen Umfragen mit Journalistinnen und Journalisten einer repräsentativen Auswahl US-amerikanischer Medien (Johnstone et al. 1976:8ff; Wever/Wilhoit 1991:219f). Das Sample der 1992 interviewten Journalisten und Journalistinnen berücksichtigt anders als die 1971 und 1982/83 durchgeführten Befragungen der Vorläufer-Studien in einem höheren Maße Vertreter verschiedener Minoritäten (Weaver/Wilhoit 1996:247ff).

2.2.2 Vertikale Segregation im journalistischen Berufsfeld

Irene Neverla (1983) übertrug Anfang der 80er Jahre die Theorie der Arbeitsmarktsegmentation auf den journalistischen Beruf und ermittelte zwei geschlechtsspezifische Teilarbeitsmärkte.

> „Der ‚männliche‘, primäre Arbeitsmarkt ist gegenüber dem ‚weiblichen‘, sekundären Arbeits-
> markt insofern privilegiert, als Männer eher als Frauen in höhere Positionen aufsteigen und eher
> höhere Einkommen beziehen, wobei diese Ungleichheiten nicht hinreichend mit geringerem
> Alter und Berufsdauer der Frauen erklärt werden können." (Neverla 1983:359)

Während Segmente im allgemeinen durchaus gleichwertige Teilbereiche bezeichnen können, wird die *hierarchische* Aufspaltung des Arbeitsmarktes deutlicher durch den Begriff Segregation herausgestellt (Beispiele für verschiedene
Berufe vgl. Gottschall 1990b:11). Diesen Terminus verwandten Irene Neverla
und Gerda Kanzleiter in ihrer 1984 erschienenen Studie, um die Binnenstruktur
der journalistischen Profession zu charakterisieren. Sie sehen den Journalismus
sowohl durch vertikale als auch durch horizontale geschlechtsspezifische Segregation gekennzeichnet (Neverla/Kanzleiter 1984:46ff).

Horizontale Segregation wird in Kap. 2.2.3 näher betrachtet und an dieser
Stelle nicht weiter erläutert. Vertikale Segregation ist vor allem Ausdruck von
geschlechtsspezifischer Verteilung von Positionen in der Hierarchie: je höher
der Rang und je umfangreicher die damit verbundenen Kompetenzen, desto
geringer der Frauenanteil. Des weiteren kommt sie zum Ausdruck durch Unterschiede im Einkommen, unabhängig von Alter und Berufsdauer (Neverla
1983:359).

2.2.2.1 Präsenz von Journalistinnen in leitenden Positionen

Jüngste Forschungsergebnisse zeigen, daß der Journalismus nach wie vor im
Hinblick auf seine vertikale Struktur geschlechtsspezifisch segregiert ist.

In West-Berlin war 1990 einer von fünfzehn „Chefsesseln" von einer Frau
besetzt (Amend/Schulz 1993:24). Es handelte sich um Georgia Tornow, die zu
jenem Zeitpunkt in der basis-demokratisch organisierten *taz* die ‚Redaktionsleitung' zusammen mit zwei Kollegen „ausübte". Hauptabteilungen (im öffentlich-
rechtlichen Rundfunk) wurden von elf Männern und zwei Frauen geleitet; Abteilungen zu 71 Prozent, Ressorts zu 88 Prozent von Männern (ebd.).

Bundesweit war ein ähnliches Fazit zu ziehen:

> „(...) Leitungsfunktionen werden in allen Medientypen überdurchschnittlich männlich domi-
> niert." (Weischenberg et al. 1993:27)

Dabei sind allerdings deutliche Unterschiede zwischen Mediengattungen festzustellen. Bei Zeitungen erscheinen Hierarchiepositionen für Frauen nach wie vor
als „Tabuzonen": Auf der Chefredaktionsebene liegt ihr Anteil bei 0,5 Prozent,

in der Ressortleitung bei 15 Prozent (ebd.). Lünenborg, die 1993 Auskunft von fünf Verlagshäusern erhielt, merkt an, daß in Tageszeitungen mit nationaler Verbreitung Frauen allenfalls dann in die Chefetage gelangen, wenn eine hausinterne Quotenregelung vereinbart wurde bzw. wenn Redaktionen von einem Kollegium geleitet werden (Lünenborg 1997:147ff). So steht nicht nur in der *taz*, sondern auch in der *Frankfurter Allgemeinen Zeitung (FAZ)* eine Frau mit an der Spitze der redaktionellen Hierarchie (ebd.).[24]

Auch Führungsfunktionen im öffentlich-rechtlichen Rundfunk scheinen Journalistinnen ebenfalls nahezu verschlossen zu sein. 9,5 Prozent der Chefredaktionspositionen werden von Frauen eingenommen und 14,5 Prozent der Ressortleitungen (Weischenberg et al. 1993:27).[25] Lünenborg stellt zwar fest, daß zwischen 1990 und 1994 die Präsenz von Journalistinnen im Rundfunk in mittleren Gehaltsgruppen („gehobene Redakteurin"; „Redakteurin mit besonderen Aufgaben") zugenommen hat, bestätigt aber weitgehend die Ergebnisse von Weischenberg et al.:

> „Die Teilhabe an den obersten Gehaltsgruppen und damit den obersten Leitungspositionen bleibt jedoch nach wie vor auf kaum meßbar niedrigem Niveau." (Lünenborg 1997:134)

Eine Ausnahme bildet der *Ostdeutsche Rundfunk Brandenburg (ORB)*: Dort sind drei der fünf obersten Leitungspositionen mit Frauen besetzt (ebd.). Auch der Frauenanteil beim *ORB* insgesamt fällt mit 44 Prozent aus dem „öffentlich-rechtlichen Rahmen" (ebd.).

Insgesamt scheinen sich Hierarchiepositionen für Frauen am wenigsten in klassischen Mediengattungen zu öffnen: Bei Nachrichtenagenturen sind Chefsessel nur zu 13 Prozent und Ressortleitungsfunktionen zu 10,5 Prozent von Frauen besetzt (Weischenberg et al. 1993:27). Günstig erscheint die Situation für Frauen hingegen bei Mediendiensten (Frauenanteil auf der Chefredaktionsebene: 29,5%; auf der mittleren Ebene: 54,5%), bei Stadtmagazinen (30,5%; 20,5%) und besonders beim privaten Hörfunk (37%; 30,5%) (ebd.). Diese Daten müssen jedoch aus folgendem Grund mit Vorsicht bewertet werden:

> „Die Leitung eines Stadtmagazins oder eines lokalen Hörfunksenders ist, gemessen an den Arbeitsbedingungen und dem Prestige, in der Regel nicht mit einer ChefredakteurInnenposition im öffentlich-rechtlichen Rundfunk vergleichbar." (Klaus 1998:163)

---

[24] Am Rande sei dazu bemerkt, daß anscheinend „der Grad der Partizipation von Journalistinnen nicht abhängig ist von der politischen Orientierung der Zeitung" (Lünenborg 1997:148). Während die links-alternative *taz* die Quotierung erfüllt, betrug der Journalistinnenanteil Anfang der 90er Jahre in der als konservativ geltenden *FAZ* 33 Prozent, der als links-liberal geltenden *Süddeutschen Zeitung (SZ)* jedoch nur 14,3% (Lünenborg 1997:147).

[25] 1994 ermittelte Susanne Keil vierzehn Frauen, die in öffentlich-rechtlichen Anstalten Positionen einer Chefredakteurin, Hauptabteilungsleiterin oder Direktorin bekleiden (ebd.). Sie betont, daß „in den drei neuen Rundfunkanstalten ebensoviele Frauen Führungspositionen wie in den zehn alten" (Keil 1996:379) innehaben.

Insbesondere in kleinen Hörfunksendern herrschen oft Arbeitsbedingungen, die von Angehörigen des journalistischen Berufs zunehmend die Übernahme technischer Tätigkeiten abverlangt (Pater 1994:196). Mit dieser Arbeitssituation einher geht die Abwertung des privaten Hörfunkjournalismus'. Als ein weiterer Grund für den erleichterten Zutritt von Frauen in privaten Sendern wird vor diesem Hintergrund das geringe Prestige gegenüber anderen Mediengattungen, insbesondere dem öffentlich-rechtlichen Rundfunk, gesehen (ebd.).

Die Verteilung von Männern und Frauen im hierarchischen Gefüge von Medienbetrieben steht in einem Mißverhältnis zur höheren formalen Qualifikation von Journalistinnen: Sowohl mit schulischen und akademischen Abschlüssen als auch mit mehrgleisigen Ausbildungen (also Kombination von Studium und praktischer Ausbildung, z.B. durch Volontariat) brillieren Journalistinnen gegenüber ihren Kollegen (Weischenberg et al. 1994b:16ff).

Die Münsteraner Forschungsgruppe erklärt dieses Ergebnis teilweise mit der Altersstruktur der Befragten: Eine formal schlechtere Ausbildung kennzeichnet vor allem ältere Interviewte:

> „Da Ältere formal schlechter qualifiziert sind, gerade in dieser Gruppe aber die Männer dominieren, ist davon auszugehen, daß die Bildungsunterschiede sich in Zukunft stärker angleichen." (ebd.:18)

Die auf West-Berlin bezogenen Daten bestätigen diese Ansicht nicht. Eine nach Alter differenzierte Berechnung zeigt einen formalen Qualifikationsvorsprung von Journalistinnen vor allem beim journalistischen Nachwuchs: 72 Prozent der bis 30jährigen Frauen haben ein Studium abgeschlossen, bei gleichaltrigen Männern sind es 44 Prozent (Amend/Schulz 1993:33).

Der in der Münsteraner Untersuchung festgestellte Zusammenhang zwischen Qualifikation und Alter ist nicht im Detail belegt. Journalisten, die älter als 45 Jahre sind, machen 22 Prozent der männlichen Befragten jener Studie aus, während Journalistinnen, die die 45 überschritten haben, mit 13 Prozent der weiblichen Befragten in der Untersuchung vertreten sind (Weischenberg et al. 1994b: 13). Betrachtet man die relativ geringe Differenz zwischen den Geschlechtern hinsichtlich der Zugehörigkeit zur höheren Altersgruppe, so ist nicht ausgeschlossen, daß bei der Besetzung von Aufstiegspositionen die formal höhere Qualifikation von Frauen weniger berücksichtigt wird als die ihrer Kollegen. In unzureichender formaler Ausbildung kann kein Grund für die geringe Präsenz von Frauen in journalistischen Führungsfunktionen liegen. Daten zum Stellenwert informaler Qualifikationen in diesem Berufsfeld liegen nicht vor.

Auch in geringer Berufserfahrung scheint keine Erklärung für annähernden Ausschluß von Frauen aus massenmedialen Leitungspositionen zu liegen: Journalistinnen sind zwar erst durchschnittlich 8,8 Jahre in diesem Beruf, während Journalisten im Durchschnitt auf 10,6 Berufsjahre zurückblicken (Weischenberg et al. 1994b:22).

„Allerdings ergab eine Auswertung der Korrelation zwischen Geschlecht, Berufsjahren und Position, daß sich die Schere bereits in der Zeit vom fünften bis zum siebten Berufsjahr auftut: In diesem Zeitraum sind die ‚AufsteigerInnen' vorwiegend männlichen Geschlechts, während Frauen in ihrer beruflichen Entwicklung mehrheitlich stagnieren. Davor und später ist das Geschlecht als Beförderungsfaktor eher nebensächlich, wobei die Aufstiegschancen für alle JournalistInnen sinken." (Weischenberg et al. 1994b:22)

Annahmen, daß mangelndes Interesse am beruflichen Aufstieg eine Ursache für vertikale Segregation ist (z.B. Scholz/Weischenberg 1998:248f), scheinen eher Argumentationstraditionen verhaftet zu sein, die auf Konstruktionen von Geschlechtscharakteren basieren, wonach Frauen mit mangelndem Selbstvertrauen und Bescheidenheit assoziiert werden. In West-Berlin bekundeten 1990 sowohl jeweils 36 Prozent der weiblichen als auch der männlichen Befragten ihre Karriereambitionen (Amend/Schulz 1993:31).

Es gibt vielmehr Hinweise darauf, daß Frauen auf der Grundlage geschlechtsstereotyper Muster am betrieblichen Aufstieg gehindert werden. Auf organisationsinterne Hürden für karriereorientierte Journalistinnen deuten sowohl Ansichten von Journalisten und Journalistinnen als auch Selbstauskünfte von Betroffenen hin: Sowohl 70 Prozent der weiblichen als auch 51 Prozent der männlichen Interviewten äußerten in der West-Berliner Befragung die Ansicht, daß Frauen nicht die gleiche Chance wie Männer hätten, in ihrem Hause eine leitende Position zu erreichen (Amend/Schulz 1993:26). Darüber hinaus beschrieben karriereinteressierte Redakteurinnen eine Vielzahl konkreter und diffuser geschlechtsspezifischer Behinderungen, die ihnen den Weg nach oben verstellen (Schulz 1993a:80ff).

2.2.2.2 Einkommensunterschiede

Die vertikale Geschlechterstruktur im Journalismus äußert sich auch im durchschnittlich niedrigeren Einkommen von Frauen im Vergleich zu ihren Kollegen (Weischenberg et al. 1994b:22ff; Schneider et al. 1994:186-189). Unterschiede im Netto-Einkommen werden nicht nur vom Geschlecht, sondern auch von Faktoren wie Position, Medientyp, Ressortzugehörigkeit oder Familienstand beeinflußt. Darauf weist das Team um Weischenberg als Ergebnis einer Varianzanalyse hin und zieht folgendes Fazit:

„Allerdings spielt das Geschlecht nicht nur in Verknüpfung mit den übrigen Faktoren eine Rolle, sondern nimmt auch isoliert Einfluß auf die Höhe des Einkommens. Wenn Leitungspositionen (in denen Männer dominieren) unberücksichtigt bleiben, beträgt die ‚Netto'-Diskriminierung monatlich rund 500 D-Mark: Journalistinnen verdienen rund 3.500 D-Mark, ihre männlichen Kollegen erzielen dagegen durchschnittlich 4000 D-Mark." (Weischenberg et al. 1994b:24)

Inwieweit die Dauer der Berufszugehörigkeit das Einkommen beeinflußt, ist nicht detailliert dargestellt, scheint aber keine wesentliche Bedeutung einzunehmen; zumal der durchschnittliche Unterschied keine zwei Jahre ausmacht (ebd.:22).

Dem geringen Nettoeinkommen entsprechend zeigen sich Journalistinnen auch weniger zufrieden mit ihrem Gehalt als Journalisten: Während in der Münsteraner Untersuchung mehr als die Hälfte der männlichen Befragten angibt, mit ihrer Entlohnung sehr zufrieden oder eher zufrieden zu sein, sind dies nur etwa zwei Fünftel der Journalistinnen (Weischenberg et al. 1994b:26). In einer österreichischen Studie kritisieren 91,3 Prozent der Interviewten unterschiedliche Anerkennung für gleiche Arbeit (Angerer et al. 1995:10)[26]. In einer Befragung Schweizer Journalistinnen ist die geringere Entlohnung eine der am häufigsten genannten Diskriminierungsformen, die sich benachteiligt fühlende Interviewte persönlich wahrnehmen (Corboud/Schanne 1987:296)[27].

Einkommensdiskriminierung besteht auch in den USA. Dort ist eine besondere Entwicklung zu verzeichnen. 1970 verdienten Journalistinnen durchschnittlich 36 Prozent weniger als Männer; 1981 lag ihr durchschnittliches Einkommen „nur noch" etwa 29 Prozent unter dem ihrer Kollegen (Weaver/Wilhoit 1996: 96). Jedoch mit der Zunahme der Frauenquote im Journalismus (1971: 20%; 1982/83: 34%) verringerte sich das durchschnittliche Einkommen insgesamt: Es lag 1981 um $ 7000 unter dem von 1970 (Lafky 1989:167).

1991 hatte sich der durchschnittliche Einkommensunterschied von Journalistinnen und Journalisten weiterhin vermindert: Er betrug 19 Prozent (Weaver/ Wilhoit 1996:181). Diese Einkommenslücke reduziert sich insgesamt deutlich, wenn sie in Beziehung gesetzt wird zur Dauer der Berufszugehörigkeit: Das durchschnittlich um $ 1000 geringere Gehalt junger Journalistinnen im Vergleich zu ihren Kollegen mit der gleichen geringen, nämlich höchstens vierjährigen Erfahrung in ihrer Profession erklärt sich dadurch, daß diese Frauen tendenziell häufiger in kleinen Medienorganisationen arbeiten als Männer (ebd.). Hingegen scheinen Journalistinnen, die auf zehn bis 14 Jahre Berufserfahrung zurückblicken, gegenüber ihren gleichermaßen erfahrenen Kollegen deutlich benachteiligt zu werden, wofür es „no ready explanation" (ebd.) gibt.

Die vor allem jüngere Generationen betreffende Abnahme des Einkommensunterschieds könnte eine mögliche positive Folge politischer Maßnahmen zur Gleichstellung sein, während eine negative Konsequenz darin besteht, daß eine Zunahme des Frauenanteils in diesem Beruf eine Gehaltsangleichung nach unten nach sich zog. Eine solche Entwicklung wird durch folgende Beobachtung be-

---

[26] Das Sample des hier berücksichtigten quantitativen Untersuchungsteils umfaßt 611 Frauen aus in der audiovisuellen Produktion tätigen Firmen; 158 von ihnen (38,4%) sind Journalistinnen (Angerer et al. 1995:6).

[27] Die hier aufgeführten Daten beruhen auf einer 1985 durchgeführten Befragung von weiblichen Mitgliedern des Verbandes der Schweizer Journalistinnen (VSJ); von 804 angeschriebenen Frauen antworteten 432 (Corboud/Schanne 1987:295).

stätigt: Einkommensverluste fanden vor allem in den Bereichen statt, in denen Frauen ihre Anteile erhöhen konnten, nämlich bei Fernseh- und Radiostationen, während Gehälter in Nachrichtenmagazinen und Nachrichtenagenturen stiegen (Weaver/Wilhoit 1991:82).

Vor dem Hintergrund dieser Entwicklung wird die Frage diskutiert, ob es einen kausalen Zusammenhang gibt zwischen „gender-switch" (Fröhlich 1992), also dem Überschreiten der Fünfzig-Prozent-Quote durch Frauen, und einem Statusverlust des Berufs, in dessen Folge „pink-collar-ghettos"[28] entstand (Fröhlich 1992:72; vgl. auch Fröhlich/Holtz-Bacha 1995a:35ff).

Eine Untermauerung findet die These durch die US-amerikanische Entwicklung im Public-Relations-Bereich: Mit dem Anstieg des Frauenanteils im PR-Beruf ist sowohl das durchschnittliche Einkommen als auch das Prestige gesunken („auf allen Hierarchieebenen und auch für Männer"; ebd.). Gleichzeitig hat sich seit den frühen 80er Jahren in der Ausbildung der Frauenanteil bei 60 Prozent stabilisiert; in einzelnen Universitäten beträgt er bis zu 80 und 90 Prozent (Fröhlich 1992:72). Demgegenüber ist die Zahl der Männer unter Studienabbrechern oder -wechslern höher als die der Frauen, was als Folge der „Feminisierung" dieses Fachs gesehen wird (ebd.).

Detaillierte Kenntnisse darüber, ob ein Anstieg der Journalistinnenquote einen Einkommens- und Ansehensverlust des Journalismus bewirkt, fehlen bisher. Allgemeine, historisch angelegte Berufsforschung gibt dieser These jedoch Nahrung. Daß die Erhöhung des Frauenanteils mit einem Statuseinbruch von Berufen einhergeht, zeigt deren Geschlechtswechsel. Ein Beispiel dafür ist die Wandlung vom Männerberuf Sekretär zum Frauenberuf Sekretärin (Gildemeister/Wetterer 1992:222; vgl. auch Frevert 1979)[29].

Die Zunahme des Journalistinnenanteils insgesamt, seine auffällige Variationsbreite in bezug auf Medientypen und die leichte Steigerung der Frauenquote in Leitungspositionen betrachtet Elisabeth Klaus als Begleiterscheinung von Umbruchphasen (Klaus 1998; vgl. auch Klaus 1995a). Sie hebt drei für Veränderungen der Geschlechterstruktur im Journalismus wichtige Prozesse hervor:

„Erstens: die Veränderungen der Medienlandschaft im Zuge der deutschen *Wiedervereinigung*. Zweitens: die *Ausdifferenzierung des Printmedienmarktes* durch die Etablierung von neuen Anzeigenzeitschriften, Stadtmagazinen und Mediendiensten sowie die Markteinführung neuer Fachzeitschriften. Schließlich drittens: die Einführung des *dualen Rundfunksystems* und die damit erfolgte Etablierung privater Rundfunkanbieter." (Klaus 1998:155f, Herv. i.O.)

---

[28] Diese Wortschöpfung lehnt sich an die in den USA übliche Bezeichnung 'blue collar' und 'white collar' an, womit Arbeiter und Angestellte unterschieden werden.

[29] Auch das umgekehrte Beispiel für Geschlechtswechsel von Berufen bestätigt einen Zusammenhang zwischen Status und Geschlecht: Zu nennen ist z.B. die Umwidmung einer als weiblich geltenden Tätigkeit in eine männliche Profession (z.B. Bäcker; Koch; Gebäudereiniger), die immer mit einer Statuserhöhung verbunden war (Gildemeister/Wetterer 1992:222; vgl. auch Cockburn 1988; verschiedene Beiträge in: Hausen 1993).

Die Errichtung neuer Rundfunkanstalten in der ehemaligen DDR (*ORB, MDR (Mitteldeutscher Rundfunk)* und die Teilanstalt Mecklenburg-Vorpommern des *Norddeutschen Rundfunks (NDR)*) war verbunden mit der Rekrutierung einer relativ hohen Zahl von Journalistinnen aus den alten Bundesländern für Führungspositionen. „West-Frauen" sind 1992 zu 17 Prozent auf den höheren und zu 13Prozent auf den mittleren Hierarchieebenen in Ostdeutschland zu finden (Schneider et al. 1994:174). Der Umstrukturierungsprozeß scheint sich insgesamt für Journalistinnen in den neuen Bundesländern als Verdrängungsprozeß zu erweisen: Waren noch in der DDR Frauen in entscheidungsrelevanten Positionen im Journalismus „im Vergleich zu anderen europäischen Staaten (...) besser vertreten" (Lünenborg 1997:131), so nehmen sie 1992 nur noch zu 28 Prozent höchste Leitungsfunktionen ein und sind zu 33 Prozent auf der mittleren Ebene angesiedelt (Schneider et al. 1994:174). Außerdem liegt 1993 der Anteil von Journalistinnen und Redakteurinnen, die in den neuen Bundesländern arbeitslos gemeldet sind, bei 54 Prozent, der von Männern hingegen bei 46 Prozent (Mahle/Böckelmann 1994:72). Darüber hinaus - so errechnete Elisabeth Klaus - zeigten sich in der Hannoveraner Befragung deutlich weniger Journalistinnen (57%) mit der sozialen Sicherheit an ihrem Arbeitsplatz zufrieden als Journalisten (67%) (Klaus 1998:156).

Ob die Wiedervereinigung für die Situation von Journalistinnen in der Medienlandschaft der gesamten Bundesrepublik als positiv zu werten ist, muß also mit einem Fragezeichen versehen werden. Es ist eher zu vermuten, daß im Endeffekt ein hierarchisches Gefälle von West nach Ost zu konstatieren sein wird.

Deutlicher äußern sich Chancen für Frauen als Folge der Ausdifferenzierung des Medienmarktes. Relativ hoch ist der Frauenanteil insgesamt nicht nur bei Mediendiensten (44%) und Zeitschriften (41,5%), sondern auch im privaten Fernsehen (41,5%), privaten Hörfunk (38%) und bei Stadtmagazinen (37,5%). Hingegen sind Journalistinnen in den klassischen bundesdeutschen Medien, Nachrichtenagenturen (25%), Zeitungen (27%) und öffentlich-rechtlichen Rundfunkanstalten (28%), unterdurchschnittlich repräsentiert (Weischenberg et al. 1993:27).

Auffällig, aber keineswegs repräsentativ ist eine gegenteilige Beobachtung hinsichtlich West-Berliner Medienorganisationen zu registrieren: Bei den in den 80er Jahren gegründeten Medien, nämlich dem privaten Hörfunksender *Hundert,6* und *Rias-TV*[30], war 1990 der Journalistinnenanteil mit 26 und 21 Prozent deutlich geringer als der Durchschnitt (31%) (Schulz 1993b:544,555 Anm. 23).

Insgesamt betrachtet, scheinen sich Veränderungen von Rahmenbedingungen durch politische oder medienpolitische Entscheidungen förderlich auf die berufliche Situation von Journalistinnen ausgewirkt zu haben. Ein Beispiel ist die

---

[30] Der Fernsehbereich ist eine Erweiterung des Hörfunksenders *RIAS BERLIN*. Er ist lokal von seinem Stammhaus getrennt.

Zulassung kommerzieller Sender. Die Einführung privater Rundfunkanbieter führte zu einem kurzfristigen Arbeitskräftebedarf - auch für journalistische Führungskräfte. Er mußte aus einem relativ begrenzten Markt rekrutiert werden. Dabei wurde - vielleicht notwendigerweise - weibliches Personal verstärkt berücksichtigt.

Liesbet van Zoonen (1995) hat einen Zusammenhang hergestellt zwischen der vergleichsweise hohen Journalistinnenquote in Privatsendern und der thematisch/inhaltlichen Ausrichtung ihrer Programme[31]. Frauen würden im kommerziellen Fernsehen der Niederlande nicht nur häufiger, sondern auch weniger klassischen Stereotypen folgend dargestellt. Während sich staatliche bzw. öffentlich-rechtliche Anstalten weiterhin stark an traditioneller Öffentlichkeit orientierten, würden sich kommerzielle Rundfunkanbieter mehr der Privatsphäre zuwenden und Frauen als Publikum ansprechen wollen (Zoonen 1995:475). Möglicherweise profitierten Journalistinnen in diesem Fall von Vorurteilen Personalverantwortlicher: Es ist denkbar, daß diese stereotype Vorstellungen über weibliche Kompetenzen hegten, wonach Frauen mehr Empathie einbringen oder als qualifizierter gelten, die alltagsweltlichen Elemente in der Berichterstattung zu präsentieren.

Ein Zusammenhang zwischen Inhalt und Geschlecht hinsichtlich der Beschäftigung von Journalistinnen bei privaten Rundfunkanbietern müßte jedoch noch eingehender untersucht werden. Einen Hinweis darauf, daß Beschäftigung von Journalistinnen entlang der Geschlechterlinie verläuft, gibt die horizontale Segregation in diesem Berufsfeld, die Geschlechterkonstruktionen zum Ausdruck bringt. Sie ist Gegenstand des anschließenden Kapitels.

Umstrukturierungsprozesse müssen sich jedoch nicht grundsätzlich als Chancenverstärker für Frauen erweisen. Eine empirische Untersuchung von mehreren britischen Betrieben zeigt z.B., daß die Einführung von Technik und Rationalisierungsmaßnahmen mit horizontalen und vertikalen Segregationsprozessen verbunden war (Cockburn 1988).[32]

---

[31] Zoonen wertete Daten über die Beschäftigung von Frauen (nicht nur Journalistinnen) in europäischen Rundfunkanstalten von Margaret Gallagher 1990 aus (Zoonen 1995:470ff) und führte einen inhaltsanalytischen Vergleich zwischen den Programmen öffentlich-rechtlicher und privater Rundfunkorganisationen durch. Bereits in einer vorangegangenen Untersuchung stellte sie einen Bezug her zwischen der Zunahme der Anzahl von Nachrichtensprecherinnen im niederländischen Fernsehen und Veränderungen von „organizational goals and editorial policy of the national news" (Zoonen 1994:59).

[32] Die von Cockburn ermittelten Hierarchisierungs- und Segregationsprozesse stellen sich unterschiedlich dar. Arbeiten wurden vergeschlechtlicht, d.h. als männliche oder weibliche Tätigkeiten konnotiert. Arbeitsprozesse wurden fragmentiert, um hierarchisierte Tätigkeitsfelder zu schaffen. Drangen Frauen in „männliche Bereiche" ein, wichen Männer in andere Beschäftigungsfelder aus - horizontal, aber auch vertikal. In der Folge ist Arbeit von Männern und von Frauen nicht direkt vergleichbar (Cockburn 1988, als weiteres Beispiel vgl. auch Zachmann 1993).

Die von Klaus angeführten Ereignisse fanden in einem Umfeld statt, in dem frauenfördernde bzw. Gleichstellungsregelungen als breit diskutiertes allgemeingesellschaftliches Thema galten und in verschiedenen Medienorganisationen bereits durchgesetzt worden waren (vgl. z.B. Holtz-Bacha 1995). Vor diesem Hintergrund z.b. berief der *ORB* noch vor Sendebeginn eine Gleichstellungsbeauftragte (Rosenbauer 1992:33). Daß Umstrukturierungsprozesse allein nicht ausschlaggebend waren für Veränderungen in der Geschlechterstruktur, sondern auch entsprechende Rahmenbedingungen, darauf weisen außerdem Überzeugungen mehrerer Journalistinnen in Führungspositionen hin: Sie betonen, daß politischer Gleichstellungsdruck ihre Karriere befördert hätte (Keil 1996:383).

Auch die Zunahme des Frauenanteils im Fernsehjournalismus in den Vereinigten Staaten in den 70er Jahren wird als Folge mehrerer Einflüsse, die denen in Deutschland ähneln, erklärt. Dazu gehört, daß von TV-Eignern in jenen Jahren verstärkt Nachrichtenredaktionen installiert wurden, wodurch Tausende neuer Jobs entstanden (Smith et al. 1989:227). Ein anderer Grund für den Anstieg der Journalistinnenzahl liegt in dem Druck, den die Federal Communications Commission (FCC) ausübte, indem sie Frauen 1971 auf die Minoritätenliste ihrer „equal opportunity employment guidelines" setzte, wodurch eine verstärkte Einstellung von Journalistinnen quasi erzwungen wurde (Smith et al. 1989:227). Stärkere Berücksichtigung von Frauen bei Einstellungen unterstreichen damit die Bedeutung von Gleichstellungsregelungen, wie das „affirmative action program". Doch der steigende Anteil von Frauen in diesen Medien hat nicht denselben Erfolg in Leitungsfunktionen bewirkt (Lafky 1991:173).

2.2.3   Horizontale Segregation

Folgende Beobachtung von Neverla und Kanzleiter Anfang der 80er Jahre beschreibt horizontale Segregation im Journalismus:

> „Männer haben die deutliche Mehrheit an solchen Arbeitsplätzen, die gewissermaßen die Zentren des Berufs darstellen: Es sind dies die klassischen Medien wie Funk, Fernsehen, Tageszeitungen; die klassischen Ressorts wie Politik, Nachrichten, Wirtschaft und Sport; und es sind dies jeweils die politiknahen und aktuellen Themen und Tätigkeitsbereiche. Demgegenüber arbeiten Frauen eher an den Rändern, in den Ecken und Nischen des Berufs: Die Anteile der Frauen sind größer unter den Freiberuflern als unter den Festangestellten, Frauen arbeiten eher in weniger aktuellen und in den politikfernen Ressorts und Medien." (Neverla/Kanzleiter 1984:206)[33]

Hinsichtlich der horizontalen Segregation besteht Anfang der 90er Jahre kein einheitliches Bild. Als „männliche Arbeitsbereiche" (Weischenberg et al. 1994b: 20) erweisen sich nach der Münsteraner Befragung die Ressorts Sport (92% Männeranteil), Wirtschaft (77,5%), Wissenschaft (75,5%) und Aktuelles/Politik

---

[33]   Zu einem ähnlichen Befund kommt auch Ingrid Baldes für die Schweiz (Baldes 1984:74).

(74,2%) (ebd.). Damit haben sich die Ressorts Politik, Wirtschaft, Sport zusammengenommen als „männliche Sperrbezirke" erhalten. 1978/79 betrug der für diese drei Arbeitsgebiete zusammengefaßte Frauenanteil im Hörfunk zwölf Prozent und im Fernsehen elf Prozent (Neverla/Kanzleiter 1984:34). Die für sämtliche Medientypen ermittelte Frauenquote in diesen drei Ressorts liegt in der Münsteraner Untersuchung bei ungefähr sieben Prozent (Weischenberg et al. 1994b:20)[34].

Die horizontale Binnenstruktur im West-Berliner Journalismus weist in den Männer-Domänen für Frauen günstigere Zahlen auf: Ihr Anteil in Sportredaktionen lag 1990 bei zwölf Prozent, in denen von Politik/Nachrichten bei 25 Prozent; verhältnismäßig hoch ist der Frauenanteil im Wirtschaftsressort mit 32 Prozent (Amend/Schulz 1993:25).

Die klassischen Ressorts finden sich mit ähnlichen Bezeichnungen in allen Untersuchungen wieder, und die Zuordnung von Journalistinnen und Journalisten zu ihnen erscheinen vergleichbar. Hinsichtlich der Aufteilung anderer Arbeitsgebiete aber treten erhebliche Differenzen zwischen den Studien auf. Deshalb werden auch „Frauen-Domänen" unterschiedlich beschrieben, wie im folgenden deutlich wird.

Arbeitsgebiete, in denen Journalistinnen überproportional vertreten sind, wurden von Neverla/Kanzleiter zum Bereich ‚Kultur/Erziehung/Gesellschaft' zusammengefaßt; die Frauenquote betrug hier 1978/79 im Hörfunk 28 Prozent und im Fernsehen 26 Prozent (Neverla/Kanzleiter 1998:34).

Nach der Münsteraner Erhebung bestehen besonders hohe Journalistinnenquoten in den Ressorts Ratgeber/Service (64,4%), Soziales/Familie (53,9%) und Unterhaltung (51,8%); der Frauenanteil im Feuilleton wird mit 43,6 Prozent angegeben (Weischenberg et al. 1994b:20). 24 Prozent der Befragten können aber offensichtlich keinem Ressort zugeordnet werden (ebd., eigene Berechnung nach Tab.8).

In West-Berlin waren Journalistinnen 1990 besonders stark vertreten im Bereich ‚Kinder/Jugend/Familie' (82%); das Ressort ‚Frauen' beherrschen sie hundertprozentig; in der ‚Kultur' betrug ihr Anteil etwa 27 Prozent (Amend/Schulz 1993:25).

Mit dem Hinweis auf Zuordnungsschwierigkeiten, wie sie z.B. in der Münsteraner Untersuchung deutlich werden, und vor dem Hintergrund statistischer Probleme aufgrund unterschiedlicher Größenordnungen der Ressorts hat Margret Lünenborg (1997:114f) einen Perspektivenwechsel vollzogen und die Frage

---

[34] In der Münsteraner Untersuchung wird die Geschlechterstruktur in den Ressorts nur in Prozenten angegeben. Der durchschnittliche Frauenanteil für die drei Ressorts insgesamt wurde auf der Basis der von Elisabeth Klaus vorgenommenen Rückrechnung ermittelt (vgl. Klaus 1998:165, Tab.4).

gestellt, wie sich die Gesamtzahl der Journalistinnen und der Journalisten jeweils auf die verschiedenen Ressorts verteilt.

Zwölf Prozent Redakteurinnen in den klassischen Ressorts des Hörfunks bei Neverla/Kanzleiter sind mit 93 eine höhere Zahl an Frauen als mit 68 Journalistinnen, die 28 Prozent im Arbeitsbereich ‚Kultur/Erziehung/Gesellschaft' ausmachen (Neverla/Kanzleiter 1984:34). Der Münsteraner Studie folgend, arbeiten 70 Journalistinnen in der ‚Männer-Domäne' Aktuelles/Politik, wo sie zu 25 Prozent vertreten sind, und 55 Frauen in den ‚Frauen-Ressorts' (Unterhaltung, Ratgeber/Service, Soziales/Familie), wo sie mehr als die Hälfte des redaktionellen Personals stellen (vgl. Lünenborg 1997:114; Weischenberg et al. 1994b:20). Da, wo Frauen zu dominieren scheinen, ist die Beschäftigtenzahl insgesamt relativ gering. Die absoluten Beschäftigtenzahlen zeigen, daß Frauen fast in allen Bereichen (ausgenommen Sport) in vergleichbarer Anzahl vertreten sind.

Auch ein neuer Blick auf die Verteilung von Journalistinnen auf einzelne Medienbereiche führt zu einem ähnlichen Ergebnis: Nach einer von Klaus vorgenommenen Neuberechnung der Münsteraner Daten arbeitet die Mehrheit der Journalistinnen in etablierten Medienbetrieben: 30 Prozent bei Zeitungen, 15 Prozent bei Zeitschriften, 14 Prozent in öffentlich-rechtlichen Anstalten (Klaus 1998:167). Somit sind Journalistinnen 1992 mehrheitlich in Kernbereichen und nicht in Nischen des Berufs tätig.

Horizontale Segregation scheint an Bedeutung verloren zu haben; zu dem Ergebnis kommt Lünenborg aufgrund ihrer Neubewertung der Münsteraner Daten:

„Die horizontale Struktur des Systems Journalismus ist keineswegs (mehr) in dem Maße geschlechtsspezifisch strukturiert, wie es die Forschung uns bislang annehmen ließ. *Frauen weichen nicht in die Nischenressorts aus.* In diesen oftmals kleinen Ressorts bilden sie jedoch proportional eine deutlich größere Gruppe als in den großen, historisch von Männern dominierten Ressorts." (Lünenborg 1997:115, Herv. i.O.)

Vorstellungen, wonach sich Frauen aufgrund spezifisch weiblicher Interessen und Orientierungen eher für ‚weiche Ressorts' bzw. für Ecken und Nischen des Berufs entscheiden, sind auf der Grundlage von Lünenborgs Perspektivenwechsel als Konstruktionen zu entlarven. Diese laufen Gefahr, ein Bild von Frauen als einseitig interessiert oder als defensiv zu zeichnen.

Dennoch darf die übliche Betrachtungsweise der Geschlechterverteilung innerhalb von Ressorts nicht ignoriert werden. Denn die auf dieser Grundlage gewonnenen Daten deuten darauf hin, daß Frauen auf bestimmte Themen festgelegt werden bzw. darauf, daß sie zu bestimmten, vor allem prestigeträchtigen Ressorts weniger leicht Zugang erhalten. Diese Sicht bestätigt auch die unterschiedliche Zufriedenheit von Interviewten mit der bestehenden inhaltlichen Zuordnung: 32 Prozent der West-Berliner Journalistinnen gegenüber 22 Prozent ihrer Kollegen möchten gerne in einem anderen Ressort arbeiten (Amend/Schulz 1993:29f).

Einen Hinweis für themenspezifische Zuweisungen journalistischer Aufgaben an Frauen und Männer auf der Grundlage traditioneller Geschlechterkonstruktionen liefert beispielsweise die geschlechtsstrukturierte Beschäftigung bei privaten Programmanbietern wie *Deutsches Sportfernsehen (DSF)* und dem Nachrichtensender *n-tv*: Der Frauenanteil beim *DSF* beträgt 11,6 Prozent (das sind vier Redakteurinnen und eine Chefin vom Dienst bei 43 journalistisch Beschäftigten insgesamt); bei *n-tv* arbeiteten zwei Redakteurinnen und eine Chefin vom Dienst (zusammen 4,5 Prozent Frauen) neben 64 Journalisten (Lünenborg 1997:137f).

Eine thematische Festlegung von Frauen im Journalismus nehmen sowohl männliche als auch weibliche redaktionell Beschäftigte wahr: Etwa zwei Drittel der West-Berliner Journalistinnen und ungefähr die Hälfte ihrer Kollegen vertreten diese Überzeugung (Amend/Schulz 1993:27).

Aufgabenverteilungen auf der Grundlage traditioneller Geschlechterkonstruktionen gibt es auch innerhalb von Ressorts. Anschaulich schildert das Neverla am Beispiel des „Lokalen" (Neverla 1983:352). Frauen übernehmen in der Regel weniger anerkannte und prestigeträchtige bzw. statussenkende Aufgaben. Entsprechend meinte die Hälfte der West-Berliner Journalistinnen und immerhin ein Viertel ihrer Kollegen, daß brisante Themen Männern vorbehalten bleiben (Amend/Schulz 1993:27)[35].

Auf rund 20.000 schätzt das Münsteraner Forschungsteam die Zahl aller freiberuflich Tätigen von insgesamt 36.000 Journalisten und Journalistinnen in Deutschland (Weischenberg et al. 1993:26). Frauen gelten in diesen ungesicherten Arbeitsverhältnissen als am stärksten vertreten (Neverla 1994:271ff; Wirths 1994:101ff).

Insgesamt muß festgehalten werden, daß Journalistinnen zu den vorteilhafteren, prestige- und zukunftsträchtigen Ressorts, Medien und Anstellungsverhältnissen weniger leicht Zugang haben als Männer: Nach wie vor ist der Journalismus auch horizontal segregiert.

Die Phänomene vertikaler und horizontaler Segregation, wie sie im deutschen Journalismus anzutreffen sind, entsprechen auch Strukturen in der ehemaligen DDR sowie in verschiedenen westeuropäischen Staaten (Lünenborg 1997: 131) oder denen in den USA (Weaver/Wilhoit 1996:10,180ff).

---

[35] Zum Ausdruck kommen geschlechtsspezifische Festlegungen auch im Meinungsbild Schweizer Journalistinnen; drei Viertel der Befragten sind davon überzeugt, andere Themen zu bearbeiten als Männer (Corboud 1988:22).

2.2.4   Zum familiären Status von Journalistinnen

Unterschiede im familiären Status von Journalistinnen und Journalisten werden von der kommunikationswissenschaftlichen Frauen- und Geschlechterforschung als Ausdruck dafür ins Feld geführt, daß dieser Beruf an der männlichen Normalbiographie ausgerichtet ist: Die zeitliche Beanspruchung im Journalismus beeinträchtigt Frauen hinsichtlich Vereinbarkeit von Familie und Beruf (vgl. z.B. Neverla/Kanzleiter 1984:41ff; Becker 1980:214ff). Inwieweit neuere Daten zum Familienstand darüber Aufschluß geben, wird im folgenden deutlich.

50 Prozent der befragten West-Berliner Journalistinnen gegenüber 67 Prozent ihrer Kollegen leben mit einem Partner oder einer Partnerin zusammen (Amend/Schulz 1993:35). 80 Prozent der Frauen, aber nur 52 Prozent der Männer sind kinderlos. Insgesamt scheinen sich Journalisten mehr Kinder „leisten" zu können als Journalistinnen: 16 Prozent der Frauen, 22 Prozent der Männer haben ein Kind. Als Elternteil von zwei Kindern präsentieren sich drei Prozent der Journalistinnen gegenüber 19 Prozent der Journalisten (ebd.). Sieben Prozent der Männer haben drei oder mehr Kinder; Journalistinnen sind in dieser „Kategorie" nicht vertreten (ebd.).

Nicht ganz so krass, aber dennoch deutlich stellen sich diese Unterschiede in der Münsteraner Untersuchung dar: 62 Prozent der Journalistinnen gegenüber 50,5 Prozent der Journalisten sind kinderlos (Weischenberg et al. 1994b:15). Ein Kind hat fast jede Fünfte bzw. gut jeder Fünfte; zwei Kinder 13,7 Prozent der Journalistinnen gegenüber 20,7 Prozent der Journalisten; mehr als drei Kinder haben 5,3 Prozent der Frauen, gegenüber 7,5 Prozent der Männer (ebd.:14f). 73,4 Prozent der männlichen, aber nur 61,8 Prozent der weiblichen Befragten leben 1993 mit einem Partner oder einer Partnerin zusammen - mit bzw. ohne Trauschein (Weischenberg et al. 1994b:14).

Zwischen beiden Untersuchungen bestehen wesentliche Differenzen hinsichtlich der Daten von Frauen. Eine Ursache dafür könnte in soziostrukturellen Prozessen liegen bzw. durch die Großstadtsituation beeinflußt sein. Berlin verfügt zwar nach Hamburg über die meisten Ein-Personen-Haushalte (Statistisches Bundesamt 1995:65), doch sind diese Daten nicht nach Geschlecht differenziert und können auf Männer im gleichen Umfang zutreffen wie auf Frauen.

Ein deutlicherer Zusammenhang ist bei der Zusammensetzung der unterschiedlichen Samples anzunehmen. Der höhere Anteil von Müttern im bundesweiten Sample könnte im Vergleich zu Berlin dadurch erklärt werden, daß die Münsteraner Untersuchung freiberuflich Tätige berücksichtigt. Wiederholt wird darauf hingewiesen, daß Frauen durch freiberufliche Arbeitsverhältnisse Journalismus und Familie zu vereinbaren suchen (Wirths 1994; Fürst 1989:148f; Neverla/Kanzleiter 1984:155ff; Becker 1980:223). Einige Journalistinnen sind sich allerdings bewußt, daß sie sich dadurch in der Regel der Vorteile benehmen, die eine Festanstellung mit sich bringt (Neverla/Kanzleiter 1984:171ff).

Insgesamt können die Daten zur familiären Situation als Hinweis für spezifische Strukturen des Journalismus' verstanden werden, die Vereinbarkeit von Familie und journalistischem Beruf beeinträchtigen. Darauf deuten auch Aussagen von Interviewten in West-Berlin hin: 13 Prozent der Journalistinnen gegenüber drei Prozent ihrer Kollegen verzichten wegen des Berufs auf Kinder (Amend/Schulz 1993:36).

In mehreren Untersuchungen wird zudem deutlich, daß Arbeitszeiten in diesem Beruf mit der Betreuung von Kindern bzw. deren Organisation kollidieren (Becker 1980:216; Neverla/Kanzleiter 1984:155ff)[36].

Von den kinderlosen Befragten äußern zwar etwa gleich viele Journalistinnen wie Journalisten (27% zu 24%) ihren Kinderwunsch, doch zeigen sich mehr Frauen als Männer unsicher, diese Frage zu beantworten (15% gegenüber 6%) (Amend/Schulz 1993:35). Zumal deutlich mehr Journalisten bereits Väter sind, scheint Frauen in diesem Beruf insgesamt die Entscheidung für Kinder weniger leicht zu fallen als ihren Kollegen.

Der Schluß liegt nahe, daß Journalistinnen nicht weniger familienorientiert sind als Journalisten, sondern daß Kinder für sie eher mit einschneidenden persönlichen und beruflichen Konsequenzen verbunden sind. Dennoch beeinflußt die Familienorientierung von Journalistinnen nicht ihre beruflichen Ziele bzw. Karrierepläne: Zwar liegt in der Verantwortung für eigene Kinder bei 23 Prozent der West-Berliner Journalistinnen wie Journalisten ein Grund neben anderen, auf einen Aufstieg zu verzichten (Amend/Schulz 1993:33), doch viele karriereorientierte Frauen sehen in der Familie keinen Hinderungsgrund für ihre Ambitionen (Schulz 1993a:93f).

Einen weiteren Hinweis auf mangelhafte Kompatibilität von beruflichen Verpflichtungen im Journalismus und familiären Aufgaben kann aus einem Vergleich zum Bevölkerungsdurchschnitt gelesen werden: Nur jede zweite der erwerbstätigen Frauen (55,8 %) ist Mutter (Statistisches Bundesamt 1995:108)[37].

Im Vergleich zu Ende der 70er sind Anfang der 90er Jahre Unterschiede im Familienstand geringer: nach Schätzwerten, denen Angaben von Kindergeld und Steuerklasse zugrunde liegen, waren 1980 in Rundfunkanstalten nur ein Fünftel der Journalistinnen Mütter, und zwar von einem Kind, das von ihnen bzw. von ihrer Familie abhängig ist (Neverla/Kanzleiter 1984:41). Während 18 Prozent der Männer zur Steuerklasse der Alleinstehenden unter 50 bzw. ohne Kinder gehörten, waren es 46 Prozent der Frauen (ebd.:42).

Annäherungen in der Familiensituation von Journalistinnen und Journalisten lassen sich ablesen. Sie können auch als Hinweis auf veränderte Orientierungen bzw. Ausdifferenzierungen von Lebensläufen gewertet werden.

---

[36] Dies scheint z.B. auch für den Journalismus in der Schweiz (Corboud 1988:16ff) und in Österreich (Angerer 1995:9) zu gelten.

[37] Vergleichszahlen für Männer liegen nicht vor.

2.2.5   Alltagserfahrungen in Medienorganisationen

In traditionell von Männern dominierten und geprägten Redaktionen herrschen Umgangsformen, die als Ausschlußmechanismen wirken können. Medienorganisationen bilden darüber hinaus den Rahmen, in dem Journalistinnen verschiedene Formen direkter und indirekter Diskriminierungen erleben, die über die bereits sichtbar gewordenen Strukturen hinausgehen. Dies gilt nicht nur für Deutschland, sondern erscheint als internationales Phänomen:

> „The most important barrier within the organization comes from the attitudes of male colleagues and decision makers. (...)
> Whatever paticular cultural form they may take, discriminatory attitudes towards women on the workfloor seem to be common practice in media production world wide." (Zoonen 1994:52)

Beispiele geschlechtsspezifischer Erfahrungen von Journalistinnen werden im folgenden dargestellt, um Bedingungen von Frauen in diesem Beruf zu verdeutlichen.

Journalistinnen erleben ihre Medienorganisationen in der Regel als männliche Öffentlichkeiten (Neverla 1986b:215ff). In verschiedenen Studien verweisen Interviewte z.B. darauf, daß Männer sich selbst in Szene setzen oder sich durch Kritik von Ihren Kollegen und Kolleginnen abgrenzen (Angerer et al. 1995:16; Neverla/Kanzleiter 1984:87ff; Draht 1977:213). Als besondere Bühne für Selbstdarstellungen dienen vielfach Redaktionskonferenzen (Neverla/Kanzleiter 1984:100ff; Becker 1980:170ff).

In der Regel bringen Journalistinnen ihre Abneigung gegenüber solchen Ritualen zum Ausdruck, die als Teil einer männlichen Karrierekultur verstanden werden. In diesem Zusammenhang kritisieren sie auch den Zusammenhalt von Kollegen bzw. die Existenz von Männerbünden (Schulz 1993a:80ff; Neverla/Kanzleiter 1984:87ff; Becker 1980:185). Daß Journalisten mehr protegiert werden als Journalistinnen, davon zeigen sich entsprechend fast die Hälfte aller interviewten West-Berliner Journalistinnen und 21 Prozent ihrer Kollegen überzeugt (Amend/Schulz 1993:27).

Das Arbeitsklima von Journalistinnen scheint durch eine „rauhe Herzlichkeit" (Neverla/Kanzleiter 1984:87) geprägt zu sein. Zu alltäglichen, als männlich empfundenen Umgangsformen, von denen sich Journalistinnen distanzieren, gehören eine „väterlich-nachsichtige Attitüde" (Becker 1980:181), starker „Alkoholkonsum" und „sexistisches Gerede" (Neverla/Kanzleiter 1984:147).

Ob tatsächlich dem Alkohol zugesprochen wird, ist nicht belegt. Doch über diskriminierende Äußerungen und verbale Belästigungen beklagen sich Journalistinnen verschiedentlich (Angerer et al. 1995:10; Amend/Schulz 1993:27; vgl. auch Corboud/Schanne 1987:296). Nicht nur sie, sondern auch Männer nehmen entsprechende Verhaltensweisen wahr: 41 Prozent der West-Berliner Journalisten (und 57 Prozent ihrer Kolleginnen) hören frauenfeindliche Sprüche in ihrem redaktionellen Umfeld (Amend/Schulz 1993:27).

Männlicher Umgangston kann als Ausschlußmechanismus wirken: Einerseits sind Frauen, die sich von bestimmten Ritualen distanzieren, in Redaktionen weniger präsent (Klaus 1998:180), andererseits fühlen sich einige als Außenseiterinnen oder Fremde (Neverla 1986b:217; Neverla/Kanzleiter 1984:148). Damit einher gehen Erfahrungen, sich an vorherrschende Umgangsformen anpassen zu müssen, was zuweilen zur Infragestellung der eigenen Weiblichkeit führt (Neverla/Kanzleiter 1984:148) und einen Balanceakt (vgl. auch Werner/Bernardoni 1987b:104ff; Neverla 1986a) erfordert.

Neben subtil wirkenden Diskriminierungen erfahren Journalistinnen direkte persönliche Herabsetzungen. Vereinzelt berichten sie von sexueller Belästigung am Arbeitsplatz (Klaus 1995b:83, 173; Angerer et al. 1995:10; Schulz 1993a: 86f). Ein anderes Beispiel direkter Diskriminierung ist der Umgang mit journalistischen Leistungen, der bereits beim Einkommen von Journalistinnen angesprochen wurde. Zu Alltagserfahrungen von Journalistinnen gehört, daß ihnen ihre Fehler negativer ausgelegt werden als ihren Kollegen (Neverla/Kanzleiter 1984:88; Angerer et al. 1995:10). 40 Prozent der weiblichen und 20 Prozent der männlichen Befragten in West-Berlin vertreten entsprechend die Ansicht, daß Frauen mehr kritisiert werden als Männer (Amend/Schulz 1993:27).

Die Skizze direkter und indirekter Diskriminierungen macht deutlich, daß Frauen innerhalb von Medienorganisationen Verhaltensweisen und einem Klima begegnen, die ihre Situation negativ bestimmen. Weitere Erkenntnisse zum Geschlechterverhältnis in Organisationen allgemein werden in Kap. 3.2.2 dargestellt.

2.2.6   Zur Frage nach einem ‚weiblichen Journalismus‘

Einen wichtigen Stellenwert räumt kommunikationswissenschaftliche Frauen- und Geschlechterforschung auch Aspekten berufsbezogener Einstellungen und Orientierungen ein, die möglicherweise geschlechtsspezifisch geprägt sind und als ‚weiblicher Journalismus‘ bezeichnet werden. Er wurde untersucht unter anderem am journalistischen Selbstverständnis und anhand von Präferenzen in der Berufsausübung (z.B. Themenwahl, Vorlieben für bestimmte Recherchemethoden und Darstellungsformen) (Angerer et al. 1995:10; Keil 1992; Neverla/Kanzleiter 1984:136ff,144ff; Becker 1980:194ff)

Da empirische Untersuchungen in unterschiedlichem Ausmaß und mit divergierenden Methoden Bezug auf die aufgelisteten Aspekte nehmen, erweisen sich ihre Forschungsergebnisse als unterschiedlich ergiebig. Einzelne namhafte Journalistinnen negierten in Interviews eine geschlechtsspezifische Ausprägung von Journalismus (L.Rosh und U.Wolf in: Steen 1988:62,75). Vor diesem Hintergrund wird das Thema nach wie vor als Frage diskutiert: Gibt es einen ‚weiblichen Journalismus'? (Klaus 1998:190; Keil 1992). Antwortmöglichkeiten darauf werden in den folgenden Unterkapiteln erörtert.

2.2.6.1 Journalistisches Selbstverständnis

Seit Ende der 60er Jahre wurde in der Kommunikatorforschung das Rollen-selbstbild von Journalisten (und mittlerweile auch Journalistinnen) untersucht, weitgehend in Form geschlossener Fragen (z.b. Arbeitsgemeinschaft für Kommunikationsforschung (AfK) 1974; Köcher 1985; Weischenberg 1989; Schön-bach et al. 1994). Das Forschungsinteresse galt im wesentlichen politischen und ethisch-moralischen Vorstellungen von Kommunikatoren und orientierte sich an den ‚öffentlichen Aufgaben' von Massenmedien (Donsbach 1982:19ff).

Fragen nach der individuellen Bedeutung dieser Aufgabenprofile oder Ziele für Journalistinnen und Journalisten ergaben keine nennenswerten Unterschiede im Antwortverhalten von Männern und Frauen: Gleichermaßen sahen sie ihre Aufgaben in der ‚Informations- und Vermittlungsfunktion' und orientierten sich an Berufsbildern wie ‚Anwalt der Schwachen', ‚Kritiker und Kontrolleur' und ‚Erzieher' (Keil 1992:44f)[38].

Auch in neueren Studien zeigen Frauen ein ähnliches journalistisches Selbst-verständnis wie Männer (Schneider et al. 1994:208ff; Weischenberg et al. 1994b:31ff; Amend/Schulz 1993:36ff).[39] Dies gilt im übrigen auch für die USA (Weaver/Wilhoit 1996:186ff). Als wichtigste journalistische Ziele werden in der Münsteraner Untersuchung von beiden Geschlechtern angeführt: das ‚Publikum neutral und präzise zu informieren', ‚komplexe Sachverhalte zu erklären', ‚mög-lichst schnell Informationen zu vermitteln' (Weischenberg et al. 1994b:31)[40].

Auch die männlichen und weiblichen Befragten in West-Berlin unterscheiden sich nicht in den Bewertungen journalistischer Aufgaben (Amend/Schulz 1993:36f). Einzig in den neuen Bundesländern gibt es eine Ausnahme: Journali-stinnen verstehen sich häufiger als ‚Sprachrohr der Bevölkerung' als ihre Kolle-gen (Schneider et al. 1994:208).

Insgesamt scheint das berufliche journalistische Selbstverständnis nicht von geschlechtsspezifischen Erfahrungen und Interessen geprägt zu sein. Vorstellun-

---

[38] Keil ermittelte dieses Ergebnis auf Basis älterer Studien, ergänzt durch empirisches Material, das sich auf Dortmunder Lokaljournalisten und Lokaljournalistinnen bezieht (Keil 1992:44).

[39] Die zitierten Studien sind nicht direkt vergleichbar: In West-Berlin wurden in einer vierstufigen Rangskala nach der Wichtigkeit vorgegebener Aufgaben gefragt (Amend/Schulz 1993:36f); die Münsteraner Studie ermittelte, ob 21 angebotene bzw. abgefragte Ziele für die Befragten voll/ überwiegend, teils/teils oder wenig/nicht zutrafen (Weischenberg et al. 1994b:31). Die Hanno-veraner Untersuchung differenziert ihre Angaben für die alten Bundesländer nicht nach Ge-schlecht. Sie fragte nach Zustimmung zu dreizehn vorgegebenen Aufgaben (Schneider et al. 1994:208ff).

[40] Der hohe Stellenwert der Vermittlungsfunktion des Journalismus' wird im wesentlichen auch durch die Hannoveraner Untersuchung bestätigt (Schneider et al. 1993b:370ff).

gen journalistischer Ziele und Aufgaben werden eher durch berufliche Soziali-sation beeinflußt sowie durch journalistische Inhalte und Zielvorgaben vor allem von Ressorts (Weischenberg et al. 1994b:39) und von einzelnen Medien (Schulz 1993b:551ff). Berufliche Orientierungen von Journalistinnen stehen anscheinend „eher mit den Anforderungen und den Möglichkeiten ihrer spezifischen Arbeits-bereiche in Zusammenhang" (Neverla/Kanzleiter 1984:138).

Das normative, standardisierte Berufsverständnis, das für traditionelle Tätig-keitsfelder entwickelt wurde, stellt sich vor diesem Hintergrund als wenig sinn-voll zur Untersuchung *geschlechtsspezifischer* beruflicher Vorstellungen dar (Lünenborg 1996:365). Neben dem normativen Ansatz erweist sich zusätzlich als ungünstig, daß sich das Untersuchungsinstrument „an einem nicht mehr zeit-gemäßen Berufsbild orientiert" (Klaus 1998:198). Mögliche geschlechtsspezifi-sche Unterschiede, die sich auf massenmediale Aussagenproduktion auswirken, werden hingegen eher in bezug auf berufliche Vorgehensweisen und inhaltliche Schwerpunktsetzungen von Journalistinnen zum Ausdruck gebracht.

2.2.6.2 Präferenzen im Rahmen der Berufsausübung

Differenzen zwischen Journalisten und Journalistinnen hinsichtlich beruflicher Arbeitsmethoden oder Darstellungsinteressen wurden bisher nur ansatzweise empirisch untersucht.

Einzelne Journalistinnen betonen eigene geschlechtsspezifische Besonder-heiten in der Art, wie sie ihren Beruf ausüben (Bürger 1986:160ff; z.B. U. König in Steen 1988:101; Corboud 1988:22f). Bei einigen kommt soziale Orientierung zum Ausdruck; andere streichen ihre für diesen Beruf erforderlichen Charakter-eigenschaften heraus, z.B. ‚Menschenliebe' oder ‚ehrliches Interesse an Men-schen' (Neverla/Kanzleiter 1984:139). Betont wird außerdem, daß Frauen sensi-bler und einfühlsamer seien (Angerer et al. 1995:10; Corboud 1988:22).

Einige Journalistinnen weisen darauf hin, daß geschlechtsspezifische Fähig-keiten, die sie in den Beruf einbringen, bei Interviewten besonderes Vertrauen wecken und diese sich in der Folge stärker öffnen würden (U.König in Steen 1988:101; Neverla/Kanzleiter 1984:140). Die Annahme, daß Frauen über diese Eigenschaften verfügen, führt auf betrieblicher Seite dazu, diese entsprechend zu nutzen: Z.B. werden Journalistinnen bevorzugt auf Verweigerer von Interviews angesetzt (Neverla/Kanzleiter 1984:140). Frauen betonen aber auch, daß sie anders als Männer das ihnen entgegengebrachte Vertrauen in der Regel nicht ausnutzen bzw. vereinbarte Vertraulichkeit einhalten (ebd.:139ff; vgl. auch Keil 1992:48). Die „Legitimität fraglicher Methoden der journalistischen Recherche"

48

(Schneider et al. 1994:220) beurteilen allerdings beide Geschlechter gleichermaßen - so in einem Vergleich ostdeutscher Journalistinnen und Journalisten.[41] Sogenannte weibliche Kommunikationstechniken und ihr Einfühlungsvermögen bringen Journalistinnen nach Ansicht einzelner befragter Frauen nicht nur in die Interviewführung als eine geschätzte Extraqualifikation ein (Neverla/Kanzleiter 1984:141), sondern sie werden auch in der innerbetrieblichen Interaktion besonders hoch angesehen (ebd.:188). Dazu gehören auch kooperative Umgangsformen in der Redaktion, die manche Frauen bei Männern vermissen (z.B. A. Garbrecht in: Steen 1988:121).

Der für West-Berlin geltende Vergleich in bezug auf einen eigenen Arbeitsstil und eigene Arbeitstechniken zeigt, daß Männer drei von vier Aspekten ähnliche Bedeutung beimessen wie Frauen (Amend/Schulz 1993:37). Ein Unterschied besteht jedoch in dem Interesse, mit Kolleginnen oder Kollegen über Beiträge zu diskutieren: Dies ist 39 Prozent der Journalistinnen, aber nur 28 Prozent der Journalisten sehr wichtig. Der bei Journalistinnen stärker verbreitete Kommunikationswunsch kann als ein höherer Anspruch an die Qualität journalistischer Arbeit, zumindest als Bestreben nach einer stärkeren inhaltlichen Auseinandersetzung gewertet werden. Es könnte darin aber auch Unsicherheit von Frauen gegenüber ihren eigenen journalistischen Leistungen zum Ausdruck kommen. Dieser Interpretation widersprechen andere Ergebnisse: Die Mehrheit Schweizer Journalistinnen bringt ein ausgeprägtes Selbstbewußtsein zum Ausdruck mit dem Hinweis, daß hinter ihrer Arbeit mehr Aufwand stecke als hinter der ihrer Kollegen (Corboud 1988:22). Bei Journalistinnen in Deutschland ist der durchschnittliche Zeitaufwand für Recherchieren und Texten jedoch mit 14 und vier Minuten nur unwesentlich höher als bei Journalisten (Weischenberg et al. 1994b:28). Der Wert wird zudem beeinflußt durch den bei Männern höheren Aufwand für Selektion und Redigieren von Texten von Kollegen und Kolleginnen, der sich durch ihre durchschnittlich höhere Position erklärt (ebd.:28f).

In einer Sekundärauswertung der von Uta van Steen (1988) mit zwölf prominenten Journalistinnen geführten Interviews ermittelte Klaus (1998:194) zwei weitere Aspekte, wonach Journalistinnen meinen, anders vorzugehen als ihre Kollegen. Hinsichtlich der Darstellungsform betonten mehrere Frauen, daß sie ihre eigene Persönlichkeit stärker in ihre Texte einbringen (ebd.). Darüber hinaus würden Frauen

„tendenziell alltagsnähere Themen wählen, die Relevanz von Themen anders bewerten und diese von einem anderen Blickwinkel aus bearbeiten." (ebd.:193; vgl. auch Corboud 88:22).

In verschiedenen geschlechtervergleichenden Untersuchungen in anderen Ländern, vor allem in den USA, werden jedoch keine Unterschiede bei Selektions-

---

[41] Da die Vergleichsgruppe der aus Westdeutschland stammenden Frauen relativ klein ist, wird deren Antwortverhalten an dieser Stelle nicht weiter berücksichtigt (Schneider et al. 1994:213).

und Bewertungskriterien von Männern und Frauen festgestellt (Zoonen 1994:54f; Holtz-Bacha 1990:499). Einzige Ausnahme scheinen Frauenbelange zu sein, denen Journalistinnen besondere Aufmerksamkeit entgegenbringen (Zoonen 1994:54f). Sowohl in den Niederlanden, als auch in Dänemark laden Journalistinnen bevorzugt Sprecherinnen gegenüber Sprechern ein (ebd.). Eine Inhaltsanalyse von Monika Weiderer zeigt, daß Redakteurinnen im deutschen Fernsehen verhältnismäßig mehr über frauenspezifische Themen berichten als Männer (Weiderer 1993:295).

Deutlich kommen geschlechtsspezifische Orientierungen bei Journalistinnen zum Ausdruck, die sich schwerpunktmäßig mit frauenpolitischer Berichterstattung befassen (Lünenborg 1990, 1997). Ihr frauenpolitisches Selbstverständnis wirkt sich auf berufliche Vorstellungen und Arbeitsweisen aus (Lünenborg 1997:337).

Obwohl viele Journalisten und Journalistinnen davon überzeugt sind, daß Frauen anders berichten und anders vorgehen als Männer (Amend/Schulz 1993:37; Corboud 1988:22), bietet die geschlechtsbezogene Medienforschung nur wenig Daten, die diese Annahme beweisen. Selbstauskünfte einzelner Journalistinnen bestätigen zwar geschlechtsspezifische Orientierungen und Interessen hinsichtlich einzelner Aspekte. Aber die Hälfte der in West-Berlin befragten Journalistinnen zeigt sich davon überzeugt, daß es keine geschlechtsspezifische Berichterstattung gibt - neben zwei Drittel der männlichen Interviewten (Amend/ Schulz 1993:37). Dabei muß gefragt werden, ob das Ausblenden von Geschlecht in der etablierten Berichterstattung als „männlicher Journalismus" verstanden werden muß.

Einzelne Journalistinnen streichen besonders heraus, daß ihre Arbeit keine geschlechtsspezifische Ausprägung kennzeichnet (L.Rosh und U.Wolf in: Steen 1988:62,75):

> „Erwartungsgemäß stieß die Frage nach einem ‚weiblichen' Arbeitsstil am häufigsten auf Unverständnis, Ablehnung und Unwillen. Eine häufig formulierte Reaktion lautete, es gäbe keinen geschlechtsspezifischen Unterschied, die entgegengesetzte hieß, damit würde etwas als ‚weiblich' stilisiert, eine ‚Ikonisierung des Weiblichen' (Gudrun-Axeli Knapp) unternommen." (Angerer et al. 1995:10).

Die kritische Einstellung von Interviewten gegenüber Fragen zu geschlechtsspezifischen beruflichen Arbeitsstilen könnte als eine Abwehr gegen Weiblichkeitskonstruktionen verstanden werden, die Frauen für sich als nachteilig empfinden.

Die in der Theoriediskussion deutlich gewordenen Implikationen von Vorstellungen zu Geschlechtergleichheit oder Geschlechterdifferenz (vgl. Kap.1) können anscheinend auch in Einstellungen von Journalistinnen zum Ausdruck kommen.

Insgesamt betrachtet gibt es Hinweise auf geschlechtsspezifische Akzentsetzungen, aber systematische geschlechtsspezifische Unterschiede hinsichtlich

Themenwahl und -bearbeitung sowie journalistischer Vorstellungen sind kaum nachgewiesen.

> „Der Versuch, besondere Eigenschaften von Frauen dingfest zu machen, führt vielmehr auf die
> im Journalismus wirkenden ideologischen Vorstellungen von „Weiblichkeit" zurück und ist
> deshalb immer auch Ausdruck und Bestätigung ihrer Minderbewertung. Nur als im System Be-
> nachteiligte, nicht als darin (abweichend) Handelnde stellen Journalistinnen eine homogene
> Gruppe dar." (Klaus 1998:217)

Die Frage nach einem ‚weiblichen Journalismus' muß also offen bleiben.

2.3 Journalistinnen und geschlechtsspezifische Berufszusammenschlüsse - zur Problemstellung

Das vorangegangene Kapitel veranschaulicht die geschlechtshierarchische Struktur des Journalismus und Diskriminierungen von Frauen in diesem Beruf. Darüber hinaus zeigt es, daß geschlechtsspezifische journalistische Interessen und Ziele zwar nur ansatzweise nachgewiesen werden, aber zumindest in Einzelfällen bestehen. Vor diesem Horizont stellt sich die Frage, ob Journalistinnen etwas gegen berufliche Ungleichheit unternehmen bzw. unternehmen wollen und welche Strategien sie gegebenenfalls für die Durchsetzung ihrer Interessen wählen. Der Fokus der vorliegenden Untersuchung richtet sich auf Motivationen von Redakteurinnen zu *kollektivem Handeln*. Denn zur Durchsetzung von Interessen versprechen Allianzen einen größeren Erfolg als Aktionen von Einzelnen (vgl. Sofsky 1991:187). Berufliche Zusammenschlüsse von Frauen gelten zudem als Pendant bzw. als Gegenmacht zu Seilschaften unter Männern.

In empirischen Arbeiten zur Situation erwerbstätiger Frauen werden immer wieder ihre Ausgrenzung aus Männerzirkeln und daraus resultierende Auswirkungen für sie thematisiert (im Journalismus: z.B. Zoonen 1994:51f; Schulz 1993a:81f; allgemeiner Überblick vgl.: Werner/Bernardoni 1987a:69f). Hingegen sind Entscheidungen von Frauen, sich geschlechtsspezifischen, professionsbezogenen Zusammenschlüssen anzuschließen, weder in der kommunikationswissenschaftlichen Berufsforschung noch in der Frauen- und Geschlechterforschung explizit untersucht worden. Auch Fragen zu Ursachen zuweilen deutlich erscheinender Präferenzen für bestimmte Handlungsformen sind bis zum gegenwärtigen Zeitpunkt offen geblieben.

Aktives Engagement in der Frauenbewegung (Überblick vgl. Dackweiler 1995:116ff) sowie Interessen und Partizipationsmuster von Frauen für öffentliches Engagement in Frauenverbänden und in gemischtgeschlechtlichen Organisationen (z.B. Parteien, Gewerkschaften und Wohlfahrtsverbänden) sind zwar Gegenstand wissenschaftlicher Betrachtungen (vgl. Ballhausen et al. 1986). Jedoch sind dort Anleihen nur bedingt möglich, vor allem weil die Zusammenschlüsse sich auf andere Handlungsinhalte bzw. -ziele beziehen. Bei professionsbezogenen Verbindungen stehen berufliche Handlungsziele im Mittelpunkt, die ein relativ enges Aktionsfeld markieren. Das hat zur Folge, daß sich die Auswahl potentieller Mitglieder auf eine bestimmte Gruppe von Frauen beschränkt: Sie wird durch ihre Berufs- bzw. Branchenzugehörigkeit definiert.

Mit der vorliegenden Arbeit ist ein Beitrag zur Schließung der aufgezeigten Lücke intendiert. Es sollen Motivationen von Journalistinnen zu kollektivem Handeln untersucht werden, dessen Ziele einen Bezug haben zu ihrer Geschlechtersituation. Im einzelnen sind also folgende Fragen zu beantworten:

- Welche Einstellung äußern Redakteurinnen dazu, anstatt als Einzelne im Verbund mit anderen Frauen Einfluß auf ihre berufliche Situation zu nehmen?
- Was beeinflußt Motivationen von Redakteurinnen, sich mit Kolleginnen zusammenzuschließen?

Das Forschungsinteresse gilt nicht Bedingungen des Entstehens massenmedialer Aussagen. ‚Handeln' bezieht sich in der vorliegenden Arbeit somit nicht auf journalistisches Vorgehen und damit nicht auf Fragen zur Technik des Recherchierens bzw. Schreibens oder zur Themenauswahl[42]. Im Mittelpunkt steht vielmehr Handeln von Redakteurinnen zur Verbesserung ihrer beruflichen Situation (oder eventuell zu deren Stabilisierung für den Fall, daß möglichen negativen Entwicklungen vorgebeugt werden soll). Es könnte beispielsweise der Erweiterung journalistischer Spielräume dienen, der Durchsetzung eigener beruflicher Interessen oder der Abwehr ungünstiger, von ihnen abgelehnter Bedingungen, insbesondere dem Abbau geschlechtsspezifischer Hierarchien. Gemeint sind damit Aktivitäten in oder außerhalb von Medienorganisationen, die nicht unmittelbar der Erfüllung vorgegebener Arbeitsaufgaben und -pflichten dienen.

Die Bedeutung geschlechtsspezifischer Zusammenschlüsse wird ersichtlich anhand von Vorzügen für Zugehörige auf der einen Seite und ihren Nachteilen für Außenstehende auf der anderen Seite. Dies wird im nachfolgenden Teilkapitel gezeigt. Die Vernachlässigung ihrer wissenschaftlichen Erforschung hat zur Konsequenz, daß erste Hinweise für die vorliegende Untersuchung auch aus populärwissenschaftlicher und handlungsanleitender Literatur gewonnen werden, in Kap. 2.3.2 zudem ergänzt durch Veröffentlichungen einzelner engagierter Mitglieder von Frauennetzwerken.

Vorteile und Chancen, die Handlungsverbunde ihren Mitgliedern eröffnen, sowie das entsprechende Angebot speziell im Medienbereich, welches anschließend, im zweiten Teilkapitel, dargestellt wird, lassen die Vermutung eines star-

---

[42] Journalistische Arbeitsweisen und -inhalte finden allenfalls Berücksichtigung im Zusammenhang mit Interessen von Redakteurinnen, gemeinsam mit Kolleginnen eventuell bestehende weibliche Präferenzen für Arbeits- und Darstellungsformen bzw. -inhalte zu etablieren.

52

ken Interesses von Journalistinnen am gemeinsamen Handeln mit Kolleginnen nicht unwahrscheinlich erscheinen.

Jedoch das in einzelnen empirischen Forschungsarbeiten ermittelte Meinungsbild, das in Kapitel 2.3.3 dargelegt wird, ruft Zweifel an der Annahme besonderer Motivationen kollektiven Handelns von Journalistinnen hervor. Auf der einen Seite dokumentieren einzelne Untersuchungen unterschiedliche, teilweise negative Einstellungen gegenüber kollektivem Handeln. Auf der anderen Seite bringen in jüngerer Zeit Befragte ihre zustimmende Haltung zum Ausdruck, die aber von einem geringen Organisationsgrad begleitet ist. Der vermeintliche Widerspruch zwischen dem Erkennen von Vorteilen geschlechtsspezifischer Zusammenschlüsse für deren Mitglieder einerseits und einem Verzicht auf kollektives Handeln andererseits hebt die Bedeutung des Untersuchungsthemas hervor. Die Analyse unterschiedlicher Untersuchungsergebnisse, in denen sowohl ablehnende, als auch befürwortende Haltungen von Journalistinnen gegenüber beruflichen Handlungsverbunden von Frauen deutlich werden, führt zu einer Konkretisierung der Forschungsperspektive der vorliegenden Arbeit.

2.3.1   Zur Bedeutung von Zusammenschlüssen im Beruf

Möglichkeiten, die Handlungsverbunde ihren Mitgliedern bieten, und ihre Auswirkungen für Ausgegrenzte bzw. Nicht-Dazugehörende verdeutlicht ein klassisches Beispiel männlicher Seilschaften: das ‚old-boys-network'. Seine Funktionsweisen und Charakteristika werden zur Illustrierung seiner Macht im folgenden näher ausgeführt. Old-boys-networks blicken auf eine lange Tradition zurück. Sie haben ihren Ursprung in Großbritannien, wo sich seit Generationen ehemalige Schüler der verschiedenen public schools als „old boys" bezeichnen (vgl. im folgenden insbes. Segerman-Peck 1994:39ff). Colleges sind bis in die jüngste Vergangenheit vornehmlich geschlechtsspezifische Lehranstalten geblieben. Persönliche Beziehungen, die ihre Mitglieder oft ein Leben lang verbinden, werden damit bereits in der Schule, also in der Zeit vor ihrer Berufstätigkeit entwickelt.

Die ehemaligen Eliteschüler, um die es sich dabei vornehmlich handelt, halten ein eng geknüpftes Kontaktnetz mit ihren Schulkameraden aus dem eigenen sowie aus vorangegangenen und nachfolgenden Jahrgängen aufrecht. Aktuelle Informationen, wie eine neu zu besetzende Arbeitsstelle, machen innerhalb des Netzwerks schnell die Runde: Bewerber aus den eigenen Reihen werden in der Regel vom Entscheidungsträger, der die Einstellung vornimmt, bevorzugt. Damit sichert er sich die Loyalität neuer Mitarbeiter und kann darüber hinaus erwarten und davon profitieren, daß der Neue eine ähnliche Weltanschauung vertritt wie er selbst (Segerman-Peck 1994:39).

Beziehungen in anderen Seilschaften von Männern reichen nicht immer bis in die Schul- oder Studienzeit zurück; oft haben sich Mitglieder erst zu einem späteren Zeitpunkt ihres Lebens, z.B. an der Universität, kennengelernt; zuweilen während ihrer Tätigkeit in einem Unternehmen, in dem Kollegen sie in einen bestehenden Verbund integrieren bzw. mit ihnen einen solchen entwickeln. Die Bezeichnung „old-boys-network" hat die Frauenforschung aufgegriffen, um männliche Seilschaften oder auch um Männerkoalitionen zu benennen, die gebildet werden, um z.b. den Aufstieg einer Kollegin zu verhindern (vgl. u.a. Schulz 1993a; Kruse et al. 1991; Veith 1988; Werner/Bernadoni 1987a; Neverla 1986a). Die Studien erwecken den Eindruck, daß sich der Zusammenhalt von „old boys" auf das männliche Geschlecht schlechthin ausdehnt: Beim Auftreten weiblicher Konkurrenz scheint sich unter Männern spontan ein Zusammengehörigkeitsgefühl zu entwickeln, das zur Ausgrenzung von Frauen führt.

In Auseinandersetzung mit dem „männlich geprägten Staat" beschreibt Eva Kreisky das Phänomen des Ausschlusses von Frauen mit dem Begriff des „Männerbundes" (Kreisky 1992:57; vgl. auch Kreisky 1995). Der Terminus basiert historisch zwar auf anti-feministischer Haltung, wie sie deutlich macht, bringt aber die starke Beziehung zwischen Männern zum Ausdruck, auf deren Basis sie ihre Dominanz sichern. So ist es auch nicht immer der Nutzen für die berufliche Perspektive, der ein Männernetzwerk für seine Mitglieder attraktiv macht, sondern auch die psychologische Stabilisierung aufgrund der Dazugehörigkeit (vgl. Völger/ Welck 1990).

Kreisky betont, ein solcher „Zusammenschluß kann *freiwillig* und *bewußt* sein, es kann sich aber auch um ein *unbewußtes, informelles* oder *faktisches* Verhalten handeln." (ebd., Herv. i.O.) Wenn auch Ausgrenzungen von Frauen aus Männerzirkeln nicht immer absichtlich vollzogen werden, so ist ihre benachteiligende Wirkung für Frauen dennoch offensichtlich:

- Ausschluß von berufs- und betriebsbezogenen Informationen,
- Zurückstellung gegenüber männlichen Kollegen,
- Verweigerung einer Inanspruchnahme von Ressourcen
- und in der Regel Verzicht auf Mentoren.

Ein wichtiges, aber nicht das einzige Ziel beruflicher Frauennetzwerke ist die Etablierung einer Gegenmacht zu dem dargestellten Phänomen männlicher Seilschaften. Ausschluß von Frauen aus männlichen Machtzirkeln, Wahrnehmung des Zusammenhalts von Männern und die Beobachtung männlicher Karrierestrategien haben bei einer Reihe berufstätiger Frauen das Bewußtsein für die Notwendigkeit verstärkt, sich durch einen beruflichen Zusammenschluß mit Kolleginnen gegen männliche Dominanz zur Wehr zu setzen. Infolge der Wahrnehmung des Machtpotentials männlicher Zusammenschlüsse interessieren sich Frauen für die Einrichtung von weiblichen Netzwerken (Neujahr-Schwachulla/ Bauer 1993:104). Das kommt unter anderem in der Vielzahl von Handlungskollektiven (vgl. Deutscher Frauenrat 1991; Pukke 1993) zum Ausdruck und vor allem in Angaben zu ihren Zielen (vgl. Dick 1994).

Dabei werden unterschiedliche Formen von Zusammenschlüssen praktiziert. In Kontexten der Frauenbewegung waren in verschiedenen Bereichen, wie Politik oder Wissenschaft, Vernetzungsstrategien zu registrieren (vgl. z.B. Deutscher Frauenrat 1991; Dick 1994). Ebenso ergriffen Ende der 70er, Anfang der 80er Jahre aufstiegsorientierte weibliche Beschäftige in Unternehmen bzw. Management die Initiative für kollektives Handeln (Segerman-Peck 1994:44). Sie organisierten sich vornehmlich in unternehmensübergreifenden Zusammenschlüssen, zumal innerhalb einzelner Betriebe nur wenig Frauen anzutreffen waren. Gerade an Aufstieg interessierte Frauen fanden in ihren Unternehmen wenig Gleichgesinnte und insbesondere kaum weibliche Vorbilder oder Protegierende vor, denn vor allem auf höheren Hierarchieebenen waren Frauen kaum präsent. Zwar hat sich der Anteil des weiblichen Geschlechts in Chefetagen von 1985 bis 1995 in den alten Bundesländern um fünf Prozentpunkte erhöht, doch:

„In Führungspositionen sind Frauen - ob in Wirtschaft, Verwaltung oder Handel - nach wie vor die Ausnahme" (Bundesministerium für Familie, Senioren, Frauen und Jugend 1998:60) [43]

Das Interesse, die „männerdominierte Führungsphalanx in den Unternehmen" (Neujahr-Schwachulla/Bauer 1993:104) aufzubrechen, der „Vereinzelung von Frauen in Führungsetagen" (ebd.) entgegenzuwirken und sich untereinander zu stützen, ist Ursprung vieler Frauennetzwerke im Erwerbsbereich. Durch regelmäßige Treffen mit „Führungsfrauen" aus anderen Organisationen tauschen sie sich - als Reaktion auf Ausgrenzung aus männlichen Zirkeln - über Karrierefragen und berufliche Strategien aus und bauen eigene Verbindungen bzw. „Gegenseilschaften" (ebd.:103) auf.

Zusammenschlüsse berufstätiger Frauen, die unter anderem aufgrund von sozialen Ausschlüssen und des Machtgefälles zwischen den Geschlechtern entstanden sind, liegen Begegnungs-, Informations- und Kooperationsmotive zugrunde (vgl. Segermann-Peck 1994:44; Büchner 1993:25ff). Darüber hinaus verbessern Netzwerke für avancierte Frauen die Möglichkeit, sich den eigenen weiblichen Nachwuchs auszusuchen oder heranzuziehen, und jungen Frauen bieten sie Identifikationsmöglichkeiten mit erfolgreichen Vorbildern. Aktive Mitgliedschaft in solchen beruflichen Zusammenschlüssen wird zudem als Ausdruck von Kompetenz und Leistungsbereitschaft anerkannt (vgl. Segermann-Peck 1994:55ff; Büchner 1993:25ff).

Die meisten Netzwerke, die aufgrund ihrer überbetrieblichen Ausdehnung einer breiteren Öffentlichkeit bekannt wurden, verfügen - ähnlich wie Verbände - über eine Satzung, in der Ziele und Aufgaben festgeschrieben sind: Sie versu-

---

[43] Das sind von abhängig erwerbstätigen Frauen in Westdeutschland drei Prozent und in Ostdeutschland vier Prozent (ebd.).

chen auf Regierung und Öffentlichkeit allgemein Einfluß auszuüben und sich als Lobby zu etablieren (Segerman-Peck 1994:45). Viele, insbesondere die, die sich auf innerbetrieblicher Ebene organisieren, haben im Vergleich zu größeren Frauenorganisationen eine weniger starke Außenorientierung: Eine Frauengruppe innerhalb eines räumlich abgezirkelten Büros ist stärker auf interne Aktivitäten ausgerichtet, während ein Frauenverband mit nationaler Ausdehnung mehr auf gesellschaftspolitische Ziele bezüglich des Geschlechterverhältnisses ausgerichtet ist und eher versucht, öffentlichkeitswirksam dafür einzutreten.

2.3.2 Verbindungen von Journalistinnen

Auch im Medienbereich existieren verschiedene Frauenzusammenschlüsse. Sie sind durch eine mehr oder weniger starke Institutionalisierung bzw. Formalisierung gekennzeichnet und unterscheiden sich

- hinsichtlich ihrer Ausdehnung, (einige bestehen z.B. innerhalb einer einzelnen Medienorganisation, andere rekrutieren ihre Mitglieder aus mehreren Medienbetrieben),
- hinsichtlich ihres regionalen Bezugs (z.B. lokal, national oder international[44]),
- oder im Hinblick darauf, welche Berufe sie mit einbeziehen. So sind reine Journalistinnengruppen zu nennen, darunter solche, die sich innerhalb von Gewerkschaften etablierten; und es bestehen Gruppen von Frauen mit verschiedenen Berufen innerhalb einer Medienorganisation oder über mehrere Medien hinausgehend - ebenfalls auch im Rahmen der Gewerkschaften.

Auf lokaler Ebene bildeten sich gegen Ende der 70er Jahre in den öffentlich-rechtlichen Rundfunkanstalten Gruppen von ‚Medienfrauen' (vgl. Dick 1994: 103ff, Baur 1978), in denen neben Journalistinnen auch Cutterinnen oder Sekretärinnen vertreten waren.

„Die Selbstdarstellungen der Initiativen in anstaltsinternen Mitteilungen, der Gewerkschaftspresse und Eigenveröffentlichungen verdeutlichen übereinstimmende Zielsetzungen: Frauen schließen sich zusammen, um gegen berufliche Diskriminierung in den Sendeanstalten vorzugehen." (Höhn 1985:69)

Aus dem berufsübergreifenden Erfahrungsaustausch entwickelten diese Gruppen „Forderungen sowohl an die Gewerkschaften als auch direkt an die Intendanten und Aufsichtsgremien" (Bönninghausen 1992:30). Sie institutionalisierten regelmäßige bundesweite Zusammenkünfte mit ihren Parallelgruppen in anderen

---

[44] Als ein Beispiel für einen internationalen Zusammenschluß ist die "International Association of Women in Radio and Television" zu nennen (Näheres dazu Bönninghausen 1992).

öffentlich-rechtlichen Anstalten, z.B. das „Herbsttreffen der Frauen in den Medien". Kontinuierlich behandelte Themen sind: „Frauenförderung/Quotierung, Hörfunk- und Fernsehfrauenprogramme, das Verhältnis zu Gewerkschaften, Karriere und Macht/ Aussteigen oder Aushalten" (Bönninghausen 1990:135). Bundesweite publizistische Resonanz finden sie regelmäßig durch die Verleihung der ‚Sauren Gurke' für den frauenfeindlichsten Medienbeitrag des Jahres.

Überregional organisiert ist der ‚Journalistinnenbund', der 1987 als ‚Deutscher Journalistinnenbund' gegründet wurde. Es gibt verschiedene Regionalgruppen, darunter auch eine in Berlin. Als Ziel formulierten die Mitglieder, einander durch Kontakte, Informationen und Beratung den Rücken zu stärken und durch Tagungen, Anhörungen und Hintergrundgespräche die Kompetenz von Journalistinnen öffentlich sichtbar zu machen - in deutlicherer Form als in eigenen Artikeln und Beiträgen (vgl. Brackert 1989; Zurmühl 1989). Kritisch begleitet wurde vom ‚Journalistinnenbund' darüber hinaus die Entwicklung sowohl der Stellung der Frauen in den Medien, als auch ihrer Darstellung durch dieselben. Als regelmäßiges Mitgliederorgan erscheint ein informeller Rundbrief.

Die Gründung dieses Zusammenschlusses wurde von Journalistinnen nicht einhellig positiv beurteilt. Der Hauptfrauenausschuß der damaligen IG Druck und Papier (heute mit Rundfunk-Fernseh-Film-Union (RFFU) und anderen: IG Medien) kritisiert, daß die Mitglieder des ‚Journalistinnenbundes' den in den Gewerkschaften organisierten Frauen einen „Bärendienst" erweisen würden und „den Grundstein für eine weitere Zersplitterung der Kräfte gelegt" hätten (epd.:1988). Vermutet und kritisiert wurde von den gewerkschaftlich organisierten Frauen, daß der ‚Journalistinnenbund' sich zu einer Karriereschmiede entwickeln würde.

Die Reaktion der Gewerkschafterinnen verdeutlicht mehrere Probleme für kollektives Handeln von Journalistinnen: Inwieweit Karriereförderung Ziel des ‚Journalistinnenbundes' ist, deren Mitglieder „durch persönliche Kontakte ein Netzwerk aufbauen [wollen], das den Frauen in diesem angeblichen Männerberuf den Rücken stärkt" (ebd.), kann dahingestellt bleiben. Um diesen Zweck zu erreichen, hatten Frauen - und haben trotz erhöhter Journalistinnenzahl auch noch zum jetzigen Zeitpunkt - kaum andere Möglichkeiten, als durch ein breites öffentliches Netzwerk Gleichgesinnte zu finden und zu rekrutieren. Einerseits beweist die Situation, in der es relativ wenig Frauen in den Medien gibt, geschweige denn in höheren Positionen (vgl. Kap. 2.2.1 und 2.2.2), daß Journalistinnen weder von Männern in Machtpositionen noch von gemischtgeschlechtlichen Organisationen besondere Unterstützung auf dem Weg „nach oben" erwarten können. Andererseits ist es für Journalistinnen aufgrund ihres relativ geringen Anteils viel schwieriger, ein Frauennetzwerk einzurichten, das wie ein ‚old-boys-network' auf langjährige Kontakte zurückgreift.

Die Kritik der Gewerkschafterinnen bringt darüber hinaus ein Konkurrenz-verhältnis zwischen den beiden Frauenzusammenschlüssen zum Ausdruck. Differierende Interessen bei einer vergleichsweise zahlenmäßig noch unterrepräsentierten „Gruppe", nämlich Journalistinnen gegenüber Journalisten, bergen dabei die Gefahr einer Zersplitterung potentieller Macht. Wenn von außen Interesse an einer Spaltung weiblichen Engagements besteht, muß damit gerechnet werden, daß nebeneinander bestehende Gruppierungen gegeneinander ausgespielt werden können.

Als gescheiterter Versuch einer Initiative von Frauen mehrerer massenmedialer Berufsgruppen gilt „Aktion Klartext (AKT)", zu der auch Männer zugelassen waren (Baur 1978:26f). Der von prominenten Journalistinnen mit gegründete Zusammenschluß scheiterte unter anderem daran, daß viele Mitglieder befürchteten, von Journalistinnen dominiert zu werden (Hohn 1985:75ff).

Daß Unterstützung von Kolleginnen aus anderen Medienorganisationen als wichtig eingeschätzt wird, darauf weist auch die Gründung eines neuen Netzwerks hin: Die ‚journalistinnen-initiative ost' wurde 1991 vor dem Hintergrund schlechter Zukunftsperspektiven von Frauen aus den neuen Ländern ins Leben gerufen (vgl. Dick 1994:101f).

Die Existenz nicht offiziell agierender Handlungskollektive von Journalistinnen ist im allgemeinen weniger bekannt. In den meisten Medienorganisationen blieb Engagement von Frauengruppen nur betriebsintern wirksam (Neverla 1986a:133). Einzelne Frauenzusammenschlüsse oder -aktivitäten sind jedoch über ihre Medienorganisationen - teilweise auch Medienstandorte - hinaus bekannt geworden:

– Zu nennen ist z.B. die Frauengruppe im *Westdeutschen Rundfunk (WDR)*. Der damalige Intendant dieser Rundfunkanstalt gab 1976 eine Erhebung zur Stellung von Frauen im *WDR* in Auftrag. Die Veröffentlichung der Untersuchung wurde jedoch wegen angeblicher „Unwissenschaftlichkeit" untersagt (Welser 1978). Auf Anregung der *WDR*-Frauengruppe wurde sie dennoch zwischen 1978 und 1981 fortgeführt und auf ihr Drängen sowie mit Unterstützung von Gewerkschaft und Personalrat veröffentlicht (vgl. Bönninghausen 1992; Becher et al. 1981).

– Breite Aufmerksamkeit fanden auch die Streiks der Frauen in der alternativen *tageszeitung (taz)*. Die „*taz*lerinnen" erreichten 1981 mit dem ‚Ersten-Frauen-Streik' die Durchsetzung einer Frauenquote von 50 Prozent (vgl. z.B. Mayer 1983:62).

Dies sind beispielhafte und wegen der öffentlichen Wirkung und dem Erreichten herausragenden Aktivitäten von Gruppen innerhalb einer Medienorganisation, die mit gewissem Erfolg belohnt wurden.[45]

Die angeführten Beispiele für gemeinsame Aktivitäten von Medienfrauen deuten darauf hin, daß an kollektivem Handeln interessierte Journalistinnen bzw. die in der vorliegenden Arbeit interviewten Berliner Redakteurinnen ein breites Angebot bestehender Zusammenschlüsse vorfinden. Somit stehen ihnen verschiedene Möglichkeiten bereit, sich einem bereits existierenden Kolleginnenkreis anzuschließen. Erfolge feministischen Engagements von Journalistinnen, ebenso wie beispielsweise die Verabschiedung von Gleichstellungsregelungen in Rundfunkanstalten[46], zeigen darüber hinaus, wie nutzbringend gemeinsame Aktivitäten Gleichgesinnter sein können.

Vor dem Hintergrund, daß Erfolge feministischen Engagements und damit Chancen kollektiven Handelns wahrzunehmen sind, ist eine positive Haltung von Journalistinnen gegenüber beruflichen Zusammenschlüssen zu erwarten. Das breite Angebot verschiedenartiger Verbindungen von Berufskolleginnen unterstützt die Annahme, daß viele Journalistinnen sich mit Gleichgesinnten zusammenschließen. Wie im nächsten Teilkapitel herausgearbeitet wird, bestätigen empirische Forschungsergebnisse diese These nicht und werfen die Frage nach Motivationen kollektiven Handelns auf. Darüber hinaus werden im folgenden erste Aussagen von Journalistinnen zu geschlechtsspezifischen Zusammenschlüssen von Medienfrauen referiert und gleichzeitig mögliche Ursachen der ermittelten Einstellungen erwogen.

2.3.3   Einstellungen von Journalistinnen zu kollektivem Handeln - der Forschungsstand

Empirische Arbeiten zur Situation von Journalistinnen im deutschsprachigen Raum beschäftigen sich mit dem Thema ‚Motivationen kollektiven Handelns' eher am Rande. Zwar wurden in einzelnen Untersuchungen Handlungsorientierungen von Medienfrauen herausgearbeitet (Keil 1996; Amend/Schulz 1993; Neverla/Kanzleiter 1984), doch detaillierte Begründungen für Handlungsentscheidungen oder Ursachen für unterschiedliche Bewertungen von kollektiven und individuellen Handlungsstrategien waren bisher nicht Gegenstand wissen-

---

[45] Ein interessantes Beispiel für Berlin sind auch relativ einflußreiche Solidaritätsgruppen von Hörerinnen und Hörern der SFB-Frauensendung 'Zeitpunkte' (einschließlich Kolleginnen und Kollegen), die sich zwei Mal spontan bildeten, als jeweils der Erhalt der Sendung gefährdet war. Die Mobilisierung auch von Politikerinnen, Politikern und Prominenten konnte eine Absetzung der 'Zeitpunkte' verhindern, die heute noch gesendet werden, wenn auch auf einem, im Hinblick auf das Zielpublikum, als weniger attraktiv geltenden Sendeplatz (vgl. Bürger 1986).

[46] Näheres zu den verabschiedeten Gleichstellungsmaßnahmen in Medienorganisationen vgl. Holtz-Bacha 1995.

schaftlicher Forschungen. Für ermittelte Einstellungen gegenüber beruflich orientierten Zusammenschlüssen von Frauen wurden Begründungen formuliert. Es handelt sich dabei um Annahmen mit eher hypothetischem Charakter. Somit stößt die vorliegende Arbeit in eine Forschungslücke. Dennoch geben die im folgenden ausgewerteten Studien erste Hinweise auf Ansichten und Handlungsbereitschaft von Journalistinnen und auf Handlungsmotivationen beeinflussende Faktoren.

Die große Mehrzahl der von Neverla/Kanzleiter interviewten Journalistinnen, die nach ihren Einstellungen gegenüber Frauengruppen in Medienorganisationen gefragt wurden, kritisierte diese und lehnte für sich eine Mitgliedschaft in ihnen ab (Neverla/Kanzleiter 1984:196).

Viele Befragte brachten eine grundsätzliche Abneigung gegenüber Zugehörigkeit zu Gruppen jeglicher Art zum Ausdruck (ebd.:191). Unterschiede kollektiven Handelns wurden in dieser Untersuchung nicht angesprochen. Netzwerke werden im Alltagsverständnis jedoch eher mit offeneren Beziehungen assoziiert als Gruppen, in denen starke persönliche Bindungen vorherrschen. Die gedankliche Reduktion des Begriffs auf ‚Gruppen' im allgemeinen könnte spezifische Vorstellungen über besondere Beziehungen und über Images sogenannter Selbsterfahrungsgruppen bei Befragten wachgerufen und sich auf ihre Aussagen ausgewirkt haben. So wiederholen Überzeugungen, die von ihnen geäußert wurden, gängige stereotype Vorstellungen über Frauengruppen: Es handele sich um Zusammenschlüsse von „Schwachen, Unbegabten und Stützungsbedürftigen" (vgl. ebd.:192); es werde „geredet, diskutiert, lamentiert, nicht aber gehandelt" (ebd.).

Eine Distanzierung gegenüber Journalistinnengruppen muß nicht unbedingt als generelle Ablehnung gegenüber beruflichen Frauenzusammenschlüssen verstanden werden, sondern sie könnte sich auf die spezifische Form einer ‚Gruppe' beziehen. Bestimmte Typen von Zusammenschlüssen könnten Motivationen beeinflussen, sich ihnen anzuschließen bzw. davon Abstand zu nehmen. Für die folgende empirische Untersuchung ist es vor diesem Hintergrund sinnvoll, Formen von Allianzen zu differenzieren und unter anderem auch der Frage nachzugehen,

- ob Wahrnehmungen von Unterschieden von Frauenverbindungen für Entscheidungen zu kollektivem Handeln von Bedeutung sind und gegebenenfalls welche sie einnehmen.

Eine Reihe der von Neverla/Kanzleiter interviewten Journalistinnen stellte ihre Ablehnung gegenüber Gruppen allgemein in Zusammenhang mit ihrem Selbstbild als Einzelkämpferin (Neverla/Kanzleiter 1984:191). Diese Interviewten bezogen sich damit indirekt auf ein dem Journalismus traditionell anhaftendes Image: Es gibt Hinweise darauf, daß als berufliche Vorbilder (zumindest des journalistischen Nachwuchses) massenmedial vermittelte fungieren (vgl. Baerns 1989). Eine Identifikation der interviewten Frauen mit den literarisch/medial geprägten, historischen Vorstellungen vom politischen Publizisten scheint jedoch weniger der Grund für dieses Selbstbild zu sein. Vielmehr ist das Stereotyp des einzelkämpferischen Aufklärungs- und Enthüllungsjournalisten und seiner weiblichen Entsprechung verknüpft mit der Bindung beruflicher Leistungen an Autorennamen:

Das „Berufsziel ist, soviel professionelle Kontur zu gewinnen, daß Leser/innen, Hörer/innen, Zuschauer/innen Thema, Machart, Stil ‚unserer' Sendungen, Texte, Filme assoziieren." (Zurmühl 1989:148)

Gleichzeitig wird Einzelkämpfertum zuweilen auch als eine notwendige Strategie erachtet, um bei Aufstiegsambitionen dem starken Konkurrenzdruck zu begegnen (vgl. z.B. B.Dickmann in: Reinhard 1988:163).

Es gibt jedoch - insbesondere im audiovisuellen Bereich - Zusammenhänge, in denen Journalisten und Journalistinnen in Teams arbeiten. Für diese trifft die Vorstellung von der Herstellung eines Medienberichts als kreativen Prozeß eines bzw. einer Einzelnen nur bedingt zu. Allerdings ist zu bedenken, daß zum Zeitpunkt der zitierten Untersuchung relativ viele Journalistinnen in Ein-Personen-Ressorts tätig waren (Neverla 1986:134). Dieser Umstand erklärt möglicherweise die Neigung etlicher Befragter, sich als Einzelkämpferinnen zu präsentieren. Das Fehlen engerer Arbeitsbeziehungen mit Kolleginnen könnte Individualisierungsbestrebungen vorantreiben, aber auch von einer Art Vereinsamung begleitet sein: Die isolierende Arbeitssituation findet seine Entsprechung im Herausstreichen eines Einzelkämpfertums. Es kann allerdings auch seiner Rechtfertigung dienen, denn oft ist ein Ein-Personen-Ressort eine prestigearme Sackgasse.

In der „Randständigkeit" (Neverla/Kanzleiter 1984:110) jener Arbeitsplätze liegt damit auch eine mögliche Handlungsbedarfssituation, weil anzunehmen ist, daß diese Journalistinnen eher aus Informationsflüssen über innerbetriebliche und berufsspezifische Angelegenheiten ausgeschlossen sind. Daraus ergeben sich zwei Fragen:

- Inwiefern werden Entscheidungen zu kollektivem Handeln von persönlichen Neigungen von Journalistinnen, z.B. zum Einzelgängertum, beeinflußt?

- Welche Bedeutung haben medienorganisationsspezifische Rahmenbedingungen für eine entsprechende Motivation zu kollektivem Handeln?

Neverla/Kanzleiter sehen Ablehnung von Frauengruppen unter anderem auch in Angst der von ihnen befragten Journalistinnen vor zusätzlicher Diskriminierung bzw. Diffamierung begründet (Neverla/Kanzleiter 1984:195). Diese befürchteten, als Mitglied eines Frauenzusammenschlusses der Lächerlichkeit preisgegeben und als soziale Außenseiterinnen abgestempelt zu werden (ebd.).

Obwohl sie Frauengruppen ablehnten, unterstützten einige dieser Journalistinnen dezidierte Forderungen und konkrete Ziele der Frauenbewegung (Neverla/Kanzleiter 1984:195). Zu solchen Ambivalenzen ziehen Neverla/Kanzleiter den Vergleich mit dem „Coming-Out"-Problem von Homosexuellen. Sich geschlechtsspezifischen Aktivitäten von Kolleginnen anzuschließen, würde bedeuten, vollends ins Abseits zu geraten. Denn damit würden

> „(...) Frauen ihre Außenseiterrolle im Beruf nicht mehr verleugnen oder verdrängen, sondern als gegeben hinnehmen. In einer Frauengruppe aktiv zu sein hieße, sich nicht an die Spielregeln zu halten, das Spiel von der Geschlechtsneutralität der beruflichen Arbeit gar nicht mehr mitzumachen." (ebd.)

Ein „Prozeß der Bewußtwerdung als Marginalisierte in einem Männerberuf" (ebd.) muß, so die Ansicht der beiden Kommunikationswissenschaftlerinnen, kollektivem Handeln vorausgehen.

Die dargestellte Furcht vor einem Image-Verlust erschien zum Zeitpunkt jener Untersuchung (1980) nicht unberechtigt, denn selbst Journalistinnen, die sich in Frauengruppen engagierten, äußerten ihre Scheu, die eigene Zugehörigkeit zu einem solchen Zusammenschluß in der Redaktion bekannt werden zu lassen (Neverla/Kanzleiter 1984:197). Seitdem ist jedoch ein Wandel gesellschaftlicher Bedingungen zu registrieren, der sich z.B. in der Einrichtung von Frauen- bzw. Gleichstellungsbeauftragten in Rundfunkanstalten ausdrückt, in den beschriebenen öffentlichen Aktionen von Zusammenschlüssen oder in der Abnahme der zahlenmäßigen Dominanz von Männern in diesem Beruf. Veränderungen von Rahmenbedingungen können Einstellungen von Journalistinnen beeinflußt haben und ein neues Meinungsbild zeitigen. Vor diesem Hintergrund ist zu fragen:

- Welchen Einfluß haben antizipierte Folgewirkungen auf Motivationen kollektiven Handelns; und damit verbunden, welche positiven und negativen Folgen werden von gemeinschaftlichem Agieren erwartet?

Ein wichtiges Element kollektiven Handelns sind informelle Aktivitäten. Kenntnis ihrer Bedeutung scheint bei Journalistinnen mäßig verbreitet zu sein (Neverla/Kanzleiter 1984:109). Auch Schweizer Journalistinnen zeigen nur bedingt Gespür für Kontakte dieser Art (Corboud 1988:12). Die allerdings in bezug auf beruflichen Aufstieg ermittelten Einstellungen zu Handlungsstrategien beziehen sich in erster Linie auf individuell zu erbringende Arbeitsleistungen: Knapp die Hälfte der Befragten bzw. derjenigen, die Aufstiegsinteresse bekundeten[47],

---

[47] Es wird nicht deutlich, ob sich die Angabe von 46 Prozent auf die Grundgesamtheit von 432 Befragten oder auf die 402 Journalistinnen bezieht, die sich zur "Aufstiegsaspiration" (Corboud

schätzt, daß sie über Beziehungen „auf einen verantwortungsvolleren Posten gelangen kann" (Corboud 1988:12), jede Zehnte würde sie als einzige Maßnahme nutzen (ebd.).[48]

Unter den von Neverla/Kanzleiter interviewten Journalistinnen gibt es durchaus auch Frauen, die informelle Kontakte einsetzten (Neverla/Kanzleiter 1984:110). Sie beschrieben Erfahrungen im Umgang mit innerbetrieblichen informellen Strukturen. Manche Journalistin mußte allerdings aufgrund ihrer Beanspruchung durch Familie und Haushalt auf Möglichkeiten einer stärkeren und damit zeitintensiven Einflußnahme auf Bedingungen und Entwicklungen in den Medien oder in ihrer Medienorganisation verzichten (Neverla/Kanzleiter 1984:109).

Wenn der Eindruck entsteht, Frauen hätten in die Bedeutung informeller Kanäle weniger Einblick als ihre Kollegen (ebd.), so handelt es sich dennoch nicht um eine geschlechtsspezifische Haltung: Auch die von Neverla/Kanzleiter befragten Journalisten scheinen nicht die Klaviatur der Karriereinstrumente von vornherein zu beherrschen; denn ein „ausgereiftes Verständnis für informelle Kanäle und ihre implizite Machtfülle" (ebd.:110) zeigten sie vornehmlich erst nach längeren Dienstjahren, nach Aufstieg oder bei Karriereorientierung (ebd.).

Umgekehrt nahmen die von Neverla/Kanzleiter interviewten Journalistinnen, die nicht den Anspruch hegten, nach außen wirken zu wollen, bestehende Zusammenschlüsse gar nicht als geschlechtsspezifische Interessenvertretungen wahr (Neverla 1986:133f). Damit deutet sich an, daß teilweise erst spezifische Gründe, wie z.B. Aufstiegsambitionen, Interesse an kollektivem Handeln und an der Nutzung informeller Kanäle erzeugen können. Einen Hinweis darauf, daß ein besonderer Anlaß zur Sensibilisierung für informales und kollektives Handeln führen kann, verdeutlichen Gründe von Gewerkschafterinnen für ihr öffentliches Engagement (Ballhausen et al. 1986:59). Alle Interviewten aus Arbeitnehmerorganisationen[49], die in einer Studie zur politischen und sozialen Partizipation von Frauen befragt wurden, haben

„ihr gewerkschaftliches Engagement auch aus unmittelbaren kritischen Erfahrungen am Arbeitsplatz heraus entwickelt." (ebd.:338)

Vor diesem Hintergrund stellt sich die Frage:

– Gibt es bestimmte Erfahrungen, die Interesse an kollektivem Handeln hervorrufen, und um welche handelt es sich dabei?

---

[48] 1988:11) äußerten (vgl. S. 11 und S. 12, wo es unter b) heißt: die "Gesamtheit der Journalistinnen", obwohl sich der Text noch auf aufstiegsorientierte Frauen bezieht).
In bezug auf informelle Kontakte wurden weder bei Corboud noch bei Neverla/Kanzleiter geschlechtsspezifische Beziehungen angesprochen.

[49] Es handelt sich um 91 Frauen (ebd.:145).

Während sich die 1980 von Neverla/Kanzleiter interviewten Journalistinnen vorwiegend ablehnend gegenüber Frauengruppen äußerten, fördern die Ergebnisse einer eigenen Untersuchung ein anderes Meinungsbild zutage. 1990, zehn Jahre später, befürworteten zwei Drittel der West-Berliner Journalistinnen einen Zusammenschluß von Frauen zur Durchsetzung ihrer Interessen (Amend/Schulz 1993:29).

Die hohe Zustimmung für weibliche Zusammenschlüsse könnte durch einen Bewußtseinswandel von Journalistinnen hervorgerufen worden sein, einhergehend mit einem gesellschaftlichen Wandel, der begleitet ist von zunehmender öffentlicher Vertretung weiblicher Interessen und von Sensibilisierung für Frauengruppen im massenmedialen Berufsfeld sowie deren Akzeptanz. Einen Hinweis darauf gibt zumindest ein weiteres Untersuchungsergebnis: Zusammenschlüsse von Journalistinnen wurden nicht nur von Frauen, sondern auch von ihren Kollegen positiv bewertet: 62 Prozent der befragten Männer befürworteten einen solchen, damit Journalistinnen ihre Interessen durchsetzen können (Amend/Schulz 1993:26).

Folgendes Ergebnis wirft jedoch die Frage nach Motivationen kollektiven Handelns auf: Obwohl Frauengruppen von den meisten Journalistinnen (67%) positiv bewertet wurden, war nur ein bescheidener Anteil der weiblichen Interviewten, nämlich neun Prozent, Mitglied eines entsprechenden Zusammenschlusses (ebd.). Im Hinblick auf gewerkschaftliche Organisierung stehen Journalistinnen - bundesweit betrachtet - entscheidungsfreudiger dar: 1992 waren 31,5 Prozent der Mitglieder in der IG Medien weiblich (International Federation of Journalists (IFJ) 1992:8), was in etwa dem Frauenanteil in diesem Beruf insgesamt entspricht (Weischenberg et al. 1993:6).

Es ist möglich, daß Einsicht in politische Notwendigkeit verbunden wird mit Fragen individueller Vorteile. Vielleicht hegen viele West-Berliner Journalistinnen keine spezifischen Interessen, die in ihren Augen in erster Linie durch Unterstützung eines Zusammenschlusses realisierbar wären, der sich ausschließlich aus Frauen zusammensetzt. Unterschiedliche Formen von Diskriminierungen werden von der Mehrheit von ihnen wahrgenommen, fehlende Chancengleichheit sogar von 70 Prozent (Amend/Schulz 1993:26). Jedoch nur 21 Prozent der interviewten Frauen fühlen sich persönlich diskriminiert (ebd.). Vielleicht besteht aufgrund der individuellen Situation kein Bedürfnis, z.B. an geschlechtsspezifischen bzw. zusätzlichen Informationen über Berufsinterna, an einem organisierten, zumindest regelmäßigen Austausch mit Kolleginnen, an einer karrierefördernden Unterstützung oder an einer Veränderung der Bedingungen für Frauen im eigenen Unternehmen. Es ist also zu fragen:

- Welchen Einfluß hat individueller Handlungsbedarf auf Motivationen kollektiven Handelns von Journalistinnen?

Erste, bereits in der ausgewerteten Forschungsliteratur deutlich werdende Gründe für kollektives Handeln münden somit in Untersuchungsfragen, die Determinanten von Handlungsmotivationen in individuelle und strukturelle bzw. innere und äußere Dimensionen auffächern. Sie betreffen:

- das Ansehen unterschiedlicher Zusammenschlußformen,
- Orientierungen von Journalistinnen,
- von ihnen wahrgenommene Rahmenbedingungen oder antizipierte Folgewirkungen,
- ihr Bewußtsein für geschlechtshierarchische Bedingungen,
- und ihre Interessen.

Diese Aspekte und der vermeintliche Widerspruch zwischen Einstellung und Handeln bzw. zwischen positiver Haltung gegenüber kollektivem Handeln und einem Verzicht darauf richtet die Forschungsperspektive auf individuelle Akteurinnen[50], auf Individuen beeinflussende Faktoren für Motivationen kollektiven Handelns.

Individuelle bzw. einzelne Akteurinnen sind zu unterscheiden von kollektiven Akteurinnen, also einer Gruppe von Handelnden. Eine wissenschaftliche Perspektive auf Akteursgruppen würde *gemeinsame* Ziele bzw. Aufgaben und deren Verwirklichung in den Blick nehmen. Um Entscheidungen von Redakteurinnen für oder gegen kollektives Handeln zu erklären, müssen jedoch ihre individuellen, Handlungsmotivationen beeinflussenden Orientierungen und Deutungen untersucht werden.

Auf welcher theoretischen Grundlage dies erfolgen soll, wird in Kap.3.1 dargestellt. Da bestimmte Merkmale von Zusammenschlüssen unterschiedlich bewertet werden können und sie damit möglicherweise Einfluß auf Handlungsmotivationen ausüben, werden im folgenden zunächst verschiedene Formen von Aktionszusammenhängen definiert.

2. 4   Formen kollektiver Interessenrealisierung und -umsetzung

Bestimmte Interessen an kollektivem Handeln und deren Realisierung können in der Regel ihre Entsprechung in spezifischen Formen von Zusammenschlüssen finden. Da in der vorliegenden Arbeit davon ausgegangen wird, daß Unterschiede des wahrgenommenen Angebots von Handlungsverbunden Entscheidungen mit beeinflussen, gemeinsam mit Gleichgesinnten aktiv zu werden, erscheint es

---

[50] Während in frühen soziologischen Arbeiten und in denen der Psychologie in der Regel eher der Begriff 'Handelnder' gebräuchlich ist, hat sich in jüngeren soziologischen, insbesondere in organisationssoziologischen Arbeiten der Akteursbegriff etabliert. Beide Termini werden in der vorliegenden Arbeit als synonym verstanden und verwendet.

für eine präzise Analyse notwendig, im folgenden verschiedene Arten von Allianzen nach ihren wesentlichen Merkmalen zu differenzieren. Berufliche Handlungskollektive von Frauen können unterschiedlich stark formalisiert sein. Einige, u.a. auch solche, die sich selbst als Netzwerke bezeichnen, können eine mit zuweilen strengen Regeln und Hierarchien charakterisierte Verbands- oder Organisationsstruktur aufweisen, mit definierten Zielen und Aufgaben. Solche Zusammenschlüsse versuchen z.b. auf Regierung und Öffentlichkeit allgemein Einfluß auszuüben und sich als Lobby zu etablieren (Segerman-Peck 1994:45). Andere stellen lediglich lose, überwiegend informell wirkende und funktionierende, offene Beziehungsgeflechte dar, die häufig allein auf innerbetrieblicher Ebene existieren. Sie haben eine weniger starke Außenorientierung als Frauenorganisationen. Zu ihnen zählen Gruppen, die weniger formalisiert strukturiert sind, Netzwerke und auch Koalitionen, die alle jeweils auch offiziell in Erscheinung treten können.

Um unterschiedliche Bezeichnungen inhaltlich voneinander abgrenzend zu präzisieren und um Aussagen von Journalistinnen hinsichtlich unterschiedlicher Handlungsformen differenziert bewerten zu können, werden in den folgenden Unterkapiteln mehrere Typen von Zusammenschlüssen vorgestellt und Unterschiede zwischen ihnen herausgearbeitet.

Es handelt sich dabei um idealtypische begriffliche Konstruktionen, die in der Praxis zuweilen nicht einfach gegeneinander abgrenzbar sind und sowohl auf weibliche und männliche als auch auf gemischtgeschlechtliche Zusammenschlüsse Anwendung finden können. Dennoch erscheint eine Differenzierung notwendig, um der vorliegenden Untersuchung ein begriffliches Rüstzeug zugrunde legen zu können, wenn es um die Frage geht, welche Bedeutung das Angebot vorgefundener Zusammenschlüsse auf die Haltung von Journalistinnen gegenüber kollektiven Handlungsstrategien einnimmt.

2.4.1 Netzwerk und Seilschaft

Unter verschiedenen Bezeichnungen für berufliche Zusammenschlüsse von Frauen findet der Netzwerkbegriff häufig Verwendung - allerdings oft ohne einer näheren Aufschlüsselung, was genau damit gemeint ist. In unterschiedlichen Wissenschafts- bzw. Forschungsdisziplinen, die nicht nur unter feministischem Aspekt Netzwerkforschung betreiben, (z.B. Reuband 1990; Bruckner/ Knaup 1990) wird er mit entsprechend vielfältigen Definitionen belegt.

Ein Problem entsteht dadurch, daß nicht immer eine einheitliche Trennung seiner Anwendungsbereiche vorgenommen wird. Vor geschlechtsbezogenem Hintergrund sind zwei Gebiete zu differenzieren, auf die sich der Netzwerkbegriff bezieht: zum einen der private familiäre und zum anderen der berufliche Bereich.

In der privaten Sphäre, auf der individuenbezogenen Ebene, bezeichnet der Netzwerkbegriff „soziale Beziehungen einer Person, gängigerweise unterteilt in Familienbeziehungen, Beziehungen zur Verwandtschaft, zu Nachbarn, Freunden, Bekannten und eventuell Arbeitskollegen." (Diewald 1991:61)[51] Angesichts der Geschlechterhierarchie im Erwerbsleben und insbesondere der Benachteiligung von Frauen in ihren Arbeitsorganisationen sind jedoch professionsbezogene Netzwerke von besonderer Bedeutung und für die vorliegende Arbeit von besonderem Interesse. Der Fokus auf die berufliche Sphäre und auf berufsbezogene Kontakte muß sich nicht unbedingt auf Intensität oder Privatheit der Netzwerkbeziehungen auswirken.

Berufliche Netzwerke können hinsichtlich verschiedener Kriterien differenziert werden: nach Interaktionsformen (wie Häufigkeit oder Direktheit der Verbindungen), nach Interaktionsinhalten bzw. -funktionen (wie emotionale Unterstützung oder instrumentelle Hilfe), nach Qualität der Interaktion (wie Intensität der Beziehungen) oder nach Strukturmerkmalen (wie Größe oder Formalisierungsgrad) (vgl. Kardoff 1991:403).[52]

Die in den folgenden Teilkapiteln angewandten Kriterien beziehen sich auf die Qualität von Interaktionen sowie deren Inhalte und Funktionen und auf Strukturmerkmale. Somit wird davon ausgegangen, daß für das weitere von Kardoff vorgeschlagene Unterscheidungsmerkmal Interaktionsform, die Variationsbreite auch jeweils innerhalb der im folgenden zu definierenden Zusammenschlußformen relativ groß ist.

Netzwerk kann zunächst als ein Geflecht von Verbindungen zwischen sozialen Akteuren verstanden werden (vgl. Sandner 1990:48). Es ist ein

„System von Transaktionen (...), in dem Ressourcen getauscht, Informationen übertragen, Einfluß und Autorität ausgeübt, Unterstützung mobilisiert, Koalitionen gebildet, Aktivitäten koordiniert, Vertrauen aufgebaut oder durch Gemeinsamkeiten Sentiments gestiftet werden." (Ziegler 1984:435)

Eine sehr weitreichende Definition legt Karl Sandner vor. Er geht davon aus, daß sich die einzelnen Mitglieder eines informellen Netzwerkes nicht unbedingt kennen müssen. Es ist denkbar, daß ein Akteur jemanden gänzlich Unbekannten

---

[51] Das Interesse an privaten Netzwerken entwickelte sich im Rahmen einer gesellschaftspolitischen Diskussion über zunehmende Individualisierungstendenzen und brüchiger werdende Sozialzusammenhänge auf der einen Seite und der Doppelbelastung erwerbstätiger Frauen mit Familie auf der anderen Seite: Da oft die Inanspruchnahme von öffentlichen Einrichtungen aufgrund mangelnden Angebots nicht möglich ist, sind (in der Regel) Frauen, insbesondere zur Betreuung von Kindern, gezwungen, auf ein Netzwerk privater Beziehungen zurückzugreifen (Bruckner/Knaup 1990:44f).

[52] Eine andere Möglichkeit wäre z.B. - aufgrund der Vielfalt sozialer Beziehungen in Netzwerken - eine Unterscheidung nach persönlichen, kategoriellen und strukturellen Beziehungen (vgl. Schenk 1983:89).

unterstützt in der Erwartung, daß ihm in einer ähnlichen Situation das Gleiche widerfährt, also vielleicht auch von einem Fremden. Das verdeutlicht Sandner an einem Beispiel für die Zuhilfenahme eines Netzwerkes: Um ein Ziel, z.B. die Erlaubnis zur Teilnahme an einem Weiterbildungsseminar, zu erreichen, wendet sich der Akteur A nicht an seinen direkten Vorgesetzten, sondern bittet einen Kollegen B aus einer anderen Abteilung, daß dieser seinen Chef (also den von B) aktiviere, damit B‚s Chef die Interessen von A bei A‚s Vorgesetzten anspreche, wenn beide Chefs sich privat treffen, z.B. weil sie Tennispartner sind (Sandner 1990:149f).

Durch Gefälligkeiten oder Leistungen eines Mitglieds gegenüber einem anderen binden sich die einzelnen ein. Dadurch wird das Netzwerk zusammengehalten. Netzwerkmitglieder stehen also nicht notwendigerweise miteinander in Verbindung. Die sozialen Beziehungen untereinander können unterschiedlich stark und differenziert sein. Zugespitzt formuliert ist der Sinn von Netzwerken die Zugehörigkeit und die direkte Förderung der Mitglieder untereinander.

Die skizzierte Offenheit und Weitläufigkeit der Kontakte von Netzwerkmitgliedern und die dargestellte Mittelbarkeit bzw. Indirektheit der Beziehungen ist ein spezifisches Charakteristikum dieses Zusammenschlußtyps. Er unterscheidet sich damit von manchem Handlungsverbund, der sich unter Umständen selbst als Netzwerk bezeichnet, aber in erster Linie durch Organisationsförmigkeit (z.B. geregelte Treffen, zahlende Mitglieder) charakterisiert ist. Diese Definition bezieht somit über ein organisationsförmiges Netzwerk, wie den Journalistinnenbund, hinausgehende Beziehungen und Strukturen mit ein.

Zur Realisierung ihrer Interessen sind Handelnde in einem Unternehmen - aber auch organisationsübergreifend - abhängig von Ressourcen, z.B. formale Autorität oder Informationen, die andere Akteure kontrollieren. Durch ihre Zugehörigkeit zu Netzwerken können Handelnde nicht nur auf einen größeren Bestand an Ressourcen zurückgreifen, sondern sich damit auch einen größeren Handlungsspielraum eröffnen (vgl. Sandner 1990:148).

Besteht spontaner oder auf ein spezifisches Ziel gerichteter Handlungsbedarf, können sich Akteure zusammenschließen und eine Koalition bilden, woraus unter Umständen Gruppen hervorgehen können. Dabei sind Netzwerke zwar keine Voraussetzung, jedoch eine chancenverbessernde Grundlage für die Rekrutierung von Teilnehmern bzw. Gleichgesinnten.

Der in Anlehnung an Sandner weitgefaßte Netzwerkbegriff soll im folgenden abgegrenzt werden von Seilschaften. Diese beruhen auf lange gewachsene Beziehungen, wie sie in Kap. 2.3.1 am Beispiel der ‚old-boys-networks' geschildert oder innerhalb von Organisationen bzw. Unternehmen entwickelt wurden. Manche Organisationsmitglieder bauen sich gezielt eine Seilschaft auf, um sie als Hausmacht für die Durchsetzung ihrer Machtinteressen einsetzen zu können (Bosetzky 1988:32). Diese Beziehungen sind eher eng und persönlich. Seilschaften beruhen auf der Differenz von oben nach unten. Die Struktur von Netzwerken hingegen ist gekennzeichnet durch das Fehlen von Hierarchien (vgl. Krebsbach-Gnath 1988:835f).

2.4.2 Gruppe

Im Gegensatz zu Netzwerken sind Gruppen eher klein. Sie zeichnen sich - ähnlich wie manche Seilschaft - durch relativ enge Beziehungen der Mitglieder aus. Gruppe kann als soziales System verstanden werden,

> „dessen Sinnzusammenhang durch *unmittelbare* und *diffuse* Mitgliederbeziehungen sowie durch relative *Dauerhaftigkeit* bestimmt ist." (Neidhardt 1979:642, Herv. U.S.)

Die Unmittelbarkeit der Beziehungen bezieht sich auf den direkten „face-to-face"-Kontakt, bei dem jeder jeden wahrnimmt. Gruppen sind

> „*interaktionsnah* konstituiert; sie ,leben' (...) wesentlich aus dem um der Gruppenzusammengehörigkeit willen gesuchten Kontakt der Mitglieder." (Tyrell 1983:78, Herv. i.O.)

Es handelt sich um einen „*bestimmten* unverwechselbaren Kreis von Personen" (Tyrell 1983:82; Herv. i.O.), der sich in dem besonderen Verhältnis, in dem die Menschen zueinander stehen, von der Umwelt abgrenzt. Die Abwesenheit von „Dazugehörigen" wird wahrgenommen und ist damit Indikator für Zusammengehörigkeit.

Die für Gruppen typischen starken Beziehungen enthalten „ein höheres Motivationspotential für wechselseitige Unterstützung sowie emotive Abstützung" und sind „leichter und rascher verfügbar" (Schenk 1983:94) als schwache Beziehungen, durch die Netzwerke und Organisationen charakterisiert sind. Gruppen bieten relativ breiten Raum für persönliche Selbstdarstellungen von Mitgliedern:

> „(...) man begegnet sich hier in persönlich gefärbten und als ,persönlich' erlebbaren Beziehungen." (Tyrell 1983:79)

Neben der Unmittelbarkeit von Mitgliederbeziehungen hat Friedhelm Neidhardt auch deren „Diffusheit" (Neidhardt 1979:642) als Charakteristikum angeführt: Anders als in Organisationen sind direkte Kontakte oder unmittelbare Beziehungen in Gruppen „nicht auf spezifische Zwecke oder Ziele eingegrenzt" (ebd.: 643).

> „Ob unter diesen Bedingungen eine Organisation, z.B. eine Flugzeugcrew oder ein Schulkollegium, auch eine Gruppe ist, ist eine nur empirisch entscheidbare Frage. Möglich ist dies, und daraus ergibt sich, daß Gruppe und Organisation analytisch zwar zu sondern sind, empirisch aber durchaus einander überlagern können." (ebd.)

In bezug auf Beziehungsinhalte sind Gruppen als eher multiplexe Verbindungen zu verstehen, während z.B. Netzwerke und Seilschaften eher uniplex, d.h. nur durch bestimmte Interessen geleitet sind (Schenk 1983:96). Multiplexe Verbindungen bringen „eine erhebliche gegenseitige Verpflichtung und Abhängigkeit mit sich" (ebd.); aus ihnen „kann erheblicher sozialer Druck bzw. eine deutliche normative Kontrolle erwachsen" (ebd.).

Mit relativer Dauerhaftigkeit grenzt Neidhardt Gruppen von einfachen Interaktionssystemen ab, die nur bestehen, solange die Interaktion anhält. Zugehörigkeit zu Gruppen bleibt hingegen auch in „Pausen ihrer kollektiven Kommunikation" (Neidhardt 1979:643) bestehen. Finden Kontakte der Mitglieder allerdings zunehmend seltener statt, beginnt in der Regel die Auflösung ihrer Gruppe. Die skizzierte „Fähigkeit zur Latenz" (ebd.), also die Fortsetzung der Existenz ohne direkten Kontakt, ist ein Merkmal, das ebenfalls Netzwerke und Seilschaften, aber nicht Koalitionen charakterisiert.

Im Hinblick auf die beiden Unterscheidungsmerkmale, Qualität von Interaktionen und ihre Inhalte und Funktionen, können als wesentliche Merkmale, die soziale Gruppen von Netzwerken unterscheiden, festgehalten werden: stärkere Intensität und persönlichere Inhalte der Gruppenbeziehungen sowie deren besondere Direktheit bzw. Verbindlichkeit. Die Unterschiede zwischen beiden Formen von Zusammenschlüssen schließen nicht aus, daß innerhalb von Netzwerken verschiedene Gruppen bestehen oder sich partiell, d.h. in Folge einzelner Aktionen, entwickeln können, insbesondere wenn gleiche Interessenlagen verschiedener Akteure zusammentreffen. Gemeinsames Merkmal ist der fehlende bzw. geringe Formalisierungsgrad und Abwesenheit von formaler Hierarchie.

Gruppen unterscheiden sich von Seilschaften, die oft auch enge Mitgliederbeziehungen aufweisen, darin, daß Gruppen weniger auf spezifische Ziele oder Zwecke gerichtet und daß sie nicht bzw. weniger hierarchisiert sind.

2.4.3 Koalition

Wenn mehrere Personen sich zur Erreichung eines bestimmten Zieles kurzfristig zusammenschließen, dann bilden sie zunächst eine Koalition, aus der Gruppen oder Netzwerke hervorgehen können.

Es ist eine „typische Vielfalt" (Sofsky 1994:250) an Koalitionen zu differenzieren, die hier nicht unnötigerweise aufgefächert werden soll. Zur Abgrenzung gegenüber Netzwerken und Gruppen erscheint es sinnvoll, weitgehend der Definition Karl Sandners zu folgen. Koalitionen dienen demnach der Realisierung von Interessen zweier oder mehrerer Akteure durch Nutzung von Ressourcen. Dabei müssen die einzelnen Mitglieder nur ein gemeinsames Ziel verfolgen, aber nicht die gleichen Ansichten teilen. Koalitionen werden gebildet, wenn der Zweck kollektiven strategischen Handelns lediglich in der Ausführung einiger bestimmter Handlungen besteht (vgl. Sandner 1990:154). Die kurze Dauer ihres Bestehens ist das wesentliche Merkmal, das Koalitionen von bisher beschriebenen Zusammenschlußformen unterscheidet. Anlässe sind Interessen, wie Vorteile zu erzielen, der Schutz oder die Verhinderung von Ansprüchen oder Handlungen anderer oder Solidarisierung mit Kollegen und Kolleginnen.

Koalitionen entstehen eher spontan und müssen nicht über die Handlungsdauer und im Gegensatz zu Gruppen- und Netzwerkbeziehungen nicht über längere Zeit existieren. Der wesentliche Unterschied zwischen Koalition und sozialer Gruppe liegt in der auf ihrer Zweckbestimmung beruhenden Zusammengehörigkeit der Koalition, die wenig Gemeinsamkeiten der Mitglieder voraussetzt. Das Gefühl der Zusammengehörigkeit beruht nicht auf wechselseitiger Sympathie, sondern auf einem miteinander geteilten Handlungsziel:

> „Koalitionen beruhen auf gemeinsamen Interessen, nicht auf der Gemeinsamkeit der Interessen." (Sofsky 1994:251)

Dabei muß sich das theoretische Interesse aber nicht, wie Sofsky meint (ebd.:252), vorwiegend negativ gegen andere richten.

3 Theoretischer Bezugsrahmen

3. 1   Determinanten von Handlungsmotivationen

Die Analyse von Motivation zu kollektivem Handeln richtet sich auf die Ermittlung von Faktoren, die individuelle Handlungsentscheidungen beeinflussen, sich einem Zusammenschluß anzuschließen, einen zu gründen bzw. in einem solchen aktiv zu werden. Arbeiten, die sich mit handlungstheoretischen Konzepten auseinandersetzen, kritisieren immer wieder,

> „daß zwischen den handlungstheoretischen Debatten in den verschiedenen Disziplinen kein Zusammenhang zu existieren scheint" (Joas 1992:11).

Konsequenz der unterschiedlichen Zugangsweisen ist eine Fülle nebeneinander stehender Ansätze:

> „Im Schnittpunkt so vielfältiger Disziplinen entwickelt sich, so scheint es, ein nahezu unübersichtliches Gewirr verschiedener disziplinärer Aspekte, unterschiedlicher Ansätze, die sich alle aus je einem anderen disziplinären Blickwinkel dem Handeln widmen. Obwohl uns das Handeln vertraut scheint, gibt es keine einheitliche Handlungstheorie, in der die unterschiedlichen wissenschaftlichen und philosophischen Ansätze zur Erfassung, Beschreibung, Erklärung, Rechtfertigung und Voraussage von Handlungen integriert sind." (Lenk 1980:9)

Was Hans Lenk in der von ihm herausgegebenen, mehrbändigen Aufsatzsammlung (1977-1984) über Handlungstheorien 1980 resümiert, gilt auch heute: Probleme des Handelns erweisen sich als typisch *interdisziplinär*; menschliches Handeln ist daher Gegenstand vieler Wissenschaftszweige. In bezug auf die Frage, wie individuelle Handlungsentscheidungen motiviert sind, lassen psychologische Theorien soziologische in den Hintergrund treten, zumal der „Begriff der Motivation (...) ein Schlüsselbegriff der Psychologie" (Kerber 1987: 689) ist. Beide Perspektiven werden in der vorliegenden Untersuchung berücksichtigt[53]. Denn ‚Handeln' und ‚Motivation' sind zentrale Begriffe, die die Frage nach Motivationsfaktoren für Handlungsentscheidungen betreffen. Sie werden in den folgenden Unterkapiteln erörtert: ‚soziales Handeln' aus soziologischer und Handlungsmotivationen aus psychologischer Perspektive.

---

[53]   Die Sinnhaftigkeit einer Verknüpfung soziologischer und psychologischer Ansätze in bezug auf ‚Motivation und Handeln' illustriert z.B. Manfred Hennens Analyse von sozialer Motivation und paradoxen Handlungsfolgen (1990).

3.1.1 Theoretische Betrachtungen zu ‚sozialem Handeln'

Mit dem Forschungsinteresse der vorliegenden Arbeit korrespondiert die Inanspruchnahme eines intentionalistischen Handlungsbegriffs. Nach grundlegender Definition Max Webers, dessen Arbeit den kritischen Ausgangspunkt bedeutender (Handlungs-)Theorien bildet, ist Handeln, wie auch das Unterlassen einer Handlung, als bewußter, kognitiver Akt zu verstehen. Weber grenzt bewußtes Handeln gegenüber Verhalten ab, das als unbewußte Reaktion betrachtet werden kann.[54]

Zunächst soll ‚Handeln' definiert werden als

„ein menschliches Verhalten (einerlei ob äußeres oder innerliches Tun, Unterlassen oder Dulden) (...), wenn und insofern als der oder die Handelnden mit ihm einen subjektiven Sinn verbinden." (Weber 1972:1)

Durch den Begriff ‚Sinn' grenzt Weber Handeln gegen reaktives Sichverhalten (wie z.B. Affekthandlungen oder Panik) ab. ‚Sinn' impliziert eine zeitliche Dimension: Die Bestrebung nämlich, die gegenwärtige Situation zu verändern, bzw. ihre Veränderung zu verhindern, ist auf die Zukunft gerichtet. Sinnhaftes Handeln ist reflektiert und intendiert, also bewußt und beabsichtigt. Es dient der Erreichung eines gesetzten Zwecks oder Ziels.

Der Sinnbegriff ist ein wesentliches Definitionsmerkmal, läßt aber seinerseits Interpretationsspielraum offen (vgl. z.B. Schäfers 1995:22ff). Z.B. bezieht sich die Zeitperspektive nicht nur auf „einen gewissermaßen aktuell-prospektiven Sinn" (Luckmann 1992:53), sondern beinhaltet auch Erfahrungen durch vorausgegangenes Handeln. Und der Sinnbegriff

„macht über die konkrete Handlungssituation hinaus die sie tragende Kultur (den Zusammenhang der Normen und Werte eines Gesellschaftssystems) einsehbar." (Schäfers 1995:22)

Allgemeinere Faktoren, die auf Handeln einwirken, wie kulturelle Einflüsse oder individuelle Erfahrungen, finden somit indirekt Eingang in die Definition des Handlungsbegriffs.

‚Soziales' Handeln ist weiter zu differenzieren als

„ein solches Handeln (...), welches seinem von dem oder den Handelnden gemeinten Sinn nach auf das Verhalten anderer bezogen wird und daran in seinem Ablauf orientiert ist." (Weber 1972:1)

---

[54] Weber, dem es in seiner Arbeit um Definition und Erklärung soziologischer Kategorien geht, betrachtet seine Darstellung des Handlungsbegriffs als einen idealtypisch definierten Terminus und stellt fest, daß das reale Handeln im wesentlichen halb- oder unbewußt sei (vgl. Weber 1972:10).

Der Akteur ist sich also bewußt, daß andere Menschen durch sein Verhalten betroffen sind oder sein können. Gleichzeitig bezieht er Verhalten anderer in sein Handeln mit ein.[55]

Soziales Handeln bezeichnet nach Weber das Tun von „einer oder mehreren einzelnen Personen" (Weber 1972:6); es ist abzugrenzen gegenüber dem von Massen. Sich mit anderen Frauen zusammenzuschließen - z.B. zur Verbesserung der beruflichen Situation -, kann somit als kollektives soziales Handeln betrachtet werden. Unter kollektivem Handeln, also dem Agieren mit mehreren, soll im folgenden soziales Handeln in sozialen Beziehungen[56] verstanden werden. Ihre Inhalte und Intensitäten klassifizieren Formen von Zusammenschlüssen (vgl. auch Kap. 2.4).

Um den Prozeß von Handlungsmotivation in seinen Bestandteilen genauer differenzieren zu können, die in Kap. 3.1.2 dargestellt werden, erscheint es sinnvoll, zwischen Handeln als schrittweisem Vollzug und Handlung als vollzogenem Akt zu unterscheiden.

Handeln und damit auch kollektives Handeln betrifft in der Regel nicht ein einzelnes, d.h. einmaliges Tun oder eine isolierte spontane Aktion, sondern ist als ein Prozeß zu verstehen: Verschiedene einzelne Handlungsschritte dienen der Realisierung eines oder mehrerer Handlungsziele. Prozeßhaftigkeit, nicht unbedingt Einzelhandlungen selbst, wird in Handlungsentwürfen mitbedacht.

Für individuelle Motivationen, sich einem Zusammenschluß anzuschließen und sich in ihm zu engagieren, spielen entsprechend auch Prozesse kollektiven Handelns eine Rolle. Jedoch die Entscheidung, im Verbund mit anderen aktiv zu werden, ist in der Regel als einmaliger[57] Akt eines Individuums zu sehen. Handeln im Kollektiv wird durch diese Entscheidung eingeleitet. Insofern beziehen sich Motivationen kollektiven Handelns auf Faktoren, die die Entscheidung beeinflussen, einem Zusammenschluß beizutreten oder zu gründen, nicht auf die Aspekte, die Motivationen kollektiver Akteure für einzelne gemeinschaftliche Aktionen betreffen.

Ohne den Anspruch auf Vollständigkeit zu erheben, entwickelt Weber eine Typologie sozialen Handelns und unterscheidet zweckrationales, wertrationales,

---

[55] Erweiterungen des Handlungsbegriffs, die nicht nur die Perspektive des Akteurs berücksichtigen, sondern auch (tatsächliche) Reaktionen eines Handlungspartners (oder mehrerer) als Teil sozialen Handelns betrachten, werden in unterschiedlichen (Mikro-)Theorien vorgenommen (Ausführungen dazu in jüngerer Zeit vgl. z.B.: Schneider 1994:17ff aus systemtheoretischer; Luckmann 1992:39 aus phänomenologischer Perspektive). Sie erscheinen jedoch als ungeeignet für die Untersuchung von *Motivationen* für Handlungsentscheidungen, für die die Reaktion anderer Akteure „nur" in ihrer Antizipation wichtig oder als Erfahrung von Bedeutung ist.

[56] Als soziale Beziehung soll „aufeinander gegenseitig eingestelltes und dadurch orientiertes Sichverhalten mehrerer" (Weber 1972:13) gelten. Das bedeutet nicht, daß die Beteiligten im Einzelfall den gleichen Sinngehalt in die soziale Beziehung legen müssen.

[57] Dabei ist es von nachrangiger Bedeutung, wenn sich dieser Akt wiederholt.

affektuelles und traditionales Handeln. Er betont jedoch, daß soziales Handeln nur sehr selten „in der einen oder in der andren Art orientiert" (Weber 1972:13) ist. Insbesondere eine strenge Auslegung von affektuellem Handeln, dem hemmungslosen Reagieren auf einen Reiz, oder traditionellem durch eingeschliffene Gewohnheiten hervorgerufenen Verhaltens steht

> „an der Grenze und oft jenseits dessen, was man ein ‚sinnhaft' orientiertes Handeln überhaupt nennen kann." (Weber 1972:12)

Webers Klassifikation sozialen Handelns verweist auf subjektive Wert- und Orientierungsentscheidungen für Handlungsentscheidungen. Die Mikroebene muß zwar aus Webers Perspektive nicht vertieft werden, denn seine Intention ist die Entwicklung methodischer Grundlagen für eine sinnverstehende Soziologie, d.h. für eine Wissenschaft, die

> „soziales Handeln deutend verstehen und dadurch in seinem Ablauf und in seinen Wirkungen ursächlich erklären will." (Weber 1972:1)

Sein vornehmliches Interesse gilt Konsequenzen des Handelns und nicht subjektiven Grundlagen für Handlungsentscheidungen. Aber für Fragen nach *Motivationen* von Handlungsentscheidungen sollte die Mikorebene nicht vernachlässigt werden.

Die Dichotomie zwischen makro- und mikrosoziologischer Perspektive hat soziologische Theorietradition geprägt. Ansätze, die gesellschaftliche Verhältnisse aus der Dynamik des Handelns erklären wollen, laufen Gefahr, daß z.B.

> „die Bedeutung der primären Erfahrung in der Sozialwelt ebenso ausgeschaltet wird wie die Frage nach der Möglichkeit von Erfahrung und davon abhängigen Handlungen" (Fischer/Kohli 1987:35).

Jedoch an handlungstheoretischen Ansätzen, die sich an Individuen und ihren Interaktionen orientieren, kann unter anderem kritisiert werden, daß sie Strukturen nicht integrieren (vgl. z.B. Grabbe-Eglof 1987:436):

> „Kurzum: verstehende Ansätze stehen bei der Handlungsanalyse in der Gefahr, nichtintentionale und vorgegebene Bedingungen des Handelns zu vernachlässigen." (Fischer/Kohli 1987:35)

Es gibt verschiedene theoretische Versuche, den Dualismus von Handlung und Struktur zu überwinden (z.B. Anthony Giddens Theorie der Strukturierung (1988) oder Pierre Bourdieus Struktur-Habitus-Konzept (1987)). Jedoch:

> „Die Gegnerschaft zwischen Mikro- und Makroansätzen gehört zu den klassischen Debatten der Soziologie-Geschichte, und viele Gegenwartssoziologinnen und -soziologen fühlen sich nach wie vor ausschließlich dem einen oder dem anderen Lager zugehörig und halten die Abgrenzungen weiterhin aufrecht." (Treibel 1997:13)

Fraglos erscheint, daß strukturdeterministische und voluntaristische Dimensionen als die beiden wesentlichen Komponenten betrachtet werden können, die Handeln prägen. Deshalb ist es sinnvoll, der Untersuchung ein theoretisches und methodisches Gerüst zugrunde zu legen, das beide Aspekte integriert. Ein spezifisches Forschungsinteresse erlaubt zwar eine Reduktion potentieller Zugangsweisen zum Thema, aber dennoch - oder gerade wegen der vorliegenden Untersuchungsabsicht - sollten unterschiedliche, Handeln beeinflussende Faktoren berücksichtigt werden.

Die Frage nach *Motivationen* von Journalistinnen zu kollektivem Handeln impliziert die Perspektive auf Individuen. Im Mittelpunkt steht die Erklärung von Entscheidungen einzelner, in einem Frauenzusammenschluß aktiv zu werden bzw. einen zu gründen. Die vorliegende Fragestellung ermöglicht damit die Bezugnahme auf eine Theorie, die im Wissenschaftsfeld Psychologie von grundlegender Bedeutung ist.

Es handelt sich dabei um das von Heinz Heckhausen entwickelte Motivationsmodell (Heckhausen 1989, erstmals 1977). In diesem stehen strukturelle, somit auch organisationsbezogene und soziokulturelle Rahmenbedingungen gleichberechtigt neben individuellen Einflußfaktoren. Es bildet die jeweils aktuell wirksamen Motivationsvariablen ab. Eine Bezugnahme auf Heckhausens Motivationsmodell ermöglicht die Erfassung der wesentlichen Einflußfaktoren, die individuell für Motivationen kollektiven Handelns förderlich oder hemmend wirken. Es werden damit gleichzeitig strukturelle Bedingungen ermittelt, die Bereitschaft von Journalistinnen zu kollektivem Handeln und seine Realisation beeinflussen.

Erläuterungen zu Heckhausens Motivationstheorie sind Gegenstand des folgenden Kapitels.

3.1.2   Psychologische Grundlagen von Handlungsmotivation

Ein großer Teil psychologischer Handlungstheorien, der alle denkbaren motivationalen Einflußfaktoren im Hinblick auf Vorhersage von individuellem, menschlichen Verhalten zu gewichten sucht, muß aufgrund der Vielzahl von Einflußfaktoren an Grenzen stoßen. Mittlerweile scheint in der psychologischen Handlungstheorie jedoch Konsens zu bestehen über die Notwendigkeit einer

„ausgewogene(n) Beurteilung des Zusammenspiels innerer (Persönlichkeits-) und äußerer (Umstands-)Faktoren in der Erklärung menschlichen Handelns" (Brandstädter 1993:216).

Den von Hermann Brandstädter formulierten Ansprüchen entspricht Heckhausens Theorie, die „kognitive Prozesse eines reinen Zweckhandelns" (Heckhausen 1989:470) abbildet. Sie berücksichtigt gleichermaßen biopsychologische und soziale Faktoren. Ein Vorzug liegt außerdem darin, daß Heckhausens Motivationstheorie „die meisten der bisher isolierten Motivationsparameter enthält" (ebd.): Sie integriert wichtige motivationstheoretische Ansätze, wie Erwartungs-mal-Wert-Verknüpfung, Instrumentalitätstheorie, Leistungsmotivationstheorie und Kausalattribuierungstheorie, und führt sie fort.

Drei Faktoren werden als wesentliche Bestimmungselemente des Motivationsgeschehens betrachtet: Der Personfaktor Motiv und die beiden Situationsfaktoren subjektive Erfolgswahrscheinlichkeit und Anreiz[58] (Heckhausen 1989: 466). Motiv ist ein hypothetisches Konstrukt. Anders als im alltagssprachlichen Gebrauch bezeichnen Motive keine konkreten Beweggründe, sondern werden als Personen zugeschriebene, überdauernde Wertungsdispositionen aufgefaßt. Ihnen korrespondieren Handlungsziele. Wertungsdispositionen

„sind nicht angeboren und entwickeln sich erst im Laufe der Ontogenese, sie unterliegen einer Sozialisation und somit den sozialen Normen der ontogenetischen Entwicklungsumwelt." (Heckhausen 1989:9f)

Am Beispiel des Leistungsmotivs, das zunächst in Erfolgs- und Mißerfolgsmotiv aufgespalten wird, welche dann in individuelle Motivsysteme spezifiziert werden, zeigt Heckhausen, wie schwierig allein die Messung von Motiven ist, zumal es fraglich erscheine, ob „alle einzelnen Parameter angemessen zu erfassen" (Heckhausen 1989:466) sind.

Um die *entscheidenden* Faktoren zu berücksichtigen, die Handlungsmotivationen beeinflussen, entwickelt Heckhausen ein Modell, das die Fülle von inneren und äußeren Einflußfaktoren integriert, schlüssig miteinander verbindet und damit auf ein methodisch-pragmatisches Maß „reduziert". Es wird im folgenden näher erläutert.

Heckhausens ‚Motivationsmodell' gliedert sich in vier Ereignisstadien, die der Handlungsentscheidung vorausgehen: Situation, Handlung, Ergebnis, Folgen.

Wichtig ist, daß das Handlungsergebnis selbst keinen Anreizwert hat, sondern diesen von den Handlungsfolgen empfängt. Für diese Unterscheidung sprechen unter anderem folgende Gründe: Erstens wird so der Kontingenz zwischen Handlungsergebnis und Handlungsfolge Rechnung getragen. Denn ein Handlungsergebnis kann zwar das Eintreten einer Handlungsfolge ermöglichen oder herbeiführen, diese kann aber auch fremddeterminiert sein. Das Handlungsergebnis kann nicht unmittelbar durch eigenes Handeln hervorgebracht werden, zumal es auch von unbeeinflußbaren Faktoren abhängt. Zweitens kann ein

---

[58] Als Anreiz werden positive Aspekte von Wertungen bezeichnet, die einen Aufforderungscharakter haben.

Handlungsergebnis mehrere Folgen nach sich ziehen, die mitunter nicht intendiert sind, vielleicht nicht einmal erwartet werden.[59]

Handlungsergebnisse führen zu einer Annäherung an ein Oberziel, können
aber nur bedingt als Ziel verstanden werden. Brandstätter versucht die Begriffe
deutlicher zu fassen, indem er Handlungsergebnisse als „(auch von außen fest-
stellbare) Zielzustände" (Brandstätter 1993:217) und Ergebnisfolgen als „die
dadurch vermittelten Gefühle (Motivbefriedigungen und -versagungen)" (ebd.)
beschreibt.

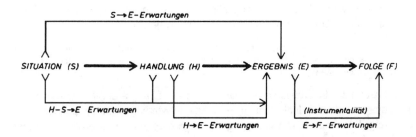

*Vier Arten von Erwartungen, die sich auf verschiedene Ereignis-Stadien im
Motivationsprozeß beziehen (Quelle: Heckhausen 1989:468 Abb. 15.3).*

Der Motivationsprozeß - im folgenden vereinfacht dargestellt - gliedert sich, angelehnt an die vier Ereignisstadien (Situation, Handlung, Ergebnis, Folge), in
vier Phasen, an die Ergebnis-Erwartungen geknüpft sind:

1. Zunächst wird vom (eventuell) Handelnden die bestehende Situation dahingehend beurteilt (subjektiver Wahrscheinlichkeitsgrad), wie sie sich weiter-
   entwickelt bzw. zu welchem Ergebniszustand sie führt, wenn er nicht han-
   delnd eingreift („Situations-Ergebnis-Erwartung"). Hierbei handelt es sich
   um einen in anderen Theorien weitgehend vernachlässigten Aspekt (Heckhausen 1989:468).
2. Dann wird bewertet, mit welcher (subjektiven) Wahrscheinlichkeit die Situation durch eigenes Handeln in erwarteter bzw. gewünschter Weise geändert werden kann („Handlungs-Ergebnis-Erwartung").
3. In der folgenden Motivationsphase wird der vermutete Einfluß beurteilt, den
   äußere und variable Umstände der Situation auf die Handlungs-Ergebnis-Erwartung nehmen („Handlungs-bei-Situation-Ergebnis-Erwartung"). D.h., es

---

[59] Weitere Gründe dafür, daß die Trennung zwischen anreizlosem Ergebnis und anreizwertbe-
setzter Folge sinnvoll ist, vgl. Heckhausen 1989:468.

findet eine Abwägung statt, inwieweit äußere Umstände den Erfolg eventuellen Handelns beeinträchtigen oder fördern.

4. Einen weiteren und wesentlichen Einfluß auf Handlungsmotivation übt die Einschätzung aus, mit welcher Wahrscheinlichkeit das Ergebnis einer Handlung für die gewünschte Folge instrumental ist („Ergebnis-Folge-Erwartung"). Dieser Aspekt ist von besonderer Bedeutung. Denn:

„Es sind die Folgen von Handlungsergebnissen, die *Anreizwerte* haben" (Heckhausen 1989: 469; Herv. U.S.).

Es kann mehrere anreizbesetzte Folgen geben, die Heckhausen im Rahmen der Leistungsmotivationsforschung in Selbstbewertung, Annäherung an ein Oberziel, Fremdbewertung und Nebenwirkungen klassifiziert (ebd:469f).

In der ersten und dritten Phase bestimmen äußere Faktoren die Kausalattribuierung des Ergebnisses. Situationsvariablen hängen von individuellen Unterschieden ab: Sie sind durch subjektive Beurteilung situativer Gegebenheiten charakterisiert. Äußere Rahmenbedingungen, wie organisationsspezifische Normen, finden Berücksichtigung auf der Basis ihrer Wahrnehmung durch die handelnde Person selbst. In der zweiten Phase (Handlungs-Ergebnis-Erwartungen) wirken individuelle Faktoren auf Handlungsmotivationen, welche zwischen Individuen, also intersubjektiv, variabel und vom Handelnden steuerbar sind.

Damit integriert Heckhausens Motivationsmodell sowohl innere als auch äußere Einflußfaktoren[60]. Es bietet darüber hinaus eine methodische Perspektive, neben persönlichen Voraussetzungen auch strukturelle Rahmenbedingungen für Handlungsmotivationen zu ermitteln: Sie richtet sich auf die Subjektebene, auf Deutungen individueller Akteure. Äußere Umstände gewinnen aus dieser Perspektive ihre Bedeutung: Eine Situation kann Handeln nur motivieren aufgrund ihrer subjektiven Bewertung durch den potentiellen Akteur. Wenn Handlungsentscheidungen bewußt getroffen werden, ist davon auszugehen, daß ein möglicherweise Agierender strukturelle Voraussetzungen bzw. äußere Rahmenbedingungen dahingehend überprüft, wie sie sich auf das intendierte Handeln auswirken. Somit werden *die* äußeren Faktoren oder Rahmenbedingungen erfaßt und gewichtet, die Akteure als handlungsleitend wahrnehmen.

Heckhausens Modell mag formelhaft wirken. Es wird jedoch der Vielfalt und Vielseitigkeit von Motivationen gerecht, da es die Fülle aller möglichen Faktoren berücksichtigt, die Handlungsmotivationen beeinflussen können. Diese Ein-

---

[60] Heckhausen betont zwar - ähnlich wie Weber -, daß seine Theorie „für zielgerichtetes Handeln gedacht" (Heckhausen 1989:467) ist. Damit bilden Motivationen einen bewußten Prozeß ab. Doch er stellt einschränkend fest, daß nicht immer alle vier Aspekte, d.h. alle vier Ergebnis-Erwartungen, elaboriert und beantwortet werden müssen. Damit müssen sie - auch ähnlich wie bei Weber - nicht immer bewußt vollzogen werden (ebd.:470).

flußfaktoren äußern sich in individuell unterschiedlich wahrgenommenen und jeweils anders gewichteten Ergebnis-Erwartungen.

Eine Orientierung an den Phasen des dargestellten Motivationsmodells ermöglicht eine besonders transparente und methodisch-systematische Annäherung an die Fragestellung, die unter anderem auch Erklärungen für die Lücke zwischen positiver Einstellung gegenüber kollektivem Handeln und nicht vollzogener Handlungskonsequenz liefern will. Heckhausens Modell bildet potentiell wirksame Motivationsvariablen ab und bietet die Grundlage, auf der die spezifischen Untersuchungspunkte im Hinblick auf das Forschungsinteresse der vorliegenden Arbeit systematisiert und präzisiert werden können. Eine Übertragung der auf Individuen bezogenen Theorie Heckhausens auf die vorliegende Untersuchung ist möglich, weil es nicht um *kollektive* Motivationen, sondern um Motivationen für *individuelle* Entscheidungen geht, sich mit anderen zusammenzuschließen, um gemeinsam zu handeln.

Im folgenden wird das Modell in bezug auf Motivationen kollektiven Handelns von Journalistinnen vertiefend erläutert. Damit werden gleichzeitig Grundlagen geschaffen, um die vorliegende Untersuchung zu systematisieren. An die Phasen des Motivationsmodells angelehnt, werden zunächst Thesen formuliert, die die vier Ergebnis-Erwartungen anschaulicher machen. Aus ihnen lassen sich Untersuchungsschwerpunkte ableiten, die die in Kap. 2.3.3 aufgeworfenen Fragen berücksichtigen. Durch die systematische Analyse dieser Fragenkomplexe können das Spektrum möglicher Einflußfaktoren exploriert und Erklärungen für Handlungsentscheidungen geliefert werden.

1. Motivationen kollektiven Handelns hängen ab vom Handlungsbedarf (Situations-Ergebnis-Erwartung).

Zunächst ist es notwendig, danach zu fragen, wie Journalistinnen ihre Situation einschätzen und ob sie diese verändern wollen. Entsprechend richtet sich der Forschungsblick auf das Bestehen eines Interesses für ein Agieren in Zusammenschlüssen von Medienfrauen.

Bedarf für kollektives Handeln von Journalistinnen kann angenommen werden bei gemeinsamer direkter oder indirekter Betroffenheit von Umständen, die im wesentlichen nur das weibliche Geschlecht tangieren und die von ihnen als veränderungsbedürftig angesehen werden. Interesse von Redakteurinnen an gemeinsamer Einflußnahme auf Arbeitsbedingungen oder auf redaktionelle Entscheidungen könnte sich vermutlich auf folgende, bereits in Kap. 2 dargestellte Beispiele beziehen, die die berufliche Situation von Journalistinnen vorwiegend prägen.

–   Als eine Möglichkeit spezifischen Handlungsbedarfs für Frauen in den Medien ist Ablehnung von Diskriminierung zu nennen, wie z.B. geschlechtsspezifisch motivierte Kritik oder Ausgrenzung durch männliche Redaktionsmitglieder.

Auch wenn ein Unterschied darin besteht, ob eine einzelne Journalistin selbst von direkter geschlechtsspezifischer Benachteiligung betroffen ist oder ob sie sie lediglich bei anderen beobachtet, kann dennoch in beiden Fällen Handlungsbedarf angenommen werden. Frauen, die sich nicht konkret benachteiligt fühlen, könnten bspw. aufgrund früherer Erfahrungen, aus politischen Erwägungen, aus einem Solidarisierungsbedürfnis oder aus Furcht vor späterer eigener Betroffenheit von Diskriminierung Interesse an Einflußnahme entwickeln. Perzeption oder Kenntnis von Diskriminierung auch anderer Frauen könnte bei Betroffenen ein bestärkendes Element zur Entwicklung von Bedarf für kollektives Handeln sein.

- Ein anderes Beispiel für potentielles Handlungsinteresse könnte sich auf den Wunsch der Etablierung eigener beruflicher Vorstellungen, der Durchsetzung eines sogenannten ‚weiblichen Journalismus' beziehen.
- Darüber hinaus ist denkbar, daß isoliert (in Ein-Personen-Ressorts oder als Einzelne in einem „Männer-Ressort") arbeitende Redakteurinnen Interesse an Kommunikation und Informationen in einem Zusammenschluß entwickeln.

Ob die aufgeführten Beispiele für Motivationen kollektiven Handelns von Bedeutung sind und ob es andere gibt, würde im ersten Untersuchungsschwerpunkt deutlich werden. Er sollte sich darauf richten,

- wie Journalistinnen ihre Situation - insbesondere in bezug auf das Geschlechterverhältnis - wahrnehmen, und ob Journalistinnen an einer Änderung der bestehenden Situation (bzw. an einem Entgegenwirken einer zu erwartenden Veränderung) interessiert sind bzw. was sie verändern wollen.

2. Persönliche Aspekte beeinflussen die Einschätzung der Einflußmöglichkeiten kollektiven Handelns (Handlungs-Ergebnis-Erwartungen).

Für Motivationen kollektiven Handelns von Journalistinnen wird als nächstes relevant, ob die jeweilige Interviewte die kritisierte Situation, auf die sie einwirken möchte, überhaupt durch gemeinsames Agieren mit Kolleginnen als veränderbar einschätzt. Die Erwartung, daß durch kollektives Handeln das gewünschte Handlungsergebnis, also eine spezifische Veränderung der gegebenen Situation, erreichbar ist, wird durch innere Einflußfaktoren geprägt.

Sie beziehen sich zunächst auf individuelle Eigenschaften und Erfahrungen. Die Neigung zur Einzelkämpferin oder Einzelgängerin würde sich negativ auf

Motivationen kollektiven Handelns auswirken, die zum Gruppenmenschen positiv. Vor dem Hintergrund des vorliegenden Forschungsinteresses muß an dieser Stelle berücksichtigt werden, daß auch Annahmen wirksam werden können, die die erwartete Ausführung einzelner Handlungsschritte mittels eines Zusammenschlusses betreffen. D.h., Vorstellungen über kollektives Handeln aufgrund von persönlichen Erfahrungen mit und Beobachtungen von Handlungsverbunden beeinflussen Handlungs-Ergebnis-Erwartungen. Deshalb erweist es sich als sinnvoll, Formen von Zusammenschlüssen zu differenzieren. Es ist denkbar, daß sich negative Handlungs-Ergebnis-Erwartungen auf solche Aktionsbündnisse beziehen, die ähnlich charakterisiert sind wie diejenigen, mit denen eine Journalistin negative Erfahrungen gemacht hat und daß es sich umgekehrt genauso mit positiven Handlungs-Ergebnis-Erwartungen verhält.

Die Ermittlung persönlicher Faktoren, die die Einschätzung von Einflußmöglichkeiten kollektiven Handelns beeinflussen, können Aufschluß geben, ob Verzicht auf kollektives Handeln und Bevorzugung individueller Strategien im Zusammenhang stehen mit negativen Erfahrungen.

Ein zweiter Untersuchungsschwerpunkt dient daher der Analyse persönlicher Faktoren, die die Einschätzung von Einflußnahmemöglichkeiten kollektiven Handelns beeinflussen. Er bezieht sich auf

– positive und negative Erfahrungen mit unterschiedlichen Handlungsstrategien und mit Erfolgen oder Mißerfolgen von Handlungskollektiven.

3. Motivationen, sich mit Kolleginnen zusammenzuschließen, werden von spezifischen beruflichen Bedingungen, insbesondere denen in den jeweiligen Medienorganisationen, beeinflußt (Handlungs-bei-Situation-Ergebnis-Erwartungen). Denn das Erreichen des gewünschten Handlungsziels wird in Abhängigkeit förderlicher oder hinderlicher Rahmenbedingungen positiv oder negativ bewertet.

Für Handlungsmotivationen von Journalistinnen werden also auch das berufliche Umfeld, soziokulturelle und organisationsspezifische Rahmenbedingungen bedeutsam. Es geht für den Fall, daß Handlungsbedarf besteht, nicht nur darum, was Zusammenschlüsse bewerkstelligen oder erreichen wollen. Wichtig ist außerdem, wie die Wahrscheinlichkeit eingeschätzt wird, daß äußere Bedingungen der Realisierung des erstrebten Handlungsergebnisses zuträglich sind und zu der intendierten Veränderung der gegenwärtigen Situation beitragen.

Einfluß auf Handlungsmotivationen von Redakteurinnen könnte z.B. davon ausgehen, ob sie einen Frauenzusammenschluß in ihrer Medienorganisation vorfinden: Es ist denkbar, daß das Bestehen eines Zusammenschlusses motivationsfördernd wirkt, weil sich Journalistinnen von diesem angesprochen fühlen, oder weil es für diejenigen, für die Handlungsbedarf besteht, nicht nötig ist, selbst die Initiative für die Suche nach Gleichgesinnten aufbringen zu müssen. Darüber hinaus könnte es von Bedeutung sein, welche Haltungen Journalistinnen bei Kolleginnen wahrnehmen. Ihre Motivationen könnten mit davon beeinflußt werden, ob sie in jenen Gleichgesinnte bzw. Frauen mit ähnlichen Interessen vermuten oder ausmachen können bzw. wie stark sie die Chancen einschätzen, einzelne andere Frauen zu finden und „mitzureißen".

Wichtig ist darüber hinaus, wie Redakteurinnen organisationsspezifische Regelungen (Arbeitszeit, -bereiche, -aufgaben, -vorgaben) und institutionelle Bedingungen (z.B. Organisationskultur) wahrnehmen; ob sie äußere Faktoren als einschränkend ansehen oder ob sie Handlungsspielräume erkennen. Deshalb muß sich der dritte Untersuchungsschwerpunkt darauf richten,

- wie Redakteurinnen berufliche, insbesondere medienorganisationsspezifische Bedingungen wahrnehmen im Hinblick auf Realisierbarkeit kollektiven Handelns. Dazu gehört, neben organisatorischen und kulturellen Aspekten des Medienbetriebs auch, wie andere Kolleginnen eingeschätzt werden und ob bereits Zusammenschlüsse bestehen.

4. *Erwartungen, gemeinsames Handeln würde zu erwünschten oder unerwünschten Folgen führen, beeinflussen Motivationen von Journalistinnen sich zusammenzuschließen (Ergebnis-Folge-Erwartungen).*

Ob erwartete Handlungsfolgen auch tatsächlich dem Ziel näherbringen, ist für Handlungsmotivationen von wesentlicher Bedeutung. Da Ergebnis-Folge-Erwartungen mit hohen Anreizwerten verbunden sind, muß es selbstverständlich erscheinen, daß ihre positive Ausprägung Handlungsmotivationen besonders bestärkt. Neben der hoch bewerteten Wahrscheinlichkeit, das Handlungsziel zu erreichen, können sich auch Nebenwirkungen positiv darstellen. Bei einem gegen Diskriminierung gerichteten Handlungsinteresse könnten sie z.B. in der Erwartung liegen, daß sich das Arbeitsklima in der Medienorganisation verbessert.

Es ist auch nicht auszuschließen, daß eine Redakteurin positive Fremdbewertung erwartet, weil sie z.B. annimmt, daß die Einbindung in einen Frauenzusammenschluß von einem späteren Arbeitgeber positiv bewertet wird als Bereitschaft und Interesse, sich über den journalistischen Alltag hinaus beruflich zu engagieren.

Antizipation von unerwünschten, negativen Folgen würde hingegen Verzicht auf kollektives Handeln erklären. Als unangenehme Konsequenzen können ablehnende Reaktionen von Kollegen und Kolleginnen gelten, z.B. deren negative Beurteilungen oder Diffamierungen von Frauenzusammenschlüssen und ihren Mitgliedern.

Der vierte Untersuchungsschwerpunkt richtet sich also darauf,

- welche Folgen Redakteurinnen durch Ergebnisse kollektiven Handelns erwarten und welche sich motivationsfördernd bzw. welche sich motivationshemmend auswirken.

3. 2 Berufliche Rahmenbedingungen von Redakteurinnen - Annäherungen aus organisationstheoretischen Perspektiven

Als berufliche Rahmenbedingungen, die Motivationen kollektiven Handelns von Journalistinnen besonders beeinflussen, scheinen Medienorganisationen, in denen sie beschäftigt sind, eine vorrangige Bedeutung einzunehmen. Manfred Rühl gibt zwar zu bedenken, daß Journalisten (und also auch Journalistinnen) oft sowohl Mitglieder von Arbeits- als auch von Berufsorganisationen sind. Deshalb fordert er:

> „(...) insofern müßten Berufsforscher zwei ungleiche journalistische Organisationstypen in den Blick nehmen: die Redaktion als Prototyp einer Arbeitsorganisation und die Gewerkschaft bzw. den Berufsverband als Prototyp der Berufsorganisation." (Rühl 1989:254)

Diesen Anspruch stellt Rühl jedoch an Untersuchungen zur Erfassung wesentlicher Determinanten professionellen, also *journalistischen* Handelns, das der „Herstellung und Bereitstellung des massenkommunikativen Produkts" (Rühl 1979:296) dient. Das Forschungsinteresse der vorliegenden Untersuchung richtet sich hingegen auf Handeln von Redakteurinnen, das sich auf geschlechtsbezogene Themen bzw. auf das Geschlechterverhältnis in ihrem massenmedialen Beruf bezieht. Deshalb kann als Einflußrahmen für Motivationen kollektiven Handelns von Journalistinnen ihren jeweiligen Arbeitsorganisationen, also den Medienbetrieben, ein herausragender Stellenwert zugesprochen werden. Dies erscheint insbesondere auch aus folgenden Gründen sinnvoll:

- Redakteurinnen sind als Angestellte in Rundfunkanstalten und Zeitungsredaktionen Mitglieder von Organisationen[61]. Sie erleben ihren Berufsalltag im wesentlichen innerhalb ihrer Medienbetriebe, im Gegensatz zu vielen freien Journalistinnen, die häufig eher zu Hause arbeiten und den größten Teil der für Redaktionen anfallenden auswärtigen Termine, wie

---

[61] Der Organisationsbegriff wird in der vorliegenden Untersuchung sowohl auf kleinere als auch auf größere Medienbetriebe angewendet, unabhängig von der Stärke ihrer Hierarchisierung bzw. den Grad ihrer Bürokratisierung. Die jeweiligen Definitionen von Organisation, die den im folgenden erwähnten Theorien zugrunde liegen, werden nicht näher thematisiert. Vor dem Hintergrund der in diesem Kapitel intendierten Darstellung von Bedingungen für Journalistinnen in Arbeitsorganisationen (3.2.1) und der Skizzierung allgemeiner Erklärungszusammenhänge für ‚Geschlecht und Organisation' (3.2.2) können die Einflüsse vernachlässigt werden, die die jeweils untersuchten Organisationsformen und Bürokratien auf die entwickelten Theorien ausüben.

z.B. Pressekonferenzen, wahrnehmen. Medienunternehmen sind damit das unmittelbare Arbeitsumfeld von Redakteurinnen, in dem sie persönliche und berufliche Erfahrungen machen und direkte oder indirekte Diskriminierungen erleben können. In der Geschlechterforschung werden Arbeitsorganisationen als Ort des Erhalts von Geschlechterhierarchie betrachtet (vgl. z.B. Acker 1991:162f).

- Arbeitsorganisationen können als wichtige Handlungsfelder verstanden werden, die gleichzeitig den Rahmen bilden, der Handlungs- und Gestaltungsspielräume von Redakteurinnen wesentlich definiert und vorstrukturiert (vgl. z.b. Rühl 1978; für andere Berufsfelder z.b.: Riegraf 1997; Cockburn 1993; Witz/Savage 1992).

- Rundfunkanstalten und Pressebetriebe gelten als wichtige Instanzen der beruflichen Sozialisation und können somit wesentlich die Herausbildung journalistischer Maxime beeinflussen (Schulz 1993b; Gruber 1975[62]; Dygutsch-Lorenz 1973; Breed 1973; vgl. auch Zoonen 1994: 54f).

Demgegenüber kann Berufsorganisationen, wie der IG Medien oder dem Deutschen Journalistenbund (DJB), ebenso wie formalen oder informalen geschlechtsspezifischen Zusammenschlüssen, als Einflußfaktoren auf Motivationen kollektiven Handelns von Redakteurinnen eine nachrangige Bedeutung zugemessen werden.[63]

Die folgenden Betrachtungen zu beruflichen Rahmenbedingungen von Redakteurinnen konzentrieren sich deshalb auf den Bereich ‚Arbeitsorganisation'. Im Mittelpunkt des vorliegenden Kapitels steht zunächst eine kritische Auseinandersetzung mit kommunikationswissenschaftlicher Theoriebildung in bezug auf Medienorganisationen.

Im Hinblick auf die vorliegende Arbeit können zwar Erklärungsansätze, die sich auf potentiellen Handlungsbedarf von Redakteurinnen in bezug auf journalistische Interessen und Maxime beziehen, herausgearbeitet und es können Handlungsspielräume umrissen werden. Insgesamt aber ist zu konstatieren, daß organisationstheoretische Konzepte in der Journalismusforschung geschlechts-

---

[62] Seine entsprechende, theoretisch ausgearbeitete Hypothese kann Gruber in einer empirischen Untersuchung, die sich allerdings nur auf die Ausbildungsphase ‚Volontariat' bezieht, zwar nicht bestätigen, er hält aber an der Plausibilität seiner Annahmen fest (ebd.:402ff).

[63] Berufliche Zusammenschlüsse von Journalistinnen wurden bereits in Kap. 2.3.2 dargestellt. Einen untergeordneten Stellenwert kann außerdem dem politischen und sozialen System sowie wirtschaftlichen, rechtlichen und technologischen Bedingungen (vgl. allgemein z.B. Bosetzky/Heinrich 1980) zugemessen werden, die sowohl das massenmediale Umfeld und Medienorganisationen als auch Journalistinnen beeinflussen können. Das weitere Umfeld der interviewten Redakteurinnen und ihrer Medienorganisationen wird im Methodenkapitel 4.2 skizziert.

spezifische Aspekte vernachlässigen, die für die Untersuchung von Handlungsstrategien von Redakteurinnen von besonderer Bedeutung sind.

Es wird deshalb im Anschluß an ‚organisationstheoretische Betrachtungen im Rahmen journalistischer Berufsforschung' geprüft, inwieweit Erkenntnisse und Ansätze aus dem Wissenschaftsfeld ‚Organisation und Geschlecht' für die vorliegende Untersuchung fruchtbar gemacht werden können.

3.2.1 Organisationstheoretische Betrachtungen im Rahmen journalistischer Berufsforschung

Massenmedien können als vielgliedrige Organisationen verstanden werden, die zwar „sozial, rechtlich, ökonomisch und technologisch Mittel- und Großbetrieben der Industrie vergleichbar" (Rühl 1979:42) sind. Redaktionelle Arbeit unterscheidet sich dennoch von der in Industriebetrieben darin,

„- daß die Produktion nicht bis ins Einzelne in arbeitsteilig ausgeführte Routinearbeit zerlegt werden kann;
- daß die redaktionellen Einzelentscheidungen im Rahmen der Alltagsarbeit nicht zeitlich präzise aufeinander abgestimmt werden können;
- daß sich die Redaktion ständig wechselnden Umweltsituationen und Umwelterwartungen anpassen muß, und
- daß sich das redaktionelle Entscheidungshandeln häufig in Situationen der Ungewißheit und des Risikos abspielt." (Weischenberg 1994:438)

Spezifische Besonderheiten von Medieninstitutionen sind dennoch selten Anlaß für organisationsbezogene Theoriebildung innerhalb der Massenkommunikationsforschung.

„Obwohl Massenkommunikation hierzulande im Kontext einer industrialisierten, pluralistisch-demokratischen Gesellschaftsordnung stattfindet, liegt das Schwergewicht der Forschung seit Jahr und Tag auf der Output-Seite des Prozesses (...). Leichtgewichtig blieb dagegen (...) auf der Input-Seite der Massenkommunikation besonders die der Herstellung unter organisatorischen Gesichtspunkten." (Rühl 1989:253)

Die Bedeutung von Medienorganisationen für Massenkommunikation, ihr Einfluß auf Entstehung von massenmedialen Aussagen und auf die berufliche Situation von Redakteuren und Redakteurinnen ist in der Journalismus- und Kommunikationsforschung erst spät wahrgenommen worden und mittlerweile, abgesehen von einzelnen Ausnahmen (z.B. Hienzsch 1990), aus dem Blickfeld wissenschaftlicher Untersuchungen geraten. Aus diesem Grunde erscheint ein kursorischer Rückblick auf organisationsbezogene Journalismusforschung und eine Auseinandersetzung mit älterer Literatur geboten.

Erste organisationsbezogene Annäherungen an kommunikationswissenschaftliche Fragestellungen sind im Rahmen der Gatekeeper-Forschung auszumachen (Überblick zu der sich in den 60er Jahren unter diesem Namen in den USA etablierenden Kommunikatorforschung vgl. Robinson 1973). Zunächst blieben Individuen theoretische Bezugsysteme: Im Mittelpunkt dieser Forschungsrichtung, die sich mit dem Entscheidungsverhalten von Journalisten und Journalistinnen auseinandersetzte, standen nur einzelne Personen. Mit „kybernetischen" Gatekeeper-Studien fand Anfang der 70er Jahre jedoch ein „ausdrücklich theoretischer Schritt in Richtung Organisationsforschung" (Rühl 1989:259) statt, der aber noch kein befriedigendes Konzept hervorbrachte:

> „Noch werden [in Untersuchungen, die die Theorie der Kybernetik anwenden, U.S.] Redaktionen nicht als Gesamtorganisationen problematisiert, um intern und extern unterschiedlich strukturierte Wechselbeziehungen zu unterhalten." (ebd.)

Auch die deutschsprachige Publizistikwissenschaft löste sich in den 60er Jahren von der traditionellen, normativen Journalismustheorie, die die Moral einer publizistischen Persönlichkeit in den Mittelpunkt ihrer theoretischen Betrachtungen stellte. Fortan richtete sich der Blick der Forschung auf den funktionalen Charakter journalistischer Arbeit; dennoch blieb eine individuenzentrierte Perspektive vorherrschend. Einige organisationsbezogene kommunikationswissenschaftliche Forschungsarbeiten entstanden in den 70er Jahren. Sie beruhten auf damals aktuellen Konzepten der Organisations- und Betriebssoziologie. Presse- und Rundfunkorganisationen und spezifische redaktionelle Teilbereiche wurden folglich als formalisierte soziale Gebilde verstanden, deren Strukturen der Erfüllung spezifischer Zwecke dienen (vgl. z.B. Schulz 1974; Dygutsch-Lorenz 1971). Einige Untersuchungen wurden auf der Basis von System/Umwelt-Modellen durchgeführt (vgl. z.B. Hofer 1976; Rückel 1975; Eichinger 1975).

Bereits 1969 erschien Manfred Rühls empiriegeleiteter Theorieentwurf über die „Zeitungsredaktion als organisiertes soziales System" (Rühl 1979)[64], „der für die Redaktionsforschung in Deutschland zentral geworden ist." (Weischenberg 1992:298). Der „bis heute ausführlichste(n) und grundlegende(n) empirische(n) Untersuchung der Arbeit einer Zeitungsredaktion" (Hienzsch 1990:69) wird nach wie vor ein herausragender Stellenwert zugesprochen (vgl. z.B. Hienzsch 1990; Baum 1994).

Rühls Konzept gibt im Hinblick auf möglichen Bedarf kollektiven Handelns von Journalistinnen Hinweise darauf, wodurch massenmediale Aussagenproduktion und damit auch die Herausbildung eines spezifischen journalistischen Selbstverständnisses geprägt ist und wie gering Spielräume für Redakteurinnen zur Etablierung eigener inhaltlicher Vorstellungen oder journalistischer Standards sein können.

Rühls Forschungsperspektive richtet sich auf die einzelnen Redaktionen innerhalb der von ihm untersuchten Medienorganisation. Er analysiert in ihnen

---

[64] Sie wurde 1979 in überarbeiteter Fassung neu aufgelegt.

ablaufende Prozesse massenmedialer Aussagenproduktion und die sie begleitenden Bedingungen. In seiner theoretischen Ausarbeitung nimmt er Bezug auf Luhmanns funktional-strukturelle Systemtheorie in ihrer damaligen Fassung und erweitert sie durch entscheidungstheoretische Kategorien. Rühl betrachtet Redaktionen als Handlungssysteme, die „durch Erwartungen strukturiert und stabilisiert" (Rühl 1979:73) werden. Der Zeitungsverlag gehört in diesem Modell zur Umwelt des Systems. Medienorganisationen beeinflussen damit redaktionelles Handeln wie andere Umweltsysteme der Zeitungsredaktion, zu denen Rühl außerdem Informatoren, Publikum, andere Massenmedien, Anzeigenabteilung oder Presserecht zählt (Rühl 1979:175ff).

Die Mitgliedsrolle stellt in Rühls Ansatz das zentrale Formalisierungskriterium dar: In ihr erkennt ein Redakteur (bzw. eine Redakteurin) die an ihn (bzw. an sie) gestellten Handlungserwartungen der Redaktion als verpflichtend an. [65] Gleichzeitig trennt die Mitgliedsrolle zwischen systemexternen Rollen (die aus der Mitgliedsrolle ausgeblendet sind) und systeminternen Rollen.

Neben der Mitgliedsrolle, an die konstante Erwartungen geknüpft sind, nehmen Redakteure und Redakteurinnen Arbeitsrollen wahr, die sich auf ressort- und positionsbezogene Leistungserwartungen beziehen. Sie gewähren die Chance individueller Gestaltungs-, Variations- und Interpretationsmöglichkeiten, die jedoch innerhalb vorgezeichneter Rahmenbedingungen begrenzt erscheinen: „Freiheiten" bestehen in der von Rühl beobachteten Medieninstitution z.B. in der Wahl von Arbeitstechniken oder in der Nutzung von Fähigkeiten, die Redakteurinnen und Redakteure zur Bewältigung ihrer Aufgaben einbringen wollen (Rühl 1979:259).

Journalistische Arbeit betrachtet Rühl als „Entscheidungshandeln" in Redaktionen. „Das Sammeln, Auswählen, Vereinfachen, Verdichten und Bereitstellen von Informationen" (Rühl 1979:275), die alltägliche Aufgabe von Journalisten und Journalistinnen, dient - Rühl zufolge - der Reduktion der Komplexität des Informationsbestandes für das Publikum. Arbeitsbedingungen, die wesentlich durch zeitliche Beschränkungen definiert werden, und die Einschränkung, daß nie sämtliche Informationen beschafft werden können, lassen Redakteure und Redakteurinnen zur effizienten Bewältigung ihrer journalistischen Arbeit auf ein „redaktionelles Entscheidungsprogramm" zurückgreifen, das von Redaktionsmitgliedern entwickelt und fortgeführt wird.[66] Das Entscheidungsprogramm hält

---

[65] Als grundsätzlich akzeptierte, allgemeinverbindliche Mitgliedsregeln identifiziert Rühl: Zustimmung zu den Redaktionszwecken; Anerkennung der Entscheidungsrechte der Redaktionsleitung; Informationsverarbeitung nach dem Entscheidungsprogramm der Redaktion; Identifikation mit der Redaktion; Ablehnung von Mitarbeit bei Konkurrenzmedien; Wahrung der redaktionellen Diskretion; Orientierung am relevanten Recht (Rühl 1979:257).

[66] Das Entscheidungsprogramm differenziert Rühl in bezug zu verschiedenen Umweltkontakten in ein „Konditionalprogramm" und ein „Zweckprogramm". Das „Zweck- oder Outputprogramm" bezieht sich auf die Wirkung des redaktionellen Handelns. Damit ist hinsichtlich sei-

Prämissen bereit, die auf früher gefällte Entscheidungen bzw. die dafür angewandten Kriterien beruhen. Sie werden aufgrund von Routinen erhalten und
übermittelt. Mit dem Konstrukt eines redaktionellen Entscheidungsprogramms
erklärt Rühl den Einfluß von Medienorganisationen auf individuelles journalistisches Handeln ihrer redaktionellen Mitglieder.

Rühls auf Basis einer explorativen Fallstudie herausgearbeitetes Konzept erweist sich als produktiv zur Erklärung der inhaltlichen Kontinuität einzelner
Massenmedien. Es verdeutlicht damit, weshalb sich durch tägliche Routine kon-
forme Bewertungen von Medienereignissen erhalten (Kunczik 1988:120) und
stellt eine plausible Erklärung für ein inhaltlich homogenes Erscheinungsbild
von Medien im Verlauf längerer Zeiträume dar. Auch für den Fall, daß durch
Inhaber von Leitungsfunktionen, wie der Chefredaktion, keine direkten Eingriffe
in die individuelle Arbeit stattfinden, sichert das Entscheidungsprogramm die
Kontinuität der ‚Linie' einer Zeitung.

Implizit gibt Rühls Konzept eine Erklärung für den Fall, daß berufliche Einstellungen oder journalistische Vorstellungen von Redakteurinnen sich nicht
wesentlich von denen ihrer Kollegen unterscheiden: Das Erlernen des Entscheidungsprogramms nach Betriebseintritt und die Orientierung alltäglichen Handelns an diesen vorgegebenen Prämissen können journalistisches Selbstverständnis prägen und zur Übernahme etablierter, in der Regel männlich geprägter
Bewertungsmuster führen. Bereitschaft, nach eingefahrenen Regeln, Kriterien
und Verhaltensmaximen zu handeln, kann als besonders hoch angenommen
werden, wenn dadurch Arbeit effizienter zu bewältigen ist. Erlernen und Anerkennung des redaktionellen Entscheidungsprogramms kann somit journalistische
Vorstellungen und Maximen jedes/jeder einzelnen entscheidend beeinflussen.

Rühls skizzierte Theorie des auf redaktionellen Entscheidungsprogrammen
beruhenden journalistischen Handelns zeigt gleichzeitig die Begrenztheit des
Spielraums auf, eigene gegenüber dem Main-stream entwickelte oder bewahrte
Vorstellungen von journalistischer Aussagenproduktion einbringen und durchsetzen zu können.

---

ner externen Wirkung z.B. die „Orientierung am ‚Gemeinwohl'" (Rühl 1979:279) gemeint und
hinsichtlich des internen Bezugs z.B. die streng einzuhaltenden Umbruchzeiten.
Das „Konditional- oder Inputprogramm" richtet sich bzw. reagiert auf ursächliche Um-
weltereignisse. Es hält allgemeine Richtlinien für Entscheidungsstrategien im Alltag bereit und
kann als „Steuerungsmechanismus für Routineverhalten" (Rühl 1979:277) verstanden werden.
Gemeint sind z.B. Klassifikationsschemata zur Bewertung von Informationen verschiedener
Interessenverbände oder zur Bewertung der Wichtigkeit und damit auch des Umfangs einzelner
Nachrichten in Korrespondenz zum Nachrichtenangebot (vgl. ebd.). „Beide Entscheidungsprogramme entlasten das situative redaktionelle Entscheiden angesichts der Hyperkomplexität des
Entscheidungspotentials. Sie werden von den beteiligten Redakteuren gelernt und - in Relation
zu verfügbarer Zeit und vorhandenem Geld - mehr oder weniger bewußt ‚gefahren'." (Rühl
1989:262)

Von Entscheidungsprogrammen abweichende Interessen einzelner Journalistinnen können zu Konflikten (z.B. bei Themenwahl oder -bearbeitung) führen, und zwar interpersonell, also innerhalb der Redaktion, als auch intrapersonell. Ein Beispiel wäre die Überzeugung einer Redakteurin, aufgrund ihres biographischen Hintergrunds bestimmte Ereignisse anders als in der Redaktion üblich zu bewerten. Die Durchsetzung eines „anderen Blickwinkels" im redaktionellen Output kann unter Umständen nur durch vermehrten Aufwand an Überzeugungsarbeit (bei Redaktionskollegen und gegebenenfalls Redaktionskolleginnen) gelingen. Das auf männlich geprägten Traditionen beruhende Programm ist durch eine einmalige Entscheidung normalerweise nicht veränderbar. Rühls Überlegungen folgend bedarf es dazu Routine, die zwangsläufig erst eintritt, wenn mehrere ähnliche Entscheidungen akzeptiert worden sind.

Der Entwicklung abweichender journalistischer Maximen oder dem Erhalt und dem Versuch ihrer Durchsetzung sind innerhalb von Medienorganisationen demnach Grenzen gesetzt. Die Etablierung eigener Präferenzen kann Schwierigkeiten bereiten und würde zumindest den Arbeitsaufwand erhöhen. Somit können Entscheidungsprogramme Möglichkeiten bzw. Grenzen zur Verwirklichung individueller und damit auch sogenannter weiblicher Vorstellungen von Journalismus markieren.

Rühls Theorieentwurf folgend ist also in bezug auf die vorliegende Fragestellung ein Einflußfaktor mit quasi gegenläufiger Wirkung auszumachen: Die Dominanz eines redaktionellen Entscheidungsprogramms würde einerseits das „Fehlen" spezifisch „weiblicher Interessen" erklären, das aufgrund von Geschlechtervergleichen zum journalistischen Selbstverständnis festzustellen ist (vgl. Kap. 2.2.6); und es verdeutlicht andererseits die Schwierigkeiten, auf die jene Frauen stoßen, die dennoch von bestehenden Normen abweichende arbeitstechnische oder inhaltliche Anliegen in ihrer journalistischen Arbeit verfolgen wollen. (Für letzteren Fall wären ähnliche Entscheidungen von gleichgesinnten Kolleginnen oder Rückendeckung durch sie als eine Möglichkeit zu verstehen, dem Ziel „weiblicher Berichterstattung" näherzukommen.)

Trotz der grundlegenden Bedeutung, die Rühls Modell in der Massenkommunikationsforschung bis heute einnimmt, ist Kritik an ihm aus unterschiedlichen Perspektiven zu registrieren.

–   Es gibt Arbeiten, die sich gegen die systemtheoretischen Grundlagen von Rühls Ansatz aussprechen. Eine systemtheoretische Betrachtungsweise könne die Bedeutung des „kapitalistischen Unterbau(s)" (Baacke 1980:189) für die „öffentliche Kommunikation in ihren Funktionen und Wirkungen" (ebd.) nicht ermitteln. Außerdem vernachlässige Rühls Medienorganisationskonzept „Fragen der ‚Macht' und der sozialen ‚Ungleichheit', die in der Sozialforschung zentrale Bedeutung besitzen" (Fabris 1979:79).

- Ursula Schumm-Garling bemängelt eine unkritische Übernahme von Ergebnissen aus organisations- und industriesoziologischer Forschung. Insbesondere kritisiert sie, daß dem Einfluß von außen auf die Ausübung journalistischer Tätigkeit, z.B. die Abhängigkeit von Leserschaft und Werbekundschaft, zu wenig Beachtung geschenkt wird (z.B. Schumm-Garling 1973:419).[67]
- Achim Baum (1994) kritisiert besonders die funktionalistischen Grundlagen dieses Ansatzes. Als Beleg dafür, daß der „Systemfunktionalismus auf der Strecke bleibt" (Baum 1994:331), zitiert er verschiedene empirische Arbeiten anderer Forscher, die sich theoretisch auf Rühl beziehen. Sie würden ihm aber nicht durchgängig folgen. Sie könnten die „vielgescholtenen ,individuenzentrierten' Perspektiven" (Baum 1994:330) nicht umgehen, z.B. wenn Gemeindehonoratioren massiv Einfluß auf Lokalredakteure ausübten.
- Ulrich Hienzsch listet verschiedene „Abbildungsunschärfen der funktional-strukturellen Systemauffassung" (1990:72) Rühls auf und hebt empirische Nachweise hervor, aus denen deutlich wird, daß die von Rühl formulierten Mitgliedschaftsregeln durchaus umgangen werden (vgl. Hienzsch ebd.).

Hienzsch, der in Auseinandersetzung mit Rühl seine Hypothese einer „Zeitungsredaktion als kybernetisches System" (1990) entwickelt, kritisiert außerdem eine zu starke Geschlossenheit des Konzepts, das differenzierteren Handlungsentscheidungsgrundlagen nicht immer gerecht werden kann.

„Es gibt somit nach Rühl ,ein' generelles Entscheidungsprogramm ,der' Redaktion, das zwar verschiedene situationsabhängige Komponenten enthält, letztlich aber für alle Redaktionsmitglieder verbindlich ist. Diese Sichtweise berücksichtigt ganz offenbar nicht, daß redaktionelle Programmschritte relativ pluralistisch generiert werden können." (Hienzsch 1990:44)

Bestätigt aber wird durch Hienzsch' exemplarische Analyse der elektronischen Produktionsweisen einer großen Regionalzeitung, daß Redaktionsangehörige für die Verwirklichung eigener journalistischer Vorstellungen über insgesamt nur relativ geringe Handlungsspielräume verfügen.

Vor dem Hintergrund des Forschungsinteresses der vorliegenden Untersuchung muß die Kritik an Rühl erweitert und auf mangelnde Berücksichtigung von informalem organisatorischen Handeln und dessen Bedingungen hingewiesen werden.[68]

---

[67] Verschiedene empirische Analysen geben Hinweise auf die Bedeutung des Einflusses von „organisierten Interessen" auf Themenwahl und -aufbereitung (vgl. z.B. Baerns 1991; Grossenlades 1986).

[68] Zwar scheint sich das Entscheidungsprogramm informal zu vermitteln. Doch darüber hinausgehende informale Strukturen werden vernachlässigt. Darin drückt sich offenbar eine Konse-

Informales Handeln, das sich nicht auf Produktion bzw. Produktionsbedingungen massenmedialer Aussagen bezieht, findet im Rahmen seiner Arbeit kaum Beachtung.[69] Das erscheint im Zusammenhang seines Forschungsziels verständlich, doch selbst Rühl betont:

> „(...) daß diese [informalen, U.S.] im System nicht vorgesehenen Verhaltensweisen quantitativ den größten Anteil am gesamten redaktionellen Handeln einzunehmen scheinen, und dergestalt ganz wesentliche Funktionen für die Stabilität der Redaktion erfüllen." (Rühl 1979:299)

Eine Untersuchung, die wie die vorliegende Forschungsarbeit im Hinblick auf Haltungen von Journalistinnen gegenüber kollektiven Handlungsstrategien, neben Handlungsspielräumen auch ihre spezifischen Erfahrungen, Wahrnehmungen und Interessen berücksichtigen will, sollte jedoch besonderes Augenmerk auf die Bedeutung des Informalen einer Organisation lenken. Nicht nur formale Arbeitsbedingungen können besondere Benachteiligungen für Journalistinnen zeitigen, z.B. in Form von Arbeitszeiten. Es gibt genügend Hinweise darauf, daß geschlechtshierarchische Verhältnisse vor allem informal hergestellt werden (vgl. z.B. Cockburn 1988; Pringle 1988; Bernardoni/Werner 1987; Kanter 1977a sowie Kapitel 2.2 und das nachfolgende Teilkapitel).[70]

Trotz kritischer Auseinandersetzungen mit Rühls Konzept hat die Medien- und Journalismusforschung keine wesentlichen organisationstheoretischen Neuerungen hervorgebracht, die Lücken im Hinblick auf die Fragestellung der vorliegenden Untersuchung schließen könnten. Ein Grund dafür mag in der relativ geringen Beachtung organisationstheoretischer Fragestellungen in der Kommu-

---

quenz der funktionalen Herangehensweise aus, was gleichzeitig als Hinweis auf deren Problematik verstanden werden kann.

Rühl, der sich, wie seit Ende der 60er Jahre viele Organisationssoziologen mit ihm, gegen die Zweck- und Herrschaftsorientierung anderer Ansätze abgrenzt, kritisiert Organisationstheorien, die analytisch zwischen informaler und formaler Organisation trennen und davon ausgehen, daß Organisationsmitglieder zur Erreichung des Betriebsziels zweckrational handeln, während gleichzeitig „Gebilde von informalen Eigenschaften" (Rühl 1979:238) ausgemacht werden, die „neben, für und/oder gegen die formale Organisation wirksam" (ebd.) werden. Die Sinnhaftigkeit einer nur analytischen Unterscheidung von formaler und informaler Organisation wird angesichts der Annahme einer Wechselwirkung zwischen beiden angezweifelt. Die skizzierte Differenzierung betrachtet Rühl als ein „empirisches Dilemma" (Rühl 1989:260), dem er mit dem systemrationalen Ansatz und mit dem „Konstrukt der Mitgliedsrolle als einer empirisch zugänglichen Formalität" (ebd.) zu begegnen sucht. Damit bestreitet Rühl nicht die Existenz von formalem und informalem Handeln, sondern er versucht, die analytische Aufspaltung als Rollendifferenzierung aufzunehmen: „Alle anderen Rollem im System, sowohl die (auch) formalen als auch die informalen, sind in der Mitgliedsrolle gleichsam angelegt. Sie können nur in Kombination mit ihr ausgeübt werden." (Rühl 1979:241)

[69] Rühl streift das Thema ‚informales Handeln' bei der Untersuchung von ‚Konflikten in der Redaktion' (Rühl 1979:292ff).

[70] Dabei handelt es sich nicht nur um Verhaltensweisen in direkter Interaktion, sondern auch um organisationsspezifische Strukturen sowie um Machtbeziehungen.

nikationswissenschaft liegen. Ein anderer Grund für das Ausbleiben neuer Medienorganisationstheorien scheint auch im Zusammenhang mit spezifischen Forschungsinteressen zu stehen.[71]

Vor allem ist zu konstatieren, daß kein theoretisches Konzept existiert, das das Geschlechterverhältnis in Medienorganisationen systematisch integriert: Die Bedeutung von Organisationen für die Situation von Journalistinnen wird sowohl in theoretischen als auch in empirischen kommunikationswissenschaftlichen Arbeiten nur unzureichend problematisiert. Einige wenige Studien, die Geschlechterverhältnisse in einzelnen Medienorganisationen analysieren (z.b. Angerer 1991; Becher et al. 1981), konzentrieren den Forschungsblick auf die statistische Repräsentierung von Frauen im jeweiligen Medienunternehmen und auf Wahrnehmungen und Erfahrungen von Organisationsmitgliedern. In weiteren Untersuchungen wird zwar der Organisationskontext als Einflußfaktor auf die Geschlechtersituation wahrgenommen (vgl. Zoonen 1994:55ff). Doch organisationsspezifische Strukturen und Prozesse werden in diesen empirischen Studien nicht explizit untersucht, eine Erweiterung oder Neuerung theoretischer Konzeptionen von Medienorganisationen findet nicht statt.

In jüngerer Zeit ist in anderen gesellschaftswissenschaftlichen Disziplinen jedoch verstärkt das Bemühen einer theoretischen Annäherung an das Verhältnis von Geschlecht und Organisation zu beobachten. Es finden sich wichtige Antworten auf Fragen, die die organisationsbezogene Kommunikationswissenschaft offenläßt. Diese Arbeiten reflektieren verschiedene Organisationstheorien und bauen zum Teil auf jüngeren Konzepten auf.[72] In ihren theoretischen Bezügen folgen sie Blickrichtungen, die auch in anderen Bereichen der gender-studies aktuell sind.

Wesentliche Entwicklungen zum und im Forschungsfeld ‚Geschlecht und Organisation' werden im folgenden Teilkapitel skizziert. Im Mittelpunkt stehen Erklärungsansätze für Herstellungs- und Reproduktionsbedingungen hierarchischer Beziehungen zwischen Männern und Frauen in Organisationen. Dabei werden bedeutende Studien näher betrachtet, die, in der Regel auf der Grundlage empirischer Daten, diskriminierende Bedingungen für Frauen in Organisationen zu erklären versuchen.

Deutlich werden Grenzen ihrer Aussagekraft. Darüber hinaus zeigen sie aber verschiedene Dimensionen struktureller Bedingungen und spezifischer Prozesse in Organisationen auf, die Benachteiligung von Frauen ermöglichen. Problemlö-

---

[71] Ein Beispiel: In „Organisation des Rundfunks" (1988) geht es Oliver Fix um eine betriebswirtschaftliche Untersuchung „geeigneter Handlungsweisen" (Fix 1988:4) für die „Anpassung von öffentlich-rechtlichen Rundfunkanstalten an eine wettbewerbsgezeichnete Zukunft" (ebd.). Vor diesem Hintergrund greift er auf rein betriebswirtschaftliche - und zwar ältere - Ansätze zurück und läßt neuere darüber hinausgehende Arbeiten dieser Disziplin unberücksichtigt.

[72] Für einen allgemeinen organisationstheoretischen Überblick vgl. z.B. Türk 1992, 1989; Neuberger 1989.

sungsstrategien bzw. Gegenentwürfe dieser Konzepte fallen entsprechend unterschiedlich aus, heben aber teilweise die Notwendigkeit kollektives Handeln hervor.

3.2.2 Theoretische Ansatzpunkte zu ‚Geschlecht und Organisation'

Betrachtet man die Bedeutung, die Organisationen für Benachteiligung von Frauen heute zugesprochen wird, so erstaunt es, daß das Forschungsthema ‚Geschlecht und Organisation' lange ignoriert wurde:

- Die Trennung von bezahlter und unbezahlter Arbeit, die mit der Industrialisierung ihren Ausgang nahm, ging unter anderem von Organisationen aus;
- in Organisationen werden Status- und Einkommensunterschiede zwischen Frauen und Männern hergestellt;
- Organisationen können als Arenen verstanden werden, in denen Vorstellungen von männlichen und weiblichen Symbolen und Bildern bzw. „cultures images of genders" (Acker 1991:163) und von vornehmlich beruflichen Aufgaben erfunden und reproduziert werden;
- selbst einige Aspekte individueller Geschlechtsidentität werden als Produkte von Organisationen verstanden (Acker 1991:162f)[73].

Organisationen scheinen demnach eine ursächliche Bedeutung für Benachteiligung von Frauen einzunehmen.

> „Mehr noch: Organisationen sind *die* Mittel zur Ausübung von Macht (...)." (Cockburn 1993:24; Herv. i.O.)

Dennoch blieb sowohl aus der Perspektive der Organisationssoziologie als auch aus der der Frauen- und Geschlechterforschung der Zusammenhang zwischen Organisation und Geschlecht lange fast vollständig ausgeblendet.

Letztere richtete zunächst einen Schwerpunkt wissenschaftlicher Auseinandersetzungen auf den Frauen zugewiesenen privaten Bereich und rückte den „weiblichen Lebenszusammenhang" (Prokop 1976) ins Blickfeld. Studien zu Frauenarbeit und Frauenerwerbsarbeit nahmen darüber hinaus Bezug auf die Makroebene: In diesem Forschungsfeld wurden Fragen zu Herstellungsprozessen und Mechanismen geschlechtsspezifischer Benachteiligung sowie deren Reproduktionsbedingungen auf gesamtgesellschaftlicher Ebene untersucht.

---

[73] Dies sind vier von fünf Punkten, die Joan Acker in ihrem viel beachteten Aufsatz als Gründe für die Notwendigkeit einer systematischen Theorie von ‚Geschlecht und Organisation' anführt. Fünftens betont sie: „(...) an important feminist project is to make large-scale organizations more democratic and more supportive of humane goals." (Acker 1991:163)

Im Mittelpunkt jener theoretischen und empirischen Analysen steht die Frauen zugewiesene, gesellschaftlich notwendige, aber weder anerkannte noch entlohnte Haus- und Reproduktionsarbeit und ihre Funktion im kapitalistischen Verwertungsprozeß (vgl. insbes. Beck-Gernsheim 1976, 1980). Organisationen wurden in diesem Zusammenhang allenfalls als Vermittlungs- und Reproduktionsinstanzen von Diskriminierung wahrgenommen; die Bedeutung organisationsspezifischer Strukturen und Prozesse blieb unberücksichtigt.

Erst in den 80er Jahren öffnete sich die Frauen- und Geschlechterforschung zaghaft organisationssoziologischen Fragestellungen; umgekehrt wurde aus organisationssoziologischer Perspektive dem Geschlechterverhältnis zunehmend Aufmerksamkeit entgegengebracht (vgl. z.B. Mills/Tancred 1983; Hearn/Parkin 1983; Burrell 1991, erstmals 1984; Kreisky 1988; Mills 1988; Pringle 1989; Braszeit et al. 1989; Hearn et al. 1989).

Eine Kernfrage zur Ursache von geschlechtshierarchischen Verhältnissen in Organisationen ist die nach Entstehung und Aufrechterhaltung von Macht bzw. nach dem Zugang zu derselben. Damit sind zwei wesentliche Punkte kollektiven Handelns berührt, denn geschlechtsspezifische Machtverteilung kann einerseits Interesse an kollektivem Handeln hervorrufen und andererseits Handlungsmöglichkeiten begrenzen. Das Thema ‚Macht und Herrschaft', das eine besondere Bedeutung in der Geschlechterforschung einnimmt (vgl. z.B. Penrose/Rudolph 1996; Knapp 1992a, 1992b; Modelmog 1991), wird in feministischen Organisationstheorien auf unterschiedliche Weise thematisiert (vgl. z.B. Jüngling 1991).

Als zentrale konzeptionelle Ansätze können „the ideas of three of the most important feminist critics of bureaucracy" (Witz/Savage 1992:13) gelten: Rosabeth Moss Kanter (1977a), Kathy Ferguson (1984), Rosemary Pringle (1989). Wesentliche Aussagen ihrer theoretischen Konzeptionen zu Herstellungs- und Reproduktionsbedingungen von Macht sowie zu möglichen Gegenmaßnahmen werden deshalb im folgenden kurz umrissen, bevor anschließend neuere Ansätze in der Organisationsforschung skizziert werden.

Als Pionierarbeit stellt sich Kanters empirische und theoretische Untersuchung „Men and Women of the Corporation" (1977a) dar. Ihre als klassisch zu bezeichnende Studie, die geschlechtsspezifische Segmentation von Beschäftigung in einer Organisation analysierte, entstand bereits in den 70er Jahren. Eine erneute Auflage dieses Buches im Jahr 1993 zeigt, daß sie ihre Bedeutung bis heute nicht verloren hat. Kanter untersuchte die Marginalisierung von Frauen in Führungsebenen eines Unternehmens und die Konzentration weiblicher Beschäftigter in untergeordneten Tätigkeitsbereichen.

In ihren theoretischen Grundlegungen auf Max Webers Bürokratiemodell Bezug nehmend, betrachtet Kanter formale Strukturen in Organisationen als geschlechtsneutral. Eine zentrale Erklärung für unterschiedliche Erfahrungen und Erfolge von Frauen und Männern in Unternehmen liegt für Kanter im Zugang zu unterschiedlichen Machtressourcen. Nach Kanters Vorstellungen ist Macht von Beschäftigten an ihre Position innerhalb der formalen betrieblichen Hierarchie gekoppelt. Aufgrund verschiedener Beobachtungen kommt sie zu dem Schluß:

> „A careful look at comparisons between men and women supposedly in the same position shows that what looks like sex differences may really be power differences." (Kanter 1977a:202)

Aufgrund ihres Status' verfügen Frauen über weniger Macht als männliche Organisationsmitglieder. Damit erscheinen sie als wenig interessante Kommunikationspartnerinnen; Bündnisse mit ihnen versprechen Männern keine Vorteile.

Macht sieht Kanter zwar an strukturelle Bedingungen gebunden, sie nimmt aber außerdem eine soziale Komponente von Macht wahr. Männliche Organisationsmitglieder versperren Frauen den Zugang zu Einflußpositionen. Kanter beschreibt diese Strategien und deren Hintergründe unter anderem an folgendem Beispiel: Als wesentliches Charakteristikum leitender Tätigkeiten gilt kommunikative Arbeit, charakterisiert durch Schnelligkeit und Exaktheit. Manager sind folglich daran interessiert, Kommunikation zu erleichtern:

> „The structure of communication involved in managerial jobs generated a desire for smooth social relationships and a preference for selection of those people with whom communication would be easiest." (Kanter 1977a:57)

Kanter führt aus, daß mehrere Manager auf ihre Erfahrungen hinweisen, wonach Kommunikation mit Männern weniger problematisch verlaufe als mit Frauen. Sie erklären so ihr Bestreben, eine homosoziale Gruppe zu bilden (Kanter 1977a:58)[74].

In ihrer Studie untersucht Kanter exemplarisch, welche Prozesse Frauen als ‚token-women' auslösen und welche Reaktionsmöglichkeiten sie wahrnehmen. Das Kennzeichen von ‚token-women' (häufig auch als ‚Alibifrauen' übersetzt) ist, daß sie sichtbarer sind als Männer („visibility"): Sie fallen auf, weil sie nur in geringer Zahl anzutreffen sind (ebd.:210). Dadurch geraten sie unter besonderen Leistungsdruck: Keine ‚token-woman' muß hart arbeiten, um wahrgenommen zu werden, aber sie muß hart arbeiten, damit ihre Leistungen anerkannt werden. Frauen begegnen einer stereotypen Generalisierung von Weiblichkeit. Oft werden sie nicht ihrem Status gemäß wahrgenommen, gelten als Sekretärinnen oder als Ehefrauen von ihren Kollegen, die hingegen in derselben Funktion Anerkennung finden. Darüber hinaus werden in Frauen geschlechtsspezifische Erwartungen gesetzt. Sowohl die ‚Mutterrolle' (emotionale Spezialistin) als auch die der

---

[74] Das wesentliche Auswahlkriterium, der gemeinsame Erfahrungshorizont, bezieht sich auch auf Übereinstimmungen von sozialer Klasse, Erziehung, Familienstand - vor allem aber auf Geschlecht (ebd.).

Verführerin („seductress") würde ihr persönliche Akzeptanz in Männergruppen verschaffen, aber Anerkennung ihrer beruflichen Qualifikation torpedieren. Da Frauen in männlich dominierten Unternehmen als etwas Besonderes oder Auffälliges betrachtet werden, müssen sie ihre eigene Qualifikation ständig unter Beweis stellen. Mögliche individuelle Gegenmaßnahmen wirken begrenzt: Wenn Frauen ihre Arbeit und Leistungen betonen und versuchen, ihre weiblichen Attribute unsichtbar zu machen, kann es ihnen negativ ausgelegt werden: Ihre Weiblichkeit wird in Frage gestellt. Verstecken sie ihre Femininität nicht, dann wird ihre fachliche Kompetenz in Zweifel gezogen (ebd.:214). Es entsteht also ein Ambivalenzkonflikt, den Frauen häufig zu lösen versuchen, indem sie sich weniger „sichtbar" machen (ebd.:220).[75]

,Token-women' tragen leichter zu einer Spaltung („polarisation") von Minderheiten und Mehrheiten bei.

> „(...) tokens (...) are thus instruments for underlining rather than undermining majority culture." (Kanter 1977b:976)

Die „camaraderie of men" (ebd.) verstärkt sich als Abgrenzung gegen Frauen (z.B. werden sogenannte Männer-Themen von Männern schärfer dargestellt, wenn einzelne Frauen dabei sind, als in einer reinen Männer- oder einer gleichgewichteten gemischten Gruppe). Frauen werden isoliert, Informationen werden ihnen vorenthalten. Sie werden „Loyalitätstests" unterzogen, indem sie gedrängt werden, Vorurteile gegenüber Frauen zu übernehmen und sie gegen eigene Geschlechtsgenossinnen zu wenden. Sich somit als Ausnahme darzustellen oder die Isolation zu akzeptieren sind mögliche individuelle, aber oft unbefriedigende Antworten auf die Situation.

Chancen, das Machtgefälle zwischen den Geschlechtern zu durchbrechen, sieht Kanter in der Erhöhung des Frauenanteils in leitenden Positionen bzw. in als untypisch geltenden Tätigkeitsfeldern: Erst wenn Frauen ihren Minderheitenstatus überwunden haben, würde sich ihre Situation bessern. Um gemeinsame Interessen zu benennen und durchsetzen zu können, müßten Frauen zu 15 bis 40 Prozent auf höheren Hierarchieebenen vertreten sein.

Die von Kanter beschriebenen Diskriminierungserfahrungen erleben Frauen jedoch unabhängig vom Frauenanteil in Organisationen (vgl. Kap. 2.2.5). Ob diese kritische Masse (von 15 bis 40 Prozent) Strukturen umzuprägen bzw. so zu verändern vermag, daß Frauen ihre spezifischen, aufgrund ihres biographischen Hintergrunds entwickelten Vorstellungen realisieren können, erscheint fraglich.

Jutta Allmendinger und J. Richard Hackman, die 78 Orchester in vier Ländern untersuchten, stellen fest, daß sich die Situation von Frauen erst bessert,

---

[75] Aus diesem Grund empfiehlt Kanter zu überprüfen, ob es sich bei der stereotypisierten - auch heute noch virulenten - Alltagsvorstellung der „fear of success-women" nicht eher um die These der „fear of visibility" handelt (ebd.:221).

wenn der Frauenanteil in einer Organisation insgesamt dem der Männer entspricht (Allmendinger/Hackman 1994:256).[76]

Um den von ihr diagnostizierten Hindernissen für Gleichberechtigung zu begegnen, schlägt Kanter konkrete Maßnahmen vor (Kanter 1977a:282f):

- Das Interesse der Organisation sollte es sein, Frauen vor einer isolierenden Situation zu bewahren, indem sie zunehmend Frauen in höhere Hierarchiepostionen bringt.

- Wenn mehrere Frauen in Leitungsfunktionen dann weiterhin eine Minderheit darstellen, sollten sie sich nicht vereinzeln lassen, sondern danach drängen zusammenzukommen. So würden sie nicht länger als ‚token' identifiziert werden.

- Frauen in „token positions" (ebd.) begegnen geschlechtsspezifischen Verhaltenserwartungen, was zu Unsicherheiten führt, die eigene Rolle am vorteilhaftesten auszufüllen. Um diesen Schwierigkeiten zu entgehen, empfiehlt Kanter, sich an „strategies and coping mechanisms" (ebd.) von erfolgreichen Frauen zu orientieren.

- Vor dem Hintergrund der vorliegenden Arbeit besonders bedeutsam ist der Hinweis auf die Notwendigkeit und Bedeutsamkeit von „women's networks" (ebd.). Frauen können sich gegenseitig Unterstützung und feedback geben. In „token positions" fehlen ihnen entsprechende Kolleginnen. Kanter betont, daß Netzwerke effektiver sind, wenn sie aufgabenbezogen sind und eine bedeutsame Funktion für die Organisation einnehmen, im Gegensatz zu „peripheral social clubs" (ebd.). Frauenzusammenschlüsse dienen der Rekrutierung und Orientierung anderer Frauen:

„The network than grows automatically, and women are also empowered and collaborating in the process." (ebd.)[77]

---

[76] Sie unterscheiden drei Entwicklungsphasen: In Organisationen, die sich in der Phase 1 befinden, in denen Frauen also einen ‚token'-Status einnehmen, stellt sich das Organisationsmilieu aufgrund der Anpassung von Frauen als kollegial dar (ebd.). In einer zweiten, der „shake-up"-Phase, wird das Organisationsmilieu durch Fraktionsbildung polarisiert. Erst in der dritten Phase, in der die Organisationsstruktur weder als homogen noch als heterogen betrachtet werden kann, hat sich ein ‚responsives Organsiationsmilieu' gebildet, das durch gegenseitigen Respekt und der Akzeptanz von Unterschieden gekennzeichnet ist. „Die Phase 3 ist qualitativ anders, anregender, produktiver, vielleicht eine jedenfalls in der Organisation vollendete Moderne." (ebd.)

[77] Weitere Forderungen Kanters richten sich auf die Flexibilisierung von Organiatonsstrukturen: Sie sollten so gestaltet sein, daß Frauen - aber auch Männer - mit ihren Kollegen auf derselben Hierarchiestufe Kontakt haben, um Effekte des ‚tokenism' zu überwinden. Darüber hinaus sollten Führungskräfte über die Bedeutung der Minderheitensituation unterrichtet sein, um sich entsprechend für ‚tokens' einzusetzen. Zum Schluß verweist Kanter darauf, daß ein Unterstüt-

Eine zentrale Kritik aus heutiger Perspektive an Kanters theoretischen Überlegungen betrifft ihr Machtkonzept und ihre Vorstellung von der Geschlechtsneutralität formaler Strukturen in Organisationen:

> „(...) organisational structure, not gender is the focus of Moss Kanter's analysis. In posing the argument as structure *or* gender, Moss Kanter implicitly posits gender as standing outside of structure (...)." (Acker 1991:164)

Sowohl Ferguson als auch Pringle widersprechen Vorstellungen, Macht in Organisationen sei quasi geschlechtsneutral, allein an eine formale Hierarchie gebunden.

Ferguson bezieht sich zwar in „The Feminist Case against Bureaucracy" (1984) auch auf Weber und geht von formalen Organisationsstrukturen aus; darüber hinaus aber entwickelt sie auf der Basis einer Auseinandersetzung mit Foucault eine diskursanalytische Perspektive auf Organisationen. Das Machtverhältnis zwischen den Geschlechtern stellt sich für sie einerseits durch formale Hierarchien und andererseits durch einen ‚bureaucratic discours' her, der Normen, Strukturen und Funktionsweisen von Organisationen prägt.

Geschlechterhierarchie in bürokratischen Organisationen erklärt sich für Ferguson durch die historische Zugehörigkeit von Männern zum öffentlichen Bereich und damit zum männlich geprägten ‚bureaucratic discourse'. Männer verfügen über eine ‚Stimme', die gekennzeichnet ist durch hierarchiebetonte Umgangs- und Führungsstile sowie durch Aufstiegsorientierung und Konkurrenzdenken bzw. -verhalten. Frauen hingegen, denen der private Bereich mit Haus- und Reproduktionsarbeit zugewiesen wird, haben eine auf diese Sphäre ausgerichtete, an menschlichen Lebensbedürfnissen orientierte eigene ‚Stimme' entwickelt: Frauen bilden „a submerged voice within the overall discourse of bureaucratic society" (Ferguson 1984:X). Sie treffen in Organisationen auf Strukturen und Diskurse, die ihnen fremd sind und sie ausgrenzen.

Der ‚bureaucratic discourse' dehnt sich auch auf die Massengesellschaft aus. Ferguson stellt eine Verbindung her zwischen Untergeordneten in bürokratischen Organisationen sowie deren „Klienten" auf der einen Seite und denen von Frauen in patriarchalen Beziehungen auf der anderen Seite. Die Situation dieser Gruppen würde sie zur Herausbildung ähnlicher Charakteristika und Strategien führen.

> „Just as bureaucratic and technical power within organizations produces bureaucrats, workers, and clients, male power within families and interpersonal relations produces women." (Ferguson 1984:92)

---

zungsprogamm für Frauen alternativ zu Netzwerken und Verbindungen von Frauen wirken kann (ebd.:283).

Ferguson nimmt einen Prozeß der passivierenden Bürokratisierung in der Gesellschaft wahr, den sie als „Feminisierung des Gemeinwesens" (Ferguson 1985:54ff) bezeichnet. Die Position der Machtlosigkeit von Büromitgliedern gegenüber Vorgesetzten und von „Klienten" der Bürokratie gegenüber deren Mitgliedern (z.b. Antragsteller gegenüber Verwaltungsangestellten) läßt sie Verhaltensweisen und Eigenschaften entwickeln, die „herkömmlich mit der weiblichen Rolle verbunden werden" (ebd.:56). Sie erlernen die Untergeordnetenrolle, die sich verselbständigt und zu einer gewissen Ergebenheit in die eigene Machtlosigkeit führt.

Vor diesem Hintergrund erwartet Ferguson von einer Zunahme von Frauen in bürokratischen Organisationen keine Veränderungen, sondern einen Erhalt bestehender Strukturen. Entsprechend betont sie die Notwendigkeit, formale Hierarchien zu überwinden. Gegenmaßnahmen liegen für sie in der Bildung alternativer Organisationen, in denen Frauen ihre Fähigkeiten einbringen, so daß sie einen eigenen Diskurs in der Erwerbswelt entwickeln. *Innerhalb* von Organisationen bürokratischer Dominanz zu widerstehen, erscheint ihr allenfalls möglich, wenn der „bureaucratic discourse" durchbrochen wird „in a nonbureaucratic fashion" (Ferguson 1984:208). Dazu aber ist ein Zusammenschluß von Handelnden notwendig:

> „(...) a substantial number of people acting together can help to protect and support one another, forming a group that, at its best, can function as a cross between a consciousness-raising group and a union." (Ferguson 1984:209)

Solche Netzwerke müßten aber in einer spezifischen Weise organisiert sein: Wenn sie bürokratische Strukturen oder Konzepte übernähmen, würden sie ihren oppositionellen Charakter verlieren.

Mit geschlechtsspezifischen Zuschreibungen von Eigenschaften, Fähigkeiten und Verhaltensweisen setzt sich Ferguson dem Vorwurf der Stereotypisierung aus, die der Verschiedenartigkeit von Wesensmerkmalen eines Geschlechts nicht gerecht werden kann. Entsprechend formulieren Anne Witz und Mike Savage als wesentliche Kritik an diesem Ansatz:

> „However, a highly problematic aspect of Ferguson's analysis is that her whole case against bureaucracy is built on an assumption of gender-differentiated modes of social action, for which she never establishes a secure basis." (Witz/Savage 1992:20)

Ein Konzept, das mit Kanters Vorstellungen von Machtmechanismen in Organisationen kontrastiert, entwickelte Pringle mit „Secretaries Talk" (1989). Auf der Basis eines sich an Foucault anlehnenden diskursanalytischen Ansatzes untersucht sie Chef/Sekretärinnen-Beziehungen als typisches Beispiel für Machtverhältnisse zwischen Männern und Frauen in der Arbeitswelt. Pringle widerspricht nicht nur Vorstellungen vermeintlicher Geschlechtsneutralität von Organisationen, sondern geht gleichzeitig davon aus, daß:

„Far from being marginal to the workplace, sexuality is everywhere." (Pringle 1989:90)

Organisationen basieren ihrer Ansicht nach auf einer heterosexuellen Konstruktion von Arbeitsplatzbeziehungen, die auf allgemeinen Vorstellungen von Männlichkeit und Weiblichkeit Bezug nimmt. Das Verhältnis zwischen Chef und Sekretärin formiert sich vor Bildern von Sexualität und familiärer Metaphorik („Büro-Ehefrau"; ebd.:84). In Diskursen zwischen Männern und Frauen, die an Kodierungen von Kleidung, Verhalten oder Sprache beteiligt sind, werden ihrer Ansicht nach Beziehungen von Herrschaft und Unterordnung geschaffen, die sich hinter dem Anschein von Neutralität verbergen.

Geschlechterbeziehungen versteht Pringle als von Strategien und Gegenstrategien geprägte Prozesse. Geschlechtsspezifische Machtverhältnisse sind für sie diskursive Beziehungen: Macht und Kontrolle werden durch „discourses on sexuality" (Pringle 1989:90) untermauert.

Sexualität in Organisationen wird von Pringle sowohl in ihren negativen als auch in ihren positiven Dimensionen gesehen. In kritischer Auseinandersetzung mit Untersuchungen über sexuelle Belästigung, in denen männliche Macht und Sexualität untrennbar miteinander verbunden scheinen, betont Pringle, daß Sexualität nicht nur Zwang ist, sondern auch Vergnügen bereitet. Dieses Verständnis gesteht Frauen potentiell Macht zu, wenngleich, so Pringle einschränkend, Lust und Individualität von Männern definiert werden. Pringle folgert daraus die Notwendigkeit, Wege finden zu müssen, um sexuelles Vergnügen zur Durchbrechung männlicher Rationalität und Macht einzusetzen.

„It needs to be supplemented with analyses of the ways in which sexuell pleasure might be used to disrupt male rationality and to empower women." (Pringle 1989:96)

Ob es Frauen auf diese Art gelingen kann, ihre Vorstellungen von sexuellem Vergnügen zur Überwindung von Geschlechterhierarchie einzusetzen, muß jedoch fraglich erscheinen. Wenn Männer über Macht verfügen, Zwang und Vergnügen von Sexualität zu definieren, warum sollten sie diese nicht einsetzen, weiblichen Strategien durch weitere Definitionen entgegenzuwirken?

Umfangreiche empirische Belege für sexuelle Belästigung durch Männer (Kuhlmann 1996; Holzbecher u.a. 1990) deuten darauf hin, daß Frauen über das von Pringle angenommene Machtpotential entweder nicht verfügen oder es (noch) nicht nutzen können oder wollen.

Auch Cynthia Cockburn nimmt auf diesen Umstand Bezug. Daß sich männliche Macht in sexueller Belästigung realisiert, hat ihrer Ansicht nach eine wichtige Ursache in der Verletzbarkeit von Frauen. Diese sollten sie, so Cockburn, überwinden (Cockburn 1993:179).

„Die häufig vorgetragene Behauptung von Männern, Frauen würden Männer am Arbeitsplatz genauso oft sexuell belästigen wie umgekehrt, ist nichts als Hinterlist. Eine Frau mag an einem Mann Gefallen finden und ihn in Verlegenheit bringen. Aber Frauen verfügen höchst selten über die Kombination von sexuellen Interessen und Macht, die ihre Belästigungen den gleichen Schaden anrichten ließe wie die der Männer." (ebd.:171f)

Mit dem Rückgriff auf stereotype Vorstellungen weiblicher Verletzbarkeit und sexueller Interessen konstruiert Cockburn implizit weibliche Geschlechtsmerkmale. Darüber hinaus übersieht sie ein wesentliches Moment: Selbst wenn Betroffene sich nicht gekränkt und angegriffen fühlen, können sie diskriminiert werden, z.B. weil der Herabwürdigung ein Bild von weiblicher Verfügbarkeit zugrunde liegt und Frauen damit als Passive definiert werden. Nicht empfundene Verletzung würde Benachteiligungen nicht aufheben. Diskursiv hergestellte Macht von Männern kann theoretisch durch diese immer wieder neu definiert werden, um Frauen einen abhängigen, kontrollierten Status zuzuweisen. Deshalb müssen auch Pringles Vorstellungen als nur schwerlich realisierbar erscheinen.

Mit dem wachsenden Interesse an der Bedeutung von Organisationen für Entstehung und Reproduktion von Geschlechterhierarchie[78], erlangt eine Sichtweise zunehmend Aufmerksamkeit, die - wie bei Pringle oder Cockburn - unter ‚Sexualität in Organisationen' mehr versteht als Affären bzw. „eine Verletzung oder Abweichung von formalisierten Ordnungsmustern" (Neuberger 1993: 270).[79]

Verschiedene Arbeiten legen nahe, daß Sexualität in und für Organisationen ihre besondere Bedeutung durch ihren erzwungenen Ausschluß gewinnt. Sexualität bzw. Entsexualisierung wird als treibende Kraft verstanden für die mit der Industrialisierung vollzogene Trennung zwischen Haus- und Erwerbsarbeit, wie sie in heutigen Vorstellungen vorzufinden ist, als emotionale reproduktive und rationale produktive Bereiche.[80] Entsexualisierung der Arbeit hat dennoch eine

---

[78] Dieses Interesse kommt unter anderem in empirischen organisationsbezogenen Untersuchungen zum Ausdruck (vgl. z.B. verschiedene Beiträge in: Wetterer 1995; Brumlop/Maier 1995; Bruijn/Cyba 1994; Krell/Osterloh 1991).

[79] Vgl. z.B. Rastetter 1994; Müller 1993; Burrell 1991; Pringle 1989; Hearn et al. 1989.

[80] Im Verlauf des Zivilisationsprozesses vollzog sich demnach zunächst schrittweise die Zurückdrängung von Sexualität aus der Öffentlichkeit. Religiöse Ethik, die sexuelle Lust als animalisch und als für Menschen unangemessen betrachtete, förderte ihre Unterdrückung. In der Kirche des Mittelalters, „erstes historisches Beispiel einer bürokratischen Organisation" (Burrell 1991:130), diente das Verbot von Sexualität „der Aufrechterhaltung von Zucht und Ordnung in organisatorischen Gefügen" (Burrell 1991:131). Während später Sexualität im öffentlichen Bereich, z.B. im Rahmen der Diskussion über Bevölkerungsentwicklung, wieder zunehmend thematisiert wurde, führte mit der Entwicklung eines zweckbetonten, rationalen Denkens eine politische und wirtschaftliche Argumentation in einem umfassenderen Prozeß zu ihrer Verbannung aus dem Arbeitsbereich: Damit Produktionsprozesse nicht durch sexuelle Aktivitäten und Müßiggang unterbrochen werden, drängten Arbeitgeber mit Beginn der Industrialisierung Heimproduktion und das Verdingungssystem zurück. Überwachung der Arbeitszeit ist verbunden mit Kontrolle der körperlichen „Fitness", die - so die damalige Vorstellung - durch Sexualität beeinträchtigt wird (Burrell 1991:134ff). (Hetero-)Sexualität mußte außerhalb von Organisationen praktiziert werden. Der häusliche private Bereich wurde zum legitimen Ort se-

Art Abspaltung persönlicher Bedürfnisse von beruflichen Anforderungen und damit eine Verdrängung menschlicher Gefühle aus der Organisation in die Familie und Privatsphäre versucht bzw. bewirkt (vgl. Burrell 1991:125).

Die Thematisierung von Sexualität ist in vielen Arbeiten verbunden mit einer Kritik an Theorien geschlechtsneutraler Organisationen (Acker 1991:172). Joan Acker betont darüber hinaus auch den pseudo-geschlechtsneutralen Charakter von Arbeitsplätzen. Sie führt aus, wie deren Ausgestaltung die Bewertung und Sexualisierung von Arbeitskräften beeinflußt.

Bezugnehmend auf Erkenntnisse aus der Arbeitsplatz- bzw. Job-Evaluation beschreibt sie Konsequenzen von Organisationslogik sowie -theorie, die in ein Konzept von ‚a job' münden, in dem sowohl auf unteren als auch auf höheren Hierarchieebenen weder menschliche Körper noch Geschlecht vorkommen.

> „In organizational logic, filling the abstract job is a disembodied worker who exists only for the work." (Acker 1991:170)

Dieses Bild passe auf männliche Arbeiter, deren Leben sich auf ihren „full-time, lifelong job" (ebd.) konzentrieren, während eine Frau, in der Regel die Ehefrau, sich jeweils um die persönlichen Bedürfnisse kümmert. Damit enthält bereits das Konzept von ‚a job' die Vorstellung einer asexuellen Arbeitskraft und eine geschlechtsspezifische Aufteilung von Arbeit in öffentliche und private Sphäre.

Die zugrundeliegende Konstruktion des Ausschlusses von Frauen aus Organisationen wird als Teil von Organisationsprozessen verstanden, die aus ökonomischen Interessen angestoßen werden (Acker 1991:175). Die Körper von Frauen werden infolgedessen sexualisiert, stigmatisiert und zum Objekt männlicher Betrachtung, umgekehrt nicht (Acker 1991:173). Mit ihrem Ausschluß werde „die Sexualisierung der Frauen bzw. die Stereotypisierung der Frauen als überwiegend oder gar hauptsächlich sexuelle Wesen" (Müller 1993:104) vollzogen.

Chancen, die „Verfügungsgewalt über den Körper" (Rastetter 1994:279) wiederzugewinnen, erwartet Daniela Rastetter von einer „partiellen Re-Erotisierung" (ebd.:280) von Organisationen. Rastetter, die „Sexualität in Organisationen durch unterschiedlichste Spielarten repräsentiert sieht" (ebd.:12f), die also „keinesfalls nur leidvoll" (ebd.) ablaufen müssen, hält eine „totale Re-Erotisierung" (ebd.:280) zwar für eine Utopie. Sexuelle Bedürfnisse in Organisationen hineinzutragen erscheint für sie aber als Möglichkeit, die Geschlechtersituation positiv zu beeinflussen.

> „Lust und Erotik werden zwar niemals rein erotisch ablaufen, aber sie helfen zu verhindern, daß die bei fortschreitender Angleichung männlicher und weiblicher Tätigkeiten drohenden Konflikt- und Abgrenzungspotentiale zu erneuten Segregierungsprozessen führen." (ebd.:282)

---

xueller Aktivität. Als empirisches Beispiel für diese Entwicklung wird die Bereitstellung von Wohnraum für Arbeiterfamilien angeführt (Müller 1993:103).

Besonderes Engagement von Frauen sieht Rastetter dazu als notwendig an:

„Um nicht erneut - in Foucaults Diktion - weibliche Sexualität durch männliche Diskurse bestimmen zu lassen, bedarf es allerdings macht-voller Gegendiskurse der Frauen, in denen sie die Eigentumsrechte über ihre Lust und Sexualität bewahren." (ebd.)

Insgesamt scheint Kategorisierung von Sexualität bzw. Heterosexualität in Organisationen Herstellungs- und Reproduktionsbedingungen von Geschlechterhierarchie in ihnen nur unzureichend zu erklären: Vor allem aber enthält sie problematische Komponenten. Die „Sexualität-Debatte" erweckt partiell den Eindruck, daß Männer aus biologisch-sexuellen Gründen Frauen dominieren. Witz/Savage fragen daher:

„Where does sexuality end or begin in relation to gender?" (Witz/Savage 1992:54)

Sie halten es für notwendig, darauf hinzuweisen, daß männliche Dominanz und Macht eingebettet sind in und aufrechterhalten werden durch soziale Praktiken und nicht auf biologischen Imperativen beruhen.

Eine andere Suchrichtung zur Erklärung von Geschlechterhierarchie schlagen Arbeiten ein, die männlich geprägte ‚Unternehmenskulturen' und deren Wirkungsweisen analysieren (vgl. z.B. Itzin/Newman 1995; Woodward 1994; Ramsay/Parker 1992; Mills 1988). Auch aus diesem Forschungsfeld ist bisher keine konzeptionelle Integration von ‚Geschlecht und Organisation' hervorgegangen:

„Just as the links between mainstream organizational theory and gender work took long to forge, so is the link between feminist work and work on organizational culture still at a tentative stage." (Woodward 1994:3)

Zusammenfassend ist festzustellen, daß wichtige organisationstheoretische Erklärungsansätze zum Geschlechterverhältnis in Organisationen zwar unterschiedliche Entstehungszusammenhänge und Reproduktionsbedingungen von Geschlechterhierarchie aufzeigen. Ein geschlossenes Konzept, das die verschiedenen Dimensionen männlichen Machtgewinns und -erhalts auszuloten vermag, steht jedoch noch aus.

Betrachtet man die verschiedenen formalen und informalen Ursachen, die in den skizzierten Theorien für Etablierung und Erhalt geschlechtshierarchischer Bedingungen ausgemacht werden, so scheinen sie allenfalls Teilaspekte darzustellen. Sowohl Strukturen als auch Prozesse können als männlich geprägt gelten und Frauen benachteiligen. Entsprechend stehen Grenzen von jeweils entwickelten Gegenmaßnahmen von vornherein fest: Solange die Bedingungen bzw. Ursachen, die geschlechtsspezifische Machtverhältnisse herstellen und reproduzieren, nicht in ihrem Kern erfaßt sind, können auch nur Teile von ihnen sowie ihre Symptome bekämpft werden.

Es wird zwar deutlich, daß die „Rezepte" nicht ausreichen, um Geschlechterungleichheit aufzuheben. Die unterschiedlichen Ergebnisse der skizzierten Studien zeigen jedoch eine Vielfalt potentieller Handlungsziele auf. Die jeweils entwickelten Gegenstrategien unterstreichen zudem die Bedeutung kollektiven Handelns. Während Kanter als Maßnahmen gegen geschlechtshierarchische Bedingungen eine Erhöhung des Frauenanteils in leitenden Funktionen fordert und zu dessen Realisierung für kollektives Handeln plädiert, sind aus anderen Analysen andere Gegenstrategien herauszufiltern. Diese widersprechen nicht den von Kanter vorgeschlagenen Maßnahmen, sie unterstreichen vielmehr die Vorzüge von Zusammenschlüssen.

Interventionsstrategien können sich immer nur gegen *die* Herstellungs- und Reproduktionsformen männlicher Macht(ausübung) richten, die *wahrgenommen* werden. Kommunikation unter Frauen und deren Organisierung in entsprechenden Zusammenkünften unterstützen zudem Sensibilisierung für Machtstrukturen und -faktoren. Ihre Bedingungen können gemeinsam besser erfaßt und Maßnahmen zur Verbesserung der Situation von Frauen erfolgreicher durchgeführt werden. Einflußmöglichkeiten wachsen, so betont auch Ferguson, durch Zusammenschlüsse (Ferguson 1984:209). Da Redakteurinnen Mitglieder in mehr oder weniger hierarchischen Organisationen sind, wäre es notwendig, zunächst auf diese Betriebe einzuwirken in der Form, wie Kanter es vorschlägt. Aber kollektives Handeln könnte auch die Realisierung alternativer Organisationsformen stützen.

Die Bandbreite möglicher Handlungsziele kann sich über alltägliche Problembewältigung hinausgehend auf Veränderungen spezifischer Bedingungen und Strukturen der jeweiligen Medienorganisation ausdehnen, bis hin zur Ausgestaltung neuer Organisationsformen. Fragen danach, welche Veränderungen Journalistinnen auf der Basis ihrer Wahrnehmungen und Erfahrungen anstreben, welche strategischen Ziele sie entwickeln, sollte deshalb der erste Untersuchungsschritt gelten, um ihre Motivationen kollektiven Handelns zu analysieren.

4 Methodologische Anmerkungen und methodisches Vorgehen

4.1 Zur Untersuchungsmethode

Im Zentrum der vorliegenden Arbeit steht die Frage nach Motivationen von Journalistinnen zu kollektivem Handeln. Der Fokus richtet sich auf den bewußten Motivationsprozeß, der persönlichen Entscheidungen vorausgeht, sich mit Kolleginnen zusammenzuschließen. In ihm werden individuelle Dispositionen und äußere Faktoren wirksam, wie Heckhausens Modell verdeutlicht (vgl. Kap. 3.1). Da von einem bewußten Entscheidungsprozeß auszugehen ist, richtet sich die Forschungsperspektive auf Erfahrungen und Einstellungen individueller Akteurinnen und auf ihre Wahrnehmungen von Rahmenbedingungen.

Zumal es sich in der vorliegenden Untersuchung um eine explorative[81] Erhebung handelt, erscheint als die geeignete Methode zur Ermittlung von Motivationsfaktoren für kollektives Handeln das qualitative Interview, das der „Erfassung von Deutungen, Sichtweisen und Einstellungen der Befragten" (Hopf 1984:15) dient.

Verschiedene Interviewtypen werden differenziert: Als wesentliche Beispiele können das biographische, narrative, fokussierte oder problemzentrierte Interview gelten (vgl. Lamnek 1995b:68ff; Hopf 1991; Spöhring 1989:147ff). In der vorliegenden Untersuchung wurden offene Leitfadengespräche geführt, die im wesentlichen den Kriterien folgen, die Andreas Witzel (1982) für das problemzentrierte Interview entwickelte.

Diese Methode baut auf das theoretisch-wissenschaftliche Vorverständnis des Forschers bzw. der Forscherin auf, ohne auf das offene Erzählprinzip des narrativen Interviews zu verzichten. Dies wird ermöglicht durch „erzählungs- und verständnisgenerierende Kommunikationsstrategien" (ebd.:92ff): Dem Leitfaden wird die Funktion einer Gedächtnisstütze bzw. einer Checkliste zugewiesen. Der Gesprächsverlauf richtet sich nach dem Erzählstrang der Interviewten. Sondierungsfragen (z.B. Zurückspiegelungen des Gesagten, Verständnisfragen, Konfrontationen) ermöglichen es, Detaildarstellungen von Befragten zu konkretisieren. Gleichzeitig wird mit diesem Gesprächsverhalten die Erzählbereitschaft von Interviewten gefördert. Sondierungsfragen dienen darüber hinaus der Kon-

---

[81] Gemeint sind in diesem Zusammenhang alle drei von Siegfried Lamnek aufgeführten Funktionen von Exploration: Formulierung, Modifizierung und partielle Prüfung von Hypothesen und Theorien (Lamnek 1995a:103).

trolle unzutreffender Interpretationsleistungen von seiten der Interviewer bzw. Interviewerinnen, - die dennoch nicht ausgeschlossen werden können.

4.2   Zur Vorbereitung und Durchführung der Interviews

4.2.1   Ausgangspunkt der Untersuchung und Auswahl des Samples

Die Entwicklung der Forschungsfrage nach Motivationen kollektiven Handelns von Journalistinnen beruht auf einem Ergebnis einer eigenen quantitativen Untersuchung zur beruflichen Situation von Journalistinnen[82]: 67 Prozent der weiblichen Befragten bewerteten einen Zusammenschluß von Frauen zur Durchsetzung ihrer Interessen als sinnvoll, doch nur neun Prozent waren tatsächlich in einem geschlechtsspezifischen Handlungsverbund aktiv (Amend/Schulz 1993: 29). Der vermeintliche Widerspruch zwischen positiver Einstellung und tatsächlicher Handlungsentscheidung bezieht sich auf eine Gesamterhebung aller 1990 festangestellten Journalisten und Journalistinnen der tagesaktuell arbeitenden Medien in West-Berlin[83] (Amend/Schulz 1993:19ff).

Vor diesem Hintergrund erschien es sinnvoll, das Sample für die vorliegende Analyse aus dieser Gesamtheit zu rekrutieren. Unterschiedliche Gründe sprachen dafür:

–   Durch die vorangegangene Befragung wurde eine gezielte, verschiedene Merkmale berücksichtigende Auswahl von Journalistinnen für die qualitativen Interviews ermöglicht.

–   Dadurch konnten sowohl Kritikerinnen als auch Befürworterinnen von Frauenzusammenschlüssen sowie anscheinend sich widersprüchlich verhaltende Fälle berücksichtigt werden, was die Ermittlung eines breiten Spektrums förderlicher und hemmender Motivationsfaktoren erwarten ließ.

---

[82]   Es handelt sich um eine Telefonbefragung, die im Rahmen eines Projektes der Berlin-Forschung an der Freien Universität (FU) Berlin stattfand, das ich zusammen mit Heike Amend durchführte (Schulz/Amend 1993). In diesem Projekt erfolgte auch die Primärerhebung für die vorliegende Analyse. Fragen und Untersuchungspunkte zu Motivationen kollektiven Handelns und Fragen zu Diskriminierungserfahrungen und -wahrnehmungen und zu Einstellungen gegenüber einem ‚weiblichen Journalismus', die mit dem Forschungsinteresse im Zusammenhang stehen, waren von Anfang an als Grundlage der Dissertation vorgesehen und wurden für die Studie nicht ausgewertet. Sie sind allein Untersuchungsgegenstand der vorliegenden Arbeit.

[83]   Als wichtigste Gründe für den Verzicht, auch die Ost-Berliner Situation zu untersuchen, waren die damals für Telefoninterviews fehlende Infrastruktur im Ostteil der Stadt und die sich in der Wendezeit fast täglich ändernde Beschäftigungsstruktur der dortigen Medienunternehmen (Schulz 1993:543).

- Durch die Eingrenzung des Samples auf West-Berliner Journalistinnen bestanden für alle Interviewten vergleichbare lokalpolitische Bedingungen und ein ähnliches Angebot an Frauenzusammenschlüssen.
- Da davon ausgegangen werden konnte, daß Kenntnis bestehender Handlungsverbindungen und deren Verschiedenheit sich auf Motivationen kollektiven Handelns auswirken, erschien das Vorhandensein vieler unterschiedlicher Allianzen wichtig. Dies traf auf Berlin zu, wo alle in Kapitel 2.4 dargestellten Formen von Zusammenschlüssen anzutreffen waren.

Neben ihrem Wirkungsort kennzeichnet die Interviewten ein weiteres gemeinsames Merkmal: Sie waren zu jenem Zeitpunkt festangestellte Redakteurinnen. Sie arbeiteten damit auf der unteren Stufe der redaktionellen Hierarchie. Es kann angenommen werden, daß sich ihr Berufsalltag und ihre Erfahrungen von denen von Frauen auf höheren Hierarchieebenen unterscheiden. Es bestanden also annähernd vergleichbare Rahmenbedingungen, die sich - so kann vermutet werden - für Frauen in leitenden Funktionen anders dargestellt hätten.

Um ein möglichst heterogenes Sample zusammenzustellen, was Arbeitsalltag, Aufgaben und Handlungsspielräume betrifft und darüber hinaus Einstellungen und Orientierungen, wurde darauf geachtet, daß mit der Auswahl der Befragten die gesamte Bandbreite folgender Kriterien abgedeckt wurde:

- alle Medienorganisationen,
- alle Ressorts bzw. Redaktionen,
- verschiedene Größen und geschlechtsspezifische Zusammensetzungen von Ressorts bzw. Redaktionen,
- alle Altersgruppen und
- unterschiedliche Familien- bzw. Lebenssituationen.

Darüber hinaus galt es, Redakteurinnen zu interviewen, die Diskriminierungen erfahren hatten oder nicht, die unterschiedlich stark ausgeprägtes Aufstiegsinteresse äußerten oder keines, die organisiert waren oder nicht. Eine entsprechende Auswahl ermöglichte das Material der vorangegangenen Gesamterhebung.

Aus den folgenden Medienorganisationen wurden die Interviewten der vorliegenden Untersuchung rekrutiert:

- *Sender Freies Berlin (SFB)*: Seit 1989 galt in der öffentlich-rechtlichen Rundfunkanstalt eine „Dienstvereinbarung zur Förderung der beruflichen Chancen für Frauen im SFB". Sie hatte eine Erhöhung der Frauenquote zum Ziel.
- *Rundfunk im amerikanischen Sektor (RIAS)*: Hier waren Gleichstellungsregelungen („Betriebsanweisung" und „Dienstanweisung") 1991 getroffen worden.

- *die tageszeitung (taz):* Die alternative *taz* war das einzige Medium des Samples, in der die 50-Prozent-Quote festgeschrieben (und umgesetzt) war. Seit 1981 bestand der Frauenbeschluß, den sich die Mitarbeiterinnen durch einen Streik erkämpft hatten.

In den anderen Medien galten keine Gleichstellungsregelungen:

- *Radio Hundert,6,* damals der einzige private Rundfunkveranstalter,
- *BZ,* im Westteil der Stadt das einzige Boulevardblatt[84],
- *Berliner Morgenpost,* die wie die *BZ* im Axel-Springer-Verlag erscheint,
- *Der Tagesspiegel,* der zum damaligen Zeitpunkt wirtschaftlich eigenständig geführt wurde, wie auch das
- *Spandauer Volksblatt,* das zu dem Zeitpunkt täglich eine Berlin- und eine Spandau-Ausgabe auflegte.

4.2.2 Zum Leitfaden

Das Forschungsinteresse richtet sich auf individuelle Faktoren und äußere Rahmenbedingungen, die die berufliche Situation von Redakteurinnen für Motivationen kollektiven Handelns beeinflussen. In den Interviews sollten auch sehr persönliche Erlebnisse zur Sprache kommen, insofern sie das Geschlechterverhältnis in dieser Profession kennzeichnen. Ziel war es daher, eine vertrauensvolle und entspannte Gesprächsatmosphäre herzustellen. Diese Absicht wurde bei der Konzeption des Leitfadens mitbedacht.

Weiterhin sollte er einerseits den journalistischen Alltag, formale und informale Bedingungen von Redaktionen bzw. Ressorts oder Medienorganisationen gleichermaßen wie die gesamten beruflichen Erfahrungen berücksichtigen und andererseits die größtmögliche Offenheit für Schwerpunktsetzungen der Interviewten ermöglichen.

Dazu wurden neun Fragen entwickelt, die zunächst den beruflichen Werdegang nachzeichnen und anschließend die Aspekte berühren, die von der jeweiligen Befragten zuvor noch nicht selbst angesprochen worden waren.

Es sollte gewährleistet werden, daß den Redakteurinnen breiter Spielraum zur Darstellung ihrer persönlichen Sichtweise gegeben wird und sie selbst den Gesprächsverlauf bestimmen sowie inhaltliche Schwerpunkte setzen können.

Um dies zu erreichen, wurde die Formulierung der neun Fragen im Vorfeld festgelegt und einstudiert. Ihnen wurden Stichpunkte zugeordnet. In der Interviewsituation wurde darauf geachtet, daß von den Redakteurinnen - über die von

---

[84] *Bild*-Berlin wurde in Hamburg verlegt und deshalb in der Untersuchung nicht berücksichtigt.

ihnen als wichtig erachteten Informationen hinaus - zu möglichst allen vorbedachten Aspekten Antworten gegeben werden.

Die Stichpunkte zu den zentralen, vorformulierten Interviewfragen berücksichtigen Forschungsfragen und -hypothesen. Um - Witzel folgend - den Erzählfluß in Gang zu setzen, war als Gesprächseinstieg eine allgemeine Frage zur persönlichen Berufswahlentscheidung vorgesehen worden. Um den Gesprächsverlauf offen zu halten, richtete sich die Reihenfolge der anderen Fragen nach den Aussagen der Befragten.

Nach dem Pretest mit zwei Redakteurinnen wurde der Leitfaden geringfügig verändert und eine Frage zum Problem der Vereinbarkeit von Familie und Beruf aufgenommen, nachdem die Bedeutung dieses Themas von den ersten Interviewten (eine davon kinderlos) herausgestrichen worden war.

4.2.3 Durchführung der Interviews

Da der Gesprächsverlauf durch die jeweilige Interviewte bestimmt werden sollte, aber Leitfragen präzise gestellt und alle Stichpunkte gewissermaßen abgearbeitet werden sollten, wurden die Interviews von zwei Befragungspersonen[85] durchgeführt[86]. Die jeweils in einzelnen Sequenzen weniger intensiv am Gespräch Beteiligte konnte somit überprüfen, welche Aspekte noch offen waren, welche weiteren Nachfragen gestellt werden mußten. Es konnte also allen Befragten - obwohl der Gesprächsverlauf sehr variierte -, die gleichen Fragen gestellt werden.

Die Interviews wurden Anfang 1992, einige Ende 1991 geführt. Sie fanden an unterschiedlichen Orten statt, in vier Fällen in den Büros der Interviewten, das sie mit niemanden teilten.

Die Gespräche dauerten ca. zwei Stunden und wurden auf Tonband aufgezeichnet.

4.3 Zur Auswertung

Als Auswertungsmethode ist die strukturierende Inhaltsanalyse gewählt worden, deren Ziel es unter anderem ist, „bestimmte Aspekte aus dem Material herauszufiltern" (Mayring 1990:86). Ihr Vorzug liegt in einer systematischen und methodisch kontrollierten Vorgehensweise begründet. Außerdem eignet sich diese Methode besonders, „wenn es um eine mehr theoriegeleitete Textanalyse geht" (ebd.:89).

Zwischen Erhebung und Interpretation der Daten lag ein größerer Zeitraum. Eindrücke und persönliche Sichtweisen auf die bis zur Interviewsituation fremden Redakteurinnen, die nach den einzelnen Gesprächen noch nachgewirkt haben können, verblaßten in der Zwischenzeit. Somit bot sich die Chance, die

---

[85] Die Interviews führte ich zusammen mit Heike Amend durch.
[86] Zu Vorteilen einer Doppelbesetzung mit Interviewern vgl. Hoff 1985; Hoff et al. 1983:217ff.

Analyse allein auf das transkribierte Wort zu beziehen. Unbewußte persönliche Wertungen, die die Interpretation möglicherweise beeinflussen, konnten so eher ausgeschaltet werden.

Die Auswertungsschritte der vorliegenden Untersuchung folgten annähernd dem Ablaufmodell der strukturierenden Inhaltsanalyse nach Mayring (1988:77):

1. Wortgetreue Transkription der Interviews.
2. Analyse der einzelnen Interviews. Der retrospektive Blickwinkel, der durch die Eingangsfrage eingeleitet wurde, und Selbstdarstellungen der Befragten können Verzerrungen hervorrufen (vgl. Wetterer 1986). Um Konsistenz oder Widersprüchlichkeiten subjektiver Aussagen herauszuarbeiten, galt es in diesem Auswertungsschritt, in bezug auf die Fragestellung die „Logik zwischen den Einzelinformationen" (Mühlfeld et al. 1981:337) herzustellen.
3. Eine erste Querschnittanalyse, die auf die Strukturierung folgte, führte zur Einteilung der Interviews in drei Gruppen, und zwar in ‚aktive', ‚wohlwollende' und ‚überzeugt passive' Journalistinnen (vgl. Kap. 5.1). Dadurch wurde eine Unterscheidung zwischen motivationsfördernden und motivationsbeeinträchtigenden Faktoren vorgenommen.
4. Angelehnt an Heckhausens Motivationsmodell wurden die verschiedenen Ergebnis-Erwartungen als vier Kategorien für motivationsfördernde und vier Kategorien für motivationshemmende Faktoren gefaßt.
5. Die Vielfalt von Faktoren, die die jeweiligen Ergebnis-Erwartungen bestimmen oder beeinflussen, sind gewissermaßen die Ausprägungen der Kategorien. In einem weiteren Materialdurchlauf wurden Fundstellen bezeichnet und extrahiert.
6. Abschließend folgte die Aufbereitung bzw. Darstellung der Ergebnisse.

Den Interviewten wurde von vornherein absolute Anonymität zugesichert. Da die Namen der Befragen berufsbedingt der Öffentlichkeit bekannt sind, war dieses Versprechen Voraussetzung, um das Vertrauen der Befragten zu gewinnen. Denn die Interviewfragen richteten sich auf Erfahrungen, die von sehr persönlicher Natur sein können, oder sie betrafen Interna von Medienorganisationen, deren Bekanntwerden den Interviewten Schwierigkeiten bereiten würde. Einige von ihnen wiesen ausdrücklich darauf hin, daß das Öffentlichmachen von innerbetrieblichen Begebenheiten mit ihren Arbeitsverträgen kollidieren würde. Bei besonderen Aussagen zu Medienorganisationen oder zu Personen während des Interviews betonten einzelne nochmals die Gefahr, die ein Bekanntwerden mit sich brächte. Deshalb muß bei der Darstellung der Ergebnisse zuweilen auf genauere Details verzichtet werden, damit für keinen Leser/ keine Leserin rekonstruierbar ist, wer sich hinter der jeweiligen Zahl verbirgt, mit der die dreißig Interviewten anonymisiert zitiert werden.

5 Untersuchungsergebnisse: Motivationen kollektiven Handelns von Journalistinnen

Geschlechtsspezifische berufliche Zusammenschlüsse werden von den interviewten Journalistinnen höchst unterschiedlich wahrgenommen. Einige haben sich intensiv mit Verbindungen von Medienfrauen auseinandergesetzt, unterscheiden verschiedene Formen kollektiven Handelns und beschreiben die jeweiligen Vorzüge und Nachteile; andere scheinen zum Zeitpunkt des Interviews erstmals die Frage zu prüfen, welchen Sinn es macht, und inwieweit es für sie interessant sein könnte, mit Kolleginnen gemeinsam zu agieren. Unter den befragten Redakteurinnen gibt es einerseits Mitglieder von Journalistinnengruppen, -organisationen oder anderen Frauenzusammenschlüssen in Massenmedien und andererseits wohlwollende, skeptische oder ablehnende Haltungen gegenüber kollektivem Handeln.

Mit der Heterogenität des Samples (vgl. Kap. 4.2.1) geht Mannigfaltigkeit von Einstellungen und Erfahrungen einher: Positive Entscheidungen zu kollektivem Handeln sind unterschiedlich motiviert; Interesse bzw. Bereitschaft, zukünftig an einer beruflichen Verbindung von Kolleginnen teilzunehmen, hängt - wie bereits bestehende Zugehörigkeit zu einer solchen - von jeweils individuell unterschiedlichen personalen und situativen Bedingungen ab; auch Entscheidungen gegen Einbindung in geschlechtsspezifische Zusammenschlüsse werden unterschiedlich begründet. Elemente von Handlungsmotivationen variieren in ihrer Bedeutung für einzelne Journalistinnen, sind also unterschiedlich gewichtet sowohl bei Redakteurinnen, die sich für, als auch bei jenen, die sich gegen Einbindung in einen Verbund von Medienfrauen entscheiden.

Die Gesamtbetrachtung verschiedener Kombinationen individueller Einflußfaktoren auf Motivationen kollektiven Handelns zeigt dennoch Gemeinsamkeiten auf. Sie bestehen sowohl für befürwortende als auch für ablehnende Haltungen gegenüber Frauenzusammenschlüssen. Einzelne Gründe und Erklärungen für Einstellungen von Journalistinnen gegenüber Handlungskollektiven werden in der Regel von mehreren Interviewten genannt. Übereinstimmungen sind nicht nur für Motivationen *kollektiven* Handelns festzustellen, sondern auch für Bewertungen *individueller* Handlungsmöglichkeiten bzw. -notwendigkeiten. Viele Redakteurinnen sehen sich als einzelne mit ähnlichen Bedingungen oder Provokationen konfrontiert, gegen die sie - ihrer Ansicht nach - nur allein vorgehen können. Individuelle Reaktionen hervorrufende Mißstände oder Erfahrungen sind im Rahmen der vorliegenden Arbeit nur am Rande von Bedeutung, finden in der folgenden Analyse aber Beachtung, soweit sie auch eine Rolle für gemeinschaftliches Agieren spielen oder für Motivationen kollektiven Handelns aufschlußreich sind.

Die befragten Redakteurinnen lassen sich in bezug auf Motivationen kollektiven Handelns in drei, etwa gleich große Gruppen aufteilen. In der aufsplitternden Beschreibung des Samples finden vor allem zwei Aspekte Berücksichtigung: einerseits die Bedeutung geschlechtsspezifischer Zusammenschlüsse für die befragten Frauen hinsichtlich ihres eigenen Handelns in bzw. mit ihnen, andererseits die persönliche Meinung, die sie grundsätzlich gegenüber beruflichen Frauengruppen oder -organisationen vertreten:

-   Als *, aktive' Journalistinnen* im Hinblick auf kollektive Handlungsstrategien werden in der vorliegenden Studie Redakteurinnen betrachtet, die Mitglied in einem berufsbezogenen Frauenzusammenschluß sind. Sie gehören einer oder mehreren Kolleginnenverbindungen an und sind in unterschiedlichem Maße in ihnen und für sie engagiert.
-   Die Gruppe der *, wohlwollenden' Journalistinnen* äußert sich im allgemeinen positiv gegenüber beruflichen Frauenorganisationen oder -gruppen, ohne daraus eine persönliche Konsequenz für kollektives Handeln abzuleiten.
-   Gemeinsames Merkmal der dritten Gruppe, der *, überzeugt passiven' Journalistinnen*, sind skeptische bzw. ablehnende Äußerungen gegenüber gemeinschaftlichem Vorgehen von Frauen.

Klare Entscheidungen oder Haltungen einzelner Journalistinnen gegenüber kollektivem Handeln bedeuten nicht, daß die in Heckhausens Modell integrierten Elemente von Handlungsmotivation entweder alle positiv oder alle negativ ausgeprägt sind; es sind durchaus widerstreitende Motivationsfaktoren auszumachen. Denn ,aktive' Redakteurinnen können auch negative Seiten kollektiven Handelns beschreiben; d.h. einzelne ,aktive' Journalistinnen entscheiden sich für Eintritt in einen Frauenzusammenschluß, obwohl einzelne Motivationsparameter nicht positiv ausgeprägt sind. Jedoch werden negative Momente in ihrer Bedeutung von positiv ausgeprägten Motivationsfaktoren überlagert. Umgekehrt verhält es sich bei ,überzeugt passiven' Journalistinnen: Negative Aspekte des Handlungsmotivationsprozesses wirken bei ihnen stärker als positive.

Bei der Zusammenfassung in Gruppen handelt es sich nicht um grundsätzlich trennscharfe Charakterisierungen. Vielmehr könnte die eine oder andere Journalistin aufgrund ihrer Haltung auch in eine andere Gruppe eingeordnet werden.[87]

---

[87] Eine Journalistin, die sich früher intensiv in einer Frauengruppe engagierte, aber heute für sich die Notwendigkeit an einer Teilnahme in einem entsprechenden Zusammenschluß nicht mehr sieht, wird z.B. als ,wohlwollende' und nicht als ,aktive Redakteurin' betrachtet. Zu den ,Aktiven' wird hingegen eine Interviewte gezählt, die sich nicht stark und regelmäßig engagiert, aber zahlendes Mitglied im Journalistinnenbund ist.

Im Rahmen der Analyse erscheint die vorgenommene Differenzierung des Samples sinnvoll, um Erklärungen für Haltungen zu kollektivem Handeln deutlicher herausarbeiten und das Für und Wider übersichtlicher und transparenter darstellen zu können. Denn motivations*fördernde* Momente (Kap. 5.1) konzentrieren sich in den Aussagen von ‚aktiven' Journalistinnen, während Handlungsmotivationen *hemmende* Aspekte klarer herauskristallisiert werden, wenn vornehmlich Gründe für die Haltung ‚passiver' Redakteurinnen betrachtet werden (Kap. 5.2).[88]

Als ‚passiv' werden zur Vereinfachung, vor allem in den Kapiteln unter 5.2, ‚wohlwollende' und ‚überzeugt passive' Redakteurinnen begrifflich zusammengefaßt. Obwohl ‚wohlwollende' Journalistinnen gleichermaßen fördernde und hemmende Aspekte für Handlungsmotivationen anführen, sind von ihnen negativ ausgeprägte Einflußfaktoren von besonderer Bedeutung, geben diese doch letztendlich Anstoß dafür, daß jene Redakteurinnen auf kollektives Handeln verzichten, trotz positiver Einschätzung seiner Möglichkeiten und Chancen. Zwiespältig erscheinende Meinungen und entsprechendes Für und Wider von Handlungsmotivationen werden in der Analyse somit besondere Aufmerksamkeit entgegengebracht. Dieses Vorgehen ermöglicht Pointierung und Präzisierung der Gewichtung von Aussagen, die die vorliegende Arbeit zur Bedeutung verschiedener Dimensionen von Handlungsmotivationen trifft.

Die Zugrundelegung des im Theorieteil dargestellten Handlungsmotivationsmodells erweist sich als hilfreich bei der systematischen Analyse von Aussagen der interviewten Journalistinnen. Um Übersichtlichkeit zu gewährleisten und Verständlichkeit zu erleichtern, folgen die Gliederungspunkte der Unterkapitel zu förderlichen (Kap. 5.1) bzw. hemmenden (Kap. 5.2) Bedingungen kollektiven Handelns weitgehend Heckhausens Modell.

Entscheidungen zu kollektivem Handeln und ihre Begründungen werden in Einzelfällen ausführlicher dargestellt, um Komplexität von Handlungsmotivationen herauszustreichen und um Kombinationen von personalen und situativen Motivationsfaktoren beispielhaft herausarbeiten zu können.

---

[88] Soweit motivationsförderliche Aspekte von ‚überzeugt passiven' Journalistinnen genannt werden und hinderliche von ‚aktiven', werden sie ebenfalls mit berücksichtigt und eingearbeitet, falls sie bereits Ermitteltes ergänzen und zusätzliche Informationen bieten können.

5.1 Motivationsfördernde Aspekte für kollektives Handeln von Journalistinnen

Jeweils mehrere, aber nicht alle Faktoren, die nach Heckhausen Handlungsmotivationen beeinflussen, sind bei ‚aktiven' Redakteurinnen positiv ausgeprägt. Ein einziges Motivationsmoment gilt jedoch für alle: Handlungsinteresse oder anders ausgedrückt: Handlungsbedarf. Seine Bedeutung wird von Aussagen ‚wohlwollender' Journalistinnen bestätigt: Die meisten von ihnen betonen, daß es vor allem fehlender Handlungsbedarf ist, der ihre Passivität erklärt. Das Bedürfnis, sich mit Kolleginnen zusammenzuschließen, scheint also wesentliche Grundlage bzw. Voraussetzung für einen Entschluß dazu zu sein.

Dieses Ergebnis erscheint selbstverständlich; dennoch sollte Handlungsinteresse, als einem von vier motivationsfördernden Einflußfaktoren für eine Entscheidung zu kollektivem Handeln, besondere Aufmerksamkeit beigemessen werden. Denn einerseits erweist es sich als bedeutsam für den Grad des Engagements: Mit unterschiedlich starker Ausprägung von Handlungsbedarf korrespondiert die Intensität der Einbindung und der Aktivitäten von Redakteurinnen im Handlungsverbund. Andererseits gibt eine Aufschlüsselung verschiedener Interessen, die zu kollektivem Handeln führen, auch Aufschluß darüber, wie Journalistinnen ihre berufliche Situation wahrnehmen und was sie kritisieren. Die Beschaffenheit ihrer Ziele, mögliche Hinweise auf (etwaige) Homogenität oder Heterogenität der Interessenlage vermitteln erste Erkenntnisse in bezug auf Bedingungen für Interessenbündelung, d.h. wie leicht oder schwierig es für Journalistinnen ist, sich zu organisieren bzw. sich zusammenführen zu lassen. Damit werden möglicherweise Bedingungen deutlich, die im einzelnen vorherrschen müssen, damit Frauen sich mit Gleichgesinnten zusammenschließen.

Für Motivationen kollektiven Handelns offensichtlich notwendiges Interesse reicht jedoch allein nicht aus, eine Handlungsentscheidung zu fällen. Dazu bedarf es zusätzlicher günstiger Bedingungen, die für einzelne von unterschiedlicher Bedeutung sind. Weitere Faktoren, die einen Entschluß zu gemeinschaftlichem Agieren von Journalistinnen begünstigen, werden im Anschluß an die Darstellung des Handlungsbedarfs, Heckhausen folgend, beschrieben, und abschließend wird ihre Bedeutung für Entscheidungen zu kollektivem Handeln herausgearbeitet.

5.1.1 Handlungsbedarf: Grundlegender Einflußfaktor für Handlungsmotivationen

Interessen von Redakteurinnen, auf bestimmte berufliche Situationen gemeinsam mit anderen Einfluß nehmen zu wollen, sind unterschiedlich. Journalistinnen äußern Handlungsbedarf hinsichtlich besonderer Begebenheiten oder im Hinblick auf allgemeine Rahmenbedingungen. Veränderungsbestrebungen beruhen auf Wahrnehmungen und Erfahrungen. Diese beziehen sich auf Gegebenheiten im massenmedialen Berufsleben und dort zu gewärtigende Entwicklungen: auf formale und informale Rahmenbedingungen in und außerhalb von Medienbetrieben oder auf journalistische Arbeitsinhalte bzw. -methoden.

Interessen, die Journalistinnen zusammenführen, können sich ebenso auf kurzfristig zu erreichende Veränderungswünsche wie auf langfristig zu realisierende Absichten beziehen.[89]

In Kap. 2 ist die Hypothese formuliert worden, daß es unter anderem zwei Themen geben kann, die Journalistinnen im Beruf besonders berühren und die Bedarf an gemeinsamem Handeln wahrscheinlich erscheinen lassen: Zum einen könnten sowohl die in sozial-statistischen Daten nachvollziehbare geschlechtshierarchische Situation im Journalismus als auch persönlich erlebte Benachteiligungen Interesse an Einflußnahme auf Veränderungen bestehender Bedingungen wecken; zum anderen könnte Handlungsinteresse auch durch von Normen abweichenden Vorstellungen über journalistische Ziele und Vorgehensweisen ausgehen, die als ‚weiblicher Journalismus' bezeichnet werden. Inwieweit diese Aspekte Handlungsinteresse auslösen und welche des weiteren ausgemacht werden können, ist Gegenstand der nachfolgenden Unterkapitel.

5.1.1.1 Zur Bedeutung von Diskriminierungen für Motivationen kollektiven Handelns

Im allgemeinen erwarten ‚aktive' Journalistinnen von ihren Zusammenschlüssen die Befriedigung mehrerer Bedürfnisse gleichzeitig. In erster Linie bezieht sich Handlungsinteresse jedoch auf Maßnahmen gegen von ihnen erfahrene oder wahrgenommene Diskriminierungen.

Alle ‚aktiven', aber auch viele ‚wohlwollende' oder ‚überzeugt passive' Redakteurinnen schildern geschlechtsspezifische Benachteiligungen, die sie meistens persönlich erleben oder erlebten. Einzelne ‚aktive' Journalistinnen beob-

---

[89] Bei letzterem handelt es sich teilweise um Handlungsziele, die erst durch verschiedene Ergebnisse kollektiven Handelns erreicht werden können, aber nicht zwangsläufig eintreten müssen. Eine Differenzierung der Begriffe Handlungsergebnis und Handlungsziel ist für Ergebnis-Folge-Erwartungen notwendig, die Gegenstand von Kap. 5.1.4 (bzw. 5.2.4) sind. Handlungsinteressen, die im Mittelpunkt dieses Kapitels stehen, beziehen sich sowohl auf Handlungsergebnisse als auch auf erwünschte Handlungsziele (weshalb beides hier nicht differenziert wird).

achten diskriminierende Bedingungen im Journalismus, von denen sie sich nicht persönlich, allenfalls indirekt betroffen fühlen. Einige berichten von Erfahrungen, die für sie „nur" wenig bedeutungsvoll sind, andere beschreiben erhebliche Beeinträchtigungen bei Ausübung ihrer Arbeit oder auf ihrem persönlichen Weg zu höheren Positionen in der betrieblichen Hierarchie.

Mit Blick auf das Forschungsinteresse der vorliegenden Arbeit sind Formen von Diskriminierungen hinsichtlich unterschiedlicher Reaktionsweisen zu unterscheiden. Es gibt solche, bei denen sich die meisten interviewten Frauen bewußt für eine individuelle Handlungsweise aussprechen, die nur zuweilen durch weitere Maßnahmen in Gemeinschaft mit Kolleginnen ergänzt werden müssen. Und es gibt solche, gegen die Journalistinnen vornehmlich oder letztendlich kollektives Handeln, mit teilweise langfristig angelegten Strategien, favorisieren. Differenziert nach Auswahl der Handlungsstrategien werden Diskriminierungserfahrungen der Interviewten in den anschließenden Unterkapiteln dargestellt.

5.1.1.1.1 Einzelabwehr als Maßnahme gegen Diskriminierung

Bei geschlechtsspezifischen Benachteiligungen, auf die interviewte Journalistinnen in der Regel nur *allein* reagieren, handelt es sich um direkte Formen von Diskriminierungen im beruflichen Alltag, die meistens von einem Individuum ausgehen und eine einzelne Redakteurin betreffen.

Als sehr verletzend wirkende Form von Diskriminierung wird sexuelle Belästigung wahrgenommen. Erlebnisse dieser Art spielen sich auf einer sehr persönlichen Ebene in einer face-to-face-Situation ab.

Eine Redakteurin, die mehrmals im Verlauf ihres Berufsweges von verschiedenen Kollegen, entwürdigende Annäherungsversuche abwehren mußte, schildert die Konfliktlage, in der sich viele Frauen im Erwerbsleben und insbesondere in sogenannten Männerberufen befinden.

> „Ich glaube schon, daß man von Frauen generell die Quadratur des Kreises verlangt oder erwartet. Nämlich daß sie fachlich einwandfrei sind, daß man mit ihnen fachlich diskutieren kann, daß sie aber gleichzeitig, bitte schön, doch auch irgendwie nicht vergessen sollten, daß sie Frauen sind, und daß es auch so etwas gibt, wie eine erotische Spannung, die man ja auch durchaus in einem gewissen Rahmen ausleben sollte, und so etwas wie Akzeptieren von Angemachtwerden. Ich glaub schon, daß man das generell erwartet." (10:209)[90]

Das Zitat zeigt ein bereits in Kap. 3.2 aufgezeigtes „klassisches" Dilemma von Frauen im Beruf. Die zitierte Redakteurin steht vor einem Balanceakt: auf der einen Seite ihre Weiblichkeit zu akzeptieren und auf der anderen Seite als Frau in der „Männerwelt" nicht zu provozieren, d.h. in ihrer Geschlechtlichkeit nicht

---

[90] Bei den hier abgedruckten Interviewpassagen handelt es sich um wörtliche Zitate. Zum Zweck der besseren Lesbarkeit werden Füllwörter, Wiederholungen oder Pausen weggelassen. Besondere Betonungen durch die Befragten werden in den Zitaten unterstrichen.

herausfordernd zu wirken. Strukturen, die Frauen in diese Situation bringen, sind in der konkreten Belästigungssituation selbst nicht relevant. Vordringliches Problem ist es, wie dreiste Annäherungsversuche abgewehrt werden können.

> „Es gibt Sachen, die mich sehr verletzen. Es kommt ein bißchen darauf an, von wem es ist. Wenn es von Kollegen ist, die auf einer Ebene mit mir arbeiten, ist es relativ einfach. Ich brate ihnen dann einfach einen über, also verbal." (10:211) „Wenn eine Anmache von einem Hierarchen kommt, überleg ich's mir. (...) Weil ich genau weiß, daß ich in sachlichen Auseinandersetzungen überhaupt keine Probleme, keine Angst, gar nichts habe. Aber ich weiß das auch aus eigener Erfahrung, daß ein wirklich geradliniges und unter Verzicht auf jede Art von Höflichkeit Ablehnen und Abwehren Folgen hat." (10:219f)

Wie eine „höfliche" Abwehr aussehen kann, beschreibt die Journalistin an einem konkreten Beispiel: Ein mehrere Hierarchiestufen über ihr arbeitender Kollege äußerte ihr gegenüber, daß sie den Beischlaf mit ihm genauso suche, wie er mit ihr.

> „Das hört sich alles so unwahrscheinlich an, wenn ich das erzähle, aber es ist wirklich so gewesen. (...) Was sagt man dann? Was sagt man dann, wenn man genau weiß, wenn ich ihm jetzt sage, ‚was sind Sie für ein Arschloch', ich fände, das wär' die angemessene Antwort, dann kann man im Grunde genommen in dem Laden einpacken. (...) Ich hab' damals zu ihm gesagt: ‚Hören Sie, Sie kennen doch die uralte Regel, innerhalb eines Hauses und gar mit Vorgesetzten, kommt einfach nicht in Frage'." (10:223ff)

Im Prinzip, darin sind sich betroffene Redakteurinnen einig, gibt es keine Möglichkeit, selbstgefälligem Verhalten und ungerechtfertigtem Begehren mancher Männer ohne nachteilige Folgen zu entgehen.

Nach Ansicht der zitierten Redakteurin fühlen sich die belästigenden Männer durch Ablehnung in ihrem Selbstwertgefühl oder ihrem Stolz verletzt, was in Feindschaft umschlagen kann. Je nachdem, wie stark die Machtposition des Gegners ist, muß eine Frau mit Intrigen rechnen oder zumindest mit einem feindlich gesinnten Kollegen, der Rache übt, wenn er kann. Auf jeden Fall aber ist die Arbeitsatmosphäre belastet.

Die zitierte Redakteurin betont, daß Erlebnisse sexueller Belästigung besonders schlimm sind, wenn sie von Vorgesetzten ausgehen, weil diese ihre Machtposition ausnutzen können, um der betreffenden Frau zu schaden. Wenn eine Redakteurin Aufdringlichkeiten von Kollegen auf gleicher Ebene abwehrt, kann sich das dennoch nachträglich auswirken, insbesondere wenn der entsprechende Journalist früher als sein „Opfer" aufsteigt. Die zitierte Redakteurin ist davon überzeugt, daß ihre Beförderung von ihrem heutigen Chef verhindert wird, dessen anzügliche Angebote sie zurückgewiesen hatte, als er noch mit ihr auf gleicher Hierarchieebene stand.

Selbst eine Einladung zum Essen auszuschlagen kann zu Schwierigkeiten führen. Als eine andere Journalistin noch freiberuflich tätig war, hat sie als Abschluß eines gemeinsamen Arbeitstages eine ebensolche von einem in ihrer Medienorganisation bekannten „Frauenhelden" ausgeschlagen.

> „Dieses Gesicht [des Kollegen, U.S.] veränderte sich derartig schlagartig. Der hat meine (...) [Arbeit, U.S.] natürlich in Grund und Boden gestampft. (...) Ich muß sagen, ich war wirklich erschüttert." (27:40)

Die Redakteurin hatte vorher durchaus schon vom Image dieses Mannes gehört,

> „aber ich war ziemlich am Ende, muß ich sagen, obwohl ich wußte, was auf mich zukommt." (27:42)

Die Konsequenz dieser Episode bedeutete für sie, daß sie ihren Arbeitsplan gegen seinen Dienstplan einrichten mußte:

> „Er hatte leider eine ziemliche Machtposition. (...) Und ich habe dann einfach immer versucht zu vermeiden, an den Tagen, wo er Tagesredakteur[91] war, etwas zu senden." (27:42)

Betroffene stehen im Bewußtsein ihrer Machtlosigkeit zunächst in der akuten Belästigungssituation vor einem Dilemma. Ablehnende Reaktionsmöglichkeiten, die nicht die Gefahr einer Selbstschädigung bedeuten, gibt es nach Ansicht der zitierten Journalistinnen eigentlich nicht.[92] Erlebnisse dieser Art lassen als spontane Reaktion lediglich individuelles Handeln zu. Denn sie spielen sich auf einer sehr persönlichen Ebene ab, und sie geschehen in der Regel unter Ausschluß der Öffentlichkeit.

Belästigungserfahrungen zeitigen darüber hinaus aber längerfristige Wirkungen und lassen „erweiterten" Handlungsbedarf entstehen. Eine der zitierten Redakteurinnen konnte z.B. über das Erlebte zunächst nicht sprechen. Sie verarbeitet die durch sexuelle Belästigungen entstandenen Probleme und Verletzungen teilweise in einer Gesprächstherapie. Heute sieht sie auch in einem Zusammenschluß von Journalistinnen die Möglichkeit, über Diskriminierungserfahrungen und daraus resultierenden Konflikten zu sprechen und ist an einem entsprechenden Austausch mit Kolleginnen im Rahmen einer Frauengemeinschaft interessiert. Dem ging die Einsicht voraus, daß die eigenen Erlebnisse nicht Folge eines individuellen Mankos sind, sondern in Zusammenhang stehen mit Geschlechtszugehörigkeit und Macht von Männern.

Von individuelle Reaktionen evozierenden Diskriminierungen geht also auch Bedarf für kollektives Handeln aus.

Eine andere Art direkter Diskriminierungen erfahren Journalistinnen zuweilen in einer für ihre Berufsausübung typischen Situation, nämlich in der Interaktion zwischen einem Interviewten und einer Interviewerin. Geschlechtsstereoty-

---

[91] Ein Tagesredakteur entscheidet, welche Beiträge veröffentlicht werden.
[92] Negative Ergebnis-Folge-Erwartungen betreffen auch kollektives Handeln gegen diese Diskriminierung, insbesondere weil es mit Öffentlichmachung des Geschehens verbunden wäre.

pien und die in ihnen fundierten Benachteiligungen entfalten hier ihre Wirkung. So schildert beispielsweise eine Redakteurin, die viel in Kriegsgebieten gearbeitet hat, wie ihr manch männlicher Gesprächspartner begegnet und welche Konsequenzen für sie daraus erwachsen.

> „Es gibt auch sehr viele Politiker, die aus irgendwelchen Macho-Geschichten heraus meinen, sie müßten eine Frau nicht ernst nehmen. Dann muß man ihnen sehr deutlich klar machen, daß sie Fragen, die da gestellt werden, durchaus auch ernst zu nehmen haben. Das heißt dann: ein Gespräch nicht besonders kommunikativ beginnen, sondern erst mal klarstellen und dann kommunikativ werden." (17:136)

Vorurteile von Gesprächspartnern, verbunden mit der Notwendigkeit, sich ihnen gegenüber erst Anerkennung verschaffen zu müssen, werden häufig als Einschränkung wahrgenommen.

> „Wenn ich mir der Rollenspiele dabei klar werde, (...) denke ich ganz oft, es wäre viel einfacher, wenn man gerade mal so von Mensch zu Mensch miteinander reden könnte." (17:137)

Alle interviewten Redakteurinnen, die sich mit einem entsprechenden, von einigen als „altväterlich" empfundenen Verhalten eines Interviewpartners auseinandersetzen mußten, sind der Meinung, unmittelbar reagieren zu müssen, um den gebührenden Respekt einzufordern. Sie sehen sich davon überzeugt, daß es ihnen gelingt, indem sie ihre Kompetenz unter Beweis stellen.

> „Es gibt sicherlich Gesprächspartner von außen, die meinen, daß sie mit einem irgendwie anders umspringen können, weil man eine Frau ist. Aber das kann man in wenigen Sätzen klarstellen, daß das so nicht geht. (...) Wenn man gut informiert ist und sachlich an eine Sache rangeht, dann kann man durch Wissen die Leute überzeugen." (16:115f)

Diskriminierung in Interviewsituationen wird als typisches Beispiel für individuelles Handeln angeführt; es entsteht sofortiger Handlungszwang, um gegenseitige Achtung und damit Erfolg eines Gesprächs zu gewährleisten. Erfahrungen mit männlichen Vorurteilen bei der Recherche, wie die geschilderten, beeinträchtigen nicht nur die Effizienz der Arbeit, sondern scheinen bei einigen Redakteurinnen Wahrnehmung ungleicher Bedingungen für Frauen und Männer im Journalismus bzw. im Beruf allgemein zu schärfen und rufen Verständnis und Wohlwollen hervor, wenn Medienfrauen sich zusammenschließen.

Vorwiegend treten jedoch geschlechtsspezifische Benachteiligungen, die individuelle Reaktionen evozieren, in der alltäglichen Interaktion zwischen Journalistinnen und ihren Kollegen innerhalb von Medienorganisationen auf.

Redakteurinnen erleben direkte Herabwürdigungen häufig in Auseinandersetzungen, die durch spezifische Konstruktionen in formalen Abläufen in Medienbetrieben ermöglicht werden, nämlich in Redaktionskonferenzen. Es sind einerseits Sitzungen innerhalb von Ressorts in Printmedien bzw. innerhalb von Redaktionen im Rundfunk und andererseits gibt es Konferenzen, die Journalisten und Journalistinnen in Leitungsfunktionen oder stellvertretenden Leitungsfunktionen versammeln. Diese regelmäßigen Zusammenkünfte werden, so beschreiben es viele Interviewte, von männlichen Teilnehmern zur Selbstdarstellung (gegenüber der Konkurrenz bzw. gegenüber Frauen) genutzt. Da Journalistinnen an diesen Orten unterrepräsentiert sind, erleben sie, wie viele von ihnen betonen, daß Männer sich vornehmlich auf Kosten ihrer Kolleginnen profilieren.

Dabei können auch indirekte Diskriminierungen spontane individuelle Reaktionen von Journalistinnen hervorrufen: Eine Redakteurin beobachtet häufig, daß Männer, die kritisiert werden, vom Problem ablenken, indem sie, Geschlechtsstereotypien nutzend, selbst nicht mehr anwesende Kolleginnen in unsachlicher Weise angreifen:

> „Da war's immer wieder: Die hier sitzen und zuhören, hören der Frauenkritik natürlich überhaupt nicht zu. Weil: Die ist gleich ‚ne dumme Pute'; ‚und wie die schon rumkeift', ‚daß Weiber auch immer so'ne Stimmen haben müssen', ja, so'n Quatsch kommt dann da, der mit dem Inhalt nichts im Entferntesten zu tun hat. Und dann muß ich mich halt aufraffen, sie darauf aufmerksam machen, daß ich nicht über männliche Stimmen ansonsten diskutiere, wenn Kritiken kommen, sondern es mir eigentlich um Inhalte geht." (27:90)

Das Sich-zur-Schau-stellen dient der Profilierung. Diese Form von Konkurrenzverhalten wird nicht nur als eine von mehreren Strategien im Kampf um höhere Positionen beobachtet, sondern auch, wie es insbesondere Journalistinnen aus der *taz* schildern, als Mittel für Prestigegewinn.

Als grundsätzlich spontan und direkt zu beantwortende Diskriminierungen führen interviewte Redakteurinnen insgesamt folgende Verhaltensweisen von Männern an: Mißachtung, Ignorieren von Ansichten von Kolleginnen, frauenfeindliche Bemerkungen, scharfe Unmutsäußerungen, wie Anbrüllen, oder unfaire, unsachliche und die Person angreifende Kritik.[93]

Der Situation entsprechend handeln Redakteurinnen unterschiedlich: Mal kontern sie direkt, z.B. mit einer schlagfertigen Antwort, mal setzen sie ein Distanz ausdrückendes verbales oder nonverbales Zeichen, mal ignorieren sie jene geschilderten Diskriminierungen. Manchmal drückt sich in einer „passiven Reaktion" Gleichgültigkeit aus:

> „Im Lauf der Zeit habe ich ein Entengefieder [entwickelt, U.S.], wo eben doch manches abperlt" (6:215).

Insgesamt sehen die meisten Journalistinnen in den geschilderten Diskriminierungen Beispiele für solche Erlebnisse, gegen die Frauen nicht gemeinsam vorgehen sollten, weil kollektives Handeln in diesen Fällen unnötig oder eher kontraproduktiv wäre. Sie favorisieren für diese Fälle Einzelabwehr als vernünftige Gegenmaßnahme.

---

[93] Tageszeitungsjournalistinnen betonen, daß sich körperliche und verbale Anzüglichkeiten vornehmlich Mitarbeiter aus der Technik erlauben, insgesamt allerdings würden sie dies sehr selten tun.

„Wenn ich es nötig hätte, in Anführungsstrichen, mich mit drei anderen zusammenzutun und dann (...) geballt aufzutreten, ich weiß nicht, ob ich das wollte. Ich möchte mich lieber alleine durchsetzen, alleine vorgehen, den alleine anmachen, als Verstärkung im Rücken mitzubringen." (3:103)

Direkte Diskriminierungen, die nach einhelliger Meinung zunächst allein zu beantworten sind, sensibilisieren mehrere Redakteurinnen aber für benachteiligende Strukturen im Geschlechterverhältnis. Auf dieser Grundlage entwickeln sie eine positive Haltung gegenüber kollektivem Agieren oder entscheiden sich, Diskriminierungen gemeinsam mit anderen Medienfrauen zu bekämpfen.

Einige Journalistinnen suchen nach als gravierend empfundenen Erlebnissen, die zunächst spontane Antworten erfordern, später in einer Medienfrauengruppe Verständnis und Unterstützung. Männer im nachhinein mit Hilfe eines Frauenzusammenschlusses in ihre Schranken zu weisen, ist von diesen Redakteurinnen nicht intendiert. Sie erwarten davon keine positiven Effekte für sich.

Auch ein als diskriminierend wahrgenommener Umgangston ruft beispielsweise nicht nur Gegenwehr einzelner hervor, was „schon sehr ermüdend" (27:91) ist; zuweilen führt er zu Verletzungen, die Bedürfnisse wecken, sich mit anderen darüber auszutauschen.[94]

Darüber hinaus meinen einige, und zwar ‚aktive' Redakteurinnen, in den anmaßenden „Spitzen" der Kollegen eine bewußt eingesetzte Taktik im Konkurrenzkampf zu erkennen. Sie betrachten herabwürdigende Verhaltensweisen als Mittel männlicher Machtausübung und männlichen Machterhalts. Sie gehen davon aus, daß Journalisten diese Methode bewußt einsetzen, um sich zu profilieren und um Frauen einzuschüchtern oder zu erniedrigen. Ziel jener Männer sei es dabei, die eigene bessere Stellung im Beruf zu sichern bzw. zu verbessern.

Einige Redakteurinnen nehmen damit in abwertenden Sprüchen und ähnlichen Diskriminierungen eine Funktion wahr, die der Stabilisierung von Geschlechterhierarchie dient. Deshalb meinen sie, daß Frauen darauf gemeinsam mit Kolleginnen reagieren sollten. In der face-to-face-Situation betrachten sie zwar auch eine spontane individuelle Reaktion als erforderlich, z.B. eine schlagfertige Antwort; darüber hinaus aber zeigen sie Bedarf, gezielt kollektive Strategien gegen die inkriminierten Verhaltensweisen zu entwickeln. Benachteiligungswahrnehmungen und -erfahrungen, die gemeinschaftliches Handeln hervorrufen, werden im folgenden geschildert.

5.1.1.1.2 Diskriminierung und kollektives Handeln

Bedarf für kollektives Handeln auslösende Diskriminierungen sind vielfältig und treffen Journalistinnen in unterschiedlicher Weise. Individuelles Interesse, gemeinsam mit Kolleginnen für Frauen ungünstige berufliche Verhältnisse ändern

---

[94] Beispiele dafür werden im folgenden Kapitel geschildert.

zu wollen, entwickelt sich auf der Basis von Erfahrungen und Wahrnehmungen in bezug auf geschlechtsspezifische Benachteiligungen, die zwischen einzelnen Interviewten stark differieren. Ebenso sind unterschiedliche Grade von Betroffenheit zu konstatieren. Einige Redakteurinnen beziehen Diskriminierungen nicht auf sich selbst oder meinen, allenfalls indirekt davon berührt zu sein; sie üben dennoch Solidarität mit Kolleginnen und engagieren sich in Zusammenschlüssen mit ihnen, um ungleiche Bedingungen für Frauen und Männer in Massenmedien zu bekämpfen. Die meisten fühlen sich persönlich mehr oder weniger stark diskriminiert: Während einige nur einzelne Formen erleben oder erlebten, berichten andere von einer Fülle unterschiedlicher Beeinträchtigungen - im Alltag, beim Aufstieg, in Berufsstrukturen - und streichen den Zusammenhang zwischen ihnen heraus.

Neben Einsicht in Bedeutung und Konsequenzen von Ungleichbehandlung und neben beispielsweise - bereits geschilderter - Formen direkter, als eher unbedeutend empfundener Diskriminierungen, die in der Regel spontan abgewehrt werden, sind bei einigen Journalistinnen schwerwiegende persönliche Benachteiligungen oder ihre Summe bedeutsames Moment für Motivationen kollektiven Handelns. Teilweise ähneln sich negative Erfahrungen von Redakteurinnen, teilweise berichten sie von einzigartigen, doch symptomatischen Fällen, die konkrete langfristige Handlungsziele evozieren.

Als gravierend empfundene Diskriminierungen und ihre Handlungsmotivationen auslösende Wirkungen werden im folgenden exemplarisch an Erlebnissen zweier Redakteurinnen deutlich, die unabhängig voneinander am beruflichen Aufstieg gehindert wurden. Das geschah in einer Weise, die für beide Journalistinnen von einschneidender und nachhaltiger Wirkung war; eine hat z.B. mittlerweile ihre Karrierepläne aufgegeben. Beide Redakteurinnen haben sich auf unterschiedliche Weise, aber vergeblich gegen ihre Zurücksetzung gegenüber Kollegen zu wehren versucht. Ihre besonderen Erfahrungen haben bei ihnen Wahrnehmungen für ungleichgewichtige Arbeits- und Aufstiegsbedingungen von Männern und Frauen geschärft. Ihr Engagement in einer Frauengruppe gilt seither dem Interesse einer grundlegenden Veränderung der beruflichen Situation von Journalistinnen, die in ihren Augen von geschlechtsspezifischer Benachteiligung gekennzeichnet ist.

Eine der beiden Redakteurinnen hatte bereits vor ihrem Karriereknick deutliche Diskriminierungen erlebt: Zunächst wurde sie beim Eintritt in ihre jetzige Redaktion, die als ein „Männerressort" gilt - trotz Berufserfahrung - als Anfängerin eingestuft: Angeblich hatte sie vorher keine „harten Themen" (6:50) bearbeitet. Danach war sie, als einzige Frau in der Redaktion, jahrelang herablassenden Angriffen ausgesetzt.

„Im tagtäglichen Leben wurde mir ständig gesagt, daß ich im Grunde nur über ... [einen Vorgesetzten, U.S.] da reingekommen wäre. Wenn es nach den Kollegen gegangen wäre, wäre ich nie

- nicht ich persönlich, sondern ich als Frau - nie da reingekommen [in jene Redaktion, U.S.]."
(6:30f)

Höhepunkt ihrer Diskriminierungserfahrungen ist der tiefgreifende Einschnitt in ihren Berufsweg, der durch die Verhinderung eines Karriereschrittes gelang, der sich üblicherweise im „Aufrückverfahren" (6:36) vollzogen hätte:

> „Alle Redakteure haben nach einer gewissen Zeit (...) [bestimmte Aufgaben, U.S.] wahrgenommen. Wenn dann eine entsprechende Stelle frei wurde, dann rückte der, der am längsten da war, nach. Plötzlich sollte das nicht mehr der Fall sein, als es dann zu mir kam. Dann [hieß es, U.S.]: ‚es geht nach Leistung, muß ja sein,'." (6:36)

Über verschiedene Verträge war einzelnen später in die Redaktion eingetretenen Journalisten eine indirekte Stellen- bzw. Aufstiegszusage gemacht worden. Sie wurden anschließend bevorzugt für Aufgaben in der nächsthöheren Position herangezogen. Später konnten die „Auserwählten" dadurch für die angestrebte Funktion mehr Erfahrungen mitbringen und als besser qualifiziert gelten als ihre Kollegin - damals noch immer die einzige Frau in der Redaktion.

Die verschiedenen Maßnahmen, die die Realisierung dieses Vorhabens ermöglichten, waren so raffiniert, daß die Gegenwehr der interviewten Redakteurin erfolglos blieb.[95] Unter Aufbietung enormer Kräfte und vielfältiger Unterstützung versuchte die zitierte Redakteurin, sich Recht zu verschaffen. Doch kein Gremium konnte ihr zur Durchsetzung ihrer Ansprüche verhelfen.

> „Frauenausschuß, Personalrat, Redakteursausschuß: Alles was Beine hatte, hat sich für mich eingesetzt." (6:42)

Die Zurücksetzung und das vergebliche Bemühen um Gerechtigkeit haben bei dieser Redakteurin nicht nur Interesse an kollektivem Handeln geweckt; damit einher ging auch eine Politisierung im Hinblick auf Geschlechterprobleme. Schilderungen ihrer Diskriminierungserfahrungen und ihrer gescheiterten Gegenwehr machen deutlich, daß sie in bestehenden Bedingungen und in Einflußnahmemöglichkeiten an Entscheidungsprozessen beteiligter Gremien strukturelle Komponenten wahrzunehmen begann, die Frauen benachteiligen.

Ihr Handlungsinteresse gilt unter anderem der Einrichtung eines auf innerorganisatorische Entscheidungen wirkungsvoll Einfluß nehmenden Gremiums.

> „Der Frauenausschuß bei uns hat nur eine beratende Funktion. Journalistinnengruppen müßten mehr rechtliche Kompetenzen haben und nicht nur eine beratende Funktion." (6:144)

Damit verbunden, so bringt die zitierte Redakteurin an anderer Stelle im Interview zum Ausdruck, ist die Hoffnung auf eine Instanz, die durch gezielte Maßnahmen oder Regularien Diskriminierungen von Frauen im Vorfeld besser aus-

---

[95] Um die Anonymität der Interviewten zu gewährleisten, muß auf eine detailliertere Darstellung des Vorgehens ihrer Vorgesetzten verzichtet werden.

schalten kann und die Pflicht hat, bei Benachteiligung einzelner Kolleginnen sich für sie einzusetzen, um sie bei der Durchsetzung ihrer berechtigten Interessen aktiv zu unterstützen. Weitreichende Befugnisse könnten einer weiblichen Berufsorganisation institutionelle Macht verleihen und einen Abbau der Benachteiligung von Frauen bewirken.

Diskriminierungserfahrungen bestärken bei Betroffenen, wie bereits im vorangegangenen Kapitel angesprochen, eine Sensibilisierung für die Geschlechtersituation, und sie können - vor allem bei schwerwiegenden Erfahrungen - zur Wahrnehmung struktureller Bedingungen von Diskriminierung führen sowie eine Politisierung einleiten, die die Entwicklung verschiedener Interessen an kollektivem Handeln wecken. Die zitierte Journalistin läßt an mehreren Stellen im Interview ihren hohen zeitlichen Einsatz erkennen, der sich auf Aktivitäten in offiziellen und informellen Zusammenschlüssen verteilt: Einerseits engagiert sie sich im Journalistinnenbund; andererseits hat sie sich in ihrem Haus ein Netzwerk von gleichgesinnten Kolleginnen geschaffen, um z.B. ihre guten Kontakte zur Förderung von Journalistinnen zu nutzen (vgl. auch Kap. 5.1.2.2).

Die andere am Aufstieg gehinderte Redakteurin erlebte in zwei Fällen, daß jeweils männliche, geringer qualifizierte Bewerber ihr gegenüber bei der Besetzung der nächsthöheren Position bevorzugt wurden.

> „Es gab schon mal ansatzweise so'n Fall, wo ich einfach die schlechte Zweite war, weil man einem männlichen Kollegen den Vorzug gegeben hat.(...) Ich war der Meinung, daß ich viel kompetenter bin als er." (9:104) „Ich bin dann natürlich hingegangen und hab' gesagt, ‚ich möcht das ganz gern mal wissen, warum der und nicht ich'."

Die Antwort des Verantwortlichen skizziert sie folgendermaßen:

> „Also a) sei sein Vorgesetzter schon lange im Wort bei ihm und b) hält der Vorgesetzte ihn ja auch für förderungswürdig und c) sei es ja auch sozial ein Problem: der braucht ja auch dringend noch mehr Geld, der hat ja Familie und du hast ja keine." (9:111)

In einem anderen Fall wurde ihr ein Kollege vorgezogen, den sie quasi ausgebildet hatte:

> „Weil man genau diesen schmiegsamen, fügsamen jungen Mann dort brauchte, jung, dynamisch, aber bitte nicht entscheidungsfreudig. Und das war eigentlich das Profil, das nie in der Ausschreibung drin stand, logisch nicht." (9:118)

In beiden Beispielen werden von den Vorgesetzten mehrere Gründe für die Zurücksetzung der interviewten Redakteurin angeführt. Vor dem Hintergrund ihrer Qualifikation, die sie in ihrer eigenen Wahrnehmung erheblich höher einstuft als die der ihr gegenüber bevorzugten Journalisten, erscheinen ihr die Erklärungen der Entscheidungsträger als vorgeschoben bzw. „ungeheuerlich" (9:111). Sie veranschaulichen nicht nur die Spanne allein argumentativer Möglichkeiten, Benachteiligung von Frauen zu rechtfertigen, sondern bewirken bei der betroffenen Redakteurin Bewußtwerdung für allgemeine geschlechtshierarchische Bedingungen:

Sie hatte ihren Alltag, bezogen auf das Geschlechterverhältnis, bis dahin als relativ reibungslos empfunden. Erst Versuche, ihre berufliche Zukunft zu beschneiden, haben ihre zuversichtliche Annahme nachhaltig erschüttert, im Journalismus bestünde zwischen den Geschlechtern Gleichberechtigung. Wahrnehmungen, daß andere Kriterien als Qualifikation beruflichen Aufstieg ermöglichen, eröffneten ihr eine neue Sicht auf weitere vorherige Erfahrungen im Umgang mit Kollegen, deren sie benachteiligende Absichten sie erst im nachhinein erkannte:

„Ich habe nie den Ernst der Anmacherei mitbekommen." (9:39)

In ehemals erlebten persönlichen Herabwürdigungsversuchen und formalen innerorganisatorischen Entscheidungsprozessen perzipiert sie strukturelle Grundlagen, die ungleiche Chancen zwischen Geschlechtern bewahren.

Um ähnliche geschlechtsspezifische Benachteiligungen, wie sie sie selbst erfahren hat, zukünftig zu verhindern, erscheinen der zitierten Redakteurin Veränderungen innerbetrieblicher Strukturen notwendig, z.B. die Etablierung spezieller formaler Mitwirkungsrechte für Frauen. Dieses Handlungsinteresse versucht sie, gemeinsam mit Mitgliedern einer offiziellen Frauengruppe in ihrer Medienorganisation zu realisieren.[96] Karrierebehinderungen erweisen sich damit auch als Grundlage von Bewußtwerdungsprozessen, die Bedarf an kollektivem Handeln auslösen.

In beiden skizzierten Fällen schöpfen die betroffenen Redakteurinnen zunächst auf einer formalen Ebene verschiedene Handlungsmöglichkeiten aus oder verlangen Rechenschaft für ihre Zurücksetzungen beim Aufstieg. Erst nach Wahrnehmung struktureller Bedingungen, die Karrieremöglichkeiten von Frauen beeinträchtigen und ihre Maßnahmen dagegen wirkungslos machen, werden sie in einer Frauengruppe aktiv, um auf Rahmenbedingungen einzuwirken. Interesse an kollektivem Handeln entwickeln sie unter anderem aufgrund von Erfahrungen, daß es keine, allenfalls begrenzte rechtliche Möglichkeiten gibt, sich gegen informelle Netzwerke von Männern bzw. gegen mit diesem Machtinstrument entwickelte Strategien zu behaupten.

Eine andere Journalistin wähnt sich durch das Ausbleiben einer - wie sie meint - verdienten Gratifikation für ihre Leistungen, die sie nicht explizit einfordert, in ihrer Karriere behindert. Sie erwartet für ihr redaktionelles Engagement[97]

---

[96] Nach ihrer Einschätzung seien wichtige Gleichstellungsmaßnahmen bereits eingeleitet und damit einiges erreicht.

[97] Ihr außerordentlicher beruflicher Einsatz zeigt sich ihrer Ansicht nach darin, daß sie einspringt, wenn dringend jemand gebraucht wird oder wenn beispielsweise ihre speziellen Fremdsprachenkenntnisse gefordert werden, wenn also Aufgaben zu übernehmen sind, die andere weniger

„einen bestimmten Lohn" (28:78), nämlich für höher angesehene Aufgaben herangezogen zu werden, und ist davon überzeugt, daß dies aus geschlechtsspezifischen Gründen nicht passiert.

> „Normalerweise gibt es immer so'ne Frist, also nach 'ner Zeit halt, wo man dann irgendwie rüberrutscht. So war das auf alle Fälle früher. (...) Und das war auch ein Grund, weswegen ich dann gedacht hab', ich bewerb' mich woanders, weil ich gedacht hab', ich komm irgendwie nicht mehr weiter." (28:148)

Während in den beiden zuvor beschriebenen Fällen Redakteurinnen ihr Aufstiegsinteresse offensiv einfordern, aber durch Entscheidungsträger am „Fortkommen" gehindert werden, fühlt sich die zuletzt zitierte Journalistin diskriminiert, obwohl sie ihre Interessen nicht konkret zum Ausdruck gebracht hat und obwohl sie wahrnimmt, daß insbesondere Kollegen ihr Streben nach einer höheren Position energisch bei Vorgesetzten zu Gehör bringen.

> „Die meisten Männer, die bei uns arbeiten, sind schon sehr bestrebt, Karriere zu machen. (...) Was uns wichtig ist, ob man jetzt zum Beispiel anfängt zu moderieren oder (...) ob man eine bessere Sendung, die mehr angesehen ist, moderiert: Da gibt's halt viele, (...) die arbeiten richtig daran. Die stehen dem Chef immer sozusagen in seinem Kontor (...) und hauen immer in die gleiche Kerbe: Und ich will und ich will und ich will. Bei manchen lohnt sich das irgendwann mal; das hab' ich öfter mitbekommen bei Männern, die das wirklich immer absolut stringent verfolgen. Es gibt genauso natürlich auch Frauen, die gerne mal weiterkommen möchten. Die aber ziehen die Taktik nicht so knallhart durch." (28:80)

Vor dem Hintergrund ihres Aufstiegsinteresses und der Darstellung ihrer bewiesenen Einsatzbereitschaft drückt sich in der indirekten Weigerung, für ihre „Weiterentwicklung" (28:148) zu kämpfen, Kritik bzw. Ablehnung aus, Anerkennung einfordern zu müssen. Diskriminierung beim Aufstieg fängt für diese Redakteurin bereits da an, wo sie sich an eine bestehende, ihrer Ansicht nach männliche „Karrierekultur" anpassen soll, so daß sie ihre Interessen immer wieder zum Ausdruck bringen müßte. Ihre Journalistinnengruppe ist für sie ein wichtiger Rahmen, sich über diese Diskrepanzen und ihre Konsequenzen klar zu werden.

> „Es gibt Situationen, wo wir natürlich schon mal gemeinsam hier gesessen haben und der Haß hochgekommen ist und wir gedacht haben, das muß man irgendwie kanalisieren. Weil irgendwie meckern und zu sagen, wir hassen die, die praktisch irgendwie an einem vorbeiziehen, und uns fragen, was da die Qualitätsmerkmale sind, das bringt ja auch nichts. Wir haben uns auch überlegt, was kann man anderes machen oder wie kann man dagegen vorgehen. Also vorgehen kann man meist überhaupt nicht, weil die Entscheidung von oben fällt. Man kann da halt subtil

---

zufriedenstellend bewältigen können als sie. Anstatt dafür mehr Anerkennung zu erfahren, als ihr entgegengebracht wird, muß sie zusätzlich darum kämpfen, darüber hinaus außerordentliche und sie herausfordernde Themen übernehmen zu *dürfen*, obwohl für sie damit unbezahlte Mehrarbeit verbunden ist.

vielleicht manchmal dran arbeiten" (28:76), daß andere ohne bessere Qualifikationen an einigen Frauen „vorbeiziehen" (ebd.).

Für diese Journalistin liegt in vermuteten Erwartungshaltungen von Entscheidungsträgern, daß Aufstiegsinteresse durch forderndes Auftreten ausgedrückt wird, eine Form von Diskriminierung. Denn ihrer Ansicht nach ist das beschriebene Karriereverhalten, auf das Vorgesetzte positiv reagieren, männlich geprägt. Aus dieser diffusen Aufstiegsbehinderung erwächst Bedarf für kollektives Handeln. Es richtet sich gegen als männlich geprägt wahrgenommene Normen. Veränderungen solcher informellen Regeln einer Medienorganisation sind ein schwer realisierbares Handlungsziel. Es wird implizit deutlich, daß die zitierte Redakteurin darin Grenzen für den Erfolg eines Frauenzirkels markiert sieht.

Das Zitat macht gleichzeitig deutlich, worin eine wesentliche Aufgabe des Kolleginnenkreises für diese Redakteurin besteht: Durch Diskussionen in inoffiziellem Rahmen werden Probleme oder Schwierigkeiten mit innerbetrieblichen Bedingungen in ihren verschiedenen Dimensionen und Ursachen bewußt, und sie sind leichter zu bewältigen. Einige Kritikpunkte gegenüber geschlechtsspezifischer Benachteiligung werden durch Kolleginnen als solche bestätigt, und die Kritik erscheint berechtigt. Auf eine Einwirkung auf bestimmte Verhaltensnormen richtet sich das Handlungsinteresse der zitierten Redakteurin, wie auch anderer Interviewter, allenfalls implizit.

Diskriminierungen, z.B. beim beruflichen Aufstieg, werden also unterschiedlich wahrgenommen: Während einige Redakteurinnen Karriereblockierung bei Bewerbungen auf konkrete Stellen erfahren haben, für die sie meinen, die beste Qualifikation mitzubringen, sehen andere, nicht nur die zitierte Journalistin, sich darin benachteiligt, daß Aufstieg an eine bestimmte „Karrierekultur" gebunden ist.

„Wenn Frauen aufsteigen wollen, müssen sie immer einen Teil von sich verändern, sich aufgeben." (27:117)

Kritik an innerbetrieblichen, Journalistinnen benachteiligenden Strukturen und damit verbundene Änderungswünsche setzen somit an unterschiedlichen Stellen an. Entsprechend unterscheiden sich auch Bezugspunkte kollektiven Handelns.

- Einige Redakteurinnen sind mittels ihres Handlungsverbunds an Etablierung eines mit Durchsetzungsmacht ausgestatteten Gremiums interessiert und beabsichtigen, ihre Aktivitäten für Gleichstellung auf die inner- und außerbetriebliche Öffentlichkeit auszurichten.
- Handlungsbedarf anderer richtet sich weniger auf Veränderungen von Bedingungen und Strukturen im Journalismus oder in ihrer Medienorganisation, sondern diese Redakteurinnen versuchen, sich zunächst darüber und über informelle Regeln bewußt zu werden bzw. sich über deren Kritikwürdigkeit zu verständigen. Dadurch finden einzelne

Journalistinnen Möglichkeiten, eigene Anschauungen kritisch zu überprüfen und Probleme zu verarbeiten.

Die eher informelle, stark auf persönliche Kommunikations- und Meinungsbil-
dungsbedürfnisse ausgerichtete Funktion, scheint in dem zuletzt beschriebenen
Beispiel größere Bedeutung zu haben, als die Entwicklung von Strategien, die
auf ein System reagieren, das von jener Interviewten abgelehnte Verhaltensweisen fördert.

Kollektives Handeln kann demnach

- der Nachbereitung von Erfahrungen dienen, also der Verarbeitung von
  Problemen, die vornehmlich im Zusammenhang mit geschlechtsspezifischer Benachteiligung stehen; und
- es kann konstruktiv und strategisch auf die Zukunft gerichtet sein, indem z.B. rechtliche Veränderungen angestrebt werden, die Möglichkeiten bereitstellen, (zu gewärtigende) Diskriminierungen von Journalistinnen entgegenzuwirken oder im Vorfeld zu bekämpfen.

Dabei geht es ‚aktiven' Journalistinnen nicht unbedingt um ihre eigene Situation
oder um die Abwehr selbst erfahrener oder zu erwartender Nachteile: Mehrere
Redakteurinnen, die sich gemeinsam mit Kolleginnen gegen Diskriminierung
engagieren, fühlen sich davon nicht persönlich betroffen. Ihr Handlungsinteresse
beruht auf Wahrnehmungen struktureller Bedingungen des eigenen beruflichen
Umfelds, die Journalistinnen benachteiligen. Eine Redakteurin, die ihre Einbindung in einen Frauenzusammenschluß wesentlich als politische solidarische
Unterstützungsmaßnahme für Frauen betrachtet, unterstreicht, daß es für die
Journalistinnen, die sie kennt,

„besonders schwierig oder doppelt schwierig [ist], als Frau sich zu behaupten und gegen die
Männerbündelei anzugehen." (26:214)

Sie verbindet kein konkretes persönliches Interesse mit ihrer Entscheidung, sich
einer Journalistinnenverbindung anzuschließen. Sie weist aber auch darauf hin,
daß ihr Engagement in ihrem beruflichen Frauenzusammenschluß nicht sehr
intensiv ist.

Die Begründung für ihre Mitgliedschaft in einem Handlungsverbund von
Journalistinnen deutet auf die - in den Interviews häufig anzutreffende - unbewußte Unterscheidung zwischen direkter und indirekter Betroffenheit von Diskriminierung hin. Die zitierte Redakteurin nimmt - wie mehrere andere Interviewte - eine Fülle verschiedener Benachteiligungen wahr, aber sie selbst fühlt
sich, wie sie betont, persönlich nicht davon betroffen. Obwohl ihr Vereinsbün-
delei „sehr wenig liegt" (26:188), hält es diese Redakteurin für sinnvoll und gut,
„diesem Männernetz da etwas entgegenzusetzen" (26:190). Sie ist damit aus
politischen Erwägungen dem Journalistinnenbund beigetreten.

Motivationen auch anderer Redakteurinnen, sich mit Kolleginnen zusammenzuschließen, um allgemeine Verbesserungen für Frauen in Massenmedien zu erreichen, liegt die Erkenntnis zugrunde, daß Bedingungen im journalistischen Beruf nur durch gemeinsame Strategien von Frauen zu ändern sind. Mehreren Redakteurinnen ist das Aufbrechen von Diskriminierungen zugrundeliegenden Strukturen wesentlicher bzw. einziger Handlungsbedarf.

Nach Ansicht einiger Redakteurinnen richtet sich Konkurrenzkampf nicht unbedingt grundsätzlich gegen Frauen bzw. ihre Gegenwart im Journalismus. Sie meinen vielmehr, daß Kollegen Journalistinnen als leicht zu bekämpfen ansehen, indem sie sich dem weiblichen Geschlecht anhaftender Vorurteile als Werkzeug zur Erreichung ihrer Interessen bedienen.

> „Zum großen Teil ist es eben dieser Typ knallharter Karrierist. Und da sind Frauen einfach Konkurrenz. Dann wird irgendwie über eine ziemlich unangenehme Art versucht, diese Konkurrenz auszuschalten; auch über diese Klischeeschiene und alles, was es da gibt. Das find ich sehr schwierig. Dem kann man eigentlich nur entgegenwirken, indem man eben möglichst viele Frauen einstellt, die dem etwas entgegenzusetzen haben. Aber so lange die Chefredaktionen immer ausschließlich männlich sind, haben diese Männer immer Vorteile." (14:109)

Mit Hilfe einer Journalistinnengruppe erscheint es dieser Redakteurin zumindest möglich, für eine Zunahme von Frauen in Festanstellungen zu sorgen. Durch stärkere Präsenz ihres Geschlechts in ihrem Beruf erhoffen sich viele Redakteurinnen ein anderes Klima, eine streßfreie Atmosphäre, eine Angleichung von Anschauungen, einen Beitrag zur Aufhebung der Geschlechterhierarchie.

Von Gehaltsdiskriminierung sehen sich weder ‚aktive' noch ‚passive' Redakteurinnen betroffen. Sie sind mit ihrem Einkommen zwar unzufrieden, meinen aber, daß auch Kollegen nicht angemessen entlohnt werden. Diese Einschätzung beruht darauf, daß sie das Problem nicht nur in ihrer Frauenrunde diskutieren, in der sie nach Lösungsmöglichkeiten suchen, sonders sich auch mit Kollegen darüber austauschen.

Ein Thema, das von vielen Redakteurinnen als Ausdruck ihrer Benachteiligung angesprochen wird, ist die Bewältigung ihnen überantworteter Familienpflichten. Probleme der Vereinbarkeit von Familie und Beruf, von denen auch andere berufstätige Frauen betroffen sind, führen sowohl ‚aktive' als auch ‚passive' Redakteurinnen als Beispiele an, die ihrer Ansicht nach besonders in ihrer Profession mit Schwierigkeiten für Frauen behaftet sind: Unter anderem würden „Kinderpausen", also eine Unterbrechung der Berufstätigkeit durch Mutterschafts- bzw. Erziehungsurlaub, Kontakte zu Informanten und Informantinnen oder das Verfolgen von Entwicklungen eigener Themenbereiche gefährden.

> „Im ‚Aktuellen' z.B. passiert es eher, daß man dann wirklich draußen ist. Weil man da viel mehr auf Kontakte angewiesen ist." (10:288)

Familiär bedingte Anforderungen kollidieren zudem mit besonderen Erwartungen bzw. Erfordernissen an die Kontinuität der Berufstätigkeit und mit unkonventionellen Arbeitszeiten im Journalismus. Eine Redakteurin betont, daß die Verantwortung für Kinder ihre Flexibilität einschränkt. Es sei z.b. nicht möglich, für bestimmte Sendungen tätig zu sein oder Schichtdienst zu absolvieren, weil die Betreuung von Kindern, falls überhaupt, dann höchstens im privaten Rahmen (und außerdem zu teuer) realisiert werden könne.

> „Ich habe gerade etwas sausen lassen. Ich hatte ein Angebot. (...) Das habe ich deswegen abgelehnt." (2:54) „Die [Stelle, U.S.] hätte mich gereizt." (2:55)

Als weiteres Problem von Journalistinnen, die Mütter sind, werden Anforderungen des Berufs an flexibler Verfügbarkeit angeführt, weil verschiedene Termine zu ungünstigen Zeiten liegen oder weil sie sich häufig kurzfristig ergeben.

> „Es gibt zum Beispiel gerade Abendtermine, die ich nicht machen kann oder wo ich zum Beispiel angerufen werde, ‚der (...) [ein interessanter und wichtiger Interviewpartner, U.S.] ist in der Stadt, willst Du ein Interview mit dem machen, das findet morgen früh statt,‘ und ich weiß, ich mache was mit meinem Kind, dann sag ich ab. (...) Wenn das Kind zufällig nicht da wäre, würde ich das Interview machen." (12:177)

Verbesserungen für die Situation von Journalistinnen mit Kindern sind für einzelne Interviewte von brennendem, für viele ‚aktive‘ Redakteurinnen von weniger starkem, aber von allgemeinem, grundsätzlichem Interesse. Bedarf, sich mit Kolleginnen zusammenzuschließen, besteht für letztere eher in anderen, bereits beschriebenen Bedingungen. Die meisten sind selbst kinderlos, auf andere treffen bestimmte Nachteile nicht zu. Dennoch betonen sie, wie auch ‚passive‘ Journalistinnen, daß Kolleginnen aufgrund ihres familiären Hintergrunds besondere Belastungen zu bewältigen haben.

> „Wenn sie [nach dem Erziehungsurlaub, U.S.] wieder da sind, ist es egal, ob zu Hause fünf Kinder auf sie warten oder nur eins. Sie haben das Arbeitspensum zu vollziehen, was gefordert ist. Ich bezweifle, daß das gut ist. Daß man da wirklich möglicherweise auf der Strecke bleibt, das glaube ich eher." (8:145)

Als Beweis für Vereinbarkeitsprobleme von Familie und journalistischem Beruf weisen viele darauf hin, daß es nur wenige Kolleginnen gibt, die Kinder haben:

> „Ich kenne keine Kolleginnen, die Kinder haben, bis auf die Frau B., die früher in Berlin war. Die hatte das mit den Kindern irgendwie bewältigt. Da habe ich damals gestaunt. Sonst kenne ich eigentlich keine. Ich kenne männliche Kollegen, die Kinder haben, aber die haben dann ihre Frauen." (1:111)

Besonders werden strukturelle Voraussetzungen kritisiert: Z.B. würden übliche Arbeitszeiten im Journalismus mit gewöhnlichen Öffnungszeiten von Kindergärten kollidieren.

„Es ist rücksichtslos, wenn du in der aktuellen Produktion bist. Ich weiß, daß diese Frauen, die da aktuell gearbeitet haben, große Probleme hatten, die Kinder unterzubringen." (30:151)

Bei kollektiven Aktivitäten, deren Ziel der Verbesserung struktureller Rahmenbedingungen für Journalistinnen gilt, bei denen es z.b. um Gleichstellungsforderungen geht, werden Betriebskindergärten häufig selbstverständlich eingefordert.[98] Für interviewte Redakteurinnen, die diesen Zusammenschlüssen angehören, sind bzw. waren sie aber kein Grund, aktiv zu werden.

Zuweilen jedoch erweist sich das „Kinderproblem" als Anlaß oder Impuls für spontane Koalitionsbildung:

„Es [die Kinderbetreuung, U.S.] ist nicht organisiert. Wir machen uns immer mal wieder gemeinsam stark bei Sachen, wie Abendterminen. Es gibt unheimlich viele Sitzungen und so etwas, die um sieben Uhr abends stattfinden, was die absolut ungünstigste Zeit ist, wenn man ein Kind hat. Wir machen uns dann immer dafür stark, daß es entweder früher ist oder später, also erst um halb neun, wo man dann zu Hause war und wieder weggehen kann. Das sind so kleine praktische Dinge, über die ich mich immer wieder ärgere." (12:187)

Interesse von Journalistinnen an kollektivem Handeln von Medienfrauen wird unter anderem durch Wahrnehmung und persönliche Betroffenheit von geschlechtshierarchischen Strukturen hervorgerufen. Sie äußern sich in spezifischen organisationsinternen Verhaltensregeln und -maximen, in schlechteren Chancen für Journalistinnen (insbesondere für Frauen mit Kindern) und in einer aus ihrer zahlenmäßigen Dominanz in der hierarchischen (Höher-)Stellung resultierende Macht von Männern.

Absichten, auf Frauen benachteiligende Verhältnisse einzuwirken, sind meistens nur ein Aspekt des Handlungsbedarfs. Weitere Handlungsinteressen werden im folgenden näher beschrieben.

5.1.1.2 *Journalistisches Selbstverständnis - ein Handlungsmotivationen unterstützender Faktor*

Mehrere Journalistinnen verfolgen *neben* der Abwehr sie benachteiligender Bedingungen mit kollektivem Handeln auch das Interesse, stärker Einfluß zu nehmen auf die inhaltliche Ausgestaltung ihrer Zeitungen und ihrer Sendungen. Das Ziel ist die Etablierung einer besseren „Frauenberichterstattung". Es wird kritisiert, daß Themen, die das weibliche Geschlecht betreffen und interessieren könnten, zu wenig in ihrem jeweiligen Medium bearbeitet werden bzw. vertreten sind und daß weibliche Lebenswirklichkeit nicht angemessen dargestellt wird.

---

[98] Dabei wird die Diskussion um Betriebskindergärten durchaus kontrovers geführt. Auch einige Interviewte, die Betreuungsbedarf für ihre Kinder bzw. für ihren zukünftigen Nachwuchs sehen, lehnen diesen ab, weil das private Umfeld des Kindes nicht auch durch den Beruf der Mutter bzw. der Eltern „dominiert werden soll" (12:187).

„Ich finde, daß Frauen betreffende Themen sich quer durchs Blatt ziehen müßten." (16:170)

‚Aktive' Journalistinnen, die sich für eine um einen weiblichen Blickwinkel erweiterte journalistische Aussagenproduktion aussprechen, teilen weitgehend die Ansicht, daß sich die persönliche Situation von Frauen anders darstellt als die von Männern. Dies hänge mit der Besonderheit ihrer gesellschaftlichen Stellung und mit ihrer Sozialisation zusammen. Dieser Aspekt dürfe in der Berichterstattung nicht länger ausgeblendet bleiben. Deshalb fordert eine Redakteurin,

„daß man immer wieder auch die Rolle als Frau thematisieren muß." (20:47) „Wir müssen natürlich thematisch gucken, daß wir das [Bild, „wie es tatsächlich um die Machtverhältnisse gestellt ist," (20:104)] ins Blatt bringen" (20:105)

Dies sei unter anderem wichtig, um sich selbst und andere sensibel zu halten für die Situation von Frauen, für offene Diskriminierungen und für deren versteckte Formen.

Reformvorstellungen hinsichtlich der Geschlechtsperspektive in der Berichterstattung sind verbunden mit Kritik an geschlechtshierarchischen Bedingungen in der Gesellschaft und im Journalismus. Während über ein ‚Mehr' und über ein ‚Anders' einer „Frauenberichterstattung" Einvernehmen besteht, sind Vorstellungen darüber, wie sie aussehen soll und was sie beinhaltet, insgesamt unterschiedlich, teilweise aber sehr konkret. Die Spannweite der favorisierten Profile eines erneuerten Journalismus' machen folgende Beispiele deutlich.

Eine Redakteurin, die relativ häufig mit Prominenten Gespräche führen muß, betont, daß sie dagegen sei, z.B. weibliche Stars in Interviews nach ihrer Wahrnehmung ihrer „Frauenrolle" zu fragen,

„weil die [Interviewer und Interviewerinnen, U.S.] einfach darauf beharren, daß die [Frauen, U.S.] Opfer sind." (12:134)

Sie legt viel mehr Wert darauf, daß in der Berichterstattung Leistungen und Verdienste dieser - und auch die von weniger bekannten - Frauen gewürdigt werden.

Eine Mitarbeiterin einer feministischen Redaktion, in der also nur sogenannte „frauenbezogene" Themen bearbeitet werden, führt den Begriff der „Betroffenenberichterstattung" ein. Sie distanziert sich aber von ihm, („dieses Wort würde ich heute auch vermeiden" (4:76)), weil er einen Minderheiten- und Opferstatus anklingen läßt. Vielmehr legt sie besonderen Wert darauf, daß sich die Perspektive journalistischer Aussagenproduktion auf die Bedeutung gesellschaftlicher Entwicklungen und politischer Entscheidungen für das weibliche Geschlecht richtet. Am Beispiel des Themas ‚Frauenhaus' erläutert sie, was damit gemeint ist:

„In dem Moment, in dem ich mich nicht nur auf der Ebene von politischen Statements bewege, also, Herr Lambsdorff sagt dies' und Frau Bergmann sagt jenes, sondern mich mit gesellschaftspolitischen Themen (...) beschäftige, stoße ich auf Widersprüche. Was mache ich jetzt mit denen? Die Frauen, [die in einem Frauenhaus Zuflucht gesucht haben, U.S.] gehen zurück, ich kann das natürlich kontinuierlich in der Berichterstattung verschweigen. Aber irgendwann muß ich mich auch mal ransetzen und überlegen, woran liegt denn das, daß Frauen wieder zurückgehen? Warum machen die das? Werden zusammengeschlagen, gehen wieder zum Mann zurück. Und deswegen meine ich, muß man sich länger mit einem Thema beschäftigen, um genauer hinzugucken und Widersprüche anzugehen, aufmerksam zu sein." (4:76)

Während Vorstellungen von Verbesserungen der Berichterstattung sich bei einigen Redakteurinnen mehr gegen Ausblendung weiblicher Verdienste richten, geht es anderen darum, Probleme von Frauen in der Gesellschaft stärker in massenmedialen Inhalten zu berücksichtigen und deren Hintergründe zu reflektieren. Damit wird im zweiten Fall für einen „Recherchejournalismus" plädiert, der sich gegen etablierten „Verlautbarungsjournalismus" abgrenzt und auf soziale Themen konzentriert.

Die beschriebenen Schwerpunktsetzungen für eine gute und umfangreiche Darstellung von „Frauenthemen" können die zitierte und einzelne andere Journalistinnen, die vornehmlich in „feministischen" Redaktionen arbeiten, im eigenen Ressort weitgehend verwirklichen. Darüber hinaus sind sie, wie auch andere Redakteurinnen, daran interessiert, daß sie ihre um eine zuweilen als „weiblich" bezeichnete Komponente erweiterten Maxime massenmedialer Aussagenproduktion auf breiter Basis durchsetzen. Einige von ihnen erwarten, daß von einem Frauenzusammenschluß eine förderliche Wirkung für die Etablierung anderer Formen oder Ausgestaltungen von Medieninhalten ausgeht. Journalistische Ideale bestärken somit Motivationen kollektiven Handelns.

Neben einer inhaltlichen Erweiterung von „Frauenberichterstattung" richtet sich Interesse an kollektivem Handeln auch auf die Form ihrer Institutionalisierung im eigenen Medium bzw. auf die Plazierung von Beiträgen: Mehrere Interviewte betonen, daß das vielfach und kontrovers diskutierte Thema „Frauenseiten" in Zeitungen und „Frauensendungen" im Rundfunk für sie bedeutsamer Anlaß ist und war, eine Interessengruppe zu bilden oder sich einer anzuschließen: Gab es in verschiedenen Medienorganisationen Pläne, ein entsprechendes Publikationsforum einzuführen bzw. ein bereits bestehendes abzuschaffen, entwickelten sich mehr oder weniger spontan Koalitionen von Redakteurinnen, die *für* diese spezifische Einrichtung plädierten.

Teilweise ist es dabei zu Konflikten gekommen, weil einige Journalistinnen in der gesonderten Plazierung von Frauenthemen eine Etablierung redaktioneller „Nischen" sehen und dadurch Nachteile erwarten: Sie fürchten einerseits, entsprechende Arbeitsplätze könnten sich für die sie besetzenden Frauen als Karrieresackgassen erweisen. Andererseits sehen sie die Gefahr, daß andere Ressorts mit Hinweis auf Zuständigkeit der „Frauenredaktion" weiterhin oder stärker als bisher weibliche Lebenswirklichkeit aus Inhalten ihrer Verantwortungsbereiche ausblenden.

> „Da gab es viele Gespräche und Debatten darüber, ob das sinnvoll ist, ob dann [wenn das Frauenressort aufgelöst wird, U.S.] nicht diese frauenspezifischen Geschichten hinten runterkippen. An diesen Debatten habe ich mich beteiligt und war damals auch dafür, daß diese Seite als Seite abgeschafft wird. Inzwischen glaube ich, daß das falsch war. Diese frauenspezifischen Themen beschränken sich inzwischen (...) endgültig irgendwie auf § 218 und so zwei, drei Standardgeschichten." (12:131)

Zuweilen geht starker Bedarf, sich spontan als „Frauschaft" zur Wehr zu setzen, von einzelnen Veröffentlichungen aus. Ein Artikel z.b., in dem Frauen diskriminiert werden, kann vehemente Kritik von Mitarbeiterinnen der Zeitung herausfordern, in dem der inkriminierte Beitrag publiziert wird. Berichterstattung, die einen misogynen Ton oder Inhalt kennzeichnete, erwies sich in mehreren Fällen bereits als Auslöser, ad hoc eine Koalition von Frauen zu bilden. Von Erlebnissen spontaner Diskriminierungsabwehr und Solidaritätsbekundungen berichten mehrere Redakteurinnen, z.b. in der *taz* oder beim *Tagesspiegel*, wo sich auf Frauen diskreditierende Artikel hin verschiedene kurzfristige Aktionsbündnisse zusammenfanden. Für einige Zirkel innerhalb von Medienorganisationen war eine entsprechende Veröffentlichung „nur" ein Anlaß, ein erneutes Mal Probleme der Berichterstattung in der innerbetrieblichen Öffentlichkeit zu thematisieren. Andere Netzwerke bildeten sich erst aus diesem Grund oder wegen einer Frauenseite bzw. -sendung.

> „Das ist ganz kurzfristig am Vormittag geschehen, daß man sich da eine gemeinsame Strategie erdacht hat, um in der Gesamtkonferenz aufzutreten." (16:168)

In der Regel lösen sich solche Zusammenschlüsse nach kurzer Zeit wieder auf. In einzelnen Fällen intensivierten sich Beziehungen, was zu längerfristigen Verbindungen führte. Damit erweisen sich durch äußere Rahmenbedingungen ausgelöste Anlässe, z.B. über Medieninhalte zu diskutieren, zuweilen als Anstoß, aus dem sich Interesse an längerfristigem kollektiven Handeln entwickelt.

Wenn auch einige Journalistinnen in ihren Aussagenproduktionen eine besondere Perspektive auf Frauenbelange legen, wo es der ‚main-stream-Journalismus' nicht tut, und wenn auch einige Redakteurinnen diesen Blick auf das weibliche Geschlecht einfordern, so gilt doch für die meisten von ihnen wie von dem gesamten Sample, daß sie in erster Linie Gemeinsamkeiten mit ihren Kollegen hinsichtlich ihres beruflichen Selbstkonzepts und ihres Aufgabenverständnisses betonen.

Auf die Frage, was eine gute Journalistin ausmacht, sind die meisten in ihrer Antwort einig: dasselbe wie einen guten Journalisten. Sie betonen, die gleiche Berichterstattung, die gleiche Arbeit machen zu sollen und zu wollen wie ihre Kollegen und unterstreichen, daß sich ihre ethischen Vorstellungen und Arbeitsmethoden nicht von denen der Männer unterscheiden. Auch in der ausführlichen Beschreibung von Maximen und Fähigkeiten von Journalistinnen zählen sie dieselben Merkmale auf, die in anderen Untersuchungen Journalisten und Journalistinnen gleichermaßen nennen (vgl. Kap. 2.2.6). Häufig werden Eigenschaften angesprochen, wie "Kontaktfähigkeit und Einfühlungsvermögen" sowie „Sorgfalt und gründliche Recherche".

Diverse Vorstellungen von einem sogenannten ‚weiblichen Journalismus' zeigen eine Parallele zu der Kontroverse in der Frauenforschung, die in Kap.1 dargestellt wurde: Die einen betonen Unterschiede zwischen den Geschlechtern und listen auf, was Journalistinnen anders und besser machen bzw. machen könnten. Sie weisen darauf hin, in welchen Zusammenhängen sie aufgrund spezifischer Fähigkeiten auf Schwierigkeiten stoßen können, und kritisieren, daß sie diese unter Umständen brachliegen lassen müssen. Die anderen unterstreichen, daß Frauen und Männer in ihrem Beruf gleiche Fähigkeiten haben und daß Journalistinnen nach gleichen Zielen streben und ihrer Arbeit ein ähnliches Ethos und Selbstverständnis zugrunde liegt, wie bei ihren Kollegen. Zwischen diesen Polen bewegen sich Vorstellungen von Redakteurinnen über Berichterstattungsinhalte und über journalistische Maximen. Entsprechend unterscheiden sich Erwartungen, wie Verbesserungen durchgesetzt werden können.

Unterschiedliche Interessen von Redakteurinnen in bezug auf Berichterstattung und das berufliche Selbstkonzept markieren Grenzen für Änderungen im Journalismus. Sie können Motivationen kollektiven Handelns beeinträchtigen, wenn z.B. Vorstellungen Antrieb waren, einem Zusammenschluß beizutreten, die sich als gegensätzlich und unüberbrückbar darstellen und Erwartungen enttäuschen.

Über Veränderungsbestrebungen im Hinblick auf eine verbesserte Frauenberichterstattung erweist sich in den Interviews nur die Plazierung von „Frauenthemen" als kontroverses Thema. Das gemeinsame Interesse gilt der Ausdehnung journalistischer Inhalte auf die Darstellung der Lebenswirklichkeit von Frauen.

Insgesamt erweisen sich diese Vorstellungen von einem ‚weiblichen Journalismus' als Interessen, die dem gegen Diskriminierung gerichteten Handlungsbedarf und den im folgenden dargestellten Motivationsfaktoren eher nebengeordnet sind.

5.1.1.3 Frauenzusammenschlüsse als Kontaktbörse, Rekreationsraum oder Politisierungsarena

‚Aktive' Journalistinnen verbinden in der Regel - so wurde bereits deutlich - mit kollektivem Handeln mehrere Interessen. Viele heben karrierefördernde Implikationen einer Vernetzung von Journalistinnen hervor, die damit als Pendant zu Verbindungen von Männern fungieren. Größere Frauenorganisationen, wie der Journalistinnenbund, werden von mehreren ‚aktiven' Redakteurinnen als Stel-

lenbörse betrachtet: Allein Kontakte zu Kolleginnen aus anderen Medienorganisationen und in anderen Bundesländern bieten Möglichkeiten, Themen unterzubringen oder direkte Informationen, z.b. bezüglich freiwerdender Stellen, zu
erhalten. Einige Redakteurinnen nehmen darüber hinaus karrierefördernde Dimensionen wahr. Ein spezieller Hinweis eines Mitglieds dieser Vereinigung an
ihre Kolleginnen (in diesem Frauenverband) über einen ausgeschriebenen Arbeitsplatz könne als eine Ermutigung verstanden werden. Denn:

> „Dann wird die Angst, ‚kann ich das?' und so weiter, erst einmal runtergesetzt." (4:68)

Aufstiegsfördernde Aspekte eines Zusammenschlusses sind für ‚aktive' Redakteurinnen nur selten aus eigennützigen Gründen von Bedeutung. Die meisten
wollen selbst weder aufsteigen noch ihre Stelle wechseln. Sie sehen in den geschilderten Vorzügen aber eine Chance, insgesamt mehr Journalistinnen in Festanstellungen und höheren Positionen zu etablieren.

> „Ich glaube, das Netzwerk ist eine gute Lösung. Ich meine, das wird uns noch nicht zu dem
> nächsten Intendantenposten führen, aber erst mal so auf den unteren Ebenen ist das ganz
> schön." (4:68)

Eine Redakteurin, die selbst eine Journalistinnengruppe ins Leben rief, listet
weitere Interessen auf, die sie und ihre Kolleginnen in ihrem kleinen Kreis verfolgen: Diskutieren von beruflichen Problemen, z.B. „welche Durchsetzungsstra-
tegien man wählen muß, um sich bei Konferenzen durchzusetzen" (28:69), gegenseitige Unterstützung im Alltag und bei der Karriereplanung. Themen sind
darüber hinaus:

> „Strategien, um Sachen besser durchzuboxen: Zum Beispiel wie man sich gegenseitig helfen
> kann und wie man füreinander einspringen kann, wenn man merkt, da (...) werden Spitzen ge-
> genüber einer anderen Kollegin ausgeteilt (...) oder wenn man sich irgendwie ungerecht als Frau
> behandelt fühlt, weil vielleicht andere Frauen vorgezogen werden und man kann irgendwie die
> Gründe nicht dafür verstehen." (28:76)

Die zitierte Redakteurin führt damit Vorzüge von Zusammenschlüssen an, die
bei den meisten ‚aktiven' Journalistinnen Motivationen kollektiven Handelns
bestärken. Im Vordergrund des gemeinsamen Interesses am Zusammenschluß
steht das Bedürfnis nach einer persönlichen, unbefangenen Gesprächsatmosphäre, die von Akzeptanz untereinander - auch bei der Auseinandersetzung über
verschiedene Probleme - und von einer gemeinsamen Sympathiebasis gekennzeichnet ist. Sie sollen Ausgleich zur alltäglichen Berufshektik bieten.

> „Daß man sich untereinander mehr stützt, daß man so einen kleinen Kreis hat, wo man zum ei-
> nen Kritik übt und zum anderen auch Lob verteilt. Gelobt wird ja nun mal nicht sehr oft. Daß
> man ein Unterstützungssystem innerhalb einer Redaktion aufbaut, wo man sich hinwenden
> kann, wo man auch mal unsicher sein kann." (28:76)

Viele Redakteurinnen suchen in ihren Zusammenschlüssen unter anderem auch ein Umfeld, in dem sie geschlechtsspezifische Erfahrungen verarbeiten können, oder sie erwarten eine Art Rekreationsraum, der sie vom „Rollenspiel" befreit. Häufig verbinden sie mit ihrer Frauengruppe oder -organisation beides.

> „Wir treffen uns bei jemandem zu Hause. Und je nachdem diskutieren wir über Sachen, die mit dem Job zu tun haben, oder wir treffen uns einfach, weil man sich gerne mal wieder sehen will." (28:64) „Wir haben einfach auch wahnsinnig viel Spaß. (...) Trotz ernster Themen, die wir manchmal haben, ist es meist auch recht lustig." (28:75)

Der Wunsch nach einem Refugium entspringt der Ablehnung eines aggressiven oder konkurrenzbetonten Diskurses, der von vielen als männlich geprägt wahrgenommen und als unpersönlich und unangenehm empfunden wird.

Manch eine verzichtet darauf, sich in einem geschlechtsspezifischen Zusammenschluß quasi politisch für Frauen zu engagieren oder seine strategischen Möglichkeiten auszuschöpfen und sucht ausdrücklich „nur" die kommunikative Komponente kollektiven Handelns. Aus diesem Grund nimmt eine Redakteurin auch keine Aktivitäten „hier im Hause" (24:133) wahr, sondern sucht lockere Kontakte außerhalb:

> „Ich komme viel mit Journalistinnen zusammen. (...) Wir haben auch sogenannte Stammtische von Journalistinnen und sprechen über unsere Probleme oder wie oder was." (24:133)

Das spezielle Klima, die entspannte Atmosphäre des Austausches ist ein wichtiger Faktor, der ihr Interesse an einer informellen Runde weckt und wachhält.

Eine kleine Frauengruppe kann insbesondere der Verarbeitung von Problemen dienen. Eine Redakteurin betont die Notwendigkeit eines Frauenzusammenschlusses für sie, weil er sie nach harten Auseinandersetzungen mit männlichen Kollegen nachträglich wieder emotional stabilisiert:

> „Wenn dieses Nest, zu dem ich immer wieder zurückkann, also auch nach den haarigsten Auseinandersetzungen - (...) sich die Wunden lecken (...) und wieder raus in den Kampf -, wenn das nicht mehr da ist, (...) ob ich das aushalten kann, weiß ich nicht." (4:71)

Aktionen und etwaige Fehlschläge von gemeinsam agierenden Journalistinnen benötigen, so die zitierte Redakteurin, auch eine psychologische Vor- und Nachbereitung. Dabei ist der Frauenzirkel selbst motivationsfördernd: Er schärft die Wahrnehmung für diskriminierende Strukturen und Verhaltensweisen einerseits und erneuert andererseits Kommunikationsbedarf. Einem perpetuum mobile ähnlich ist er Impulsgeber für die Entwicklung von Strategien und für weitere gemeinsame Unternehmungen, die dann unter Umständen - „nach der Tat" - reflektiert oder verarbeitet werden müssen. Somit werden Motivationen kollektiven Handelns durch Mitglieder aufrechterhalten bzw. gegenseitig erneuert.

Intensive Beziehungen zu Kolleginnen gehören zu den entscheidenden Motivationsfaktoren einer anderen Redakteurin. Wie bei allen sind es auch bei ihr komplexe Gründe, die sie zu ihrer betrieblichen Frauengruppe führten. Neben einschneidenden Diskriminierungserfahrungen nennt sie als anderen wesentlichen Motivationsaspekt für kollektives Handeln das Kennenlernen anderer Journalistinnen und ihrer Probleme. Ein informeller Kreis diene der „Vermenschlichung der Atmosphäre" (9:90). Die Auseinandersetzung mit den eigenen „Sorgen und Freuden" (9:90) und denen andere war für sie anfangs besonders wichtig und bedeutet aus heutiger Sicht „wirklich ein Stück Selbstfindung" (9:90).

Einige Redakteurinnen betonen, daß ihr Frauenzusammenschluß einen Bewußtwerdungsprozeß unterstützte, der eine Sensibilisierung für Probleme von Frauen im Beruf, insbesondere für geschlechtshierarchische Bedingungen im Journalismus, bewirkte.

Vor diesem Hintergrund unterstreicht eine Redakteurin die für sie motivationsfördernden und noch heute positiv eingeschätzten Möglichkeiten eines geschlechtsspezifischen Zirkels für die Herausbildung bestimmter berufsnotwendiger Eigenschaften und Fähigkeiten, die im konkurrenzbetonten Berufsalltag des Journalismus' unentbehrlich erscheinen.

> „Ich glaube eher, daß solche Frauengruppen wichtig sind für die Frauen selber: vielleicht in 'ner anderen Gesprächsatmosphäre zu lernen, sich möglicherweise auch durchzusetzen. Ich glaube, daß das in dem Moment ein ganz wichtiger Zusammenschluß ist für viele Frauen. (...) Erst mal versuchen (...) [zu] lernen, sich zu artikulieren und über das nachzudenken, was sie tatsächlich irgendwie beschäftigt. Und ich glaube, daß man das auch oft in der Auseinandersetzung mit Frauen leichter kann und auf Dinge gestoßen wird, die man möglicherweise gar nicht sieht in dem alltäglichen Arbeitszusammenhang, der ja auch in erster Linie geprägt ist in der Zusammenarbeit mit Männern. (...) Von daher halt ich das für ganz wichtig." (2:113)

Die Interviewten, die einen Frauenzusammenschluß kennen, bestätigen dessen konkurrenzfreie Atmosphäre. Viele von ihnen befürworten geschlechtsspezifische Verbindungen als potentiellen Rahmen, der eine Entwicklung eines stärkeren Selbstwertgefühls und die Bewußtwerdung gemeinsamer Betroffenheit von geschlechtsspezifischer Benachteiligung unterstützt. Darin liegt in ihren Augen auch eine Chance, sich für Schwierigkeiten, für den Durchsetzungskampf im Konkurrenzgetriebe des Berufsleben, vor allem bei Aufstiegsinteresse, vorzubereiten.

Ein Netzwerk guter Beziehungen, egal ob im informellen Zusammenschluß einer Medienorganisation oder in einem überregionalen, offiziellen Verband, wird von einigen Journalistinnen als eine Stütze auf dem schmalen Aufstiegspfad in die dünne Luft der betrieblichen Hierarchiespitzen gesehen. Frauengruppen oder -organisationen werden aber als konkrete Unterstützung meistens nachrangig bewertet gegenüber einem guten Leistungsprofil oder einer Parteimitgliedschaft. Letztere wird, vor allem in öffentlich-rechtlichen Medienorganisationen, als Voraussetzung für einen Aufstieg angesehen, aber durchweg abgelehnt.

„Der leichteste Weg wäre sicher, wenn ich mich dafür entscheiden würde, in eine Partei einzu-treten. (...) Aber das läuft meinen Überzeugungen völlig entgegen." (10:173f)

Es wird deutlich, daß aus unterschiedlichen Gründen ein geschlechtsspezifischer Zusammenschluß positiv bewertet und gesucht wird. Der Wunsch nach einer konkurrenzfreie Atmosphäre, in der unter anderem durch Auseinandersetzungen mit Männern verursachter Streß abgebaut wird, das Bedürfnis nach einem Refu-gium, um Fähigkeiten zu erwerben, die den Umgang mit informellen Regeln von Medienorganisationen erleichtern oder das Interesse, Frauen benachteiligende Strukturen differenzierter zu erfassen, weisen auch darauf hin, daß Frauen mit unterschiedlichen Interessen und unterschiedlichem Bewußtsein über ge-schlechtshierarchische Bedingungen aufeinandertreffen.

In der Regel richtet sich Handlungsbedarf ‚aktiver' Journalistinnen sowohl auf Befriedigung individueller emotionaler Kommunikationsbedürfnisse, als er auch dem Willen entspringt, diskriminierende Bedingungen in der Medienorga-nisation oder im Beruf allgemein abzuändern. Individuell unterschiedlich ist mal das eine, mal das andere Ziel von größerer Bedeutung und kollektives Handeln mehr oder weniger strategisch ausgerichtet. Einige Interessen haben sich erst auf der Basis von Erfahrungen durch Mitwirkung in einem Zusammenschluß ent-wickelt. Darin liegt ein Hinweis auf die Bedeutung von Erfahrungen für Motiva-tionen kollektiven Handelns, die Gegenstand des anschließenden Kapitels sind.

5.1.2 Zum Rang von Handlungs-Ergebnis-Erwartungen für Motivationen kollektiven Handelns

Als zweiter wesentlicher Einflußfaktor für Handlungsmotivation gelten nach Handlungsbedarf - Heckhausens Modell entsprechend - Handlungs-Ergebnis-Erwartungen. Hier werden vor allem personale Aspekte wirksam. Bei Entschei-dungen zu *individuellem* Agieren wären in diesem Zusammenhang z.B. persönli-che Einstellungen und Erfahrungen, und zwar in Relation zu den zu erwartenden Schwierigkeiten, von Bedeutung. Da sich das Forschungsinteresse der vorlie-genden Untersuchung auf Motivationen einzelner zu *gemeinschaftlichem* Han-deln konzentriert, hängt eine Beurteilung der Wahrscheinlichkeit, das erstrebte Handlungsergebnis tatsächlich erreichen zu können, weniger von der Einschät-zung eigener Kompetenzen ab als von der Bewertung von Zusammenschlüssen. Genauer ausgedrückt: Welche Möglichkeiten Journalistinnen in ihnen wahrneh-men, um die gegebene Situation in gewünschter Weise verändern zu können, beeinflußt ihre Handlungsmotivation.

Grundlagen von Handlungs-Ergebnis-Erwartungen sind folgendermaßen zu unterscheiden: Einerseits sind Vorstellungen, was durch kollektives Handeln erreicht werden kann, von einer gefühlsbezogenen Beurteilung von Gruppen oder Netzwerken abhängig. Sie beruht auf positiv empfundenen, persönlichen

Erfahrungen in ihnen. Andererseits wird die Wahrscheinlichkeit, durch kollektives Handeln von Journalistinnen die gewünschten Handlungsergebnisse zu erzielen, an perzipierten Merkmalen von Zusammenschlüssen gemessen. Dies geschieht unter Bezugnahme auf eigene Handlungsinteressen. Die beiden anschließenden Unterkapitel folgen der dargestellten Differenzierung. Dabei wird eine Vielfalt individueller Erfahrungen und unterschiedlicher Wahrnehmungen von Formen und Ansehen von Handlungsverbunden deutlich.

5.1.2.1 *Handlungs-Ergebnis-Erwartungen positiv beeinflussende Erfahrungen*

Erfahrungen mit kollektivem Handeln haben fast alle interviewten Journalistinnen gemacht; ,aktive' beschreiben sie durchweg und ,wohlwollende' vorwiegend als positiv.[99] Unterschiede zwischen den Interviewten sind festzustellen sowohl hinsichtlich des Zeitpunkts im Lebensverlauf, zu dem sie Zusammenschlüsse kennenlernten, als auch in bezug auf Erlebnisse und Beobachtungen. Unterschiedlich ist außerdem die Bedeutung, die frühere Wahrnehmungen und Erkenntnisse als Handlungsmotivationen bestärkende Komponenten einnehmen.

Entscheidungen zu gemeinschaftlichem Agieren von Kolleginnen finden bei den meisten Journalistinnen auf der Grundlage positiver Erfahrungen aus ihrer Jugendzeit statt. Viele waren Mitglieder in Freizeitorganisationen, wie z.B. Sportverein oder Chor. Von besonderer Bedeutung für angenehme Erlebnisse und positive Erinnerungen mit Zusammenschlüssen aus jener Zeit heben viele Redakteurinnen zwischenmenschliche Beziehungen hervor.

Erfreuliche Gefühle beziehen sich für die meisten Redakteurinnen auf geschlechtsspezifische Verbindungen, die sie unter anderem innerhalb jener Institutionen oder innerhalb anderer Gruppen eingegangen sind. Für Motivationen, sich heute im beruflichen Rahmen mit Frauen zusammenzuschließen, anstatt darauf zugunsten gemischtgeschlechtlicher Verbindungen zu verzichten, scheinen in einzelnen Fällen Erfahrungen hinsichtlich der geschlechtsspezifischen Komponente von besonderer Bedeutung. Eine Redakteurin hatte z.B. als Schülerin einer Mädchenschule in ihrer Kindheit ausschließlich mit gleichgeschlechtlichen Zusammenschlüssen zu tun und sich daher eine besondere Affinität gegenüber Frauen bewahrt.

> „Ich finde es auch angenehmer, mit Frauen zusammenzuarbeiten. (...) Ich denke, da ist sehr viel schneller eine Verständigung möglich zwischen Frauen." (26:227f)

Mehrere Journalistinnen machten als junge Erwachsene positive Erfahrungen mit Frauengruppen. Einige von ihnen unterstreichen die persönliche Nähe zwi-

---

[99] ,Überzeugt passive' Redakteurinnen berichten teilweise eher von negativen Erfahrungen. Diese werden in Kap. 5.2.2.1 näher beschrieben.

schen deren Mitgliedern und den Austausch zwischen ihnen als wesentliche Vorzüge des Zusammenschlusses.

> „Viele Probleme, so hab' ich das jedenfalls damals empfunden, sieht man so gar nicht. In der Auseinandersetzung mit Frauen (wird) man dann oft doch darauf gestoßen. Das hab' ich für sehr wichtig empfunden." (2:122)

Jeweils unterschiedliche Ziele wurden mit geschlechtsspezifischen Zusammenschlüssen verfolgt. Beispielsweise verband eine Redakteurin mit ihrer Studentinnengruppe an persönlichen Fortschritten orientierte Interessen, z.B. gemeinsames Lernen in konkurrenzfreier Atmosphäre. Für eine andere stand eine uneigennützige Absicht, nämlich die Gründung eines Frauenhauses, im Mittelpunkt ihres feministischen Engagements.

Insgesamt deuten verschiedene Unternehmungen von ‚aktiven' oder ‚wohlwollenden' Redakteurinnen in der beruflichen Anfangsphase oder der Zeit davor auf frühe Auseinandersetzung mit Problemen von Frauen hin. Einige hatten z.B. schon vor ihrer Zugehörigkeit zu einem Frauenzusammenschluß Diskriminierungen wahrgenommen oder Abgrenzungsbedürfnisse zu Verhaltensweisen entwickelt, die sie als männlich empfanden. Gleichzeitig bestand das Interesse, sich über berufliche Auswirkungen der eigenen Geschlechtszugehörigkeit auseinanderzusetzen. Für andere ergab es sich jedoch eher zufällig, daß sie zu einem Zirkel gestoßen sind, der ausschließlich aus weiblichen Mitgliedern bestand bzw. besteht. In diesen Fällen wird eine Sensibilisierung für Geschlechterprobleme als Folge der Auseinandersetzung mit dort diskutierten Themen gesehen.

Mit frühem frauenpolitischen Engagement einher geht eine Kontinuität in kollektivem Handeln mit Geschlechtsgenossinnen. So beschreibt eine Redakteurin, daß sie nach ersten Erfahrungen in einer Studentinnengruppe, trotz beruflichen Ortswechsels, fast durchgängig in Frauenzusammenschlüssen eingebunden war bzw. ist. Als sie ihre jüngste Stelle antrat, hat sie selbst eine Journalistinnengruppe ins Leben gerufen.

> „Wir hatten vom Studium her so eine Art Frauengruppe. (...) Wir haben das auch immer gehabt. (...) Irgendwann (...) hab' ich gedacht, irgend so etwas Ähnliches kann man eigentlich mal wieder machen." (28:67)

Förderlich für Motivationen kollektiven Handelns scheinen besonders positive Erfahrungen mit Zusammenschlüssen zu sein, von deren Erfolgen auch - oder im Falle der Frauenhaus-Initiative „nur" - Außenstehende profitieren. Mehrere Redakteurinnen berichten von solchen uneigennützigen Aktivitäten aus den ersten Berufsjahren. Zu diesen quasi politisch, meist inoffiziell agierenden Verbindungen gehören sowohl geschlechtsspezifische Zirkel, innerhalb und außerhalb von Redaktionen, als auch solche von Kolleginnen und Kollegen, die sich meistens in den ersten Berufsjahren bildeten.

Oft hatten sich jene Gruppen zusammengefunden, um Erfahrungen auszutauschen und persönliche Beziehungen zu knüpfen. Weitreichendere Handlungsinteressen, die sich auf Veränderungen von allgemeinen sozialen, meistens aber journalistischen bzw. betrieblichen Rahmenbedingungen richteten, entwickelten Mitglieder jener Handlungsverbunde erst im Lauf der Zeit. Ein Engagement für Berufsangehörige oder für andere Menschen überhaupt bzw. einen gewissen (politischen) Vertretungsanspruch übernahmen diese Zusammenschlüsse teilweise erst als Reaktion auf äußere Begebenheiten.

Positiv erlebte und erfolgreiche Aktivitäten richteten sich oft auf formale oder informelle Veränderungen der massenmedialen bzw. der beruflichen Umwelt. Erfahrungen aus Handlungsverbunden mit einem relativ weitreichenden Vertretungs- und Wirkungsanspruch scheinen eine besonders unterstützende Wirkung auf Entwicklung positiver Handlungs-Ergebnis-Erwartungen auszuüben. Dabei scheint es unbedeutend zu sein, ob diese Zusammenschlüsse eher offiziell oder informell ausgerichtet waren bzw. sind.

Mit ihrem Volontärsausschuß schildert eine Redakteurin ein Beispiel für einen gemischtgeschlechtlichen Zusammenschluß, von dessen Handlungsinteressen bzw. deren Realisierung auch Nicht-Mitglieder profitierten. Sie sieht in seinem Erfolg ein bestärkendes Moment für Motivationen kollektiven Handelns von Journalistinnen. Obwohl die einzelnen befürchten mußten, nach Abschluß der Ausbildung nicht in eine Festanstellung übernommen zu werden, was Konkurrenzdruck bedeutete, trat die Gruppe als Einheit auf.

„Da war durchaus ein Zusammenhalt bei den Volontären, zu sagen: ‚Unsere Interessen wollen wir auch gegenüber dem Verlag eindeutig durchsetzen', weil es uns allen nützt." (3:133)

In der Folge konnte sie eine positive Bilanz ziehen: Einerseits profitierten die Nachwuchskräfte vom Erfahrungsaustausch - im Rahmen inoffizieller bzw. informeller Treffen - mit anderen Volontären und Volontärinnen. Dadurch erhielt sie wichtige Informationen über verschiedene Ressorts, in denen sie während ihrer Ausbildung Station machte, und deren jeweilige Vorgesetzte. Andererseits erwiesen sich die jungen Journalistinnen und Journalisten bei der Durchsetzung ihrer Forderungen, z.B. nach intensiverem Unterricht, gegenüber dem Arbeitgeber als erfolgreich. Aufgrund dieser und ähnlicher Erfahrungen ist die zitierte Redakteurin besonders geneigt, sich mit Kolleginnen zusammenzuschließen.

Das Beispiel einer anderen Interviewten illustriert, daß Erfahrungen mit jenen skizzierten Handlungsverbunden die Herausbildung eines „strategischen Bewußtseins" bestärken und damit Handlungs-Ergebnis-Erwartungen positiv beeinflussen können. Auch sie entwickelte ihre Einstellung zu Frauenzusammenschlüssen unter anderem auf der Grundlage von Erfahrungen, die sie in ihrer beruflichen Anfangszeit in einem Bündnis mit gleichaltrigen Kollegen und Kolleginnen gemacht hatte.

„Wir waren vielleicht so sechs jüngere Kollegen. Wir haben sehr zusammengehalten. Wir mußten auch politisch viel machen; da waren (...) schon inhaltliche Schlachten, die man führen mußte. (...) Das hat dann auch Spaß gemacht (...), weil wir eben auch viele Kämpfe miteinander gewonnen haben." (27:47)

Die Erfolge, die die zitierte Redakteurin als Freiberuflerin mit einer gemischtgeschlechtlichen Koalition bei der Durchsetzung gemeinsamer Programmvorstellungen verbuchen konnte, förderten ein Bewußtsein für Vorzüge kollektiven Handelns: Es ist wirkungsvoller, wenn Interessierte als eine Art politischer Machtgruppe auftreten, als allein gegen starke Gegner zu kämpfen. Seither agiert diese Redakteurin vorwiegend mit Unterstützung von Gleichgesinnten und macht auf dieser Basis „Politik".

Erfahrungen mit Zusammenschlüssen, von deren Zielen nicht nur die beteiligten Individuen profitieren, scheinen eine Sensibilisierung für Chancen und Möglichkeiten kollektiven Handelns und eine Politisierung zu bewirken. Darauf deutet auch hin, daß ausschließlich ‚aktive' und ‚wohlwollende' Journalistinnen schon früh entsprechende Handlungsverbunde kennenlernten, während ‚überzeugt passive' Redakteurinnen lediglich von positiven Erlebnissen mit *anderen* Verbindungen (z.B. Freizeit- bzw. Sportgruppen) berichten.

Erfahrungen durch einen Zusammenschluß im Vorfeld von gemeinschaftlichen Aktivitäten mit Kolleginnen können Handlungs-Ergebnis-Erwartungen auch deswegen positiv beeinflussen, weil sie einen Einblick in erfolgreiche Strategien ermöglichen. Eine Redakteurin, deren Frauengruppe sich gegen verschiedene Entwicklungen oder gegen Vorstellungen von Programmverantwortlichen wehrte, lernte durch entsprechende Aktivitäten nicht allein unterschiedliche Interessengruppen oder Seilschaften in ihrer Medienorganisation kennen, sondern wurde auch mit mikropolitischen Regeln und Machtfaktoren des Unternehmens vertraut. Durch Routine in bezug auf Auseinandersetzungen mit Kollegen hat sie ein Gespür entwickelt, wie auf verschiedene Äußerungen zu reagieren ist:

„Wir wissen sofort, wenn der das sagt, dann das tun; wenn der das sagt, dann das tun. Also: Wer ist wo, wer verschleiert was, an wen muß man sich wenden usw. Wie geht man hier mit dem Hause um, wie lange hält man den Mund, wie lange hält man ihn nicht. Das wissen wir inzwischen." (4:57)

Motivationen kollektiven Handelns von Journalistinnen scheint also auch durch die Verbesserung von Handlungsbedingungen angeregt oder verstärkt zu werden. Sie liegen in diesem Fall in der besonderen Kenntnis von Gegnern und von erfolgversprechenden Strategien, die das Gelingen von gemeinschaftlichen Aktivitäten von Journalistinnen wahrscheinlich machen.

Es muß nicht nur der eigene gemeinsame Erfolg sein, der Erwartungen gegenüber kollektivem Handeln positiv beeinflußt. Sondern es kann sich auch um den der Gegner handeln, also um eine Niederlage von Frauen. Das zeigt das

Beispiel einer anderen Redakteurin, die sich im Laufe von Jahren nach dem Mißglücken eines Zusammenschlusses von Kolleginnen dessen Ursache bewußt machte und Chancen einer festen Verbindung erkannte: Männern in ihrer früheren Redaktion war es gelungen, die Frauen dort zu vereinzeln. Damit haben sie den sich abspielenden Machtkampf zwischen den Geschlechtern zu ihren Gunsten entschieden.

> „Wir [Frauen, U.S.] haben uns schon untereinander vernetzt und auch darüber kommuniziert, wie wir unsere Arbeit einschätzen [,die von Kollegen kritisiert wurde, U.S.], wie wir uns untereinander helfen. Wir haben aber an einem entscheidenden Punkt uns nicht geholfen: Wir haben keine Seilschaft gebildet. (...) Wir haben auch nicht versucht, uns wie eine Phalanx hinzustellen. (...) Wir haben uns gegeneinander ausspielen lassen von den Männern." (20:43f)

Rückblickend ist diese Redakteurin zu der Einsicht gelangt, daß Männer ihre Dominanzposition durch einen Zusammenschluß erhalten und daß in Auseinandersetzung mit einer männlichen Seilschaft eine einzelne nichts erreichen kann, auch wenn sie von Kolleginnen Solidarität erfährt. Vielmehr erscheint es ihr notwendig, daß Frauen gemeinsam die gleichen Strategien anwenden müssen, wenn sie nicht dominiert und diskriminiert werden wollen. Daß kollektives Handeln zum Erfolg führt, konnte sie am Beispiel männlicher Netzwerke ablesen.

Ihre Erfahrungen haben zunächst Handlungsbedarf bestärkt, weil ihr einerseits geschlechtshierarchische Bedingungen im Journalismus bewußter geworden sind und sie andererseits die Notwendigkeit sieht, männlichen Seilschaften ein weibliches Gegenstück gegenüberzustellen. Darüber hinaus ist durch Wahrnehmung des Erfolgs der Gegner ihr Gruppengeist gefördert worden.

> „Teamarbeit habe ich in Schulen zum Teil schon erlebt, durch Arbeitsgruppen, und dann an der Uni natürlich. Aber meine größte Schule ist tatsächlich „X" [die Medienorganisation, in der diese Redakteurin arbeitet, U.S.]." (20:126)

Positive Erfahrungen mit Zusammenschlüssen sind Faktoren, von denen Motivationen kollektiven Handelns zwar nicht abhängen, wie es beim Handlungsbedarf zu sein scheint, die aber dennoch eine beachtenswerte Bedeutung für Handlungsentscheidungen erlangen. Förderlich wirken sich besonders Erfahrungen mit geschlechtsspezifischen Verbindungen aus vorberuflicher Zeit aus und solche mit eher uneigennützigen, gemischt- oder gleichgeschlechtlichen Kreisen, die also Handlungsziele verfolgen, von deren Realisierung auch andere bzw. die Allgemeinheit profitieren können.

Aber nicht in jedem Fall führen ehemals gute Erfahrungen mit Frauen heute zur Favorisierung von geschlechtsspezifischen Zusammenschlüssen gegenüber gemischtgeschlechtlichen. Bessere Erfahrungen, beispielsweise mit einer Arbeitnehmervertretung, können zu einer differenzierten Einschätzung von Formen kollektiven Handelns und letztlich auch zu deren Nutzung führen, wie im folgenden Kapitel deutlich wird.

5.1.2.2 Vielfalt von Zusammenschlüssen als motivationsfördernder Faktor

Im Kapitel über Handlungsbedarf (5.1.1) ist deutlich geworden, daß die meisten ‚aktiven' Redakteurinnen mehrere Interessen mit kollektivem Handeln verbinden. Der Entscheidung, in welchen Kolleginnenkreis sie sich einbinden, ist meistens eine differenzierte Wahrnehmung des „Angebots" von Frauenzusammenschlüssen vorausgegangen. Mehr oder weniger unbewußt fragen sie danach, ob sich mit bestimmten Handlungsverbunden ihre Interessen umsetzen lassen. Ohne es explizit zu benennen, unterscheiden einige dabei nach ähnlichen Kriterien, wie sie in Kap. 2.4 dargestellt wurden, zwischen Netzwerken, Gruppen oder Organisationen. Eine Reihe Interviewter verfolgt mehrere Handlungsinteressen in einem einzigen Zusammenschluß, andere trennen verschiedene Bedürfnisse voneinander und versuchen, sie in unterschiedlichen Zusammenschlüssen zu befriedigen. Die Auswahl orientiert sich daran, inwieweit Merkmale eines Handlungsverbundes mit eigenen strategischen Vorstellungen und Interessen in Übereinstimmung zu bringen sind.

Wahrnehmungen spezifischer Vorzüge bzw. Erfolgspotentiale eines bestimmten Zusammenschlusses gegenüber anderen können Handlungs-Ergebnis-Erwartungen bestärken und damit motivationsfördernd wirken.

Eine Redakteurin äußert z.B. Zweifel daran, daß eine Journalistinnengruppe Abhilfe schaffen könne hinsichtlich diskriminierender Usancen in bezug auf Regelungen, die im Alltag immer wieder neu getroffen werden müssen.[100] Ihr Vorbehalt gegenüber kollektivem Handeln von Journalistinnen bezieht sich auf die Wahrnehmung einer bestimmten Verbindung von Kolleginnen in der eigenen Medienorganisation. Handlungserfolg hängt für diese Redakteurin von der politischen Zielsetzung und vom Erscheinungsbild eines Zusammenschlusses ab.

> „Das kommt ganz darauf an, wie diese Journalistinnengruppen sind. Ich glaube nicht, daß mit irgendeinem militanten Feminismus (...) irgendwas erreicht wird. Also gut, wenn es um die Quotierung geht, ist hier ja einiges durchgesetzt worden." (24:128)

Eine eigene Mitgliedschaft in der von ihr kritisch betrachteten Gruppe lehnt sie ab. Da ihr aber informeller Austausch mit Kolleginnen über berufliche Belange am Herzen liegt, hat sie sich einem Journalistinnenstammtisch angeschlossen, bei dem zwanglos über persönliche und berufliche Probleme geredet wird; „aber so richtig offiziell nicht." (24:133)

Auch wenn ein Austauschbedürfnis über eigene Erfahrungen oder Schwierigkeiten für einige Redakteurinnen ein wesentliches Motivationsmoment ist, so differenziert die eine oder andere von ihnen dennoch Intensitäten von Beziehungen und scheint starke Bindungen zu scheuen.

---

[100] Als Beispiel für solche Probleme führt sie an, daß Männer für sich günstigere Studiozeiten rausschlagen würden oder „sich einfach bessere Sachen zuschieben" (24:127).

Eine Journalistin schließt sich z.B. bewußt keinem eng verbundenen Kolleginnenkreis an, von der sie zu starke Beziehungsbedürfnisse erwartet. Denn für das „Wunden lecken" (20:69), das eine Gruppe leisten könnte, und für das Aussprechen von etwaigen Selbstzweifeln, die „menschlich sind" (20:69), hat sie Freundinnen und ihr privat sehr nahestehende Kolleginnen. Ihre derzeitige persönliche Situation ist also ein Grund, weshalb sie ein loses Netzwerk einer Gruppe vorzieht. Ihr wesentliches Interesse, das Geschlechtsbewußtsein wachzuhalten, „daß man immer wieder die Frage stellen muß, wie es tatsächlich um die Machtverhältnisse gestellt ist" (20:104), meint sie, im Rahmen eines durch lockere Bindungen und wenig terminlichen Verpflichtungen charakterisierten Frauenzusammenschluß realisieren zu können.

> „Immer wieder mal treffen (...), sich darüber [über Geschlechterprobleme, U.S.] verständigen und gegenseitig unterstützen." (20:105)

Während einige Journalistinnen Mitglied in einem Zusammenschluß sind, werden andere, abgestimmt auf ihre jeweiligen Bedürfnisse, gleichzeitig in mehreren ausgewählten Kollektiven aktiv.

So nimmt eine Redakteurin eine Differenzierung von Zusammenschlüssen vor, die sich in diesem Fall mit den Begriffen informell versus offiziell am besten beschreiben läßt. Die Redakteurin ist an der Schaffung eines mit rechtlichen Kompetenzen ausgestatteten Gremiums interessiert. Zur Erreichung dieses formalen Ziels, im Gegensatz zu informellen Interessen, erscheint ihr eine offizielle Organisation erfolgversprechend. Deshalb ist sie dem Journalistinnenbund beigetreten. Eine Gleichstellung fördernde Instanz zu etablieren, könnte ihrer Ansicht nach einer großen, bundesweit offiziell agierenden Journalistinnenvereinigung am ehesten gelingen, weil sie breite Aufmerksamkeit für ihre Anliegen gewinnen kann.

> „In der Öffentlichkeit Druck zu erzeugen ist erst mal das Wichtigste." (6:146)

Während sie sich im Journalistinnenbund engagiert, um strukturelle berufliche Veränderungen zu erstreiten, greift sie auf ein Netzwerk gleichgesinnter Kolleginnen aus ihrer Medienorganisation zurück, wenn es um Durchsetzung von Personal-Interessen geht. Sie hat sich z.B. davon überzeugt, daß sich eine junge Kollegin für die nächsthöhere Position besonders eignen würde, weil diese sich in der von ihr zu übernehmenden Funktion als Vertretung bereits bewährt hat und weil sie ihre Arbeit „ganz prima im Griff hat" (6:157). Um die jüngere Mitarbeiterin zu fördern und um sie zum Aufstieg zu ermutigen, greift sie auf ein gut funktionierendes Netzwerk zurück und spricht engagierte Frauen aus verschiedenen Redaktionen und Verantwortungsbereichen an, sich für diese Kollegin stark zu machen.

Während es die zitierte Journalistin in den beiden erwähnten Zusammenschlüssen mit unterschiedlichen Frauen zu tun hat, überschneidet sich bei einer

anderen Redakteurin teilweise die Zusammensetzung mehrerer Handlungsverbunde. Letztere beschreibt zunächst, wann für sie z.b. Koalitionen wichtig sind:
In Konferenzen hat sie häufig erlebt, daß Kollegen sie oder ihre Mitstreiterinnen
angreifen und versuchen, den Frauen das Wort zu nehmen, sie an den Rand zu
drängen, sie zum Verstummen zu bringen. Dieser systematischen Diskriminierung begegnet sie gezielt, indem sie im Vorfeld solcher Konferenzen aus ihrem
Frauen-Netzwerk präventiv eine Koalition von gleichgesinnten Kolleginnen „zu-
sammenstellt". Das Zusammenwirken der Gruppe gleicht der vielfach von Frau-
en erlebten Funktionsweise männlicher Machtausübung auf der Basis eines seil-
schaftartigen Zusammenhalts: In Vorbereitung von Situationen, in denen Angriffe oder Widerspruch von Männern zu erwarten sind, werden von ihr und ihren Kolleginnen Gegenstrategien geplant. Sie treten in der Konferenz gemeinsam auf, um zum Teil mit verteilten Rollen Herabwürdigungen abzuwehren und
eine Gegenmacht zu der als Gegner wahrgenommenen *Mann*schaft zu bilden.

> „Wenn wir wissen, wir werden dort behandelt - oder wir haben selber was, von dem wir mei-
> nen, das muß im gesamten Kollegenkreis behandelt werden, treten wir da zu viert auf. Also wir
> lassen uns nicht vereinzeln. (...) Jede übernimmt dann 'nen bestimmten Part: Die eine bollert
> los, die andere hat dann mehr so diese verbindliche Art, die dritte sagt gar nichts, aber sagt am
> Schluß einen Satz, der dann sitzt. Das heißt, man kann sich aufeinander verlassen. Das ist gut.
> Und ich glaube, daß das inzwischen auch, wenn nicht gemocht, so dann zumindest so - respek-
> tiert, ist vielleicht zu viel gesagt, - aber goutiert wird." (4:37)

Die Frauen machten die Erfahrung, je mehr von ihnen in solchen Veranstaltungen anwesend waren, desto stärker erwies sich das weibliche Gegenwehrpotenti-
al; desto größer auch die Chance, eigene Interessen durchzusetzen. Nicht immer
ist dabei die *Frau*schaftsstärke oder die argumentative Brillanz von Kolleginnen
gefordert; zuweilen geht es „nur" um psychologische Wirkung: Die Anwesenheit
einer weiteren Kollegin kann Angriffslust potentieller Widersacher hemmen, vor
allem aber von den Akteurinnen als - mindestens passive - Unterstützung empfunden werden:

> „Es ist einfach nur gut, wenn (...) bestimmte Frauen (...) in solchen Sitzungen da sind, selbst
> wenn sie nichts sagen. (...) [Die einzelne, U.S.] wird zumindest hinterher sich nicht über uns
> das Maul zerreißen oder möglicherweise, wenn's hart auf hart kommt, wird sie uns unterstüt-
> zen."(4:44)

Die zitierte Redakteurin, die feministische Themen recherchiert und bearbeitet,
nimmt in ihrer beruflichen Situation insgesamt ein misogynes Klima wahr: Sie
schildert zwar Erfolge gemeinsamen Vorgehens, doch erwähnt sie auch, daß
manche aggressiven Angriffe von Männern die möglicherweise von ihnen gewünschte Wirkung erzielen und sie oder andere Journalistinnen auf der Gefühl-
sebene treffen. In manchen Situationen helfe nur, die Demütigungen zu verdrän-
gen. Zur Bewältigung ihrer Erfahrungen spricht diese Redakteurin darüber in
einem engen Kreis von Kolleginnen.

Eine Einbindung in unterschiedliche Zusammenschlüsse hängt also mit deren Wirkungsmöglichkeiten zusammen: Eine enge, teilweise gruppenartige Bindung zu ihren Redaktionskolleginnen dient nach harten Auseinandersetzungen der emotionalen Stabilisierung; Gespräche mit Frauen aus dem engen Kreis richten die zitierte Redakteurin wieder auf. Für Aktivitäten gegen innerbetriebliche Widrigkeiten und zur Realisierung konkreter Handlungsziele, die sich auf ihre Medienorganisation beziehen, greift sie auf ein Netzwerk im Hause zurück. Dabei handelt es sich um eher lockere Beziehungen zu Gleichgesinnten.

Darüber hinaus gewinnt der Journalistinnenbund wegen seiner medienübergreifenden Ausdehnung besonderes Gewicht für sie: Als sein wesentlicher Vorzug wird von ihr die Funktion der Stellenbörse herausgestellt, die zwar für ihre eigene Karriere selbst von relativ geringer Bedeutung ist, da sie weder ihre jetzige Stelle verlassen möchte noch Mitarbeiterinnen zu rekrutieren hat. Aber wichtig ist ihr, durch ihre Mitgliedschaft und ihre Beteiligung an gemeinschaftlichem Handeln in dieser Journalistinnenvereinigung einen Beitrag zu ihrem Funktionieren und zur Verbesserung der Situation von Frauen in den Massenmedien zu leisten.

Sowohl in Netzwerken als auch im Journalistinnenbund oder in einer Redaktionsgruppe sind teilweise dieselben Kolleginnen an der Seite der zitierten Redakteurin. Diese unterscheidet trotzdem zwischen verschiedenen Zusammenschlüssen, wenn auch eher indirekt. Daraus wird deutlich, daß eine Differenzierung von Erfahrungspotentialen der Wahl spezifischer Handlungsweisen bzw. Zusammenschlußformen vorausgegangen ist. Eine gewisse Souveränität in der Beurteilung von Handlungsvariationen veranschaulicht gleichzeitig ein ausgeprägtes strategisches Vorgehen, das diese Redakteurin aufgrund vielfältiger Erfahrungen entwickelt hat.

Alle Formen kollektiven Handelns, die sie beschreibt, erweisen sich als gelungen. Das hängt damit zusammen, daß sie zur Realisierung unterschiedlicher Interessen auf diverse Verbindungen von Frauen zurückgreift, weil bereits bestimmte Strategien mit ausgewählten Frauenzusammenschlüssen zum Erreichen von Handlungszielen geführt haben. Erfolgreiche Erfahrungen bestärken positive Handlungs-Ergebnis-Erwartungen.

Die Unterscheidung diverser Zusammenschlußformen findet nicht immer bewußt statt; auch können die Grenzen zwischen ihnen fließend sein, insbesondere wenn Mitglieder verschiedener Handlungsverbunde teilweise identisch sind. Es wird aber deutlich, daß gewählte Organisationsformen mit Handlungszielen bzw. -bedürfnissen sowie entsprechenden Erfolgserwartungen kollektiven Handelns korrespondieren:

– Suchen Journalistinnen den Austausch über Frauen betreffende Probleme, eine entspannte Gesprächsatmosphäre, ein Refugium, so favorisieren sie in der Regel engere, meist inoffizielle Verbindungen zu ihren

Kolleginnen. Sie gehören dann meistens einer Gruppe an, die innerhalb einer Medienorganisation oder eines Ressorts bzw. einer Abteilung gebildet wurden. Solche Zusammenschlüsse gibt es in den meisten Medienbetrieben.

- Journalistinnen, die die kommunikative, gefühlsbetontere Komponente kollektiven Handelns mehr als Nebeneffekt schätzen, entscheiden sich für eher offiziellere Zusammenschlüsse mit weniger starken persönlichen Beziehungen. Sie sind, wie auch andere ,Aktive', mehr an einer Realisierung „greifbarer" Verbesserungen für Frauen in ihrer Medienorganisation oder im Beruf allgemein interessiert (wie bspw. der Einführung einer rechtlichen Regelung zur Gleichstellung der Geschlechter). Durch ihr Frauenkollektiv suchen sie nach einer offiziellen Wirkungsmöglichkeit.

- Andere Redakteurinnen wiederum organisieren sich in einer großen berufsbezogenen Frauenorganisation, wie dem bundesweiten Journalistinnenbund, um politische Außenwirkung zu erzielen, um Solidarität unter Kolleginnen zu stärken und um Machtpotentiale von Journalistinnen zu erweitern. Mögliche innerbetriebliche Konsequenzen sind durchaus erwünscht.

Die von interviewten Redakteurinnen vorgenommene Differenzierung von Zusammenschlüssen bzw. die - teils unbewußte - Auswahl bestimmter Handlungsformen nach ihren Möglichkeiten verdeutlicht die Sinnhaftigkeit der bereits in Kap. 2.4 vorgenommenen Unterscheidung von Zusammenschlüssen, wie Gruppe, Netzwerk oder Organisation.

Entscheidungen zu kollektivem Handeln in der einen oder anderen Form werden auf der Einschätzung ihrer spezifischen Erfolgschancen getroffen. Wirkungsmöglichkeiten werden positiv eingeschätzt, wenn Charakteristika der Verbindungsformen mit Strategien korrespondieren, die für spezifische Handlungsinteressen als wirkungsvoll betrachtet werden.

Die Wahl bestimmter Aktionsbündnisse in Abhängigkeit von unterschiedlichen Handlungsinteressen geschieht auf der Grundlage von Erfahrungen mit Zusammenschlüssen. Sie beeinflussen die Entwicklung positiver Handlungs-Ergebnis-Erwartungen.

5.1.3 Situative Einflüsse auf Erwartungen positiver Ergebnisse kollektiven Handelns

Das vorangegangene Kapitel hat gezeigt, daß motivationsfördernde Wirkung von Erfahrungen mit einer Vielfalt von Frauenzusammenschlüssen einhergeht, und zwar im Hinblick auf Beziehungen in ihnen, auf Strukturen, Ansehen oder Vorgehensweise. Daraus resultiert eine differenzierte Bewertung des jeweiligen

Erfolgspotentials. Bestärkt werden Motivationen kollektiven Handelns zusätzlich durch positiv ausgeprägte Handlungs-bei-Situation-Ergebnis-Erwartungen. Diese weitere von Heckhausen eingeführte Dimension von Handlungsmotivation bezeichnet den von der oder dem Handelnden vermuteten Einfluß äußerer variabler Umstände auf Realisierungschancen eines angestrebten Handlungsergebnisses.

Positive Erwartungen der interviewten Journalistinnen, daß kollektives Handeln zu gewünschten Erfolgen führen würde, werden in der Regel durch Wahrnehmungen der beruflichen Umwelt unterstützt. Situative Gegebenheiten, so ist ihren Aussagen zu entnehmen, sind jedoch nur von nachrangiger Bedeutung für Motivationen kollektiven Handelns.

Handlungs-bei-Situation-Ergebnis-Erwartungen basieren vornehmlich auf Rahmenbedingungen, die Redakteurinnen innerhalb ihrer Medienorganisationen antreffen.[101] Für Erwartungen eines positiven Handlungsausgangs können sich einerseits das personale oder „kollegiale Umfeld" und andererseits in Verlagen oder Rundfunkanstalten vorgefundene formale Bedingungen förderlich auswirken. Worin diese Motivationsaspekte bestehen und wie sie teilweise untereinander in Beziehung stehen, veranschaulichen die beiden folgenden Unterkapitel.

5.1.3.1 Das „kollegiale Umfeld" als förderliches Element von Handlungmotivationen

Die Belegschaft einer Medienorganisation als *bestärkender* Faktor für Motivationen kollektiven Handelns beschränkt sich auf ihren weiblichen Teil, auf Anzahl der Kolleginnen und ihre Zusammensetzung - insbesondere hinsichtlich feministischer Orientierung. Von den Frauen, die interviewte Redakteurinnen in ihrer Medienorganisation antreffen, können aus verschiedenen Gründen Motivationen für gemeinsames Handeln angeregt bzw. unterstützt werden.

Positiv wirkt sich zunächst aus, wenn Journalistinnen in einem Medienbetrieb zahlreich vertreten sind, insbesondere dann, wenn der Wunsch besteht, selbst eine Gruppe ins Leben zu rufen. Durch eine beträchtliche Zahl von Kolleginnen erhöht sich die Chance, ähnlich interessierte Medienfrauen im näheren Umfeld ausmachen zu können.

Das veranschaulicht das Beispiel einer Redakteurin, die sich gerne in einem persönlichen Rahmen mit Kolleginnen austauscht. Sie entschloß sich zu dem Versuch, mit Geschlechtsgenossinnen ihrer unmittelbaren redaktionellen Umgebung eine Frauengruppe zu gründen: Regelmäßige, aber nur flüchtige Begeg-

---

[101] Eine positive Wirkung kann auch von der gesellschaftlichen Umwelt ausgehen, z.B. wenn Vorbilder von Zusammenschlüssen oder Aktivitäten feministischer Kreise sich als erfolgreich erweisen oder wenn eine soziale Bewegung insgesamt zunehmend Wohlwollen und Akzeptanz genießt. Entsprechende Bedingungen werden von Redakteurinnen weder explizit noch implizit als Einflußfaktoren dargestellt und scheinen allenfalls indirekt wirksam zu werden.

nungen mit vielen Journalistinnen im unmittelbaren räumlichen Umfeld ihres eigenen Büros bestärkten ihre Erwartung, daß sich nach einer Kontaktaufnahme zu diesen Kolleginnen unter ihnen einige mit einer gemeinsamen Interessens- und Kommunikationsbasis finden würden.

Indirekt erweist sich damit eine relativ große Auswahl *potentiell* Gleichgesinnter als günstig und für ihre Entscheidung förderlich, ein erstes Treffen zu initiieren.

> „Wir waren am Anfang viel mehr. Das waren am Anfang zehn oder zwölf. Und diejenigen, die sich wahrscheinlich auch ähnlicher sind und ähnliche Überzeugungen haben, haben sich dann nachher auch weiterhin getroffen und haben auch weiterhin Interesse gehabt. (...) Man muß schon dazu sagen, man will bestimmte Leute oder bestimmte Frauen auch nicht dabei haben, die vielleicht auch eine andere Überzeugung zu manchen Sachen haben. Vielleicht sind wir da schon etwas arrogant geworden. (...) Es hat sich auch nie eine von denjenigen, die am Anfang auch dabei waren, noch mal darum bemüht und noch mal gefragt: ‚Ja, ihr macht doch immer so Treffen, kann ich mal wieder kommen?' Also da ist kein feedback gekommen." (28:71f)

Eine relativ große Zahl an Journalistinnen im unmittelbaren Umfeld kann bei Redakteurinnen Erwartungen bestärken, unter diesen gegenüber kollektivem Handeln aufgeschlossene Kolleginnen zu finden, die die eigenen Einstellungen teilen. Ein Zusammentreffen von Journalistinnen mit ähnlichen Anschauungen und gegenseitigem Sympathieempfinden wirkt sich darüber hinaus positiv auf Motivationen kollektiven Handelns aus.

Erwartungen von Interviewten gegenüber Kolleginnen in einem Zusammenschluß unterscheiden sich im Hinblick auf die Bedeutung gemeinsamer Ansichten oder dem Bedürfnis nach persönlicher Nähe. Dies steht in engem Zusammenhang mit ihren Handlungszielen, wie das vorangegangene Kapitel zeigt. Im skizzierten Fall ging es um Bildung einer kleinen Gruppe, weshalb ein bestimmtes Maß an Zuneigung füreinander eine Bedingung war.

Für einen spontanen Zusammenschluß ist hingegen lediglich eine gemeinsame Haltung der Koalitionspartnerinnen gegenüber einem Vorfall bzw. gegenüber einem Ereignis vonnöten. Zwischen diesen Frauen muß ansonsten keine Übereinstimmung ihrer Ansichten vorhanden sein. Das bestätigen Aussagen verschiedener Interviewter.

> „Ich denke, daß bei den Frauen schon eine gewisse Solidarität besteht. Ich erinnere mich jetzt gerade an Diskussionen vor ein, zwei Wochen: Es ging da um einen Artikel in der Zeitung, der sich mit sexueller Belästigung am Arbeitsplatz beschäftigte, der also gerade bei den Frauen ziemlich negativ, der eigentlich <u>allen</u> Frauen schon ziemlich negativ aufgefallen ist. Da war wirklich geballter Widerstand von Seiten der Frauen in der Redaktionskonferenz gegen diesen unsäglichen Artikel. Da dachte ich, Mensch prima, in gewissen Bereichen merkst du, daß du doch auf einer Wellenlänge schwimmst." (3:80)

Für die zitierte Redakteurin ist die Wahrnehmung, mit ihren Kolleginnen ähnliche Anschauungen zu teilen, wichtige Grundlage, um sich Aktivitäten in einem geschlechtsspezifischen Zusammenschluß vorstellen zu können.

Zur Bildung eines kurzfristigen Aktionsbündnisses ist außer gemeinsamer Empörung gegenüber einem Ereignis, wie im zitierten Beispiel der Protest gegen einen veröffentlichten Artikel, eine weitgehende Übereinstimmung in bezug auf ein konkretes Handlungsziel Voraussetzung. Ein Fehlen entsprechender Voraussetzungen kann sich motivationshemmend auswirken, wie Kap. 5.2.2 zeigen wird.

Das personale Umfeld erweist sich auch als förderlich für Handlungsmotivationen, wenn in der Medienorganisation bereits Zusammenschlüsse von Frauen bestehen. Einerseits kann an ihnen beobachtet werden, welche Chancen diese für ihre Mitglieder oder für die Durchsetzung bestimmter Ziele ermöglichen (vgl. Kap. 5.1.2). Andererseits geht für manche Aktivität interviewter Journalistinnen der entscheidende Impuls vom Vorhandensein eines Frauenzusammenschlusses aus. Insbesondere wenn kollektives Handeln der Realisierung eines einzelnen speziellen Handlungsziels gilt, kann sich Initiativkraft anderer, die z.B. in einem beruflichen Frauenzusammenschluß aktiv sind, motivierend auswirken.

Eine Redakteurin schildert, daß sie durch einen bestehenden Diskussionszusammenhang, „von der ehemaligen Frauenredaktion ausgehend" (12:130), angeregt wurde, sich an Auseinandersetzungen um die Beibehaltung einer Frauenseite in ihrer Zeitung zu beteiligen. Trotz eines gering ausgeprägten Interesses aktiv zu werden, entschied sie sich zu einem Engagement mit ihren Kolleginnen, weil situative Bedingungen bzw. das Sich-angesprochen-fühlen durch Aktivitäten anderer sie dazu animierten.

„Da gab es viele Gespräche und Debatten darüber, ob das [die Abschaffung einer ‚Frauenseite',
U.S.] sinnvoll ist. (...) An diesen Debatten habe ich mich beteiligt." (12:131)

Teilweise wird von indirekter oder direkter „Ansprache" durch einen Frauenzusammenschluß lediglich eine bestehende Neigung unterstützt, sich anderen Kolleginnen anzuschließen. Dabei können bereits vorhandene Frauenzusammenschlüsse in einem Medienbetrieb anregende Wirkung auf Journalistinnen hinsichtlich einer eigenen Mitarbeit in einem oder mehreren von ihnen entfalten. Existenz verschiedener Handlungsverbunde scheint motivationsverstärkend zu wirken, weil sich dadurch Erfolgschancen optimieren. Über eine entsprechende Grundlage verfügt eine bereits im vorangegangenen Kapitel zitierte Redakteurin, die gemeinsam mit Kolleginnen verschiedene Instrumente kollektiver Handlungsstrategien spielt: Mal in einem gruppenähnlichen Redaktionszusammenhang über Verletzungen durch Auseinandersetzungen mit Kollegen sprechen, mal auf ein Netzwerk zurückgreifen, um z.B. kurzfristig eine Koalition zu bilden, mal im Journalistinnenbund auf breiter Ebene Politik machen.

Ermöglicht werden ihre vielfältigen Aktivitäten zudem durch Beziehungen, deren Entstehen durch ihre Redaktion indirekt gefördert wurden bzw. werden. Eine Vielzahl von Kontakten erweist sich dabei als günstig, um für verschiedene Handlungsinteressen andere Frauen aktivieren bzw. sich auf sie stützen zu können. Dieses wird ermöglicht durch das große Interesse und besondere Ansehen, das diese Redaktion bei Journalistinnen genießt. Sie ist, sowohl inhaltlich als auch durch eine kooperative Arbeitsatmosphäre, unter anderem als Ausbildungsplatz sehr begehrt und wurde für eine große Zahl von Journalistinnen zu einer „Durchlaufstation". Dadurch konnte sich eine Vielzahl von Frauen, die mittlerweile in anderen Redaktionen arbeiten, untereinander bekannt machen. Anfänglich waren es direkte Kolleginnen, die sich von bestimmten Themen oder Problemen gleichermaßen angesprochen fühlten und eine Gruppe bildeten. Heute hat sich ein Netzwerk etabliert, deren Mitglieder sich durch zeitweiliges (kurz- oder langfristiges) gemeinsames Arbeiten kennenlernten, und die in diversen Bereichen und auf unterschiedlichen Hierarchieebenen ihrer Medienorganisation tätig sind.

> „Das sind dann wieder so Frauennetzwerke. Frauen arbeiten z.B. in der „x"-Redaktion oder in der „y"-Redaktion, die früher mal bei uns gearbeitet haben oder auch im Volontariat bei uns gearbeitet haben. Das ergibt sich auch durch gemeinsame Zusammenarbeit. Und da spinnen die Frauen schon so ein Netzwerk, was funktioniert." (4:42)

Möglichkeiten, in verschiedenen Formen mit vielen Frauen (auch kurzfristig) aktiv werden zu können, bestärkt Motivationen kollektiven Handelns. Je größer die Zahl der journalistischen Mitarbeiterinnen ist, mit denen eine Redakteurin zusammenarbeitet oder denen sie im Laufe ihres Berufslebens begegnen konnte, so scheint es, desto leichter läßt sich eine Verbindung von Medienfrauen zur Realisierung unterschiedlicher gemeinsamer Interessen herstellen. Verschiedene Konstellationen kollektiven Handelns sind so eher realisierbar.[102]

Für zu kollektivem Handeln motivierte Frauen erweist sich medienorganisationsinterne Mobilität in der beruflichen Entwicklung als motivationsfördernd. Denn ‚aktive' und durchaus auch ‚passive' Journalistinnen kontaktieren zwar auch ehemalige Kolleginnen aus anderen lokalen Wirkungsbereichen, die sie also an anderen Orten kennenlernten, doch solche Verbindungen werden allenfalls sporadisch und nur zu bestimmten Anlässen hergestellt.

Das dargestellte Beispiel hat gezeigt: Eine gewisse Fluktuation, also das Wirken an vielen Stationen in einem Medienbetrieb, können einer einzelnen Journalistin helfen, vielfältige Kontakte zu knüpfen. So wird innerhalb eines Hauses Entstehung, Bestand und Ausdehnung von Netzwerken unterstützt. Ent-

---

[102] In dem dargestellten Beispiel kommt zudem erleichternd hinzu, daß es sich um eine ‚Frauenredaktion' handelt und die sich zusammenschließenden Kolleginnen von vornherein eine gemeinsame Grundlage in ihrem feministischen Bewußtsein verbindet.

sprechend positive Bedingungen scheinen sich vor allem in Organisationen zu finden, die aufgrund ihrer Größe mehr Möglichkeiten zum Arbeitsplatz- bzw. Ressortwechsel bieten und zwangsläufig mehr Journalistinnen versammeln als kleine Medienorganisationen.

Das personale Umfeld einer Medienorganisation erweist sich durch das Vorhandensein ähnlich Interessierter als ein unterstützender Motivationsfaktor für kollektives Handeln.

5.1.3.2 Formale Rahmenbedingungen als positive Einflußgröße für Handlungs-Ergebnis-Erwartungen

Situative Einflußfaktoren, von denen bestärkende Wirkung auf Motivationen kollektiven Handelns ausgehen kann, manifestieren sich nicht nur in der Kolleginnenschaft, sondern auch in äußeren beruflichen Umständen, wie Charakteristika von Arbeitsplätzen oder offizielle medienorganisationsinterne Regelungen.

Positiv für Handlungsmotivationen können sich räumliche Bedingungen, wie Büroaufteilungen, auswirken. Größere Redaktionen oder Abteilungen stellen z.B. eine stärkere lokale Nähe zwischen Frauen her. Auf andere Journalistinnen zuzugehen, um ein erstes Treffen zu initiieren, wurde der im vorangegangenen Kapitel zitierten Redakteurin dadurch erheblich erleichtert, daß ihr viele Kolleginnen vom Ansehen her bereits bekannt waren, weil sie in Büros arbeiten, die an einen gemeinsamen Flur grenzen.

Zu Rahmenbedingungen, die neben räumlichen Merkmalen auf Motivationen kollektiven Handelns förderlich wirken, können institutionelle Regelungen und damit zum Teil bereits erreichte Handlungsziele gehören, die die Situation von Journalistinnen verbessern: Viele ‚aktive' Redakteurinnen sind in Medienbetrieben beschäftigt, in denen Gleichstellungsregelungen getroffen wurden. Errungenschaften dieser Art, wie ein Quotierungsbeschluß, vermitteln vielleicht ein Problemen des Geschlechterverhältnisses aufgeschlossenes Klima. Damit eröffnen oder erweitern sich Handlungsspielräume innerhalb von Organisationen und lassen Durchsetzungschancen von Frauen betreffenden Interessen wahrscheinlicher erscheinen, als wenn sich dieses Thema nicht formal in einer Medienorganisation niederschlägt.

Einige ‚aktive' Redakteurinnen sind sich dieses Zusammenhangs nicht unbedingt bewußt, lassen aber die motivationsfördernde Wirkung eines Frauenbelangen aufgeschlossenen Umfeldes erkennen. Sie betonen, daß es angenehm ist, daß geschlechtsspezifische Aktivitäten heute weniger kritisch oder süffisant betrachtet werden.

„Da kommen erstaunliche Sachen. Es gibt auf einmal auch Männer, die uns unterstützen. Das gibt es auch schon. Aber oft sagen sie dann nichts." (4:44)

Einige Journalistinnen finden in ihrer Medienorganisation eine relativ große Zahl von Gleichgesinnten, mit denen sie in unterschiedlichen Konstellationen ihre Handlungsinteressen zu realisieren versuchen. Zwar müssen Gleichgesinnte auch gesucht oder „aufgebaut" werden, aber bereits Umstände, daß *potentielle* Verbündete im eigenen Betrieb anzutreffenden sind, können Handlungsmotivationen - wenn auch zum Teil unbewußt - positiv unterstützen. Darin liegt allerdings kein wesentliches Motivationsmoment für kollektives Handeln.

Die Interviews machen deutlich, daß formale institutionelle Bedingungen ein ebenfalls unterstützendes Element für Motivationen von Redakteurinnen zu kollektivem Handeln sein können.

5.1.4 Ergebnis-Folge-Erwartungen als förderliche Momente für Motivationen kollektiven Handelns

Neben den beschriebenen inneren und äußeren Faktoren werden Handlungsmotivationen, Heckhausens Modell entsprechend, von Ergebnis-Folge-Erwartungen beeinflußt. Es ist danach zu fragen, ob die von Interviewten erwarteten Ergebnisse kollektiven Handelns ihrer Wahrnehmung nach für von ihnen gewünschte Folgen instrumental sind bzw. ob diese der Verwirklichung eigener Handlungsinteressen dienlich sind. Die meisten ,aktiven' Redakteurinnen gehen davon aus, daß Handlungsergebnisse sie ihren mit hohen Anreizwerten besetzten Zielen bzw. ihrem Oberziel näherbringen können.

Positive Ergebnis-Folge-Erwartungen fördern somit Motivationen kollektiven Handelns. Einzelne ,aktive' Redakteurinnen bringen zwar Zweifel am Erfolg zum Ausdruck. Jedoch sind ihnen ihre Ziele besonders wichtig, deren Anreizwerte sehr hoch. Manche sehen in gemeinschaftlichen, geschlechtsspezifischen Aktivitäten eine gewisse Chance oder hoffen, daß sie zum Erfolg führen, und lassen sich von ihnen nicht abbringen.

> „Ich fand es schon ganz gut, diese Gründung [des Journalistinnenbundes, U.S.]. Sinnvoll, diesem Männernetz da etwas entgegenzusetzen. Ich weiß nicht, ob es funktioniert. Fänd' es ganz gut, wenn es funktionierte." (26:188)

Im Kapitel über Handlungsbedarf (5.1.1) sind wesentliche Handlungsziele bereits deutlich geworden: Es hat sich gezeigt, daß die meisten Redakteurinnen Diskriminierungen verhindern und auf Gleichberechtigung von Frauen und Männern im Journalismus hinwirken wollen. Viele Redakteurinnen möchten außerdem die spezifische Lebenswirklichkeit von Frauen in massenmedialen Produkten integriert wissen. Es handelt sich dabei um Bestrebungen, deren *vollständige* Umsetzung von vielen Redakteurinnen als kaum wahrscheinlich oder eher utopisch verstanden wird. Sie sind sich aber sicher, durch verschiedene Ergebnisse gemeinschaftlichen Agierens, wie z.B. die Einführung einer Quotierung, sich der Realisierung ihrer Ziele mehr oder weniger weitgehend *annähern* zu können. Die Wahrnehmung einer Vielzahl möglicher Ergebnisse kollektiven Handelns scheint sich positiv auf Erwartungen von Redakteurinnen auszuwirken, sich ihrem Handlungsziel annähern zu können. Darüber hinaus scheinen Handlungsziele selbst von besonderer Bedeutung für die Entwicklung positiver Ergebnis-Folge-Erwartungen zu sein: In der Wahrnehmung der interviewten Journalistinnen gibt es mehrere angestrebte Veränderungen auf dem Weg zur Gleichberechtigung, die nicht mit individuellen, sondern nur mit kollektiven Strategien durchsetzbar scheinen. Worin positive Ergebnis-Folge-Erwartungen im einzelnen begründet sind, wird in den folgenden Unterkapiteln herausgearbeitet.

5.1.4.1 Wahrnehmungen von Zwischenschritten als positives Moment für Ergebnis-Folge-Erwartungen

Zusammenschlüsse bestehen im allgemeinen über längere Zeiträume, in denen zahlreiche Handlungen stattfinden, mit denen sich viele Redakteurinnen der Realisierung ihrer Wunschvorstellungen anzunähern meinen. Kollektives Handeln reduziert sich selten auf einzelne kurzfristige Aktivitäten und zielt meistens auf längerfristige Projekte. Es führt zu verschiedenen, mehr oder weniger weitreichenden Veränderungen. Eine Vielzahl möglicher Handlungsergebnisse kann Erwartungen von Redakteurinnen bestärken, daß Resultate gemeinschaftlichen Vorgehens sie der Realisierung ihrer Ziele näherbringen.

Eine Interviewte hält ihren Zusammenschluß z.B. für geeignet, mehrere Etappen auf einem Weg zur möglichen, ihr aber wenig wahrscheinlich scheinenden Überwindung von Diskriminierung erreichen zu können. Diese Zwischenziele beziehen sich sowohl auf informelle Ergebnisse („Informationsaustausch", „Kontakte" (6:148)) als auch auf formale Verbesserungen der beruflichen Situation von Journalistinnen: Das Interesse dieser Redakteurin gilt unter anderem der Etablierung einer Institution, die mit weitreichenden rechtlichen Möglichkeiten ausgestattet ist, um Fraueninteressen wirksam vertreten zu können. Eine Chance wiederum, diese Einrichtung Realität werden zu lassen, sieht sie nicht nur in Aktionen von beruflichen Frauenorganisationen, sondern darüber hinaus auch in deren Größe. Sie ist Mitglied im Journalistinnenbund, unter anderem

> „weil ich meine, daß soviel Journalistinnen wie möglich in diesem Bund sein müssen, damit er eines Tages eben tatsächlich rechtliche Kompetenz bekommt. Das ist ja das A und O. Je mehr da drin sind und je mehr auch aus Bereichen drin sind, die, sagen wir mal, die berühmten Führungsaufgaben wahrnehmen, um so schlagkräftiger wird so ein Gremium. Und deshalb: soviel wie möglich da rein. Selbst wenn es nur zahlende Mitglieder und die berühmten Karteileichen sind, das spielt ja keine Rolle. Aber sie können damit aufwarten: ‚Guckt mal, und wir machen und wir tun'." (6:145)

Es wird deutlich, wie Erwartungen verschiedener Handlungsergebnisse aufeinander aufbauen, die insgesamt eine hohe Instrumentalität aufweisen für die Erreichung des vornehmlichen und langfristigen Ziels der zitierten Redakteurin, das der Eliminierung diskriminierender Bedingungen für Journalistinnen gilt. Ihrer Ansicht nach könnte breite Unterstützung feministischen Engagements den Weg zur Gleichberechtigung in Medienorganisationen bereiten helfen. Denn eine zunehmende Zahl organisierter Kolleginnen führt, wie sie meint, fast *zwangsläufig* zu größerer Durchsetzungsmacht und dadurch zur Einrichtung eines mit weitgehenden Rechten ausgestatteten Gremiums. Unter anderem liegt ein wesentliches Motivationsmoment für ihre Mitgliedschaft in einer Journalistinnenorganisation in der Mitgliedschaft selbst. Sie meint, damit zu Handlungsergebnissen beizutragen, die in ihren Augen eine hohe Instrumentalität besitzen, ihrem kaum erreichbaren Oberziel gleichberechtigter Bedingungen für Männer und Frauen näher zu kommen.

Als ein Mittel oder Zwischenschritt, um die Situation von Journalistinnen zu verbessern und Aufstiegschancen zu erhöhen, wird von mehreren Befragten - adäquat zum publizistischen Beruf - die Herstellung von Öffentlichkeit für feministische Interessen betrachtet. Aus diesem Grunde erwarten sie, daß kollektives Handeln breite öffentliche Wirkung erzeugt, die ihnen für die Realisierung der Gleichstellung der Geschlechter dienlich scheint. Denn sie könne „eine Bewußtseinsbildung bei den Männern" (3:78) anregen:

> „Sicherlich können die Journalistinnenvereinigungen behilflich sein [für den Aufstieg von Frauen, U.S.]. Weil sie vielleicht auch die öffentliche Meinung bei den Männern in den Medien beeinflussen können. Wenn es dann Symposien und Veranstaltungen und Artikel gibt, die sich mit dem Thema beschäftigen, wird das dann auch die Männerwelt in den Medien beeinflussen und 'ne Diskussion anregen. Das denke ich, kann auf jeden Fall hilfreich sein." (3:77)

Viele Interviewte nehmen verschiedene Dimensionen kollektiven Handelns und damit mehrere Handlungsergebnisse wahr, die sie mit einem Zusammenschluß meinen erreichen zu können, und die sie ihrem Ziel näherbringen. Häufig äußern Redakteurinnen Handlungsinteressen, deren Realisierungen aufeinander aufbauen: Die Möglichkeit, eine die Lebenswirklichkeit von Rezipientinnen stärker berücksichtigende Berichterstattung zu etablieren, scheint beispielsweise - nach Ansicht vieler Interviewter - über einen Zwischenschritt gegeben: durch Erhöhung des Journalistinnenanteils.

> „Ich denke einfach, daß die Menschheit die beiden Blicke [von Männern und Frauen, U.S.] braucht. Deshalb ist es wichtig, daß mehr Frauen Journalismus machen." (27:129)

Dieses Zwischenziel einer gleichmäßigen prozentualen Vertretung beider Geschlechter in ihrem Beruf erhoffen sie sich von Aktivitäten geschlechtsspezifischer Berufszusammenschlüsse, auf deren Betreiben hin z.B. eine Quotierung durchgesetzt werden kann.

Ähnlich wie für den Abbau diskriminierender Strukturen in Medienorganisationen wird ein angehobener Frauenanteil als ein Schritt angesehen, der zur Verbesserung journalistischer Produkte führt: Viele Redakteurinnen erwarten nicht konkret die Realisierung eines ‚weiblichen Journalismus'', sondern lediglich, daß sie und ihre Kolleginnen durch Ergebnisse kollektiven Handelns, wie z.b. durch einen Gleichstellungsplan, und in deren Konsequenz durch eine höhere Journalistinnenzahl sich diesem Ziel annähern.

Es deutet sich an, daß sich für Motivationen kollektiven Handelns von Journalistinnen Wahrnehmungen verschiedener Zwischenschritte auf dem Weg zu einem Handlungsziel positiv auszuwirken scheinen. Das Erkennen kleinerer Etappen bzw. mehrerer möglicher Handlungsergebnisse, die für die Erreichung eines für einige Redakteurinnen illusorisch erscheinenden Ziels instrumental sind, können die Wahrscheinlichkeit erhöhen, sich diesem anzunähern.

Die erwünschte Folge kollektiven Handelns hängt - genauso wie gleichberechtigte Berücksichtigung von Frauen in massenmedialen Inhalten - nicht nur von den Akteurinnen ab. Beeinflußt werden angestrebte Entwicklungen von vielen Faktoren, z.b. auch durch Reaktionen von Entscheidungsträgern in Medienorganisationen.

Die Möglichkeit, daß situative Aspekte angestrebte Veränderungen der Berichterstattung verhindern könnten, wird von der zitierten - wie auch von einigen anderen Redakteurinnen - nicht wahrgenommen. Für sie scheint die Zunahme der Zahl von Kolleginnen zwangsläufig zur Durchsetzung einer Berichterstattung zu führen, die die Lebenswirklichkeit von Frauen anders und stärker berücksichtigt als bisher.

Solche Erwartungen widersprechen in Kap. 3.2.1 ausgeführten Untersuchungsergebnissen Manfred Rühls, wonach journalistische Aussagenproduktion wesentlich durch das auf Routinen basierende Entscheidungsprogramm einer Redaktion geprägt werden (Rühl 1978). Zudem setzt die Annahme, ein größerer Journalistinnenanteil würde zu einer Veränderung massenmedialer Inhalte führen, ein relativ einseitiges „Weiblichkeitsbild" voraus. Geschlechtsstereotype haben sich also auch im Bewußtsein mehrerer interviewter Redakteurinnen festgesetzt. Diese unterstellen anderen Kolleginnen, spezifische, als weiblich zu verstehende Fähigkeiten und Interessen ausgebildet zu haben: Sie streichen unter anderem besondere Empathiefähigkeit von Frauen als berufliche Qualität heraus und erwarten von anderen weiblichen Berufsangehörigen in der Regel besondere Sensibilität für frauenspezifische Probleme und journalistisches Interesse daran.

„Ich glaube, daß Frauen vielleicht anders auftreten und anders an eine Geschichte, an Menschen rangehen als Männer." (3:84)
„Frauen bringen ein anderes Gewicht, ein anderes Element rein, weil Frauen anders denken und empfinden." (8:161)

Mehrere ‚aktive' Journalistinnen registrieren, daß diesbezügliche Erwartungen enttäuscht werden: Nicht immer ändern sich Art und Inhalte der Berichterstattung als Folge der Zunahme des Frauenanteils in ihrem Beruf. Sie erklären sich dieses Phänomen unterschiedlich. Bei einigen von ihnen sind Annahmen geschlechtsspezifischer Eigenschaften von Kolleginnen und Kollegen brüchig oder widersprüchlich.

Um Diskriminierungen abzubauen und um die Vielfalt journalistischer Herangehensweisen zu erweitern, fände es z.B. eine von ihnen zwar sehr gut, daß

„in dieser Politikwelt, in der vorwiegend Männer sind, daß da Frauen mehr und mehr auf die Bühne kommen." (9:68)

Dennoch ist sich die zitierte Journalistin der Vagheit entsprechender Erwartungen gegenüber spezifischer Weiblichkeit bewußt. Sie sieht sie durch eigene Wahrnehmungen korrigiert. Insbesondere in bezug auf „Arbeitsmethodik" (9: 130) streicht sie heraus, daß es z.B. auch innerhalb der Geschlechter die gleichen Unterschiede gibt wie zwischen ihnen:

„Es gibt Journalistinnen mit der knallharten Frage, die wirklich zur Sache gehen; da bleibt jedem die Luft weg. Und es gibt andere, die ihr Geschlecht ausnutzen, um vom Interviewpartner gute Antworten zu bekommen. Aber es gibt auch wirklich unter männlichen Kollegen den Knallharten, der rangeht [und den] Softie, der dann ganz sanft kommt und von hinten durch die kalte Küche und den anderen auch aufs Glatteis legen kann." (9:130)

Eine andere Interviewte findet hingegen für die ausbleibende Entwicklung in einer von ihr beobachteten Sendung, in der deutlich mehr Frauen arbeiten als früher, strukturelle Erklärungen.

„Bestimmte Themen, die sie [die neuen, für eine bestimmte Redaktion arbeitenden Journalistinnen, U.S.] machen könnten, und eine bestimmte Haltung, hab' ich den Eindruck, kommen nicht vor, weil sie einfach nicht an den Hebeln der Macht sitzen und nur ausführende Organe sind." (4:100)

Im beschriebenen Fall sind die beobachteten Kolleginnen freiberufliche Mitarbeiterinnen, während die festen Stellen in der Redaktion, also die Entscheidungsposten, mit Männern besetzt sind. Für die zitierte Redakteurin ist es unzweifelhaft, daß Hindernisse für eine verbesserte „Frauenberichterstattung" vornehmlich in der geringen Vertretung von Journalistinnen auf allen, besonders auf den höheren Hierarchieebenen ihrer Medienorganisation und weniger in ihren Einstellungen und Erfahrungen liegt.

„Was mir immer so wichtig ist, das ist der Zusammenhang zwischen der Berichterstattung über Frauen oder frauenspezifische Belange, (...) und der tatsächlichen Situation von Journalistinnen. (...) Daß also grundsätzlich von den Arbeitslosen geredet wird, obwohl die Arbeitslosigkeit vor allem die Frauen betrifft. Daß man sprachlich keinen Unterschied macht, (...) das hat unmittelbar damit zu tun, daß eben nach wie vor Frauen nicht in den entsprechenden Positionen sind." (4:93)

Die zitierte Redakteurin stellt ihre Erwartungshaltungen gegenüber Kolleginnen in bezug auf deren spezifischen Fähigkeiten und Interessen nicht in Frage. Ein von ihr beobachtetes Beispiel scheint zwar ihrer Annahme, aufgrund der Zunahme des Journalistinnenanteils würde sich die Berichterstattung verändern, zu widersprechen. Doch erklärt sie dieses Phänomen als Folge struktureller Ursachen.

Trotz gegenteiliger Wahrnehmungen betonen beide zitierten Redakteurinnen, daß eine hohe Journalistinnenzahl in Massenmedien einer Etablierung eines weiblichen Blickwinkels in der Berichterstattung dienlich ist. Während die eine darauf vertraut, daß zumindest einige Kolleginnen eine „weibliche Sichtweise" (17:40) in ihre Arbeit einbringen, geht die andere davon aus, daß Frauen grundsätzlich den Journalismus verändern würden, wenn strukturelle Bedingungen sie nicht daran hinderten.

Möglichen unerwünschten Folgen messen sie kaum Bedeutung bei. Obwohl ihre Erfahrungen Zweifel aufkommen lassen müßten, erwarten sie von der Bekämpfung einer geringen Frauenquote in ihrem Beruf trotzdem Folgen, mit denen sie sich der Erreichung ihrer Ziele annähern. Darin drücken sich auch hohe Motivationen kollektiven Handelns aus. Positive Ergebnis-Folge-Erwartungen scheinen nicht beeinträchtigt zu werden. Das weist auf besonders hohe Anreizwerte hin, die mit den Folgen kollektiver Handlungsergebnissen verknüpft werden. Beide Redakteurinnen sehen in verschiedenen Maßnahmen kollektiven Handelns die einzige Chance, daß sich an der bestehenden Situation für Frauen in Massenmedien etwas ändert. Darüber hinaus scheint die Dringlichkeit des Handlungsbedarfs, die in Kap. 5.1.1 bereits dargestellt wurde, etwaige ungewünschte Folgen zu überdecken.

Die besondere Bedeutung des Ziels der Gleichberechtigung ist ein wichtiger Bestandteil von Motivationen kollektiven Handelns. Darüber hinaus scheint sich Perzeption vieler kleiner vorteilhaft erscheinender Ergebnisse gemeinschaftlichen Agierens, deren Realisierung für sehr wahrscheinlich erachtet wird, förderlich auf die Entwicklung positiver Ergebnis-Folge-Erwartungen von Journalistinnen auszuwirken.

5.1.4.2 Bewertung von Zwischenzielen als motivationsförderndes Element

Neben der Wahrnehmung vieler Zwischenschritte scheint auch die Beurteilung ihrer *Bedeutung* Motivationen kollektiven Handelns zu bestärken. Bestimmte Handlungsergebnisse, wie z.B. die Durchsetzung von Quotierung, erscheinen manchen Redakteurinnen als einziges Mittel, das zur Verbesserung der Situation von Journalistinnen führen könnte. Ergebnisse kollektiven Handelns können von unterschiedlicher Dimension sein, sich auf ein kleineres Problem oder Interesse (z.B. Informationsbedarf) beziehen oder von darüber hinaus gehender, weitreichender Wirkung sein. Einflußnahmeinteressen mittels gemeinschaftlicher Aktivitäten richten sich auf formale und informale Bedingungen. Von den meisten ‚aktiven' und vielen ‚wohlwollenden' Redakteurinnen werden formale Errungenschaften als für sie wichtige Handlungsergebnisse angeführt. Dazu gehören rechtlich verankerte Gleichstellungsgremien, Frauenbeauftragte, Gleichstellungspläne und Quotierungsbeschlüsse.

> „Aus meiner Sicht hilft nur, in entscheidenden Sitzungen dafür zu sorgen, daß mehr als eine Frau daran beteiligt ist, und zwar qua Amt beteiligt ist, und daß sie nicht immer nur als die Vertreterinnen von Männern da reinkommen. Das ist die einzige Möglichkeit. Deshalb finde ich auch diese ganzen Bestrebungen, Frauenbeauftragte in die Sender zu bringen und bei Stellen darauf zu achten, daß bei gleicher Kompetenz dann die Frau genommen wird, das ist die einzige Möglichkeit, um das langfristig wirklich zu verändern." (5:157)

Bei diesen formalen, strukturellen Veränderungen handelt es sich um Projekte, die nicht von einzelnen erreicht werden können. Sie verlangen eine Lobby oder einen Zusammenschluß, der sich für ihre Umsetzung engagiert. Vor diesem Hintergrund erscheint kollektives Handeln von Journalistinnen als Möglichkeit, ein Handlungsergebnis herbeizuführen, das das Geschlechterverhältnis betrifft. Dieses Handlungsergebnis wiederum, z.B. eine Gleichstellungsregelung, wird als ein wichtiges Mittel angesehen, um sich der Realisierung des Handlungsziels, nämlich der Gleichstellung der Geschlechter, anzunähern.

> „Was geschehen müßte, ist eine Quotierung. Es geht einfach nicht anders." (14:108)

Handlungsergebnisse, wie ein Quotierungsbeschluß, die nach einem Prozeß verschiedener Aktivitäten mit mehreren Zwischenergebnissen erreicht werden sollen, stellen, genau genommen, meistens bereits eine Handlungsfolge dar, und zwar von mehreren Einzelmaßnahmen. Sie können aber nicht als die eigentlich gewünschte Handlungsfolge, also gleiche Bedingungen für Journalisten und Journalistinnen, verstanden werden. Sie sind Zwischenschritte, um sich dem von einigen Redakteurinnen als kaum realisierbar eingeschätzten Wunschziel anzunähern und die aus der Geschlechterhierarchie resultierenden Probleme abzumildern. Die Einschätzung dieser Zwischenziele als einzige Maßnahme, um möglicherweise ihr Hauptziel zu erreichen, erweist sich für mehrere Redakteurinnen damit als bestärkender Faktor für Motivationen kollektiven Handelns von Journalistinnen.

5.1.5 Zusammenfassung und Bewertung positiver Einflußfaktoren für Motivationen kollektiven Handelns

Die Untersuchung zeigt, daß für Entscheidungen von Redakteurinnen zu kollektivem Handeln jeweils individuell ausgeprägte und anders kombinierte Einflußfaktoren, genauer: Ergebnis-Erwartungen, wirksam werden. In der Regel sind mehrere, aber selten alle vier von Heckhausen eingeführten Ergebnis-Erwartungen motivationsfördernd. Sie nehmen außerdem nicht den gleichen Rang ein. Insgesamt betrachtet legen die Interviews nahe, im Handlungsbedarf (Situations-Ergebnis-Erwartungen) den wichtigsten Einflußfaktor für Motivationen zu sehen, sich mit Kolleginnen zusammenzuschließen.

Er erweist sich - wie bereits aufgrund verschiedener Hinweise in Kap. 2.3.3 vermutet - als *grundlegend* für Entscheidungen, mit Gleichgesinnten aktiv zu werden. Vielfältige Interessen, die sich zuweilen als unumstößliche, unmittelbare Handlungsnotwendigkeiten äußern, bestimmen Motivationen, berufliche Bedingungen beeinflussen zu wollen.

Häufig verbinden Redakteurinnen mit kollektivem Handeln mehrere Ziele. Das Interesse der meisten Redakteurinnen richtet sich auf Befriedigung kommunikativer Bedürfnisse. Sie sehen in einem Zusammenschluß die Möglichkeit, einer konkurrenzbelasteten oder diskriminierenden Atmosphäre einen Rekreationsraum entgegenzusetzen. Regelmäßige Treffen von Frauengruppen dienen in erster Linie mentaler oder psychischer Bedürfnisbefriedigung: Erfahrungen austauschen; Unterstützung und Solidarität empfinden; eine Situation erleben, die männer- und dadurch streßfrei sein soll. Darüber hinaus gibt es Erwartungen an Frauenzusammenschlüsse, die sich z.B. auf Kontaktpflege oder Befriedigung von Informationsbedürfnissen beziehen.

Außerdem werden äußere, insbesondere medienorganisationsspezifische Handlungsinteressen angesprochen. Sie stehen für viele Journalistinnen im Vordergrund für die Entwicklung ihres Handlungsbedarfs: Maßnahmen innerhalb von Medienorganisationen, wie Gleichstellungsregelungen, Verbesserungen institutioneller Rahmenbedingungen oder Etablierung einer Frauenlobby im Journalismus bzw. einer mit rechtlichen Befugnissen versehenen Instanz werden als wichtige Ziele, Wünsche oder Hoffnungen genannt.

Einige Redakteurinnen sind darüber hinaus bestrebt, auf Veränderungen journalistischer Inhalte hinzuwirken. Es geht ihnen vor allem darum, die Lebenswirklichkeit von Frauen besser in ihren Medien berücksichtigt zu sehen.

Kollektives Handeln wird von Redakteurinnen also in seinen reaktiven/regenerativen wie auch strategischen Dimensionen wahrgenommen. Zum einen werden negative Erfahrungen nachträglich in Zusammenschlüssen diskutiert und verarbeitet, und es wird versucht, quasi in einem Refugium belastende Faktoren abzustreifen. Zum anderen ist gestalterischer Einfluß auf zukünftige Entwicklungen intendiert. Von angestrebten Handlungszielen werden einerseits lediglich Auswirkungen für Individuen erwartet. Da von als veränderungswürdig wahrgenommenen Situationen auch andere betroffen sind, beziehen sich Handlungsziele andererseits auf das weibliche Geschlecht insgesamt; d.h. von den angestrebten Vorzügen für einzelne kann der gesamte weibliche Teil der Belegschaft bzw. der Berufsgruppe profitieren. Z.B. werden mögliche Förderungen von Kolleginnen durch einen Zusammenschluß als Chance herausgestellt, einen höheren Frauenanteil in hierarchisch hoch angesiedelten Positionen erzielen zu können, wodurch eine grundsätzliche Verbesserung der Berufssituation von Journalistinnen allgemein erreicht werden könnte.

Die Untersuchung zeigt, daß die im Forschungs- und Theorieteil dargestellten potentiellen Handlungsinteressen (Diskriminierungen und ‚weiblicher Journalismus') für Redakteurinnen von unterschiedlicher Bedeutung sind. Veränderungen in bezug auf journalistische Inhalte oder Ziele werden zwar von den meisten Interviewten angemahnt, sind aber für sie in der Regel von zweitrangiger Bedeutung. Dabei zeigt sich, daß sie sich von einer geschlechtsspezifischen Berufsrolle distanzieren: Hinsichtlich journalistischer Arbeitstechniken und des journalistischen Selbstverständnisses betonen die meisten, daß sie sich nicht von ihren männlichen Kollegen unterscheiden würden. ‚Weiblicher Journalismus' heißt für viele interviewte Redakteurinnen: Lebenswirklichkeit von Frauen stärker in der Berichterstattung zu berücksichtigen.

Wichtige Auslöser für Handlungsbedarf sind hingegen direkte und indirekte Formen geschlechtsspezifischer Benachteiligung im Journalismus und die daraus resultierende Macht von Männern. Bei einigen Redakteurinnen bewirken extrem einschränkend und verletzend erlebte Diskriminierungen Interesse, sich mit Kolleginnen zusammenzuschließen. Andere Redakteurinnen sind, z.B. durch zufällige oder bewußte vorherige geschlechtsspezifische Kontakte, zum Teil erst innerhalb des Frauenverbundes für geschlechtshierarchische Bedingungen sensibilisiert worden.

Kollektivem Handeln von Journalistinnen sind also in vielen, aber nicht allen Fällen Diskriminierungserfahrungen - zuweilen schwerwiegende - vorausgegangen. Sie lösten Wahrnehmungen benachteiligender Strukturen im Geschlechterverhältnis aus und riefen das Bedürfnis nach verschärfter gemeinschaftlicher Gegenwehr von Kolleginnen hervor.

Die Beschreibung, was Redakteurinnen im einzelnen an ihrer beruflichen Situation kritisieren, verdeutlicht auch die Vielfalt, in der geschlechtshierarchische Bedingungen des Journalismus zum Ausdruck kommen: in der Organisationskultur und im Arbeitsklima, in Vereinbarkeitsproblemen von Beruf und Familie, in Aufstiegsbehinderungen oder in sexueller Belästigung.

Die Interviews zeigen außerdem, daß sich auch Handlungs-Ergebnis-Erwartungen als wichtiger Einflußfaktor erweisen, wenngleich er nicht so hoch einzuschätzen ist wie Handlungsbedarf. Zu Handlungs-Ergebnis-Erwartungen gehören Erfahrungen mit - vor allem geschlechtsspezifischen - Zusammenschlüssen. ‚Aktive' und auch die meisten ‚wohlwollenden' Journalistinnen blicken auf positive oder hervorragende Frauenkontakte zurück. Gute Erfahrungen resultieren aus unterschiedlichen Handlungsverbunden, so auch aus gemischtgeschlechtlichen und/oder aus vorberuflicher Zeit (z.B. Sportverein in der Jugend). Sie bestärken Motivationen kollektiven Handelns.

Der Entwicklung positiver Handlungs-Ergebnis-Erwartungen liegen nicht nur Erfahrungen zugrunde, sondern auch Wahrnehmungen verschiedener Formen von Zusammenschlüssen. Die in Kap. 2.4 vorgenommene Differenzierung erweist sich in diesem Zusammenhang als positiv: Ihren diversen Interessen gegenüber kollektivem Handeln entsprechend nehmen Journalistinnen Unterschiede in Merkmalen verschiedener Handlungsverbunde wahr. Ihre Handlungsentscheidungen treffen sie nach einer eher unbewußten Bewertung der aus den spezifischen Eigenschaften resultierenden Wirkungsmöglichkeiten. Positive Erfahrungen und die vorgefundene Vielfalt von Frauenzusammenschlüssen bestärken Entscheidungen, sich mit Kolleginnen zusammenzuschließen.

Eine nachrangige Bedeutung für Motivationen kollektiven Handelns, so verdeutlichen die Interviews ‚aktiver' Journalistinnen, nehmen Handlungs-bei-Situation-Ergebnis-Erwartungen ein. Äußere Rahmenbedingungen bestärken Handlungsmotivationen, wenn Redakteurinnen aufgrund organisatorischer Bedingungen viele Journalistinnen in ihrem unmittelbaren Umfeld wahrnehmen: Es erhöht sich die Wahrscheinlichkeit, unter ihnen eher Gleichgesinnte zu finden. Positiv wirkt außerdem, wenn Redakteurinnen Geschlechterproblemen gegenüber aufgeschlossene Kollegen und Kolleginnen in ihrer Medienorganisation antreffen.

Während Handlungs-bei-Situation-Ergebnis-Erwartungen im Motivationsprozeß ‚aktiver' Journalistinnen begleitende oder unterstützende Bedeutung einnehmen, gehen von Ergebnis-Folge-Erwartungen deutlich stärkere Impulse aus. Als motivationsfördernd erweist sich für viele Interviewte vor allem, daß sie von Ergebnissen kollektiven Handelns das Erreichen mehrerer kleinerer Handlungsziele erwarten: Das offizielle Auftreten eines Zusammenschlusses bewirkt nach Ansicht einiger eine Sensibilisierung der Allgemeinheit oder breitere gesellschaftliche Unterstützung, worin sie wiederum eine Verbesserung ihrer Chancen sehen, kollektive Handlungsinteressen durchzusetzen. Ebenso erwarten sie dies von einer großen Mitgliederzahl einer offiziellen Organisation, wie dem Journalistinnenbund, zu der sie durch ihren Beitritt beitragen wollen. Solche Etappen bringen sie ihrem Oberziel näher, der Gleichberechtigung der Geschlechter. Mit ihm sind besonders hohe Anreizwerte verbunden.

Die Wahrnehmung vieler möglicher Zwischenschritte und darüber hinaus die Bedeutung einzelner Zwischenziele für das Erreichen eines Oberziels wirken sich positiv auf Motivationen kollektiven Handelns aus.

Nicht immer müssen alle Motivationsaspekte positiv ausgeprägt sein für die Entscheidung, in einem Frauenzusammenschluß aktiv zu werden. Das zeigt sich daran, daß einige ‚aktive' Journalistinnen auch Zweifel äußern, daß bestimmte Handlungsziele erreicht werden können. Dies trifft z.B. auf die Realisierung eines ‚weiblichen Journalismus' zu, den sich einige Redakteurinnen von einer Zunahme der Journalistinnenzahl erhoffen. Einige von ihnen sehen zwar die

Gefahr, daß sich an der Berichterstattung nichts ändern wird. Doch von bestehenden Zweifeln am Erreichen der gewünschten Handlungsfolge werden ihre Motivationen kollektiven Handelns nicht gehemmt. Denn andere Ergebnis-Erwartungen sind für diese Interviewten von größerer Bedeutung.

Es wird deutlich, daß Motivationen kollektiven Handelns durch verschiedene Aspekte gefördert werden. Die Wahrnehmung von Realisierungschancen mehrerer Handlungsziele vor dem Hintergrund positiver geschlechtsspezifischer Erfahrungen und differenzierter Wahrnehmungen von Potentialen von Handlungsverbunden unterstützen Handlungsmotivationen. Rahmenbedingungen, vor allem medienorganisationsspezifische Besonderheiten, sind als motivationsfördernde Einflußfaktoren anscheinend eher von nachrangiger Bedeutung. Ganz wesentlich ist hingegen das Interesse, auf die gegenwärtige Situation Einfluß nehmen zu wollen. Es steht in engem Zusammenhang mit persönlicher Betroffenheit von belastenden Bedingungen.

Die Annahme Neverlas und Kanzleiters, daß für kollektives Handeln von Frauen „ein Prozeß der Bewußtwerdung als Marginalisierte in einem Männerberuf" (Neverla/Kanzleiter 1984:195) vorausgegangen sein müsse, könnte dahingehend erweitert werden, daß diese Wahrnehmung auch einen direkten Bezug zur persönlichen Situation von Journalistinnen haben muß - und sei es „nur" in Form potentieller Betroffenheit. Hinweise darauf, ob diese These Bestand hat, gibt die Untersuchung von Motivationen kollektiven Handelns beeinträchtigende Faktoren. Sie ist Gegenstand der folgenden Kapitel.

5.2 Kollektives Handeln von Journalistinnen hemmende Motivationsfaktoren

Für Entscheidungen von Journalistinnen, sich *nicht* mit Kolleginnen zusammen-zuschließen, gibt es vielfältige Gründe. Viele ‚überzeugt passive' und auch eine Reihe ‚wohlwollender' Redakteurinnen führen fehlenden Handlungsbedarf als wesentliche Ursache für ihren Verzicht auf gemeinschaftliche Aktivitäten an. Wie bereits als positives Element *für* Motivationen kollektiven Handelns nimmt Handlungsbedarf auch eine eindeutig dominante Stellung ein für die Erklärung von Passivität bzw. von Verharren im „Einzelkämpfertum". Aber ebenso wie in seiner motivations*fördernden* Bedeutung ist er in seiner kollektives Handeln *hemmenden* Dimension nicht der einzige Aspekt, der Entscheidungen gegen kollektives Handeln beeinflußt. In der Regel resultieren sie aus der Kombination mehrerer Elemente, aus einem komplexen Geflecht situativer und personaler Bedingungen. Meistens erklärt sich das Verharren in Passivität durch Verbin-dung von fehlendem Handlungsbedarf und zusätzlichen Faktoren, wie z.b. un-günstiger Einschätzungen äußerer Einflüsse.

Die verschiedenen Ursachen für Entscheidungen interviewter Redakteurin-nen, sich nicht mit Kolleginnen zusammenzuschließen, werden in den anschlie-ßenden Kapiteln im einzelnen erläutert. Sie folgen, wie bei den motivationsför-dernden Aspekten, dem Motivationsmodell Heckhausens. Im Mittelpunkt stehen vor allem Aussagen ‚überzeugt passiver' und ‚wohlwollender' Redakteurinnen. Sie werden im folgenden zusammengefaßt als ‚passive' oder ‚nicht-aktive' Jour-nalistinnen bezeichnet.[103] Untersuchungsergebnisse zu beeinträchtigenden Aspekten von Motivationen kollektiven Handelns werden, wie bereits in Kap. 5.1 umgekehrt vollzogen, im Einzelfall untermauert und angereichert durch Aussagen ‚aktiver' Journalistinnen.

5.2.1 Fehlender Handlungsbedarf als motivationshemmender Faktor

Durch sein Nicht-vorhanden-sein erweist sich Handlungsbedarf im Fall negativer Handlungsentscheidungen als ein wichtiges Element, mangelnde Motivation für ein Agieren in Zusammenschlüssen zu erklären. Die meisten ‚passiven' Redak-

---

[103] Zur Erinnerung: Im Gegensatz zu ‚überzeugt passiven' Redakteurinnen äußern ‚wohlwollende' Journalistinnen zwar eine positive Meinung gegenüber Frauenzusammenschlüssen oder waren früher mal in ihnen aktiv, verzichten selbst aber aus Gründen, die in diesem Kapitel deutlich werden, darauf, mit Kolleginnen zusammen aktiv zu werden.

teurinnen machen deutlich, daß es für sie keinen Anlaß gibt, sich mit Journalistinnen zusammenzuschließen.

Um Ursachen für relativ seltene Mitgliedschaften von Journalistinnen in beruflichen Frauenzusammenschlüssen zu ermitteln, erweist sich eine detaillierte Betrachtung von Hintergründen fehlenden Bedarfs kollektiven Handelns als besonders aufschlußreich: Nicht vorhandenes Interesse an gemeinschaftlichen Aktivitäten von Medienfrauen ist nur selten Ausdruck einer positiven Einschätzung der bestehenden Situation. Obwohl sie berufliche Bedingungen kritisieren und ändern wollen, zeigen ‚passive' Redakteurinnen kein Interesse, sich mit Kolleginnen zusammenzuschließen. Eine genauere Betrachtung ihrer Wahrnehmungen hinsichtlich ihrer persönlichen beruflichen Situation und der von Journalistinnen allgemein klärt den vermeintlichen Widerspruch auf.

Relativ viele Journalistinnen, die keinen Bedarf für kollektives Frauenhandeln entwickeln, nehmen sehr wohl berufliche oder medienorganisationsspezifische Umstände wahr, die sie aufgehoben wissen möchten.

„Ich meine, eine Gruppe bildet sich ja nur, wenn das Bedürfnis besteht, irgendwelche Mißstände zu ändern. Und ich seh' die nicht, also für mich nicht. Gut, ich habe gesagt, daß ich mich in bestimmten Dingen benachteiligt fühle, aber das hängt, glaube ich, mit anderen Sachen zusammen als damit, daß ich eine Frau bin." (21:131)

Die zitierte und auch einige andere ‚passive' Redakteurinnen sind nicht nur bereit, von ihnen kritisierte Bedingungen gemeinsam mit anderen zu bekämpfen, zum Teil sind sie selbst Motor entsprechender Aktivitäten. Einzelne von ihnen sind in einer Gewerkschaft engagiert, eine sogar im Vorstand einer Berufsorganisation. Die eine oder andere ‚passive' Journalistin trifft sich regelmäßig in informellem Rahmen mit Kollegen und Kolleginnen aus ihrer Redaktion, um Ressortprobleme zu diskutieren. Bei den negativ bewerteten beruflichen Bedingungen, die sie mit Unterstützung von Zusammenschlüssen beeinflussen wollen, handelt es sich aber um solche, von denen - zumindest nach Ansicht dieser Interviewten - Männer gleichermaßen wie Frauen betroffen sein können bzw. sind. Deshalb ziehen sie es vor, zugunsten gemischtgeschlechtlicher Handlungsverbunde auf gemeinschaftliches Agieren mit Medienfrauen zu verzichten. Einige Beispiele geben Einblick in die Sicht ‚passiver' Journalistinnen.

- Verschiedene Redakteurinnen lehnen unter anderem die Qualität journalistischer Arbeit im eigenen Medium bzw. im eigenen Ressort ab. Bemängelte sprachliche Fähigkeiten von Kollegen oder Kolleginnen sowie Kritik an deren geringem Einsatz für die Herstellung von Artikeln oder Beiträgen bzw. für das publizistische Output sind in ihren Augen kein Gegensatz zu im Mainstream etablierten Maximen und unterscheiden sich nicht vom journalistischen Selbstverständnis der männlichen Mehrheit (vgl. dazu im besonderen 5.1.1.2).

„Was ich nicht verstehe, was mein eigenes Ressort angeht, [ist], daß ich manchmal das Gefühl habe, Textqualität ist gar nicht so wichtig. Das finde ich sehr bedauerlich." (21:37)

Kritik am sprachlichem Niveau der Arbeit von einigen Kollegen in Verbindung mit fehlenden Einflußmöglichkeiten beeinträchtigen die Berufszufriedenheit der zitierten Redakteurin beträchtlich. In anderen Fällen wird eine negative Bilanz zur publizistischen Qualität des im eigenen Medium zu verantwortenden Teils auch von Kollegen und Kolleginnen geteilt, die mit ihrer Ansicht zuweilen in Opposition zur Ressortleitung stehen, so die Auskunft der Interviewten.[104]

- Ein ebenfalls mehrfach angesprochenes Problem ist das Interesse an einem besseren Gehalt.

„Ich habe irgendwann festgestellt, daß ich einfach zu wenig Geld verdiene für das, was ich arbeite. Daß also mein Gehalt dem eines etwas gehobenen Sekretärinnenpostens in einem Architekturbüro entspricht. Journalisten werden ja schlecht bezahlt, das ist ja bekannt. (...) Das Gefühl haben die [Kollegen, U.S.] auch mehr oder weniger alle." (16:62f)

In ihrer Auflehnung wendet sich die eine oder andere Redakteurin zunächst an einzelne Kolleginnen und Kollegen, um sich über deren (Haus-)Tarifeinstufung zu informieren und um sich manchmal auch über Strategien zu beraten. Die meisten sind zu der Überzeugung gekommen, daß es keine geschlechtsspezifische Benachteiligung hinsichtlich des Einkommens gibt[105]. Letztlich versuchen sie in der Regel, der Besonderheit des Problems gerecht zu werden und im Gespräch mit ihren Vorgesetzten ihre Interessen individuell durchzusetzen.

- Mehrere Redakteurinnen lehnen spezifische organisatorische Bedingungen ihres Medienbetriebs ab. So kritisiert eine von ihnen, wie strukturelle Veränderungen implementiert werden (sollen). Dazu gehöre, daß ein „Starreporter" (16:126) aufgebaut wird:

„Es gibt jemanden von außen, der uns berät bei der Arbeit. (...) [Z.B. wird ein Kollege, U.S.] auf einmal als der große Schreiber hingestellt. Das empfinden viele als recht ungerecht, nicht nur ich." (16:121)

---

[104] Um die Festanstellung eines ihrer Meinung nach sprachlich und journalistisch schlecht qualifizierten freien Mitarbeiters zu verhindern, hat sich z.B. eine interviewte Redakteurin sehr engagiert und eine Koalition gegen ihn, vor allem gegen seine zukünftige Eingliederung in ihr Ressort bzw. in ihre Medienorganisation ins Leben gerufen. Gemeinsam hat man das Handlungsziel schließlich erfolgreich durchgesetzt.

[105] Nicht immer erscheint die Argumentation überzeugend. In einem Fall beschreibt eine Interviewte, daß ihr Arbeitspensum überdurchschnittlich ist und daß sie sich aufgrund spezifischer Kenntnisse und Kontakte unentbehrlich gemacht hat. Diese Form höherer Qualifikation berücksichtigt sie allerdings nicht, wenn sie ihr Gehalt mit dem ihrer Kolleginnen und Kollegen vergleicht.

Eine andere Journalistin beklagt unter anderem zu geringe redaktionelle Freiräume, die durch das Prinzip der Ancienität zu erklären seien:

„Ich fühle mich benachteiligt. Das hängt aber nicht damit zusammen, daß das nun Männer
sind, sondern das hängt einfach damit zusammen, daß die meisten länger da sind und irgendwo
auch andere Rechte haben aufgrund ihrer langjährigen Zugehörigkeit." (21:109)

- Einige Journalistinnen sehen in der Notwendigkeit der Kinderversorgung ein
  Problem, das Frauen überantwortet wird, das aber Männer genauso wie das
  weibliche Geschlecht betreffen könne. Sie betonen, daß sich Engagement für
  einen Betriebskindergarten nicht auf Frauen beschränken dürfe. Damit richtet
  sich Handlungsbedarf nicht auf ein geschlechtsspezifisches, sondern auf ein
  gemeinsames Vorgehen von Frauen und Männern.

Haltungen von Interviewten zur Kinder- und Familienproblematik weisen auffällige Unterschiede in bezug auf gemeinschaftliche Handlungsstrategien von
Journalistinnen auf: Viele ‚passive' Redakteurinnen betonen mit Nachdruck, daß
sie mangelnde Vereinbarkeit von Familie und Beruf in der Regel als ein von
beiden Geschlechtern zu bewältigendes und zu bekämpfendes Problem betrachten. Für Feministinnen unter ihnen, wie auch für ‚aktive' Journalistinnen, ist
diese Ansicht kein Grund, auf eine Teilnahme an *geschlechtsspezifischen* Zusammenschlüssen zu verzichten. Für einige ‚nicht-aktive' Redakteurinnen ist die
Argumentation gemeinsamer Verantwortung beider Geschlechter aber eine Betrachtungsweise, die mit anderen Motivationen kollektiven Handelns hemmenden Faktoren einhergeht, z.B. mit negativen Handlungs-Ergebnis-Erwartungen
(vgl. Kap. 5.2.2).

Daß sich die gleiche Erkenntnis unterschiedlich auf die Entwicklung von
Handlungsinteressen auswirkt, scheint mit folgenden Beobachtungen im Zusammenhang zu stehen. In Kap. 5.1.1.1.2 ist bereits deutlich geworden, daß das
Problemfeld der Vereinbarkeit von Familie und Beruf von ‚aktiven' Journalistinnen zwar als handlungsrelevant perzipiert wird. Es ist aber nur einer von
vielen Aspekten, die Handlungsinteressen ausmachen. Für ‚aktive' Redakteurinnen sind Schwierigkeiten, die Journalistinnen durch Kinder entstehen, von
nachrangiger Bedeutung, um sich mit anderen zusammenzuschließen. Darüber
hinaus sehen sie Männer für die Aufhebung anderer Diskriminierungen genauso
in der Verantwortung wie Frauen. Es besteht Einigkeit in den Ansichten der
Interviewten, daß Journalisten die Situation ihrer Kolleginnen anders wahrnehmen, weshalb jene auch keinen Handlungsbedarf verspüren. Für ‚aktive' Redakteurinnen folgt daraus, daß Maßnahmen gegen Journalistinnen benachteiligende Bedingungen entsprechend von Frauen in Angriff genommen werden
müssen. Das könnte außerdem in wünschenswerter Weise bewirken, daß bei
Männern ein Bewußtsein für benachteiligende Bedingungen geweckt wird. Für
einige ‚passive' Redakteurinnen hingegen sind negative Handlungs-Ergebnis-

Erwartungen so dominant, daß sie als Voraussetzung fordern, was andere erst durch kollektives Handeln erreichen wollen, nämlich, daß Männer in gleichem Maße Verantwortung übernehmen (vgl. Kap. 5.2.2).

Insgesamt ist zunächst hinsichtlich nicht vorhandenen Bedarfs, sich mit Kolleginnen zusammenzuschließen, folgendes festzustellen:

–   Mehrere ‚passive' Journalistinnen diagnostizieren in bezug auf ihre journalistische Arbeit oder der eigenen Situation in ihrer Medienorganisation bzw. in ihrem Beruf dringlichere Probleme und wichtigere Handlungsziele als solche, die das Geschlechterverhältnis betreffen.

–   Einzelne ‚nicht-aktive' Journalistinnen sehen in ungerechten Bedingungen oder Beeinträchtigungen, die in der Geschlechtszugehörigkeit begründet sind, keinen geschlechtsspezifischen Handlungsbedarf.

Desinteresse gegenüber kollektivem Handeln von Journalistinnen resultiert damit unter anderem aus der Dominanz als kritikwürdig wahrgenommener Umstände in Medienorganisationen, die als geschlechts*un*spezifisch betrachtet werden. Sie führen folglich zur Favorisierung von gemischtgeschlechtlichen Zusammenschlüssen. Gleichzeitig zeigen die verschiedenen aufgeführten Aktivitäten von ‚nicht-aktiven' Redakteurinnen, daß viele von ihnen ein Gespür für informelles Handeln ausgebildet haben.

Neben der Wahrnehmung beruflicher Bedingungen, die vordringlichen Handlungsbedarf für gemischtgeschlechtliche Zusammenschlüsse bzw. für individuelles Agieren hervorrufen, gibt es weitere Erklärungen dafür, weshalb sie sich einer Verbindung von Kolleginnen nicht anschließen. Diese werden im folgenden näher betrachtet.

Vor dem Hintergrund der Vielfältigkeit von Handlungsinteressen ‚aktiver' Journalistinnen, die zum großen Teil stark von für Frauen negativen Bedingungen in Medienorganisationen bzw. im Journalismus ausgehen, ist es erstaunlich, daß relativ viele ‚passive' Redakteurinnen keinen oder nur schwach ausgeprägten Handlungsbedarf entwickelt haben, der sich auf die Situation von Frauen und auf ihre Probleme bezieht.

Es erhebt sich die Frage, ob viele ‚passive' Journalistinnen hinsichtlich des Geschlechterverhältnisses eine zufriedenstellende Berufs- oder Arbeitssituation vorfinden. Deshalb wird im folgenden analysiert, wie ‚passive' Journalistinnen die Aspekte bewerten, die bei ‚aktiven' Journalistinnen Bedarf an kollektivem Handeln hervorrufen. Es handelt sich im wesentlichen um die Themenkreise ‚Diskriminierung', ‚journalistisches Selbstverständnis' und ‚weibliches Refugium'. Mit Blick auf jene Handlungsmotivationen positiv beeinflussende Faktoren wird in den nächsten Unterkapiteln untersucht, weshalb mehrere Redakteurinnen kein Interesse entwickeln, sich mit Kolleginnen zusammenzuschließen.

Den höchsten Stellenwert *für* Motivationen kollektiven Handelns nehmen Diskriminierungserfahrungen und -wahrnehmungen ein. In vielen Fällen geht von ihnen der entscheidende Handlungsimpuls aus. Deshalb steht dieser als motivationsfördernd besonders produktive Einflußfaktor im Vordergrund der folgenden Betrachtungen. Dabei wird auch der Frage nach eventuellen Blockaden in der Wahrnehmung diskriminierender Bedingungen nachgegangen.

5.2.1.1 Zur Bedeutung der Wahrnehmung von Diskriminierungen für fehlendes Handlungsinteresse

Fehlendes Handlungsinteresse in bezug auf geschlechtsspezifische „Mißstände", wie es für die Mehrzahl ‚passiver' Redakteurinnen zutrifft, bedeutet nicht zwangsläufig, daß ‚nicht-aktive' Journalistinnen sich geschlechtsspezifischen Problemen nicht stellen müssen, sie nicht wahrnehmen oder daß sie mit ihrer Situation als Frauen im Journalismus zufrieden sind. Nicht vorhandenen Bedarf, sich mit Kolleginnen zusammenzuschließen, als Hinweis darauf zu werten, interviewte Redakteurinnen würden Bedingungen innerhalb ihrer Medienorganisation oder in ihrem Berufsfeld als gleichberechtigt wahrnehmen, liegt nahe, trifft jedoch nicht zu. Einige ‚nicht-aktive' Journalistinnen fühlen sich zwar nicht persönlich diskriminiert. Die meisten nehmen aber geschlechtsspezifische Benachteiligungen durchaus wahr und sehen sich teilweise selbst davon betroffen - wenn auch nur punktuell. Sie messen ihr jedoch unterschiedliche Bedeutung bei.[106]

Verschiedene Aspekte erklären, weshalb ungleiche Bedingungen für Frauen und Männer im Journalismus konstatiert werden, aber dennoch eine Reihe von Redakteurinnen kein Interesse an Gegenmaßnahmen entwickeln. Dieses scheint vor allem im Zusammenhang zu stehen mit fehlender direkter Betroffenheit ‚passiver' Redakteurinnen durch geschlechtsspezifische Benachteiligungen.

5.2.1.1.1 Diskriminierungen und Betroffenheit

Formen und Dimensionen geschlechtsspezifischer Benachteiligungen werden von Redakteurinnen unterschiedlich wahrgenommen und bewertet. Es gibt relativ viele ‚passive' Journalistinnen, die sie persönlich erlebt oder die ein Gespür für geschlechtshierarchische Verhältnisse entwickelt haben und ungleiche Bedingungen für Frauen und Männer nicht akzeptieren. Andere ‚nicht-aktive' Re-

---

[106] Darüber hinaus gibt es durchaus ‚wohlwollende' und einzelne ‚überzeugt passive' Redakteurinnen, die genauso wie ‚aktive' Journalistinnen, aufgrund geschlechtsspezifischer Benachteiligung Bedarf für gemeinschaftliches Agieren verspüren. Sie sprechen sich aber aus verschiedenen anderen Gründen, die später deutlich werden, gegen kollektives Handeln aus oder müssen darauf verzichten.

dakteurinnen nehmen Diskriminierungen in ihrem beruflichen Umfeld nur am Rande wahr.

Bei mehreren Interviewten steht fehlender Handlungsbedarf in engem Zusammenhang mit dem Gefühl, nicht direkt betroffen zu sein durch geschlechtsspezifische Benachteiligungen. Ein Beispiel dafür ist das Thema ‚Aufstieg'. Mehrere Redakteurinnen, die sich persönlich nicht diskriminiert fühlen, betonen, daß es für Journalistinnen im Vergleich zu Journalisten Nachteile gibt, weil ungleiche Karrierebedingungen bestehen würden.

> „Ich glaube, daß Frauen generell überall größere Schwierigkeiten zu überwinden haben. Einfach, weil es noch immer so ist, daß Frauen, wenn sie denn bestimmte Positionen erreichen wollen, besser sein müssen als Männer. Das ist immer noch so. Das gilt für unseren Laden, und das gilt, glaub ich, für viele andere auch." (14:79)

Aufstiegsbarrieren sind für diese Redakteurin jedoch kein Hindernis, weil sie an einer hierarchisch höheren Position nicht interessiert ist.

> „Ich bin jetzt sehr autonom. Ich habe eine Freiheit, die viele meiner Kollegen nicht haben. Was kann ich also jetzt noch darüber machen? Könnte ich Chefredakteurin werden. Das will ich nicht, weil das eine Sache ist, die sehr viel mit Organisation zu tun hat." (14:78)

Neben schwerwiegenden Diskriminierungen gibt es auch leichtere Formen, von denen sich ‚passive' Redakteurinnen nicht oder kaum betroffen fühlen oder deren beeinträchtigende Wirkung sie ausblenden. Interesse, gemeinsam mit anderen Journalistinnen dagegen ankämpfen zu wollen, scheint vom Ausmaß der Einschränkungen und Verletzungen durch entsprechende Erfahrungen und Beobachtungen abzuhängen:

Viele Journalistinnen erleben z.B. vereinzelt Versuche von Herabwürdigungen. Es werden ihnen hin und wieder Zweifel und Skepsis hinsichtlich ihrer Kompetenz oder ihrer Weiblichkeit entgegengebracht. Dazu gehören Äußerungen und Sprüche von Männern im Berufsalltag, die gegen Frauen gerichtet sind oder die ihnen einen bestimmten Status zuweisen. Kritisierte Erlebnisse werden von einigen ‚passiven' Redakteurinnen nicht als direkte Diskriminierungen perzipiert, unter anderem weil sie sie nicht auf sich persönlich beziehen.

> „Etwas in der Art [,aufgefordert zu werden, „einen Kommentar zu machen", „damit auch mal 'ne Frau da ist" (13:74)] kann ich mir vorstellen, daß es im Lauf der Zeit immer mal wieder vorgekommen ist, aber es hat mich nicht persönlich betroffen." (13:78)

Viele ‚passive' Journalistinnen vermuten hinter den dargestellten Verhaltensweisen keine negative Absicht oder nehmen in ihnen keinen geschlechtsspezifischen Zusammenhang wahr.

> „Ich meine, es wird sicherlich mal irgendwie eine blöde Bemerkung gemacht, aber nicht als Angriff oder so." (13:93)

Für einen aggressiven Umgangston oder für sexistische Sprüche findet manche ‚passive' Journalistin Verständnis. Das sind für eine Redakteurin Folgen des Stresses und Ausgleich für die den Journalismus charakterisierende Hektik, die vor allem tagesaktuelle Medien kennzeichnen würde.

> „Ich hab' irgendwann gelernt, auch darüber zu lachen. (...) Es lockert einfach die ziemlich anstrengende Arbeitsatmosphäre auf." (22:75)

Teilweise wehren sich ‚passive' Redakteurinnen gegen diskriminierende Verhaltensweisen von männlichen Kollegen oder Interviewpartnern, indem sie sie ignorieren. Teilweise begegnen sie ihnen spontan mit einer frechen oder distanzierenden Antwort. Mit dieser Reaktion haben sie verbale Angriffe oft nicht nur sofort abgewehrt, sondern sie auch bei einem etwaigen Gefühl des Verletztwerdens schnell bewältigt. In manchen Fällen dringen beleidigende oder herabwürdigende Dimensionen diskriminierender Erlebnisse - und deshalb auch die dahinter liegenden Strukturen - kaum ins Bewußtsein ein:

> „Ich habe keine Situation erlebt, wo ich das Gefühl hatte, daß ich als Frau in einer Sache schlechter wegkomme, weil ich als Frau an dieser Sache beteiligt bin. An so eine Situation kann ich mich nicht erinnern, jedenfalls bei uns nicht. Also es gibt sicherlich Gesprächspartner von außen, die meinen, daß sie mit einem irgendwie anders umspringen können, weil man eine Frau ist, aber das kann man ja dann auch irgendwie in wenigen Sätzen klarstellen, daß das nicht so ist." (16:115)

Da sie einerseits Diskriminierungen lediglich punktuell, eher in der alltäglichen Kommunikation wahrnehmen und sich nicht direkt oder persönlich davon betroffen fühlen und da sie andererseits gegebenenfalls in die akute Situation sofort gestaltend eingreifen, möchten einige ‚passive' Redakteurinnen nicht auf einer anderen als der direkten, also individuellen Ebene gegen Verhaltensweisen ankämpfen, die sie oder andere Frauen beeinträchtigen oder angreifen können:

> „Es ist auch wieder von der Tagesform abhängig. Wenn ich nicht drauf reagiere, hab' ich's auch im nächsten Moment vergessen. Wenn ich reagiere, sage ich höchstens hinterher, ‚ach Gott, was regst du dich so auf, du kennst die doch'. Ich empfinde es beispielsweise nicht so, daß ich jetzt sagen müßte, so jetzt trommeln wir mal die Männer zusammen und klären sie mal auf, was für'n Schwachsinn das ist, was sie da verbreiten. Also diese Missionierungen betrachte ich auch nicht als meine Aufgabe." (13:94)[107]

Fast alle interviewten (also ‚aktive', ‚wohlwollende' und ‚überzeugt passive') Redakteurinnen kennen die angeführten Diskriminierungsbeispiele oder ähnliche Versuche, Frauen abzuwerten oder einzuschüchtern, aus eigener Erfahrung. Auf direkte geschlechtsspezifische Benachteiligungen in face-to-face-Situationen

---

[107] Über den unterschiedlichen Umgang von Redakteurinnen mit Kollegen, von denen sie sich durch frauenfeindliche Sprüche diskriminiert fühlen, vgl. auch Kapitel 5.2.2.3.

pflegen sie, so hat für ‚aktive' Journalistinnen bereits Kap. 5.1.1.1.1 gezeigt, sofort und direkt zu reagieren.

Viele ‚aktive' und ‚wohlwollende' Redakteurinnen nehmen in dieser Form aber auch eine Methode wahr, mit der Männer versuchen, Frauen zu verunsichern oder abzuqualifizieren.

> „Wenn in ihre Kreise, in denen sie normalerweise unter sich sind, eine Frau kommt, dann haben sie so etwas Herablassendes, wie: ‚Jetzt weisen wir die Kleine mal darauf hin, daß wir hier wirklich um die großen Dinge reden' oder eben etwas scherzhaft Tändelndes. (...) Das finde ich, ist eine charakteristische Situation, die deutlich macht, daß ich es als Nachteil empfunden habe, in einem solchen Beruf eine Frau zu sein." (5:147)

Viele ‚passive' Redakteurinnen hingegen messen direkten Diskriminierungen keine besondere Bedeutung zu, weil sie sich nicht oder kaum persönlich betroffen fühlen und ihnen keine böse Absicht unterstellen. Vor diesem Hintergrund haben im Alltag erlebte Herabwürdigungen oder Angriffe durch Kollegen keine besondere Wirkung auf das Befinden vieler Journalistinnen, auf ihre Berufszufriedenheit oder auf ihre Handlungsstrategien.[108]

Es deuten sich weitere Erklärungen für Akzeptanz, zuweilen sogar zum Ausdruck gebrachtes Verständnis für Bedingungen an, die andere Frauen als geschlechtsspezifische Benachteiligung empfinden. Ihre eher positive Bewertung scheint im Zusammenhang zu stehen mit stereotypen Vorstellungen von diskriminierten Frauen als „Opfer" und dem Selbstbild der Redakteurinnen, das eine eigene Identifikation mit dem „Opferstatus" nicht zuläßt. Hinweise darauf werden in Kap. 5.2.1.1.2 beleuchtet.

Für ‚aktive' Redakteurinnen scheint von einzelnen Diskriminierungen eine Sensibilisierung für grundlegend benachteiligende Bedingungen für Frauen im massenmedialen Beruf und deren Kritik- bzw. Veränderungswürdigkeit auszugehen. Bei mehreren ‚passiven' Redakteurinnen findet sie jedoch wegen geringen Grades an empfundener Behinderung, Einschränkung, Irritation oder Verletzung offensichtlich nicht statt.

Mit der Darstellung der bei einigen Redakteurinnen schwach ausgeprägten Perzeption von geschlechtsspezifischen Benachteiligungen im beruflichen Umfeld soll nicht unterstellt werden, daß diese Frauen diskriminiert werden, sich aber dessen nicht bewußt würden. Vielmehr gilt es festzuhalten, daß sich einige Journalistinnen in für sie „nur" unbedeutendem Maß benachteiligt fühlen. Vor

---

[108] Dies mag auch eine Erklärung dafür sein, daß sie selten zu schärferen Maßnahmen greifen, wenn sie als einzelne reagieren. Lediglich eine Redakteurin berichtet von einem entsprechenden Vorgehen. Sie hat über einen Kollegen eine Aktennotiz an den Chefredakteur geschrieben. Ihre Kritik richtet sich gegen diesen Journalisten wegen seiner sexistischen Bemerkungen, für die er auch von Männern in ihrem Ressort Ablehnung erfährt. Die Maßnahme, die diese Redakteurin versuchte, blieb allerdings ohne den gewünschten Erfolg: Der betreffende Kollege wurde später befördert.

dem Hintergrund ihrer diesbezüglichen persönlichen Erfahrungen und Empfin-
dungen messen sie Frauen herabwürdigenden und ungleich behandelnden Rahmenbedingungen keine besondere Bedeutung bei - unabhängig davon, ob diese
sich nun auf sie selbst oder auf andere Kolleginnen beziehen. Dieses Ergebnis
bestätigt einen Zusammenhang zwischen eigener Betroffenheit und Perzeption
struktureller Dimensionen geschlechtsspezifischer Benachteiligungen.

Berührtsein von Ungleichbehandlung und Minderbewertung erweist sich zuweilen auch als zeitlich befristeter Handlungsbedarf und damit als ein „vergäng-
liches" Phänomen. Nicht vorhandenes Handlungsinteresse kann aus der abge-
schlossenen Veränderung kritisierter Bedingungen resultieren, was Erfolg kollektiven Handelns sein kann oder in nicht von Zusammenschlüssen beeinflußten
Entwicklungen begründet ist.

Einige Journalistinnen, die sich bereits mit anderen Frauen gemeinsam gegen
geschlechtsspezifische Benachteiligungen gewehrt haben, nehmen feministische
Belange persönlich nicht mehr so wichtig wie ehemals und verspüren deshalb
heute kein Handlungsinteresse mehr.

So hat z.B. eine Redakteurin durch die Übernahme einer neuen, ebenfalls gut
angesehenen Position diskriminierende Bedingungen hinter sich gelassen. In
ihrer jetzigen „Anderthalb-Personen-Redaktion" erlebt sie weder persönliche
Herabwürdigungsversuche noch inhaltliche Anfeindungen, was in ihrem vorherigen Wirkungsfeld noch gang und gäbe war.

> „Ich finde das wunderbar. Dieses ganze hierarchische Gehabe, das da so stattfindet, das muß
> ich wirklich nicht mehr haben." (5:102)

Sie nimmt durchaus ein nach wie vor Frauen benachteiligendes redaktionelles
Umfeld wahr, sieht sich aber in ihrer jetzigen Position kaum angreifbar und nicht
mehr durch Machtkämpfe angefeindet.

Desinteresse von Journalistinnen gegenüber gemeinsamen Aktivitäten mit
Medienfrauen scheint also sowohl mit ihrer aktuellen persönlichen Betroffenheit
von Diskriminierungen zusammenzuhängen als auch mit dem Grad individuell
empfundener Einschränkungen und Verletzungen durch sie. Das belegen besonders Beispiele ‚passiver' Redakteurinnen, die teilweise in Frauenzusammenschlüssen aktiv waren und die das Ausmaß von Beeinträchtigung für sich
persönlich als nicht mehr handlungsrelevant betrachten.

Die Kopplung von Bedarf kollektiven Handelns an eigene direkte geschlechtsspezifische Benachteiligung kann zwangsläufig zu Kontinuitätsschwan-
kungen oder -einbrüchen gemeinsamen Engagements von Journalistinnen führen. Das einem Wandel unterliegende Gefühl von Betroffenheit durch diskriminierende Bedingungen ist nicht nur einer mehrerer Gründe für fehlenden Handlungsbedarf, sondern auch für einen relativ geringen Organisationsgrad von
Journalistinnen.

Die meisten Redakteurinnen registrieren Diskriminierungen - wenn auch in unterschiedlichen Dimensionen - und fühlen sich mehr oder weniger davon betroffen. Bei einigen wenigen ‚nicht-aktiven' Redakteurinnen erklärt sich fehlender Handlungsbedarf hinsichtlich dieses Problemfeldes offensichtlich damit, daß sie die beruflichen Bedingungen als zwischen den Geschlechtern gleichberechtigt wahrnehmen. Das heißt, ihrer Ansicht nach werden Frauen im Journalismus nicht benachteiligt.[109] Es entsteht der Eindruck, als wären sie gegenüber Diskriminierungen relativ unempfindlich. Diese ihre Einstellung begleitenden Faktoren werden im folgenden näher betrachtet.

5.2.1.1.2 Diskriminierungen und Wahrnehmungssperren

Wie bereits erwähnt gibt es Journalistinnen, die persönliche Diskriminierungen weder erfahren haben, noch in ihrem redaktionellen Umfeld oder in beruflichen Rahmenbedingungen geschlechtsspezifische Benachteiligungen wahrnehmen. Bei einzelnen von ihnen vermittelt sich zuweilen jedoch der Eindruck, sie würden sich grundsätzlich einer Wahrnehmung ungleicher Verhältnisse für Männer und Frauen im Beruf verschließen. Auch wenn sie sich, als Beweis für Gleichberechtigung von Journalistinnen, auf eine in den letzten Jahrzehnten zunehmend steigende Zahl von Medienfrauen berufen, scheint dennoch die Annahme einer Wahrnehmungssperre überprüfungsnotwendig.

Verschiedene frauenfördernde Errungenschaften oder der höhere Journalistinnenanteil belegen, daß sich das Geschlechterverhältnis in früheren Zeiten anders ausnahm als heute. Eine Bewertung der Konsequenzen dieser Entwicklung führt bei interviewten Redakteurinnen zu unterschiedlichen Ergebnissen. Das zeigt eine Gegenüberstellung der diesbezüglichen Ansichten zweier Journalistinnen, die beide älter als fünfzig Jahre sind und das heutige Geschlechterverhältnis sehr unterschiedlich beurteilen. Die unterschiedliche Wahrnehmung der Situation von Frauen im Beruf deutet darauf hin, daß sich einzelne Redakteurinnen gegenüber einer Perzeption von Diskriminierung zu wehren scheinen.

Eine der beiden älteren Frauen, die im Sample zu den ‚wohlwollenden' Redakteurinnen gezählt wird, fühlt sich persönlich nicht direkt diskriminiert. Sie betont, daß heute im Vergleich zu früher jüngere Kolleginnen bessere Chancen hätten.

„Ich finde wirklich, (...) daß jüngere Frauen auf eine Art kompetent sind und da auch mit einem ganz anderen Selbstbewußtsein anfangen, was ich erst im Laufe der Zeit erreicht habe. Die fangen einfach an einem anderen Punkt an. (...) An einem anderen Punkt des Selbstbewußtseins. Also ich bin wirklich ein Kind der fünfziger Jahre gewesen. Das heißt, daß man in keiner Weise

---

[109] Dabei werden geschlechtsspezifische Benachteiligungen von ‚überzeugt passiven' Redakteurinnen insgesamt deutlich seltener registriert und in ihrer Bedeutung auch als weniger gravierend eingestuft als von anderen Interviewten, also von ‚wohlwollenden' oder ‚aktiven' Journalistinnen.

von irgendwoher als Frau ermutigt worden war, beruflich etwas zu erreichen. Sondern man mußte sich gegen Widerstände überhaupt erst durchsetzen, daß man studieren will, daß man berufstätig sein will. Um einen herum waren ja nur Leute, die einen für absolut widernatürlich hielten, wenn man sein Studium absolvieren wollte und einen Beruf haben wollte." (5:132f)

Schwierigkeiten und Behinderungen in ihrem beruflichen Lebensweg, die in ihrer Geschlechtszugehörigkeit begründet sind, stellt die zitierte Redakteurin rückwirkend als ein vornehmlich zeitgeschichtliches Phänomen dar, weil es Frauen ihres Jahrgangs allgemein so erging. Trotzdem betrachtet sie ihre Geschlechtszugehörigkeit als Nachteil in diesem Beruf. Sie sieht ihr redaktionelles Umfeld dadurch charakterisiert, daß Journalisten versuchen würden, ihre Kolleginnen einzuschüchtern oder zu verunsichern. An verschiedenen Stellen im Interview wird eine ausgeprägte Sensibilität für geschlechtsspezifische Benachteiligungen deutlich. Der beschriebene Vorzug sozialer Entwicklungen, nämlich der höhere Journalistinnenanteil in Redaktionen, wird nach Wahrnehmung dieser Journalistin beeinträchtigt durch größere Raffinesse der Männer. Sie drücke sich aus im Wandel der von ihnen im alltäglichen Umgang angewendeten Techniken, um Frauen auszugrenzen oder einen „Minderstatus" zuzuweisen:

> „Nicht Chauvi-Sprüche, also so weit sind die ja schon, daß sie das nicht machen. Aber so [der Gestus, der besagt] ‚die Kleine da, die darf jetzt hier mal ein bißchen an unserem Tisch sitzen und darf jetzt mal hier ein bißchen was von den großen Problemen mitkriegen'." (5:152)

Heute, so betont diese Redakteurin, werden im Gegensatz zu früher subtilere Arten von Herabwürdigungen angewandt, wie in Form einer Reifestatuszuweisung oder wie das Herausstellen einer Ausnahmeposition, in der sich Frauen befinden („eine unter Männern" (5:155)). Solche Titulierungen rufen unter Umständen Leistungsdruck oder Minderwertigkeitsgefühle hervor. Diese Wirkungen sind durchaus von Männern gewollt. Denn entsprechende Formulierungen und Attitüden bringen zum Ausdruck, daß eine isolierte Frau erst einmal beweisen müsse, daß sie es verdient, zum Kreis der Dominierenden, also der Männer, zu gehören.

Vor dem Hintergrund einer in den letzten Jahren gestiegenen Journalistinnenzahl, zunehmender Berufstätigkeit von Frauen und dafür günstigeren gesellschaftlichen Rahmenbedingungen[110] zeigt eine andere, ebenfalls ältere Interviewte eine völlig andere Sicht auf die Situation von Medienfrauen.

Diese ‚überzeugt passive' Redakteurin meint, daß Frauen in ihrem Beruf nicht diskriminiert werden, daß aufstiegsorientierte Journalistinnen es in ihrer Medienorganisation vielmehr leichter hätten, ihr Ziel zu erreichen, als ihre männlichen Kollegen. Zwar befindet sich diese Interviewte in einer Sonderstellung in ihrer Medienorganisation:

---

[110] Ein Beispiel ist die Förderung von Frauen oder des weiblichen Nachwuchses durch einzelne Journalistinnen oder Journalisten bzw. das vereinzelte Greifen von Gleichstellungsmaßnahmen.

„Ich habe meinen eigenen Aufgabenbereich, ich bin überhaupt niemandem unterstellt." (11:109)

Und sie scheint ihre Ein-Personen-Ressort-Situation als Stellung mit größerem Prestige und gewissermaßen als höhere Position wahrzunehmen. Doch insgesamt zeigt die Realität in ihrem Medienbetrieb ein anderes Bild: Weder in der Ressortleitung noch in höher angesiedelten Hierarchiepositionen sind Frauen vertreten. Dabei bekundeten in der bereits zitierten Telefonbefragung 1990 vier von neun interviewten Journalistinnen dieser Medienorganisation starkes oder sehr starkes Aufstiegsinteresse. Überhaupt liegt der Anteil der Journalistinnen bei etwa 25 Prozent und damit ist er niedriger als in den meisten anderen Berliner Medienorganisationen (Schulz 1993b).

Gleichzeitig fühlte sich die zitierte Journalistin während ihres relativ langen Berufsweges nie diskriminiert. Sie betont, daß es sich nicht als Nachteil erwies, in diesem Beruf eine Frau zu sein. Sie erklärt außerdem, daß ihr keine geschlechtsspezifischen Erwartungen entgegengebracht werden. Doch als Volontärin war es für sie selbstverständlich, die kulinarische Versorgung der Männer in der Redaktion zu übernehmen. Diese zu einem früheren Zeitpunkt im Interview beschriebenen Umstände werden ohne Distanz dargestellt. Die Schilderung diente der Illustration des familiären Rahmens der damaligen Arbeitssituation in einer von ihr sehr geschätzten Redaktion. Die bereitwillige Zuständigkeit für das leibliche Wohl scheint in erster Linie mit ihrem damaligen Ausbildungsstatus zusammenzuhängen, kann aber auch auf eine Akzeptanz von Rollenbildern hindeuten, die Frauen Aufgaben geringen Ansehens übertragen. Einen Hinweis auf diese Akzeptanz gibt zumindest ihre Bereitschaft; nachdem sie Mutter wurde, für die Familie eigene berufliche Ambitionen zurückzustellen: Unterhalb ihrer Qualifikation assistierte sie ihrem damaligen Ehemann in seinem Beruf.

Wie sie die Geschlechtersituation im Journalismus wahrnimmt, zeigt folgende Interview-Passage:

„Ich glaub', daß einfach dadurch, daß die Anforderungen, also wenn man jetzt von negativen Ausnahmen absieht, daß die Anforderungen an Frauen und Männer einfach gleich sind bei uns. Das führen Sie jetzt quasi auf das Unternehmen und die Organisation des Unternehmens zurück? Wahrscheinlich ist es die ganze Berufsgruppe. Wenn Frauen sich zum Beispiel vorzeitig entscheiden und sagen, sie gehen also zu einer Frauenzeitschrift und in die Häkelbuden und ins Kochstudio, wobei sie ja auch in leitenden Positionen da Männer haben, warum, weiß ich nicht, wahrscheinlich auch, weil die länger im Beruf bleiben, und Frauen dann doch mal unterbrechen und Familie haben, und dann sind wahrscheinlich die leitenden Positionen von Männern besetzt. Aber bei uns sieht's halt so aus, daß da die gleichen Anforderungen an die Leute gestellt werden, wie gesagt, bis auf die Ausnahme Polizei, treten also Männer und Frauen auch gleich auf. Und warum sollte man mich diskriminieren, wenn ich sowieso bei zwanzig Grad minus also auch mal bei irgend einem Großbrand bin und da genauso durchhalte wie ein Mann." (11:172f)

Es soll nicht angezweifelt werden, daß diese Journalistin sich nicht benachteiligt fühlt. Vielmehr unterstreicht die Beschreibung situativer Bedingungen verschiedener Arbeitszusammenhänge ihre Selbstwahrnehmung. Sie beruht unter anderem darauf, daß sie die Verantwortung für die ungleiche Verteilung der Ressortzugehörigkeit zwischen den Geschlechtern allein selbstbestimmten Entscheidungen von Frauen zuschreibt. Implizit hebt sie sich von Redakteurinnen ab, die sich mit nicht angesehenen „Frauenthemen" beschäftigen.

Das Interview gibt außerdem Hinweise darauf, daß das Selbstbild dieser wie auch einzelner anderer ‚passiver' Journalistinnen Perzeption von Diskriminierungen verhindert. Die Möglichkeit einer Betroffenheit durch ungünstige Umstände für Frauen würde für diese Redakteurin bedeuten, sich mit einem „schwachen" Geschlecht identifizieren zu müssen, das dann tatsächlich vermeintlich zu Recht als „schwach" zu bezeichnen wäre. Das könnte ihre Erfolge schmälern, die sich in den im Verlauf ihres Berufsweges eingenommenen Funktionen, z.B. international reisende PR-Frau oder verantwortliche Mitarbeit für ein angesehenes englischsprachiges Magazin, ausdrücken. Im Vergleich zu ihren direkten Kolleginnen sieht sie sich auch heute in einer besonderen Position. Diese und bisherige Funktionen können auch als Ausdruck dafür betrachtet werden, daß die zitierte Redakteurin nicht diskriminiert wird. Ihr Selbstbild scheint aber auch Bereitschaft zu verhindern, geschlechtsspezifische Probleme anderer wahrzunehmen.

Das Beispiel der zitierten Redakteurin gibt deutliche Hinweise darauf, daß die Betonung gleichberechtigter Bedingungen von Journalistinnen auf einer Wahrnehmungssperre beruhen *kann*. Ursachen einer spezifisch gefärbten Sicht auf ungleiche Bedingungen für Männer und Frauen im Beruf scheint in der persönlichen Situation und der Selbstwahrnehmung begründet zu sein.

Ambivalenz zwischen Geschlechtsidentität und beruflicher Identität oder die als Erfolg betrachtete eigene Situation können zu einer Überbewertung des gestiegenen Journalistinnenanteils führen. Eine Atmosphäre, in der Frauen den ersten Schritt auf dem unendlichen Weg Richtung Gleichberechtigung hinter sich haben, der Frauen aus der „Token-Situation" herauszuholen versucht, erscheint dann bereits als Bevorzugung von Journalistinnen. Das Selbstbild einerseits und eine sich für das weibliche Geschlecht scheinbar verbessernde gesellschaftliche Stimmungslage kann zu einer verzerrten Perzeption der beruflichen Situation von Journalistinnen führen. Wahrnehmung gleichberechtigter Bedingungen für Männer und Frauen im Journalismus, aber auch fehlende persönliche Annäherung an Kolleginnen und deren geschlechtsbezogene Probleme oder fehlende Identifikation mit feministischen Interessen, erklärt, warum einige Journalistinnen in bezug auf Diskriminierungen kein Interesse entwickeln, sich mit Kolleginnen zusammenzuschließen.

5.2.1.2 Weitere Aspekte potentiellen Handlungsbedarfs

Wie unter ‚aktiven' finden sich auch unter ‚überzeugt passiven' und ‚wohlwollenden' Journalistinnen verschiedene Frauen, die mit der Berichterstattung über ihr Geschlecht in ihrem jeweiligen Medium nicht ganz einverstanden sind. Eine ‚passive' Redakteurin meint z.b., daß Frauenthemen in ihrer Zeitung „sicherlich nicht optimal gehandhabt werden" (13:83), eine andere vertritt den Standpunkt, daß das weibliche Geschlecht betreffende Aspekte und Sujets in den einzelnen Ressorts vernachlässigt werden, weil es in ihrem Blatt eine Frauenseite gibt. Was unter Frauenthemen oder -problemen verstanden wird, ist - wie bei ‚aktiven' Journalistinnen - ebenfalls bei ‚passiven' Redakteurinnen unterschiedlich. Klar aber ist, daß die meisten Interviewten sich dagegen verwahren, daß ihnen qua Geschlecht Kompetenz für bestimmte Themen zugesprochen wird.

> „Es gibt zum Beispiel den berühmten § 218. Wenn der halt mal wieder Thema ist, dann geht's eben darum, nicht, wer hat sich jetzt intensiv damit beschäftigt (...), sondern dann wird gesagt, ‚naja du bist doch Frau, das betrifft dich doch, du mußt doch eine Meinung dazu haben, dann schreib mal einen Kommentar dazu'. Und solche Kommentare schreibe ich nicht." (13:80)

Eine kritische Wahrnehmung zur Berichterstattung über Frauen ist nicht verbunden mit einem aktiven Interesse, sie durch einen geschlechtsspezifischen Zusammenschluß beeinflussen zu wollen.

Hinsichtlich des beruflichen Aufgabenverständnisses, grenzen sich auch ‚passive' Redakteurinnen nicht von den eingeführten Standards ab. Sie zeigen sich überzeugt, daß es weder männlichen noch weiblichen Journalismus gibt, und betonen, daß es keine Unterschiede geben sollte. Sie nennen als wünschenswerte Eigenschaften und Fähigkeiten von Journalistinnen solche, die sie von Journalisten auch einfordern würden und mit denen sie Kollegen wie Kolleginnen identifizieren. Sowohl die Berichterstattung über Frauen als auch journalistische Ziele, Methoden oder Inhalte sind kein Grund, Interesse zu entwickeln, sich mit Geschlechtsgenossinnen zusammenzuschließen.

Weitere potentielle Interessen, die ‚aktive' Journalistinnen zum Handeln in beruflichen Frauenzusammenschlüssen drängen, haben für ‚passive' Redakteurinnen keine motivationsfördernde Bedeutung: Letztere äußern kein Bedürfnis nach einem Schonraum oder einem „männerfreien Refugium". Kommunikative Bedürfnisse befriedigen sie in anderen Formen: Der Austausch über berufliche Probleme, die auch mit der Situation als Frauen zusammenhängen können, findet für einige in der alltäglichen Zusammenarbeit mit Kolleginnen, für andere in Gesprächen mit engen Freundinnen statt, die teilweise auch Fachfrauen aus anderen Medienorganisationen sind. Einige haben sich daran gewöhnt, mit Familienmitgliedern oder anderen ihnen nahestehenden, berufsfremden Personen Angelegenheiten des Berufsalltags zu besprechen.

„Ich hatte nicht so sehr das Bedürfnis, mich jetzt mit Fachfrauen oder mit Kolleginnen auszutauschen. Ich kann eigentlich gar nicht sagen, warum das nicht so ist. Vielleicht weil ich im Freundeskreis oder im Familienkreis genug Leute habe, mit denen ich die Sachen bereden konnte." (19:112)

Andere Redakteurinnen betonen, daß ein informeller Informationsbedarf sich zwar auch, aber weniger auf geschlechtsspezifische Belange bezieht und daß er im Alltag befriedigt werden kann. Mehrere ‚passive' Journalistinnen machen deutlich, daß die Existenz bestimmter Gepflogenheiten oder Einrichtungen innerhalb der Medienorganisation die Pflege informeller Kontakte ermöglicht und geschlechtsspezifische Zusammenschlüsse weitestgehend ersetzt.

„Wir haben jetzt auch eine Gesamtkonferenz, wo man ziemlich viel erfahren kann, die täglich einmal stattfindet. Und sonst quatschst du halt schon mal hier und dort irgendwie, wenn du jemanden triffst, und erfährst dann auch da die neuesten Stories." (3:45)

Deutlich wird, daß vor allem kein Interesse an stärkeren zwischenmenschlichen Beziehungen besteht, da einerseits die Arbeit relativ wenig Zeit für die Pflege des privaten Freundeskreises läßt und weil andererseits das persönliche Interesse für Kolleginnen und Kollegen nicht stark genug ist, um private Kontakte zu forcieren.

„Eigentlich würde ich so nach Feierabend ganz gerne auch im privaten Bereich mehr machen. (...) Man trifft sich schon mal privat abends auf ein Bier oder geht mal abends zusammen weg, aber das machen andere Leute sicherlich mehr als ich. Ich geh beispielsweise ganz selten in die Kantine, weil um jetzt richtig privaten Kontakt zu halten, sind mir die Leute nicht wichtig genug. Ich hab' einfach so aus'm privaten Kreis Beziehungen und zwei, drei enge Freundinnen, und das reicht mir dann auch für mein Privatleben." (3:44)

Vorzüge kollektiven Handelns, die ‚aktive' Journalistinnen als motivationsfördernde Elemente herausstreichen, haben für viele ‚passive' Redakteurinnen keine Bedeutung. Ihr informeller Kommunikationsbedarf unterscheidet sich von dem ‚aktiver' Journalistinnen darin, daß sie weder ein spezifisches Klima des Informationsaustausches oder für Problembesprechungen suchen noch von Vorzügen geschlechtsspezifischer Zusammenschlüsse profitieren wollen. Die Hintergründe erklären sich in der Regel relativ einfach: Einerseits werden sowohl der redaktionelle Umgang miteinander nicht kritisiert als auch Kommunikationsstil und -form nicht als männlich dominiert empfunden. Andererseits bestehen meistens keine Aufstiegsinteressen und keine auf innerbetriebliche Abläufe bezogenen Ziele, für die eine Art Seilschaft nützlich sein könnte.

Ein weiterer Reiz für ‚aktive' Journalistinnen hat aufgrund seiner Vergänglichkeit keine Handlungsrelevanz: Das Bedürfnis nach einem vertiefenden Verständnis der Geschlechtersituation, die Gemeinsamkeit von Problemen und Parallelen von Arbeitsbedingungen verschiedener Frauen zu erleben, ist in einzelnen Fällen befriedigt und wird als abgeschlossen wahrgenommen.

In bezug auf Diskriminierungen und andere Handlungsinteressen, die ‚aktive' Journalistinnen äußern, hat sich für ‚passive' Journalistinnen gezeigt, daß viele zwar ein feministisches Bewußtsein und eine positive Haltung gegenüber kollektivem Handeln zum Ausdruck bringen, daß sie aber keinen Bedarf hegen, gemeinsam mit anderen aktiv zu werden. Wie fehlender Handlungsbedarf zu erklären ist, wurde in diesem Kapitel deutlich. Es gibt dennoch weitere Aspekte, die Motivationen kollektiven Handelns hemmen, und die weitere Erklärungen bieten, weshalb einige Journalistinnen, die Handlungsbedarf verspüren, sich dennoch nicht einem Handlungsverbund von Kolleginnen anschließen. Sie werden im anschließenden Kapitel dargestellt.

5.2.2 Negative Handlungs-Ergebnis-Erwartungen als Motivationshemmnis

Motivationen kollektiven Handelns von Journalistinnen werden neben fehlenden Handlungsinteressen auch durch negative Handlungs-Ergebnis-Erwartungen gehemmt: Mehrere ‚passive' Redakteurinnen gehen davon aus, daß sich von ihnen kritisierte Situationen durch gemeinsames Agieren kaum in gewünschter Weise ändern lassen. Skepsis von Journalistinnen in bezug auf kollektives Handeln bzw. seinen Ergebnissen gründet sich unter anderem auf vorwiegend negativen, aber unterschiedlich vielfältigen, persönlichen Erlebnissen mit Zusammenschlüssen.

‚Nicht-aktive' Redakteurinnen berichten von Erfahrungen mit kollektivem Handeln aus unterschiedlichen Phasen ihres Lebens: Einige von ihnen erinnern sich lediglich an Schul- oder Jugendgruppen. Andere haben mehrere Zusammenschlüsse kennengelernt. Sie gewannen Einblick in Mädchengruppen, oder sie erlebten gemischt-, aber auch gleichgeschlechtliche, teilweise beruflich orientierte Verbindungen.

Negative Handlungs-Ergebnis-Erwartungen basieren auch auf unterschiedlichen Wahrnehmungen diverser Handlungsverbunde von Medienfrauen. Dabei handelt es sich meistens um Zusammenschlüsse innerhalb der eigenen Medienorganisation, die einige Interviewte ablehnen.

Darüber hinaus führen moralische Kriterien zu einer negativen Bewertung kollektiven Handelns bzw. seiner Ergebnisse.

Welche Grundlagen und Ursachen für zuweilen fatalistisch anmutende Überzeugungen auszumachen sind, angestrebte Veränderungen von kritisierten Situationen nicht erreichen zu können, und worin diese im einzelnen bestehen wird in den folgenden Unterkapiteln detailliert herausgearbeitet.

5.2.2.1 Zweifel an positiven Ergebnissen kollektiven Handelns aufgrund von Erfahrungen mit Zusammenschlüssen und mit einzelnen Frauen

Negative Handlungs-Ergebnis-Erwartungen können unter anderem in unangenehmen persönlichen Erfahrungen mit unterschiedlichen, teilweise geschlechtsspezifischen, teilweise gemischtgeschlechtlichen Zusammenschlüssen begründet sein. Einschneidende Erlebnisse mit sowohl kleineren Gruppen als auch größeren Verbänden, von denen Interviewte berichten, beziehen sich vorwiegend auf die Zeit ihrer Kindheit, zuweilen auch auf die der Berufstätigkeit. Darüber hinaus sind in einigen Fällen Begebenheiten mit einzelnen Kolleginnen bzw. Freundinnen aus dem massenmedialen Umfeld relevant für die Entwicklung von Zweifeln an Erfolgen gemeinsamer Aktivitäten von Journalistinnen.

Von besonderer Bedeutung für negative Erwartungen gegenüber kollektivem Handeln scheinen schlechte Erfahrungen mit Zusammenschlüssen in frühen Lebensphasen zu sein. Auffällig ist, daß einige wenige ‚überzeugt passive' Journalistinnen das Zusammensein mit Altersgenossen und -genossinnen aus Schul- und Jugendzeit als extrem unangenehm empfanden. So betont eine Redakteurin, daß sie durchaus auch mal mit Schulkameradinnen an den Strand gegangen ist. Aber:

> „Eine Clique, das war es nicht." (11:209) „Gruppen habe ich gehaßt wie die Pest. (...) Ich bin noch nie in einem Verein gewesen." (11:207)

Einzelne Journalistinnen fühlten sich in ihrer Kindheit sehr unwohl in Zusammenhängen, in die sie zwangsläufig gestellt waren. Sie beschreiben Probleme im Umgang mit Klassenkameradinnen und -kameraden, manchmal sogar „extreme Kontaktschwierigkeiten" (10:263).

> „Gruppenerfahrungen, das fängt ja in der Schule an. Ich weiß nicht, meine Grundschulklasse hab' ich genauso wenig leiden können wie meine Gymnasiumsklasse. Also ich war kein Gruppenmensch." (23:319)

Nicht alle ‚passiven' Redakteurinnen verfügen über ausschließlich negative Erfahrungen mit Gemeinschaften. Für einige wenige, die Zusammenschlüsse nur als unangenehm erlebten, scheint sich aber die Erinnerung nachhaltig auszuwirken: Sie unterstreichen die grundlegende Bedeutung negativer Erlebnisse für ihre heutige Einschätzung kollektiven Handelns.

Diese Redakteurinnen, die bereits in jungen Jahren als „Einzelgängerinnen" (im Gegensatz zu „Gruppenmenschen") bezeichnet werden konnten, sind es teilweise auch geblieben. Sie distanzieren sich noch heute von Verbindungen mit einer größeren Zahl von Menschen, verweigern sich aber nicht grundsätzlich jeglicher Beziehung zu Kolleginnen. Vielmehr haben sie ihre Zuneigung und ihre wichtigen sozialen Kontakte auf einzelne Freundinnen, Freunde (auch aus dem massenmedialen Umfeld) oder Familienmitglieder beschränkt.

Sie scheinen keine „Einzel*kämpferinnen*" zu sein, welche - im hier zugrunde-
gelegten Verständnis - keine engen Kontakte zu mehreren eingehen, um gegenüber diesen Vorteile zu erzielen. Die als „Einzelgängerinnen" erscheinenden
Journalistinnen betonen, daß sie weder Berührungsängste haben noch grundsätzlich Probleme im Umgang mit Kolleginnen oder Kollegen; sie favorisieren
lediglich, auf der Basis ihrer Erfahrungen, individuelle Verhaltensweisen gegenüber kollektivem Handeln.

> „Ich kann über mein ganzes Berufsleben eigentlich überhaupt nichts gegen die Leute sagen, mit
> denen ich zusammengearbeitet habe. Das ging eigentlich immer gut." (1:26) „Vielleicht hat das
> auch damit zu tun, daß man sich nicht so zu Gruppen hingezogen fühlt, weil wir ein hervorra-
> gendes Familienleben haben." (1:97) (Herv. U.S.)

Berufliche Schwierigkeiten, egal ob als bedeutsam oder als alltäglich empfunden, pflegen diese einzelnen ‚überzeugt passiven' wie auch die eine oder andere
‚wohlwollende' Redakteurin alleine zu bekämpfen. Sie beschränken sich vornehmlich auf enge und intensive Formen von Beziehungen mit nur wenigen Personen, die unter anderem auch der Verarbeitung persönlicher beruflicher Probleme dienen. Unangenehme Eindrücke von größeren Gemeinschaften haben sie
schon früh zu individuellem Handeln angeregt. Vielfältige Erfahrungen, als einzelne zu agieren, haben sich bisher als positiv erwiesen: Diese ‚passiven' Redakteurinnen konnten ihre Ziele in der Regel allein durchsetzen.[111]

Andere ‚passive' Journalistinnen schildern gemischte Erfahrungen. Sie berichten von als kameradschaftlich empfundenen Jugend-Sportgruppen. Mehrere
betonen, daß Aktivitäten in ihnen „Spaß gemacht" (21:146) haben und daß sie
„Rückhalt geben" (3:144). Positive Aspekte wurden aber beeinträchtigt von als
unerfreulich empfundenen Entwicklungen, die sich diese Redakteurinnen als
Konkurrenzdruck erklären. Dennoch stehen sie kollektivem Handeln nicht
grundsätzlich negativ gegenüber. Vielmehr machen einige von ihnen „Schuldi-
ge" für von ihnen nicht mehr beeinflußbare und ihren Interessen widersprechen-
de Entwicklungen aus, nämlich die Sportart selber oder Trainer in den Vereinen.

> „Ich habe Leistungssport gemacht. Da zählte nur, wer Leistung brachte. In dem Moment, wo
> die Leistung nicht mehr da war, die die entsprechenden Trainer erwartet haben, wurde man
> fallen gelassen." (13:109)

Bei Redakteurinnen, die auf gemischte Erfahrungen mit Zusammenschlüssen
zurückblicken, hat Verzicht auf gemeinsames Agieren seine Ursache eher im
fehlenden Handlungsbedarf (vgl. Kap. 5.2.1) oder in der räumlichen Situation
(vgl. Kap. 5.2.3), nicht aber in Zweifeln an Fairneß oder Solidarität.

---

[111] Ein Zusammenhang zwischen Handlungszielen und ihren Verwirklichungschancen scheint für
ihre Motivation zu *individuellem* Handeln nicht zu bestehen. Die Frage also, ob nur angestrebt
wurde, was auch erreichbar erschien, wäre aufgrund verschiedener in den Interviews geschilderter Aktivitäten eher mit ‚nein' zu beantworten.

Distanz gegenüber Zusammenschlüssen von Journalistinnen oder Medienfrauen scheint insgesamt eher keine konkurrenzbetonte Strategie zu sein. Die im Alltagsverständnis verbreitet vorgenommene Gleichstellung von Karrierestreben und Einzelkämpfertum scheint als Erklärung für fehlende Motivationen kollektiven Handelns allenfalls von geringer Bedeutung zu sein. In der Regel betonen interviewte Redakteurinnen, daß Aufstiegschancen durch Zusammenschlüsse erhöht werden (vgl. Kap. 5.1.1).

Überzeugungen von der Aussichtslosigkeit, benachteiligende Situationen von Journalistinnen durch kollektives Handeln zum Positiven wenden zu können, beruhen nicht nur auf Erfahrungen mit *Zusammenschlüssen*. Einige Redakteurinnen entwickeln auch aufgrund unangenehm empfundener Erlebnisse mit *einzelnen* Frauen negative Handlungs-Ergebnis-Erwartungen.

Die Ausführungen einer Interviewten zeigen, wie das Verhalten einer einzelnen Kollegin, aber auch deren zum Ausdruck gebrachten Einstellungen Zweifel gegenüber Frauensolidarität und damit gegenüber Ergebnissen gemeinsamen Handelns von Geschlechtsgenossinnen fördern können:

> „Eine Freundin von mir hat mir schwere Vorwürfe gemacht, daß ich sofort [nach der Festanstellung, U.S.] schwanger werde, weil ich ja jetzt diese ganze Frauenbewegung zunichte mache, weil das ja ganz typisch ist: Man wartet auf die feste Stelle und wird dann schwanger und geht wieder." (23:340)

Die zitierte Redakteurin wird bereits von Gewissensbissen gegenüber ihren Kollegen gequält, die

> „eigentlich dadurch, daß ich weg war, mehr arbeiten mußten" (23:170). „Es war wirklich nicht fair." (23:167)

Im Interview thematisiert sie weitere Probleme, die für sie mit Mutterschaft bzw. „Kinderpause" verbunden sind und unter anderem zu einer Beeinträchtigung der beruflichen Zukunft führen. Die Realisierung eines privaten Lebensentwurfs wird vor diesem Hintergrund zum Dilemma. Anstelle von Verständnis für ihre Konfliktlage und anstelle von Ermunterung oder Unterstützung erfährt die Interviewte von jener mit ihr befreundeten Kollegin lediglich Kritik. Weil die Redakteurin ihre Freundin als Feministin ansieht und damit gewissermaßen als Vertreterin solcher Journalistinnen wahrnimmt, die zumindest dieselben Frauen benachteiligenden Bedingungen im Beruf ablehnen müßte wie die Interviewte selbst, hat die Begebenheit weitreichende Folgen. Aufgrund ihrer Erlebnisse mit dieser ehemaligen Kommilitonin, die nicht die einzigen Erfahrungen dieser Art darstellen, erwartet sie auch von anderen Medienfrauen wenig Verständnis oder Solidarität.

Ihre unangenehmen Erfahrungen scheint sie als Erwartungen auf andere, möglicherweise gleichgesinnte Kolleginnen zu projizieren. Darauf deuten auch grundsätzliche Äußerungen über Frauen hin und ihre Erklärung, warum sie unter anderem kein Interesse an einer Journalistinnengruppe hat.

„Ich kann mir keine Vorteile vorstellen und würde so etwas auch nicht initiieren. (...) Eine schlechte Eigenschaft ist wirklich die, zickig zu sein. Und Frauen neigen dazu." (23:279)

Die zitierte Redakteurin zeigt eine zwiespältig anmutende Haltung. Einerseits benennt sie an verschiedenen Stellen im Interview allgemeine Journalistinnen benachteiligende Bedingungen, die sie kritisiert, andererseits distanziert sie sich mehrfach von ihren Geschlechtsgenossinnen mit verallgemeinernden abwertenden Charakterisierungen. Hohe Erwartungen gegenüber Kolleginnen wurden in mehreren von ihr im Interview skizzierten Fällen enttäuscht, was eine pauschale Kritik an Frauen zu erklären scheint.

Negative oder verletzende Erlebnisse werden auch von anderen Redakteurinnen beschrieben. Verständnis von Kolleginnen, weil sich potentiell alle in einer ähnlichen Situation befinden, wird nicht länger erwartet, und Solidarität unter Geschlechtsgenossinnen wird in Zweifel gezogen. Anderen Frauen wird wegen persönlich erlebter Verletzungen kein differenziertes Interesse entgegengebracht und deren jeweilige Ansichten und Verhaltensweisen werden möglicherweise nicht genau wahrgenommen. Deshalb erwarten einige Redakteurinnen von kollektivem Handeln keine positiven Ergebnisse.

Im beschriebenen Beispiel wird außerdem die Kollision von Vorstellungen zweier Journalistinnen über Feminismus bzw. über Wege zur Erlangung von Geschlechtergleichstellung deutlich. In den Schuldgefühlen der interviewten Journalistin und in der Ansicht ihrer Freundin, daß Frauen nach der Festanstellung wegen der Bestätigung von Voreingenommenheiten nicht schwanger werden sollten, kommen antizipierte Erwartungshaltungen zum Ausdruck. Die Einstellungen beider Journalistinnen unterstreichen ein weiteres Mal die in alltäglichen Zusammenhängen und in wissenschaftlichen Arbeiten verschiedentlich thematisierte Macht von Vorurteilen (vgl. Kap. 2). Während die eine sich dadurch in eine ambivalente Situation gestellt sieht, innerlich oder im privaten Rahmen dagegen opponiert, aber keine konkrete Handlungsstrategie entwickelt, postuliert die andere Verhaltensmaxime, die der Abwehr vorgefaßter diskriminierender Meinungen dienen und beweisen sollen, daß Frauen nicht den virulenten Geschlechtsstereotypien entsprechen.

In Zweifeln am fehlenden Verständnis füreinander und in indirekt zum Ausdruck kommenden Unterschieden von Vorstellungen, wie Frauen mit Benachteiligung umgehen sollten, liegen Gründe, weshalb sich manche Journalistin keinem Zusammenschluß anschließt.[112] Das zitierte Beispiel unterstreicht damit die bereits in Kap. 5.1 aufgezeigte Bedeutung von Ansichten über die Situation von

---

[112] Dabei distanziert sich die eine oder andere Redakteurin von Strategien anderer, weil sie sie nicht als erfolgbringende wahrnimmt, auch wenn sie selbst keinen konkreten Lösungsweg sieht.

Journalistinnen und über Feminismus bzw. Gleichstellungspolitik: Übereinstimmende Einstellungen und Meinungen oder solche, die in einen Kompromiß überführbar sind, scheinen Motivationen kollektiven Handelns zu fördern oder umgekehrt: Differenzen scheinen eine motivationshemmende Wirkung zu entfalten, wie das anschließende Kapitel zeigt.

Zweifel an Solidarität von Kolleginnen oder an deren Verständnis für die gemeinsame Problemlage und ebenso persönliche Verletzungen oder das Vermissen von Unterstützung können Folgen schlechter Erfahrungen mit Geschlechtsgenossinnen sein. Tiefgreifende, als unangenehm empfundene Erlebnisse bilden neben anderen Aspekten Grundlage für negative Erwartungen in bezug auf kollektives Handeln und können Motivationen für eigene Mitarbeit in einem Journalistinnenzusammenschluß hemmen.

Schlechte Erfahrungen, egal ob sie in frühen Lebensjahren oder erst in der Berufsphase gemacht wurden, sind jedoch in den meisten Fällen nur von zweitrangiger Bedeutung für fehlende Motivationen kollektiven Handelns. Sie wird durch andere Aspekte verstärkt, wie z.B. Zweifel, überhaupt allgemeine Verbesserungen der Situation von Frauen erreichen zu können (vgl. Kap. 5.2.4.2). Erfahrungen sind außerdem Grundlage für eine differenzierte Wahrnehmung unterschiedlicher Zusammenschlüsse und ihrer Charakteristika. Darauf beruhen Einwände einiger Redakteurinnen gegen bestimmte Formen von Handlungskollektiven.

5.2.2.2   Erscheinungsformen und Wirkungspotential von Frauenzusammenschlüssen als Motivationsdämpfer im Hinblick auf kollektives Handeln

Zweifel gegenüber positiven Handlungsergebnissen basieren nicht nur auf negativen Erfahrungen, sondern auch auf Wahrnehmungen bestehender Handlungsverbunde: Einige ‚passive' Redakteurinnen registrieren spezifische Besonderheiten von mehreren Zusammenschlußformen; auf der Basis einer differenzierten Beurteilung ihrer Vor- und Nachteile lehnen sie reine Journalistinnen- bzw. reine Frauengruppen ab. Sie beobachten Merkmale an ihnen, die sie als unangenehm oder sogar als abstoßend empfinden. Sie sprechen sich gegen kollektives Handeln von Journalistinnen oder Medienfrauen aus, weil sie die von ihnen als negativ wahrgenommenen Eigenschaften verallgemeinern und auf mögliche andere Frauenzusammenschlüsse projizieren. Das trifft auch auf Journalistinnen zu, die „nur" eine einzelne Verbindung von Kolleginnen kennenlernen.

Viele Redakteurinnen zeigen eine durchaus „ambivalente" Haltung. Sie betonen, daß gemeinschaftliches Vorgehen im allgemeinen für die Durchsetzung bestimmter Ziele durchaus sinnvoll sein kann.

„Ich habe schon den Glauben daran, daß Gruppen, die sich aus gleichen Interessen zusammenfinden, erfolgreich sind." (8:168)

Zusammenschlüsse aber, zu denen „nur" Frauen zählen, werden von ‚passiven' Journalistinnen in der Regel als wenig erfolgversprechend eingeschätzt für die Realisierung von Handlungsinteressen, die sich auf strukturelle Veränderungen beruflicher Rahmenbedingungen richten. Dies gilt selbst für den Fall, daß es sich dabei um Maßnahmen gegen das weibliche Geschlecht benachteiligende Mißstände handelt. Diese Ansicht wird auch von einzelnen Redakteurinnen geteilt, die selbst in geschlechtsspezifischen Gruppen oder Organisationen aktiv sind bzw. waren.

Für eine der interviewten Journalistinnen ist es ein wichtiges Argument, daß im Gegensatz zu Aktivitäten einer Belegschaftsvertretung die von Frauenzusammenschlüssen nicht auf die wesentlichen Bedingungen zielen, die die Situation von Journalistinnen prägen. Diese lokalisiert sie im innerbetrieblichen Rahmen.

> „Es gibt eine starke Vertretung von Fraueninteressen bei der IG Medien (...) und die bundesweiten Journalistinnentreffen, die Negativpreise für Machotypen vergeben und so weiter. (...) Das findet nicht im Betrieb statt. (...) Es hat keinen direkten Einfluß." (9:97)

Bei vielen Interviewten besteht Übereinstimmung darüber, daß sich Handlungsverbunde, zu denen sowohl Journalistinnen als auch Journalisten gehören, als wirkungsvollere Methoden der Interessendurchsetzung erweisen würden als solche, die nur aus weiblichen Mitgliedern bestehen. Diesbezügliche in verschiedenen Interviews aufgelistete Argumente lassen sich folgendermaßen bündeln:

- Politische Potenz, vor allem im Mikrokosmos Medienorganisation, wird zusätzlich durch die Legitimation des Vertretungsanspruchs erhöht. Bei Zusammenschlüssen, wie dem Personalrat oder dem Redakteursausschuß, handelt es sich um gewählte Gremien, die berechtigterweise die gesamte Belegschaft oder alle Berufsangehörigen innerhalb einer Medienorganisation und nicht nur einzelne Frauen repräsentieren. Ihnen werden von mehreren Interviewten größerer Einfluß und weitreichendere Gestaltungsmöglichkeiten eingeräumt als selbstinitiierten Zusammenschlüssen, da sie gegenüber dem jeweiligen Arbeitgeber einen rechtlich markierten Status innehaben.

> „Es gibt den Personalrat. Und es gibt den Redakteursausschuß. Ich würde denken, daß das die wichtigeren Gremien sind, um irgend etwas durchzusetzen, als die Frauengruppe. (...) Personalrat hat man ja gewählt und Redakteursausschuß auch." (2:109)

- Gemischtgeschlechtliche Zusammenschlüsse sind außerdem in der Regel größer als geschlechtsspezifische. Auf innerbetrieblicher Ebene werden Betriebsbzw. Personalrat relativ hoch bewertet hinsichtlich ihrer Aussichten, angestrebte Ziele verwirklichen zu können; überbetrieblich nehmen z.B. Gewerkschaften diese Position ein. Zwar halten Männer, die sich im Journalismus in deutlicher Überzahl befinden, aufgrund dieser höheren Ausgangsbasis auch einen größeren Mitgliederanteil in ihnen, es sind gleichzeitig aber auch insgesamt mehr Kolleginnen vertreten als z.B. in reinen Journalistinnengruppen. Wegen ihrer Größe genießen gemischtgeschlechtliche Verbindungen breitere Akzeptanz bei Entscheidungsträgern und verfügen damit über mehr Macht als Handlungsverbunde, zu denen nur Frauen gehören. Chancen, Interessen durchzusetzen, werden dadurch verstärkt. Gegenüber großen gemischtgeschlechtlichen und gewählten Zusammenschlüssen nehmen geschlechtsspezifische Kreise eine relativ unbedeutende Funktion in bezug auf innerbetriebliche Durchsetzungschancen von Interessen ein.

„Da sind sicher so reine Frauengruppen an der untersten Skala dieser Geschichte." (2:109)

Die zitierte Redakteurin erfuhr während ihrer Tätigkeit in einem gemischtgeschlechtlichen Ausschuß als Frau Gleichbehandlung. Sie geht daher - wie mehrere Interviewte - davon aus, daß es gleichberechtigte Zusammenarbeit gibt und favorisiert eine gewählte Interessenvertretung mit heterogener Zusammensetzung für die Realisierung unterschiedlicher Handlungsziele.

„Und deshalb würde ich mich halt auch eher in einem solchen Gremium engagieren wollen als in einer reinen Frauengruppe." (2:110)

Eine andere Redakteurin hat in einer Belegschaftsvertretung jedoch erlebt, daß sie und einige Mitstreiterinnen gehindert wurden, ihr Engagement in der Geschlechterpolitik fortzusetzen: In einem von Männern dominierten Gremium hatte diese Gruppe einen Katalog struktureller Veränderungen erarbeitet, die die berufliche Situation von Frauen in ihrer Medienorganisation verbessern sollte:

„Ein sehr vernünftiges Konzept, das auch bei der (...)-Leitung [des Medienunternehmens, U.S.] inzwischen nicht akzeptiert, aber jedenfalls erst mal wohlwollend entgegengenommen worden ist." (25:128)

Sämtliche Kollegen in der Belegschaftsvertretung sperrten sich gegen Argumentationen der Frauen und beharrten auf ihrer Ablehnung von Gleichstellungsmaßnahmen. Es gelang ihnen sogar, die zitierte Redakteurin von ihren offiziellen geschlechterpolitischen Aktivitäten im Rahmen der gemeinsamen innerbetrieblichen Organisation abzuhalten. Formale Regeln des Medienunternehmens ermöglichten diesen Schritt; sie können nicht näher erläutert werden, da durch die Beschreibung ihrer spezifischen Konstruktion die Anonymität der Interviewten nicht mehr gewährleistet wäre. Sehr vereinfacht ausgedrückt könnte man aber sagen: Die Frauen wurden quasi überstimmt und ausgeschlossen.

Wenn auch mehrere Interviewte aufgrund der skizzierten Vorteile von Aktivitäten gemischtgeschlechtlicher Zusammenschlüsse eher positivere Ergebnisse erwarten als von kollektivem Handeln von Frauen, so macht das beschriebene Beispiel dennoch deutlich, daß Handlungsverbunde mit sowohl männlichen als auch weiblichen Mitgliedern die Gefahr in sich bergen, daß in ihnen dieselben geschlechtshierarchischen Strukturen wirken wie außerhalb. Deshalb können Gleichstellungsaktivitäten in heterogenen Gruppen oder Organisationen in eine Sackgasse führen.

‚Aktive' Journalistinnen berücksichtigen diesen Aspekt, wenn sie - differenziert nach jeweiligen Handlungsinteressen und möglichen Handlungs-Ergebnis-Erwartungen - in verschiedenen Zusammenschlüssen agieren. Einzelne ‚passive' Redakteurinnen jedoch schließen kollektives Handeln von Journalistinnen wegen der genannten Vorzüge von bestimmten gemischtgeschlechtlichen Handlungsverbunden zu deren Gunsten aus.

Motivationshemmend wirkt darüber hinaus, wenn sich die Abneigung mancher Redakteurin auf einen speziellen weiblichen Zusammenschluß bezieht. Die zuletzt zitierte Journalistin erachtet z.B. - trotz ihres Scheiterns - einen Betriebs- oder Personalrat höher als eine geschlechtsspezifische Berufsgruppe: Neben potentiell größeren Erfolgsaussichten führt sie als einen weiteren Grund für ihre Haltung auch die Abneigung gegenüber einer Journalistinnengruppe an, von der sie durch einmalige Teilnahme an einem ihrer Treffen einen sehr negativen Eindruck gewann.

Die Redakteurin betont zwar, daß ihre ablehnende Meinung auf einer einzelnen Erfahrung beruht, macht aber auch deutlich, daß sie ähnliche ihr unangenehm erscheinende Merkmale, wie bei jener Gruppe, allgemein von Zusammenschlüssen von Frauen erwartet. Sie gehört der höchsten Altersstufe des Samples an und kritisiert den Bewußtseinsstand der Mitglieder, vor allem aber die kommunikative Komponente, die auch persönliche Problemverarbeitung mit einschließt. Sie spricht von „Damengruppe" (25:120).

„Wie die nun auch wieder über Selbstverständliches, bei Adam und Eva, anfangen zu reden! Also sollten sie eigentlich selber nun längst drüber hinweg sein, auch wenn sie schon zwanzig oder dreißig Jahre im Beruf sind." (25:124) „Die Gleichstellung als solche wird dann wieder von vorne diskutiert. Das finde ich albern." (25:125)

Die zitierte Redakteurin hat trotz des negativen Beispiels gleichgesinnte Frauen in einem anderen Frauenzusammenschluß in ihrer Medienorganisation innerhalb der Belegschaftsvertretung finden können, der ihren Zielen entspricht. Einige Journalistinnen lernen jedoch nur einen einzigen ihnen mißfallenden Handlungsverbund von Kolleginnen kennen. Da manche ihn als stellvertretend oder typisch für kollektives Handeln von Frauen wahrnehmen, entscheiden sie sich dagegen.

Die Komponente persönlicher Problemverarbeitung in einer Verbindung von Geschlechtsgenossinnen oder eine - vielleicht reduzierte - Perzeption ihrer „lediglich" auf Selbstfindung orientierten Ziele, die im beschriebenen Beispiel eher als abstoßend empfunden werden, scheinen auch bei einigen anderen Journalistinnen Grund für wenig positive Handlungs-Ergebnis-Erwartungen zu sein.

Darüber hinaus wirkt für manche Journalistin sowohl die öffentlich vorgetragene Form der Kritik negativ als auch das gesamte Auftreten einer Gruppe nach außen hin. Das Erscheinungsbild wird unter anderem als zu kämpferisch, zu aggressiv oder nicht diplomatisch genug empfunden.

„Ich hab' halt in (...)[der eigenen Medienorganisation; U.S.], ein bißchen so die Erfahrung gemacht, wenn jetzt frauenfeindlich berichtet wurde, dann sind die Frauen unheimlich auf der Palme gewesen. Das fand ich überhaupt nicht gut. Sondern ich hätte mir gewünscht, sie hätten sachlich kritisiert und wären nicht wie die Hyänen über einen Autor hergefallen. ‚Und dann hat's auch noch ein Mann geschrieben.' Wie soll ich sagen? Das hat mir irgendwie mißfallen. (...) Wenn sie sachlich diskutieren und mir wirklich konstruktiv klarmachen, warum die Kritik so ist, hab' ich überhaupt nichts dagegen. Aber nicht ‚Määh', und dann ist da nichts dahinter." (30:115)

In dem dargestellten Beispiel erklärt sich die kritische Haltung gegenüber feministischen Aktivitäten und einem bestimmten Habitus von Kolleginnen auch mit der „DDR-Sozialisation" der Interviewten, wie sie selbst unterstreicht. Die zitierte Redakteurin mußte sich zum Zeitpunkt des Interviews in einer für sie neuen Gesellschaft orientieren, (sie war kurz vor Öffnung der innerdeutschen Grenze ausgereist), betont aber ihre Offenheit gegenüber den ihr fremden Inhalten und frauenpolitischen Zielen.

„Vielleicht hab' ich auch nicht so das Gespür dafür, und vielleicht müßte ich auch mehr sensibilisiert werden. (...) Also ich fühlte mich da nicht angesprochen. Ich staune immer über die Sensibilität derjenigen. Manches leuchtet mir dann ein, wenn wir drüber sprechen, aber mir leuchtet's halt nicht ein, daraus so'n Theater zu machen." (30:131)

Die Aussage macht auch deutlich, daß sich motivationshemmende Differenzen nicht nur auf Vorstellungen zur Geschlechterpolitik beziehen, sondern daß Motivationen kollektiven Handelns von Frauen offenbar Sensibilisierung für geschlechtshierarchische Bedingungen oder Wahrnehmungen (zumindest) potentieller gemeinsamer Betroffenheit von Diskriminierung vorausgehen muß (vgl. Kap. 5.1.1 und 5.2.1).

Zuweilen werden spezifische Merkmale bestimmter Frauenzusammenschlüsse negativ bewertet, ohne daß es zu einem Verzicht auf kollektives Handeln kommt, vielleicht aber zu einer eingeschränkten Nutzung jenes Handlungsverbunds. Eine Redakteurin kritisiert formale Aspekte an einer großen Organisation:

„Wenn man da zu Veranstaltungen geht, dann dauert das meistens mindestens einen Tag. Da werden dann in der Regel Statuten diskutiert. (...) Darauf habe ich nicht so viel Lust." (26:198)

In einzelnen Fällen erweist sich das Ressort bzw. die Redaktion als Zusammenschluß, die andere Formen kollektiven Handelns überflüssig machen. Ein starker Zusammenhalt der Mitglieder erscheint einzelnen Redakteurinnen als wirkungsvoller Handlungsverbund. Gemeinsame Interessen und gute Beziehungen untereinander können andere Formen kollektiven Handelns überflüssig machen, weil sie einerseits den Rahmen herstellen, um Kommunikationsbedürfnisse auf persönlicher Ebene zu befriedigen, und andererseits mehr erreichen können als einzelne Journalistinnen oder ein Frauenzusammenschluß, wenn sie wie eine geschlossene Gruppe auch nach außen auftritt. Es gebe keine Gruppen von Kollegen, sondern:

> „Es hat immer den Verbund gegeben von Redaktionen. Egal, ob die Leute jetzt gut miteinander können oder nicht. Es hat immer eine Redaktionsidentität gegeben, Redaktionen, die dann auch immer an einem Strang gezogen haben." (5:103)

Zusammenfassend ist festzuhalten: Erwartungen, daß kollektives Handeln von Journalistinnen angestrebte Ergebnisse nicht hervorbringt, werden im wesentlichen durch kritisierte Vorbilder in Form bestehender Frauenzusammenschlüsse bestimmt, die als typisch für Verbindungen von Frauen wahrgenommen werden. Mißfallen erregen insgesamt

- die von außen wahrnehmbare Aktionskultur, also die Form des kollektiven Protestes von Frauen, sowie
- Ziele, Inhalte und Formen interner Kommunikation.

Im Vergleich zu informellen Handlungsverbunden, wenn sie „nur" Journalistinnen oder „nur" Medienfrauen vertreten, gelten außerdem offizielle Formen von Zusammenschlüssen, zu denen in der Regel Männer und Frauen gehören, als wirkungs- und bedeutungsvollere Methoden zur Durchsetzung struktureller Veränderungen in Medienorganisationen. Diese Ansicht wird von vielen Interviewten geteilt.

Die teils sehr genaue Beobachtung bestehender Frauengruppen und ihrer Möglichkeiten sowie eine teilweise persönlich starke Auseinandersetzung mit ihnen sind Hinweise darauf, daß zwar Handlungsbedarf besteht, daß aber von vorgefundenen Beispielen von Zusammenschlüssen im unmittelbaren Umfeld einzelner Journalistinnen motivationshemmende Wirkung ausgeht.

Auf die Frage, warum Journalistinnen, obwohl sie ein Interesse an gemeinsamem Handeln mit Kolleginnen zeigen, nicht selbst einen anderen Zusammenschluß ins Leben zu rufen versuchen, gibt es verschiedene Antworten. Oft werden bestehende Handlungsverbunde von Frauen als typisch für geschlechtsspezifische Zusammenschlüsse betrachtet, spezifische Merkmale als grundsätzliche interpretiert. Damit entstehen negative Handlungs-Ergebnis-Erwartungen. Es wirken unter anderem aber auch situative Faktoren (vgl. Kap. 5.2.3) und negative Ergebnis-Folge-Erwartungen (vgl. Kap. 5.2.4) motivationshemmend.

Darüber hinaus engen bestimmte Erklärungsmuster für Diskriminierungsursachen Wahrnehmungen von Handlungsmöglichkeiten ein, wie in folgenden Unterkapiteln näher erläutert wird. Auch sie verhindern positive Handlungs-Ergebnis-Erwartungen von Journalistinnen.

5.2.2.3 „Personalisierung" von Diskriminierungsursachen als Hindernis für Wahrnehmungen von Handlungsansätzen

Zweifel an Einflußnahmemöglichkeiten auf beeinträchtigende Bedingungen für Journalistinnen erklären sich auch durch „Personalisierungen" von Grundlagen geschlechtsspezifischer Benachteiligungen, die interviewte Redakteurinnen zum Ausdruck bringen. Darunter ist eine Zuordnung von Diskriminierungsursachen auf Personen bzw. deren individuellen Eigenarten zu verstehen: Egal ob sie sie häufig erfahren oder nur selten erfuhren, betrachten einige Redakteurinnen geschlechtsspezifische Benachteiligungen als Phänomene, die in erster Linie von einzelnen Menschen ausgehen. Strukturelle Bedingungen, die Schlechterstellung oder Herabwürdigung von Frauen begünstigen, scheinen sie nicht wahrzunehmen. Diskriminierungen registrieren sie als Verhalten von Männern, deren frauenfeindlicher Charakter in verschiedenen Verhaltensweisen zum Ausdruck kommt. Misogyne Verhaltensweisen einzelner Personen werden quasi als ihnen innewohnende Eigenschaften und damit als unangenehme Begleiterscheinungen des Geschlechterverhältnisses verstanden. Sie erscheinen als nicht beeinflußbar.

Folgendes Beispiel illustriert, was unter Personalisierung von Diskriminierungen zu verstehen ist und wie sie Motivationen kollektiven Handelns hemmen. Eine Journalistin berichtet von verschiedentlich erfahrener Benachteiligung. Ein Erlebnis hat sie besonders „erbost, erzürnt, empört" (23:254):

> „Da hab' ich mich beworben für Innenpolitik, da wollte ich gezielt hin. (...) Hätte ich gerne gemacht. Ich wußte auch, daß da was frei wird. Der Ressortleiter dieser Stelle hat aber gesagt, ‚ich hab' doch schon ‘ne Frau, und wenn Sie dann auch noch schwanger werden, dann hab' ich ja gar keinen', also der hat das wirklich definitiv so abgelehnt." (...) „Ich fand's unfair. Aber das ist halt auch so ein alter Kauz gewesen, und der hatte eben diese Meinung, und das kann man ihm dann auch nicht ausreden." (23:252ff)

Die derartig brüskierte Redakteurin hat zwar Gegenargumente angeführt, aber die Begebenheit wie andere Diskriminierungserlebnisse ad acta gelegt unter der Rubrik ‚böser Mensch'. In einer Situation, in der, wie in diesem Fall, die formale Macht des „Gegners" besonders stark ist, kann sich allein Antizipation negativer Folgen durch weitere Gegenwehr als motivationshemmend erweisen.[113] Das als symptomatisch angeführte Diskriminierungsbeispiel verdeutlicht darüber hinaus ein anderes Motivationshemmnis: Benachteiligung von Frauen hängt im Verständnis der zitierten Redakteurin im wesentlichen mit den Personen zusammen, durch die sie zum Ausdruck kommt. Durch Reduzierung der Diskriminierungsverantwortung auf einzelne Personen wird Wahrnehmung struktureller Bedin-

---

[113] Denn die Wahrscheinlichkeit, das gewünschte Ziel durch kollektives Handeln zu erreichen, könnte mit unangenehmen Nebenwirkungen verbunden sein. Ein möglicherweise eingeklagter Arbeitsplatz kann besonderen Streß im späteren Arbeitsalltag oder andere negative Folgen nach sich ziehen.

gungen beeinträchtigt, die Männern Machtpositionen vorbehalten. Diese aber könnten Gegenstand gemeinschaftlich anzustrebender Veränderungen sein.

Mehrere Redakteurinnen betrachten bestimmte, ihnen unangenehme Verhaltensweisen, die bei Mitarbeitern auf allen Hierarchieebenen der Medienunternehmen anzutreffen sind, nicht als Diskriminierungen, sondern als Ausdruck quasi persönlicher, quasi angeborener charakterlicher Merkmale der Kollegen. Darin begründen sich negative Handlungs-Ergebnis-Erwartungen. Denn sie sehen keine Chance, diese Journalisten für Frauen benachteiligende Bedingungen oder für verletzende Folgen ihres Gebarens zu sensibilisieren. Die Bereitschaft oder Fähigkeit von Männern, herabwürdigende und ungerechte Dimensionen ihres Verhaltens zu erkennen, wird von vornherein in Zweifel gezogen.

„Wenn die verstünden, was einen so aufregt, würden die gar nicht erst so reagieren." (21:30)

Die zitierte Redakteurin, die ebenfalls verschiedene Diskriminierungen sowohl durch Kollegen als auch durch Vorgesetzte erfahren hat, bezweifelt, daß im allgemeinen Journalistinnen in ihrem Beruf benachteiligt werden. Für sie - wie auch für einige andere - sind es einzelne Vertreter des männlichen Geschlechts, unter denen sie gewissermaßen leiden. Grundlegende Rahmenbedingungen, die sich nachteilig für sie und ihre Kolleginnen auswirken können, werden in diesem Zusammenhang nicht wahrgenommen. Sie als Frau demütigende Verhaltensweisen oder Situationen, in denen Stereotype gegen sie ausgenutzt werden, erscheinen der zitierten Redakteurin als unbeeinflußbar, weil sie von einzelnen Männern ausgehen, die durch entsprechend negative Eigenschaften charakterisiert sind.

„Ich denke wirklich, eine Frau hat männlichen Kollegen gegenüber weder Vorteile noch Nachteile. Es gibt einfach Leute, mit denen kann ich natürlich nicht umgehen. Es gibt auch so Kotzbrocken, wo ich dann denke, da find ich's unangenehm, eine Frau zu sein, und denen ich lieber nicht begegne, weil ich das Gefühl hab', daß sie mich von oben bis unten taxieren. Das würde mir nicht passieren, wenn ich ein Mann wäre. Aber das ist wirklich eher die Ausnahme. Also ich hab' da speziell so einen Typen im Hinterkopf, den ich wirklich so unangenehm finde, weil der immer so'nen unvergleichlichen Geil-Blick hat. (...) Es wäre aber auch egal, in welchem Berufsfeld mir der begegnen würde, den fänd' ich immer zum Kotzen." (21:103)

Das Gefühl, als Frau von einem Mann nonverbal zum Objekt sexueller Begierde reduziert zu werden, ist eine subtil wirkende Form von Diskriminierung, die von der Redakteurin als unabdingbare Erscheinung gesehen wird, die Frauen überall zu gewärtigen haben. Die inkriminierten Verhaltensweisen bestimmter Kollegen werden von ihr vor allem als ihnen jeweils anhaftende Wesensmerkmale wahrgenommen, für deren Änderungsmöglichkeiten wenig Chancen bestehen. Zumal sie sie nicht als ein berufsspezifisches Phänomen betrachtet, sind für sie Beeinträchtigungen dieser Art keine Benachteiligung von Journalistinnen. Damit werden unangenehme sexistische Dimensionen im beruflichen Umgang miteinander nicht als Anlaß wahrgenommen, Unterstützung eines Journalistinnenzusammenschlusses zu suchen, um durch Gespräche darüber die belastende Wirkung zu verarbeiten oder um eine Einflußnahme von Vorgesetzten auf jene Männer, im schlimmsten Fall eine Versetzung, zu erwirken.

Einige Redakteurinnen resignieren also gegenüber bestimmten Kollegen und diskriminierenden Erfahrungen, weil sie deren Ursachen auf einzelne Subjekte reduzieren. Sie nehmen deshalb keine Handlungsziele wahr, die ihnen realisierbar erscheinen. Als einzige, allerdings von ihnen abgelehnte Möglichkeit der Einflußnahme auf die von diesen Personen ausgehenden unangenehmen Bedingungen wird Überzeugungsarbeit gesehen, die quasi auf eine Erziehung der Verursacher von Diskriminierung hinauslaufen würde.

Jedoch einige ‚aktive' und auch einige ‚wohlwollende' Journalistinnen benennen einzelnen Kollegen gegenüber, was sie als von ihnen ausgehende geschlechtsspezifische Benachteiligung wahrnehmen. Sie geben sich in so mancher Situation Mühe, männliche Mitglieder der Redaktion auf diskriminierende Dimensionen ihrer Scherze oder einiger ihrer Verhaltensweisen hinzuweisen und wollen den einen oder anderen überzeugen und erziehen.

‚Aktive' Journalistinnen setzen sich gegen bestimmte Eigenarten und Verhaltensweisen von einzelnen Männern in der Form zur Wehr, daß sie durch strukturelle Maßnahmen entsprechende Diskriminierungen zukünftig zu verhindern suchen. Hingegen sehen die Journalistinnen, die „personalisieren", nicht die hinter den Benachteiligungen liegenden Strukturen und damit keine ernsthaft zu erwägende Einflußnahmemöglichkeit von Frauen. Sie können sich vor allem nicht vorstellen, daß sich die jeweiligen Journalisten ändern würden, die von Männer bevorzugenden Bedingungen profitieren.

Ein Versuch, diese Kollegen sowie deren sich für Frauen negativ auswirkende Verhaltensweisen und tief verfestigte Einstellungen zu beeinflussen, wird von den meisten ‚passiven' Redakteurinnen weder ernsthaft erwogen noch akzeptiert.

Um die nötige Bereitschaft für das als einzige Maßnahme wahrgenommene „Umerziehen" einer oder mehrerer Personen aufbringen zu können, wären verschiedene Voraussetzungen förderlich, wie unter anderem aus Aussagen von ’aktiven’ Journalistinnen geschlossen werden kann, die diesbezüglich auch auf individueller Ebene agieren. Zu diesen Prämissen gehören:

- ein gewisses Interesse an dem jeweiligen Menschen, von dem Diskriminierung ausgeht; ein solches Interesse könnte unter anderem auf der Erwartung einer permanenten Zusammenarbeit und damit auf ständige Konfrontation mit dieser Person beruhen;
- eine Art von „Missionierungsdrang", der aus dem Bewußtsein entspringt, gleiche Rechte wie Männer beanspruchen zu dürfen, grundsätzlich Gleichberechtigung und deshalb sachliche und aufgabenbezogene Kommunikationsformen einfordern zu müssen;

– außerdem die Erwartung, der kritisierte Mensch ist bereit und in der Lage, bestimmte Eigenarten abzustellen.

Diese Voraussetzungen nehmen ‚passive' Journalistinnen, die Ursachen von Diskriminierungen personalisieren, in der von ihnen beanstandeten Situation nicht wahr.

Aufklärungs- oder Überzeugungsarbeit, wie sie von ‚aktiven' oder ‚wohlwollenden' im Gegensatz zu ‚überzeugt passiven' Redakteurinnen geleistet wird, hat bei diesen jedoch allenfalls als individuelle begleitende Maßnahme Bedeutung für kollektives Handeln. Denn gemeinsames Agieren von Journalistinnen richtet sich, wie auch Kap. 5.1 zeigt, kaum gegen einzelne Personen, sondern auf die Strukturen, die diskriminierende Verhaltensweisen zulassen. Um Herabwürdigungsversuche zu erschweren, sind grundlegende berufsbezogene oder medienorganisationsspezifische Änderungen intendiert.

Mehrere ‚passive' Journalistinnen beschreiben bestimmte Eigenarten oder Verhaltensweisen von Männern, die ihrer Ansicht nach in eine Kategorie gehören, die sich gegen ernsthafte Auseinandersetzung damit und erfolgversprechender Gegenwehr sperren. Das sind zum einen Fälle, wo diskriminierende Männer Machtpositionen innehaben, zum anderen aber Beispiele - wie das skizzierte -, in denen eine sexistische Komponente des Umgangs miteinander Schranken errichtet. Als direkte Reaktionen auf solche Erlebnisse erwägen auch ‚aktive' und ‚wohlwollende' Redakteurinnen lediglich individuelle Reaktionen.

Während jedoch ‚passive' Journalistinnen für von einzelnen Personen ausgehenden geschlechtsspezifischen Benachteiligungen keine Einwirkungsmöglichkeiten erkennen, schaffen solche Erlebnisse für ‚aktive' Journalistinnen Bedarf an kollektivem Handeln bzw. verstärken ihn. Der Grund dafür scheint darin zu liegen, daß ihnen durch ihre Erlebnisse die grundsätzliche, Frauen benachteiligende Dimension bewußt wurde bzw. ihre Wahrnehmung der strukturellen Bedingungen geschlechtsspezifischer Benachteiligungen verschärfte.

Durch die Reduzierung von Diskriminierung auf individuelle Verursacher werden Möglichkeiten einer Einflußnahme in Frage gestellt oder gar nicht erst erwogen. Somit werden Motivationen kollektiven Handelns beeinträchtigt. Dabei ist in keiner Weise von Bedeutung, ob es sich beim potentiellen aufgrund der Erklärungsmuster für Diskriminierungsursachen nicht zu realisierenden Handlungsbedarf um die Bewältigung von bestehenden Bedingungen oder ob es sich um vorbeugende Maßnahmen handelt. Phänomene geschlechtsspezifischer Benachteiligungen als Belästigungen oder Behinderungen zu verstehen, die einzelne Personen zu verantworten haben, läßt einige Interviewte resignieren.

Ob eventuell Ohnmachtsgefühle eine Folge von Personalisierungen sind oder umgekehrt, kann nicht eindeutig geklärt werden. Wichtig ist, daß in beiden Fällen die Wahrnehmung für Auswirkungen von Diskriminierungen und ihrer strukturellen Bedingungen beeinträchtigt ist. Ihre Perzeption scheint jedoch eine

Voraussetzung für Motivationen kollektiven Handelns zu sein (vgl. auch Kap. 5.1.1). Denn ‚aktive' Journalistinnen, die geschlechtshierarchische Strukturen erkennen, entwickeln Handlungsmotivationen auch ohne direkter Betroffenheit durch Diskriminierung.

Folge der Personalisierung von Diskriminierungen ist, daß strukturelle Voraussetzungen von geschlechtsspezifischen Benachteiligungen (und entsprechende Handlungsebenen bzw. -zwischenziele) nicht wahrgenommen werden, was die Geschlechtersituation als veränderungsresistent erscheinen läßt.

5.2.2.4 Moralische Erwägungen und ‚journalistische Unabhängigkeit' als Motivationshemmnis in bezug auf kollektives Handeln

Unter den ‚passiven' Journalistinnen scheint es einzelne zu geben, die wenig Sinn oder Verständnis für mikropolitische Prozesse und für informelles Handeln innerhalb von Organisationen zeigen. Der geringe Grad ihrer „Politisierung" ist verbunden mit besonderer Wahrnehmung beruflicher Anforderungen, spezifischer Abläufe und innerbetrieblicher Beziehungen in der eigenen Medienorganisation. Einige Interviewte betonen, daß informelle Aktivitäten in ihrem Beruf aufgrund des Zeitdrucks nicht realisierbar seien.

> „In einer richtigen Bürogemeinschaft, [wie sie die Interviewte aus ihrer Werkstudentinnenzeit im öffentlichen Dienst kennenlernte, U.S.], gibt es auch Intrigen und Gequatsche über irgendwelche. Das gibt es bei uns nicht, dazu ist gar keine Zeit, weil ja auch immer ein anderes Thema da ist." (1:73)

Koalitionen und gemeinsame Strategien werden von einzelnen Redakteurinnen nicht als ehrliche, legitime Mittel zur Interessendurchsetzung akzeptiert, sondern als unmoralisch begriffen. Eine Redakteurin betont vehement, daß es in ihrem Ressort keine Gruppen gäbe, „um sich Vorteile zu erschleichen, ganz offen gesagt, überhaupt nicht" (22:64). Sie weist darauf hin, daß Arbeitsbelastungen durch das Team aufgefangen würden und daß man sich das Leben nicht unnötig schwermache.

> „Sagen wir mal so: Es ist bei einer Tageszeitung so viel Hektik und so viel Streß mit dem täglichen Blatt, daß für kleine Kämpfereien am Rande wenig Zeit bleibt." (22:65)

Dennoch gesteht sie zu, daß sich „kleine Grüppchen, besonders schnell bei Antipathien gegen irgend jemanden" (22:65) bilden, wo „natürlich auch viele Gerüchte gestreut werden." (ebd.)

Es entsteht der Eindruck, die zitierte Journalistin wolle redaktionelle zwischenmenschliche oder mikropolitische Auseinandersetzungen herunterspielen, um nicht den Eindruck zu erwecken, in ihrer Medienorganisation würden einzelne durch Seilschaften bevorzugt werden. Kollektives Handeln wird bei diesem Verständnis einzig auf Vorteilnahme durch Beziehungen reduziert. Diese werden von ihr abgelehnt, weil sie - das wird durch mehrere entsprechende Aussagen im Interview deutlich - im Widerspruch stehen zu allgemeinen moralischen Anforderungen und denen des Berufs.

Mehrere Interviewte lehnen aus diesem Grund Zusammenschlüsse ab. Eine andere Redakteurin streicht deutlich heraus, daß sie jegliche Form von Vetternwirtschaft und Protektionismus grundsätzlich ablehnt. Im allgemeinen pflegt sie ein enges kollegiales Verhältnis zu den Frauen in ihrer Redaktion. Gemeinsam mit ihnen thematisiert sie durchaus mal in alltäglichen Situationen gegenüber ihrem Chef Probleme bestehender geschlechtsspezifischer Rollenbilder für die eigene Arbeit. Weibliche Seilschaften und zielgerichtetes kollektives Handeln von Journalistinnen, das über Diskussionen im Berufsalltag hinausgeht, lehnt sie jedoch grundsätzlich ab.

Ihre Haltung, wie auch die anderer ‚passiver' Redakteurinnen, korrespondiert mit dem journalistischen Ethos der Unabhängigkeit. So hat diese Redakteurin in ihrer gesamten Vita nachdrücklich darauf geachtet, von keiner Fraktion vereinnahmt zu werden. Z.B. verzichtete sie bei ihrer Bewerbung um Festanstellung als Jungjournalistin bewußt auf die sehr guten Beziehungen zu älteren Kollegen und Kolleginnen, die sie erheblich gefördert hätten. Vielmehr hatte sie ihren Versuch, als Redakteurin angestellt zu werden, nahezu verheimlicht, weil ihr ihre Unabhängigkeit wichtig war und ist.

> „Ich wollte mein Berufsleben nicht damit anfangen, (...) daß ich mir sagen muß, ‚du bist auf dem Ticket von ich weiß nicht wem gereist'. Das kommt dann immer wieder." (18:22)

Es wird deutlich, daß männliche Karrierekultur nicht nur mit weiblichen Lebensentwürfen kollidiert, sondern auch mit einem ethisch-moralischen Selbstverständnis von Redakteurinnen, das sich an den hehren Grundsätzen journalistischer Unabhängigkeit orientiert.

Da Netzwerke in der Regel eingesetzt werden auf dem Weg zu höheren Hierarchieebenen, vermindert eine Redakteurin, die auf entsprechende Rückendeckung und bestimmte Informationen durch notwendige Kontakte zu Gleichgesinnten verzichtet, ihre Chancen zusätzlich.

Inwieweit neben persönlichen Einflußfaktoren äußere Aspekte Motivationen kollektiven Handelns beeinträchtigen und worin sie bestehen, wird im anschließenden Kapitel dargestellt.

5.2.3 Rahmenbedingungen als beeinträchtigende Faktoren für Motivationen kollektiven Handelns

Rahmenbedingungen nehmen in bezug auf Handlungsmotivationen der interviewten Journalistinnen unterschiedliche Stellung ein. Während äußere Faktoren als *positive* Einflußelemente auf Handlungsmotivationen in der Regel nur begleitende Funktion innehaben, sind sie als *negative*, also Handlungsmotivationen beeinträchtigende Aspekte besonders wichtig, zuweilen sogar grundlegend.

Von motivationshemmender Bedeutung erweisen sich einerseits das fehlende Potential möglicher Partnerinnen und andererseits medienorganisationsspezifische Umstände.

5.2.3.1 Kolleginnen und deren Anschauungen als Motivationshemmnis

In Medienorganisationen, in denen relativ viele Journalistinnen arbeiten, kann sich die weibliche Belegschaft hinsichtlich ihrer Zusammensetzung als Bremse für Motivationen kollektiven Handelns auswirken. Auffällig ist, daß viele Journalistinnen deutlich machen, daß in ihrer Medienorganisation, in ihrer Abteilung oder in ihrem Ressort kaum eine gleichgesinnte Frau arbeitet.

Mehrere interviewte Redakteurinnen treffen auf Kolleginnen, die sie wenig sympathisch finden oder mit deren Anschauungen sie keine ausreichende Übereinstimmung finden.

> „Es gibt noch eine Frau, die ich sehr nett finde, mit der ich auch mal privat was gemacht habe, die auch so ungefähr in meinem Alter ist. Es gibt aber auch viele, das klingt jetzt vielleicht ein bißchen abwertend, aber es gibt ja auch viele doofe Hühner, mit denen ich auch gar nichts zu tun haben will. Da kann ich mir keinerlei Vorteil von versprechen. Schon das Gespräch wäre wahrscheinlich keine Freude." (21:131)

Mangelnde Zuneigung als auch Unterschiede in Alter und allgemeinen Ansichten sind vor allen anderen Differenzen wesentliches Hemmnis, einander anzunähern und über den alltäglichen Ablauf hinausgehende Bindungen anzustreben.

Einige Redakteurinnen weisen unter anderem auf einen unterschiedlichen Sensibilisierungsgrad hinsichtlich der geschlechtsspezifischen Komponente von Problemen hin.

> „Frauengruppe im Ressort, das steht nicht an, weil jede Frau ist auch anders. Also es gibt auch bei uns unter Frauen weniger frauenbewegte und mehr frauenbewegte." (3:80)

Während die zitierte Redakteurin in dem Grad der Ausprägung feministischen Bewußtseins ein Hindernis für kollektives Handeln wahrnimmt, können sich auch Einschätzungen von Ursachen gemeinsam zu verändernder Bedingungen als motivationshemmend erweisen. Sie stehen im Zusammenhang mit Handlungsansätzen oder Lösungswegen, die einzelnen Mitgliedern von Zusammenschlüssen besonders wichtig sein können. Unterschiedliche Vorstellungen von Journalistinnen, insbesondere Differenzen in der Wahrnehmung von Ursachen geschlechtshierarchischer Bedingungen, können die Bildung kurzfristiger Koalitionen ebenso verhindern, wie einen Ausschluß aus einem auf Dauer angelegten Zusammenschluß bewirken. Das zeigt folgendes Beispiel.

Eine Redakteurin, die sich hinsichtlich feministischer Belange als engagiert ausweist, beschreibt ihr Dilemma, das durch Differenzen zu Kolleginnen entstanden ist. Sie stand in engem Kontakt zu der Frauengruppe, die sich in ihrer Medienorganisation gebildet hatte. Die interviewte Journalistin wollte sich jedoch nicht allen Aktivitäten anschließen und zwar dann nicht, wenn sie das angestrebte Ziel nicht teilen konnte.

„Ich habe mitgeredet, wenn es um ein Thema ging, was mich interessierte" (17:44).

Als sie jenen Frauenzusammenschluß aus inhaltlichen Gründen nicht unterstützte, die Solidarisierung quasi verweigerte, wurde sie ausgegrenzt.[114]

„Mir wurde z.B. mehrfach gesagt (...), ‚du bist ja gar keine richtige Frau'." (17:46)

Obwohl sie ein ausgeprägtes Gespür für Vorteile kollektiven Handelns hat und auch an entsprechenden informellen Aktivitäten interessiert ist, konnte und kann sie aufgrund der von ihr wahrgenommenen rigiden Haltungen ihrer Kolleginnen keinen Konsens mit ihnen finden. Statt dessen mußte sie Verletzungen hinnehmen. Die Folge ist eine Einschränkung ihrer informellen Handlungsmacht bzw. ihrer Teilhabe an einer solchen: Wo Koalitionspartnerinnen fehlen, sind keine gemeinschaftlichen Aktivitäten möglich. Sie werden auch von dieser Redakteurin als wirkungsvoller eingestuft als individuelles Handeln.

„Wenn es dann andersrum wieder darum ging, irgendwelche Themen (...) durchzusetzen, die durchaus auch meine gewesen wären, dann war ich natürlich erst mal ein Stück weit weg von irgendwelchen pressure-groups. Also das hat mich schon eingeschränkt." (17:48)

Verschärft wirkt die Bedeutung einer solchen Isolierung vor allem, weil es der zitierten Journalistin häufiger um Frauen betreffende innerbetriebliche Themen geht, für die sie kaum gemischtgeschlechtliche Zusammenschlüsse oder medienübergreifende Frauenverbindungen, wie den Journalistinnenbund, gewinnen kann.

Ihr eigener Fall erscheint in der Wahrnehmung der zitierten Redakteurin als Beispiel für ziemlich rigide Forderungen von Zusammenschlußmitgliedern gegenüber den Individuen der „In-group": Sie verlangen quasi Homogenität von Ansichten.

Von außen betrachtet stellt sich die Frage, warum verschiedene Handlungsinteressen in manchen Fällen nicht in Kompromisse überführbar sind. Daß Journalistinnen die Geschlechtsidentität der von ihnen ausgeschlossenen Redakteurin in Frage stellen, könnte als Hinweis darauf gewertet werden, daß sie sich von bestimmten Diskriminierungen persönlich so stark betroffen fühlen und ihre eigene Geschlechtsidentität in Zweifel gezogen sehen, daß sie andere Meinungen

---

[114] Um Anonymität der Interviewten zu gewährleisten, kann das Beispiel nicht näher ausgeführt werden.

nicht zulassen, wie die Ursachen dieses Problems zu bewerten und zu bekämpfen sind. Würden sie sich an Erklärungen anderer für bestehende Mißstände annähern, könnten sie sich möglicherweise selbst in Frage gestellt sehen. Das wäre eine hohe Hürde für Kompromißbereitschaft. Es gibt aber - wie bereits dargestellt - auch Hinweise darauf, daß nicht nur eine Angleichung von Ansichten, sondern auch eine Sympathiebasis zumindest für längerfristige Aktivitäten notwendig sind.

Insgesamt macht das Beispiel dieser an kollektivem Handeln sehr interessierten Journalistin deutlich, daß vom kollegialen Umfeld eine wesentliche Beeinträchtigung für Motivationen kollektiven Handelns ausgehen kann.

5.2.3.2 Strukturelle Bedingungen in Medienorganisationen als Motivations- hemmnis

Verschiedene Aspekte, durch die die Situation von Redakteurinnen in Medienorganisationen gekennzeichnet ist, wirken sich als Motivationshemmnis für kollektives Handeln von Journalistinnen aus. Von herausragender Bedeutung erweist sich das fehlende Zusammentreffen mit Kolleginnen im Arbeitsalltag.

Wesentlicher Grund für geringe Kontaktmöglichkeiten zu anderen Redakteurinnen sind isolierende Arbeitsplätze, die eine Folge organisatorisch/räumlicher Umstände in vielen Medienunternehmen sind: Mehrere Journalistinnen arbeiten in Ein-Personen-Ressorts, oder sie verantworten Bereiche, die sich als Nischen erweisen, nicht nur in redaktioneller, sondern auch in räumlicher Hinsicht. Zu Sonderbereichen kann die Redaktion von Themenschwerpunkten oder Zeitungsbeilagen gleichermaßen wie die des Reise- oder Fernsehteils gelten. Darüber hinaus können auch Freistellungen für besondere Aufgaben zu isolierenden Positionen führen.[115]

Die Aufgliederung redaktioneller Aufgaben läßt es sinnvoll erscheinen, Themenbereiche mit relativ geringem Umfang der Berichterstattung durch „Kleinstressorts" in Zeitungen oder „Miniabteilungen" im Rundfunk einen eigenen festen organisatorischen Status zu geben; eine inhaltlich begründete Organisation von Arbeitsabläufen hilft Verantwortlichkeiten gegenüber anderen Bereichen abzugrenzen.

Von den interviewten Inhaberinnen entsprechender Funktionen werden sie, ähnlich wie die Übernahme von exponierten Aufgaben, als besondere Chance, als eine herausgehobene Position betrachtet. Arbeitsabläufe können freier gestaltet werden. Ein Ein-Personen-Ressort ist danach verbunden mit größerer Unabhängigkeit.

---

[115] Um Anonymität der Interviewten zu gewährleisten, können Verantwortungsbereiche, die ihnen eine Außenseiter- oder Sonderstellung verschaffen, nicht weiter präzisiert werden.

„Ich hab' meinen eigenen Aufgabenbereich. Ich bin überhaupt niemandem unterstellt."
(11:109)

Ihre besondere Stellung haben räumlich/organisatorisch separierte Redakteurinnen in den meisten Fällen gerne eingenommen, weil sie sie als Beförderung oder als Chance für eine Beförderung auf eine Position höheren Ansehens begreifen. Einige von ihnen haben sich das durch besondere Verantwortung geprägte und deshalb von ihnen als prestigeträchtig wahrgenommene Arbeitsfeld selbst aktiv aufgebaut und bekommen teilweise positives Feedback.

„Das war meine Idee. (...) Und ich habe jetzt gemerkt: (...) Ich hatte Urlaub und da kamen mehrere Leserbriefe, die gesagt haben, ‚ist denn die Frau X [die Interviewte, U.S.] auch schon abgewickelt? Das ist ja unerhört.' Das freut einen natürlich." (1:52)

Diese Journalistin würde sich in ihrem Spezialgebiet auch nicht durch jemanden ersetzen lassen:

„Es gab mal eine solche Bemerkung [ein Vorschlag für eine Urlaubsvertretung, U.S.]. Ich habe gesagt: ‚Untersteht euch, Frau X ist Frau X'." (1:57)

Bei einigen von ihnen entsteht der Eindruck, daß die Übernahme einer eigenverantwortlichen Aufgabe, die sie von Kollegen und Kolleginnen isoliert, eigenen Neigungen entspricht. Auf sich allein gestellt sind unter anderem auch jene wenigen Journalistinnen, die als Einzelgängerinnen bezeichnet werden können. In Kapitel 5.2.2.1 ist ihr Erfahrungshintergrund bereits reflektiert worden. Negative Erlebnisse mit Zusammenschlüssen von Frauen erklären aber nicht allein das Phänomen, daß sie nahezu vollständig auf Unterstützung von Kolleginnen für Verbesserungen der beruflichen Situation verzichten. Individuelles Handeln der Einzelgängerinnen wird, wie die von Journalistinnen auf isolierenden Arbeitsplätzen überhaupt, weniger durch Erfahrungen als durch die Bedingungen ihrer lokalen und inhaltlichen Separierung bestärkt.

So erreichen Informationen über Frauenaktivitäten, vor allem solche informellen Charakters, manche Adressatin nicht.

„Gibt es denn solche Frauengruppen?" (1:91)

Ihre Arbeitssituation in einem Ein-Personen-Ressort oder einer hervorgehobenen Position entspricht zwar in einzelnen Fällen einer eher distanzierten Haltung gegenüber Kolleginnen, in der Mehrzahl von ihnen erscheint die Übernahme eines spezifischen Aufgabenfeldes aber als Folge von persönlichen journalistischen Interessen oder Aufstiegsambitionen oder von betrieblichen Notwendigkeiten.

So betont eine Redakteurin, daß die Stelle erst für sie geschaffen wurde und ihre Aufgaben vorher von mehreren Kolleginnen nebenbei bewältigt werden mußten:

„Daß das jetzt in fester Hand ist, das war für mich von der Arbeit her wesentlich logischer. Vorher wurde mit hundertfünfzig Prozent Aufwand fünfundzwanzig Prozent Effektivität erzielt." (11:112)

Zunehmende Technisierung durch elektronische Datenverarbeitung führt zwar zu isolierenden Arbeitsabläufen. Gleichzeitig ermöglichen neue Kommunikationsformen, etwa über e-mails praktiziert, diese Tendenzen auch zu unterlaufen.

„Das ist sehr witzig mit dieser Computerarbeit: Man hat die Möglichkeit, sich Post zuzuschikken über diesen Computer." (21:124)

Kollegiale Isolierung als Folge inhaltlicher und organisatorischer Separierung scheint jedoch mittels elektronischer Vernetzung nicht aufgebrochen werden zu können. Für Kontaktaufnahme fehlt vermutlich durch räumliche Trennung ausreichende Nähe und der Sichtkontakt zu Personen. Das wird aus Äußerungen von einigen Redakteurinnen deutlich, die Vorzüge von „Computerpost" (23:237) beschreiben.

Arbeitsbedingungen, die Redakteurinnen von ihren Kolleginnen fernhalten, manifestieren sich nicht nur in Ein-Personen-Ressorts. So gibt es nach wie vor Abteilungen oder Ressorts, in denen neben mehreren Männern nur eine einzige Journalistin tätig ist. Meistens handelt es sich um Bereiche, die wie ‚Sport' oder ‚Wirtschaft' „klassischerweise" von Männern dominiert werden. Außerdem können sich besonders in kleinen Medienorganisationen Konstellationen ergeben, die Frauen wenig Möglichkeiten bieten, mit Kolleginnen Netzwerke oder andere Beziehungen aufzubauen. Denn einerseits ist die Beschäftigtenzahl innerhalb der Ressorts entsprechend gering und andererseits sind naturgemäß in kleinen Medienorganisationen nur wenig Frauen (und auch Männer insgesamt) anzutreffen.

So ist das Beispiel einer interviewten Redakteurin anzuführen, die zusammen mit ihrem Ressortleiter und einer Volontärin die gesamte ‚Mann'schaft eines der wichtigen Ressorts in ihrem kleinen Medienbetrieb bildet. In einer abgesonderten Arbeitssituation hat für sie die Frage nach kollektivem Handeln von Journalistinnen eher hypothetischen Charakter, da innerhalb des unmittelbaren redaktionellen Umfeldes ein Handlungsverbund sich „mangels Masse" kaum bilden kann. So beschränken sich ihre informellen Kontakte auf ihren direkten Vorgesetzten und auf

„ein, zwei Kollegen, mit denen man vielleicht mal ein Bier trinken geht." (13:53)

Um innerhalb von Medienorganisationen Interessen durchzusetzen oder Konflikte auszuräumen, scheinen demnach kleine personelle Besetzungen eher als große dazu zu zwingen, individuell oder in gemischtgeschlechtlichen Zusammenschlüssen zu agieren bzw. zu reagieren.

Motivationen einzelner Redakteurinnen, wegen ihres isolierenden Arbeitsplatzes Kontakte zu Kolleginnen aufzubauen, werden außerdem aus terminlichen Gründen beeinträchtigt. Bestimmte Redaktionsschlußzeiten oder ungünstige Sendetermine, die mit dem festgelegten Zeitpunkt regelmäßiger, meistens medienorganisationsübergreifender Treffen von Journalistinnen kollidieren, erweisen sich als Hindernis, sich bestehenden Handlungsverbunden anzuschließen. Mehrere Journalistinnen bedauern es, daß ihnen eine Teilnahme unmöglich ist. Jedoch sind sie auf diese eine Gruppe fixiert, da sie keine andere kennen.

„Bei uns direkt gibt es eine Frauengruppe. Und da hatte ich mir auch vorgenommen hinzugehen. (...) Das findet halt immer genau dann statt, wenn ich Dienst habe. Immer Mittwoch achtzehn Uhr. Und von zehn Mittwochabenden arbeite ich mit Sicherheit an neunen." (19:112)

Die zitierte Redakteurin hat unter anderem auch versucht, mangelnde Möglichkeiten für die Teilnahme an einer lokalen Organisation von Journalistinnen durch überregionale Kontaktaufnahme zu *Fach*kolleginnen anderer Medienorganisationen zu kompensieren. Doch wurde sie enttäuscht. Die anderen Journalistinnen ihres Fachgebiets teilten weder ihre Ablehnung etablierter Schwerpunktsetzungen in diesem Ressort noch Kritik an der üblicherweise reduzierten Darstellung von Frauen in Massenmedien und insbesondere in ihrem gemeinsamen Themenfeld.[116]

Der Faktor Zeit, im Zusammenhang mit besonderen arbeitszeitlichen Belastungen durch ihren Beruf, wird von mehreren Journalistinnen als Grund angegeben, auf kollektives Handeln zu verzichten.

„Ich habe gar keine Zeit, ständig mit irgendwelchen Leuten zu palawern, weil ich ohnehin mit einem Acht-Stunden-Tag das [die als sehr zeitaufwendig geschilderte Arbeit, U.S.] gar nicht machen kann." (5:100)

In bezug auf Interesse an geschlechtsspezifischem Austausch über berufliche Probleme weisen andere Journalistinnen darauf hin, daß sie sich auch aufgrund ihres beruflichen Inanspruchgenommenwerdens nicht mit Journalistinnen zusammenschließen. Das bezieht sich besonders auf Gruppen, die durch starke persönliche Bindungen gekennzeichnet sind. Da die Freizeit sehr gering ist, möchten einige sie lieber mit Freundinnen verbringen als mit Kolleginnen.

„Nach Feierabend würde ich eigentlich ganz gerne ein bißchen mehr im privaten Bereich machen." (3:44)

Viele Redakteurinnen betonen zwar ihre langen Arbeitszeiten und die damit verbundenen Anforderungen an ihre Flexibilität. Dennoch ist dieser situative

---

[116] Die Bedeutung unterschiedlicher Ansichten von Kolleginnen als Motivationen kollektiven Handelns beeinträchtigendem Faktor wurde bereits im vorangegangenen Kapitel geschildert.

Aspekt, im Gegensatz zur separierenden Arbeitssituation, kein wesentlicher Einflußfaktor auf Motivationen kollektiven Handelns.

5.2.4 Ergebnis-Folge-Erwartungen als hemmende Motivationsmomente

Erwartungen von Redakteurinnen, Ergebnisse kollektiven Handelns würden sie ihren Handlungszielen nicht näherbringen, scheinen sich als wichtiges Motivationshemmnis zu erweisen: Fast alle Journalistinnen, die Handlungsbedarf verspüren, aber von gemeinschaftlichen Aktivitäten nicht die Folgen erwarten, die für ihre Interessen instrumental sind, verzichten auf kollektives Handeln. Wie andere Motivationsaspekte auch, stellen negative Ergebnis-Folge-Erwartungen jedoch nicht den einzigen Grund dar, sich nicht zusammenzuschließen. [117]

Zum Ausdruck gebrachte Überzeugungen, daß Handlungsergebnisse nicht zur Realisierung gewünschter Handlungsfolgen führen, sind einerseits in Erwartungen ungewollter Nebenwirkungen gemeinsamen Agierens begründet. Andererseits betrachten einige Redakteurinnen ihre Ziele als illusorisch, also auch mittels kollektiven Handelns nicht erreichbar. Anders als ‚aktive' Journalistinnen sehen sie keine Zwischenschritte, die helfen könnten, sich der „Illusion" weitgehend anzunähern. Worauf Zweifel am angestrebten Erfolg gemeinschaftlichen Handelns beruhen und worin sie im einzelnen bestehen, wird in den folgenden Unterkapiteln näher erläutert.

5.2.4.1 Befürchtete Nebenwirkungen als Motivationen kollektiven Handelns beeinträchtigende Faktoren

Für einige Journalistinnen ist der Verzicht auf kollektives Handeln im wesentlichen der Befürchtung geschuldet, gemeinschaftliche Aktivitäten und deren Ergebnisse würden Nebenwirkungen erzeugen, die der Erreichung ihres Wunschziels gleichberechtigter Bedingungen zuwiderlaufen.

In mehreren Fällen wird vor allem darauf verwiesen, daß Männer einen Zusammenschluß von Frauen als Konfrontation auffassen könnten.

> „Ich habe das Gefühl, daß damit [mit einer Journalistinnengruppe, U.S.] (...) die Mauer noch höher wird. Wenn nun plötzlich eine geballte weibliche Masse auf die Kollegen einhämmert und sagt, ‚die Frauen müssen jetzt mal ran', dann scharen die sich auch zusammen und bilden eine Phalanx." (6:144)

Nicht immer führt das Argument, Kommunikations- und Kompromißbereitschaft von Journalisten könnten durch das Sich-zusammenschließen von Journalistinnen beeinträchtigt werden, dazu, sich gegen kollektives Handeln zu entscheiden.

---

[117] Andere sie begleitende Motivationshemmnisse sind in den vorangegangenen Kapiteln bereits dargestellt worden.

Für die zitierte Redakteurin werden die Nachteile durch eine Vielzahl möglicher positiver Handlungsergebnisse überwogen.

„Schaden tut es auf keinen Fall, das steht völlig außer Frage. Sie [die Journalistinnengruppen, U.S.] müßten irgendwie mehr Kompetenzen haben." (6:144)

Meistens aber führt die Befürchtung, zwischen den Geschlechtern könnten wegen eines Frauenzusammenschlusses neue Fronten entstehen, zu Entscheidungen gegen kollektives Handeln von Journalistinnen.

Eine Redakteurin sieht vor allem die Gefahr, daß dadurch eine konstruktive Auseinandersetzung von Journalisten mit den Anliegen ihrer Kolleginnen beeinträchtigt wird.

„Das Sich-Zusammen-Packen und Sich-Extra-Packen ist eine Schwierigkeit. Ich denke, daß es neue Fronten aufbaut. Da werden Mauern hochgezogen. So mache ich es eigentlich der anderen Seite leicht, sich nicht darauf einlassen zu müssen." (27:106)

Als Grundlage für Veränderungen diskriminierender Bedingungen sieht die Redakteurin, wie auch einige andere Journalistinnen, die Notwendigkeit, Männer für benachteiligende Dimensionen kritisierter Verhältnisse und Verhaltensweisen zu sensibilisieren. Eine gewisse Offenheit von Kollegen gegenüber ihren Argumenten sollte nicht gefährdet werden. Vor allem aber betrachtet sie Zusammenschlüsse von Frauen als kontraproduktiv für die Erlangung von Gleichberechtigung, weil sie ein Erstarken alter Netzwerke von Männern bewirken könnten.

„Ansonsten bin ich gegen Klüngelei. Ich will auch keine Männergruppen haben. (...) Vom Rotary über Lions-Club über Journalistentreffs gibt es ja genug Mechanismen, die diese Herren sich zugelegt haben um zu überleben." (27:106f)

Der individuelle Verzicht auf kollektives Handeln dieser Redakteurin ist allein, wie sie betont, den von ihr erwarteten, aber ungewünschten Nebenfolgen von ‚Frauenaktivitäten' geschuldet. Negative Ergebnis-Folge-Erwartungen führen für sie jedoch nicht so weit, daß sie Frauenzusammenschlüssen ihre Solidarität versagen würde.

„Ich toleriere das, ich habe damit keine Probleme. Wenn ein Mann zu mir käme und sagen würde, ‚die dummen Weiber', würde ich sie auch verteidigen." (27:106)

Einige Redakteurinnen befürchten, daß ihnen die Mitgliedschaft in einem Frauenzusammenschluß als Schwäche ausgelegt wird.

„Es erinnert mich immer noch ein bißchen, ganz kraß ausgedrückt, an die Situation früher in Uni-VV's [Universitätsvollversammlungen, U.S.], wo eine Frau ans Mikro gegangen ist und zwei Frauen mitgenommen hat, weil sie sich nicht getraut hat, da oben alleine zu stehen. In dem Augenblick war es egal, was sie gesagt hat, weil einfach der Eindruck entstanden ist, Frauen können es nur irgendwie zusammen. Das ist fatal. Ob ich das gut finde, das ist eine ganz andere Diskussion." (29:272)

Sorge um Beschädigung des eigenen Ansehens ist auch für eine andere Redakteurin ein wichtiger Grund für ihre Distanz gegenüber kollektivem Handeln. Eine nachhaltig negative Wirkung erwartet sie insbesondere, wenn informelle Kontakte zu Kolleginnen in einem Zusammenschluß beim Aufstieg genutzt werden.

> „Ich würde auch nicht auf einem Frauenticket reisen wollen. (...) Ich glaube, das kommt auf einen dann wieder zurück. Das heißt dann: ,die ist eigentlich zu doof dazu...'." (18:102)

Eine andere, bereits zitierte Redakteurin, die hingegen eine positive Einstellung gegenüber gegenseitiger Unterstützung beim Erklimmen der Karriereleiter zeigt[118], betrachtet den geschlechtsspezifischen Aspekt als kontraproduktiv. Sie meint, daß Aufstiegsmöglichkeiten von Kolleginnen beeinträchtigt werden, wenn sie sich mit einem informellen „Troß Frauen" (27:268) umgeben. Weil Einzelkämpferinnen leichter zu benachteiligen sind, würden Männer diese Kolleginnen gegenüber Journalistinnen aus einem Frauenverbund bevorzugen.

> „Mein Eindruck ist: Die Hierarchie funktioniert so, daß wenn ich überhaupt eine Frau nach oben nehme, dann muß sie eine Einzelkämpferin sein. (...) Dann habe ich sie immer noch in einer Situation, wo sie mit vielen Männern zusammen habe, und sie ist wieder alleine." (29:268)

Erwartete negative Nebenwirkungen in bezug auf Reaktionen von Kollegen und Entscheidungsträgern werden also als Ursache wahrgenommen, daß angestrebte Ziele durch kollektives Handeln nicht realisiert werden.

5.2.4.2. Die „Macht der Verhältnisse" als Ursache für fehlende Handlungs-motivationen

Neben unerwünschten Nebenwirkungen sind es grundlegende Zweifel an der Erreichbarkeit der Ziele selbst bzw. an der Reformierbarkeit der bestehenden Situation, in denen negative Ergebnis-Folge-Erwartungen zum Ausdruck kommen. Verzicht auf kollektives Handeln ist bei einigen Redakteurinnen zu registrieren, obwohl sie vehement die Situation für Frauen in Massenmedien kritisieren und starkes Interesse haben, der Geschlechterhierarchie entgegenzuwirken. Motivationen für gemeinschaftliches Agieren scheinen bei einigen Journalistinnen vor allem aufgrund ihrer fatalistisch anmutenden Bewertungen gesellschaftlicher Rahmenbedingungen beeinträchtigt zu sein, wie in einzelnen Interviews deutlich wird: Einige Redakteurinnen gehen davon aus, daß Maßnahmen gegen Männer begünstigende Bedingungen im Beruf (und allgemein in der Gesell-

---

[118] Sie selbst bekam bisher keine einzige Stelle ohne Beziehungen.

schaft) keine Erfolge bringen werden und daß Benachteiligung von Journalistinnen oder bestimmte Formen davon ihrer Ansicht nach *grundsätzlich* nicht zu verhindern sind - egal ob Medienfrauen individuell oder kollektiv agieren. Darüber hinaus zweifeln andere Interviewte an der Realisierbarkeit gewünschter Handlungsfolgen, weil diese von so allgemeiner Bedeutung sind, daß sie nicht allein von Journalistinnen erkämpft werden können.

Skepsis gegenüber Möglichkeiten, auf diskriminierende Verhältnisse einwirken zu können, sind unter anderem darin begründet, daß strukturelle Bedingungen als veränderungsresistent wahrgenommen werden: Mehrere Redakteurinnen sehen gesellschaftliche und sozio-ökonomische Grundlagen als starre oder beständige Gesetzmäßigkeiten an. Deshalb erwarten sie von einer Frauenlobby nicht, daß sie positive Entwicklungen im Geschlechterverhältnis in Gang setzen kann.

Das Thema ‚Schwangerschaft/Kinder' illustriert am deutlichsten, inwiefern sozio-ökonomische Rahmenbedingungen zuweilen zu Zweifeln führen, den kritisierten Bedingungen von Journalistinnen in gemeinsamen Aktionen mit anderen Betroffenen entgegenwirken zu können:

In verschiedenen Interviews (vgl. auch Kap. 5.1.1.1.2) werden von mehreren Redakteurinnen sowohl Diskriminierungen von Journalistinnen aufgrund ihrer Gebärfähigkeit als auch Probleme mangelnder Vereinbarkeit von Familie und Beruf als unmittelbare Folge gesellschaftlicher und ökonomischer Voraussetzungen wahrgenommen. Diese erscheinen mehreren Redakteurinnen als so machtvoll, daß sie Veränderungen benachteiligender Strukturen als unwahrscheinlich oder als illusorisch ansehen.

Eine Redakteurin erklärt die Situation, daß es „zu wenig Frauen" (23:340) in ihrem Beruf gibt, unter anderem mit wirtschaftlichen Nachteilen, die Medienunternehmen möglicherweise entstehen, wenn sie Journalistinnen einstellen:

„Man wartet auf die feste Stelle, wird dann schwanger und geht wieder. Das ist das, was jeder Arbeitgeber befürchtet, weil man dann ja nur Geld kostet. Das stimmt ja. Das ist ganz schlimm. Aber irgendwie geht's eben nicht. Das ist eben so. Ich finde, das liegt in der Natur. Gemein. Aber für mich wäre das kein Grund, keine Frauen einzustellen. Ich würde mir auch wünschen, daß es mehr Teilzeit gibt, und daß es nicht so an den Kosten scheitert, daß es nicht möglich ist." (23:340)

Kritisierte Arbeitszeitmodelle beispielsweise, die auf männlichen Berufsbiographien beruhen, werden ebenso wie andere benachteiligende Bedingungen als kaum beeinflußbar wahrgenommen, weil sie unter anderem in eine marktwirtschaftlich geprägte Gesellschaftsordnung eingebettet sind. Infolge der Antizipation als scheinbar unumstößlich wahrgenommener ökonomischer Zwänge sieht die Redakteurin Veränderungen allein vom Goodwill der Arbeitgeber abhängig, die damit ökonomischen Gesetzen, denen sie verpflichtet sind, zuwider handeln müßten. Aus diesem Grunde nimmt sie keine Chance wahr, daß bestehende Verhältnisse geändert werden könnten.

Implizit enthält die Ansicht der Journalistin die Forderung, daß sich Männer in Machtpositionen wandeln müßten, um über Kostenargumente hinwegzugehen. Daß sie einen Einstellungswandel von Männern für illusorisch hält, wird durch im privaten Rahmen erfahrene Grenzen begleitet: Es gelingt ihr nicht, zumindest den Ehegatten zu überzeugen und für die eigenen Interessen zu gewinnen.

> „Was man zum Beispiel noch sagen kann: Es ist mein Mann, der nie die Arbeit mit mir teilen würde, obwohl wir ja nun den gleichen Beruf haben und das auch von der Qualifikation und dem Wissensstand durchaus ginge. Ich behaupte, ich könnte genauso schreiben wie er oder genauso in der Redaktion mitarbeiten wie er. Der würde nie teilen oder tauschen." (23:340)

Von Männern, die im beruflichen (und wie in diesem Fall im privaten) Bereich dominieren, werden weder Bereitschaft für Reformen noch Veränderungen ihrer Ansichten erwartet.

Auch an anderen Stellen im Interview setzt sich die Journalistin in ähnlicher Weise mit stereotypen, Frauen benachteiligenden Argumentationsmustern von Entscheidungsträgern auseinander. Eine ambivalente Haltung zeigt sich: Sie lehnt diskriminierende Vorurteile zwar aus ihrer Situation heraus ab, aber sie hält negative Einschätzungen von Arbeitgebern über Festanstellung von Journalistinnen für berechtigt und zutreffend. Entsprechende Argumentationen ihrer Vorgesetzten betrachtet sie vor diesem Hintergrund als überzeugend, wenngleich sie sie nicht kritisiert. Sie zeigt ein gewisses Verständnis für Arbeitgeber, wenn diese möglicherweise durch bestimmte die Situation von Journalistinnen erleichternde Maßnahmen oder durch Einstellungen von Journalistinnen entstehende Kosten beklagen. Implizit akzeptiert sie die Macht ökonomischer Bedingungen. Deshalb scheint sie keine Chance zu erkennen, angestrebte Veränderungen zu erreichen. Der Logik tradierter Verhältnisse verhaftete Ansichten können damit die Wahrnehmung eines gangbaren Weges aus der festgelegten Aufgaben- und Machtverteilung verhindern.

Sozio-ökonomische Hintergründe und mangelnde Reformbereitschaft von Männern erscheinen dieser - wie auch anderer - Redakteurinnen als Verhinderer positiver Entwicklungen für Frauen im Journalismus. Sie wirken damit beeinträchtigend auf Motivationen kollektiven Handelns.

Eine andere Redakteurin sieht auch berufliche Benachteiligungen von Journalistinnen mit Kindern in grundlegenden sozio-ökonomischen Strukturen begründet. Für sie folgt daraus aber, daß sich Reformen nicht auf massenmediale, sondern in erster Linie auf gesellschaftliche Rahmenbedingungen beziehen müssen, da auch Frauen anderer Berufsgruppen dieselben Benachteiligungen treffen.

> „Was mir wirklich im Moment sehr am Herzen liegt, (...), das ist die Infrastruktur zu verändern, damit Frauen arbeiten können. Das ist für mich im Moment das Primäre."(29:297) „Es ist für mich nicht nur ein Betriebskindergarten, das sind für mich unheimlich viele Sachen. Das ist für

mich Ladenschluß, Kindergärten, Betreuungspersonal. Das ist viel. Das steht und fällt nicht alleine mit einem Betriebskindergarten." (29:300) „Es gibt zum Beispiel in Deutschland (...) keine Agenturen, die Kindermädchen vermitteln, was im Grunde genommen in England und Frankreich für ganz normale berufstätige Frauen, wie mich zum Beispiel, die ein normales Gehalt haben, gang und gäbe ist." (28:228)

Im Interesse der zitierten Redakteurin liegen Veränderungen der angeprangerten, über den Journalismus hinausgehenden, gesellschaftlichen Rahmenbedingungen. Diese betreffen bedeutend mehr Menschen als „nur" Medienfrauen. Die Umsetzung dieser Bestrebungen erscheint deshalb durch kollektives Handeln einer Berufsgruppe als kaum erreichbar, sondern kann nur von einer berufsübergreifenden und damit machtvolleren Interessenvertretung eingefordert werden. Ein entsprechendes Engagement, das sich auf außerberufliche Belange ausdehnt, könnte oder müßte auf einer anderen Ebene stattfinden. Deshalb erwartet die zitierte Redakteurin von Aktivitäten von Medienfrauen und von deren Ergebnissen nicht, daß diese sie ihren Zielen näherbringen können, Benachteiligung von berufstätigen Frauen mit Kindern entgegenzuwirken.

Handlungsziele, die sich nicht allein auf medienorganisationsbezogene Veränderungen richten, sondern auch Reformen verlangen, die gesellschaftliche Verhältnisse und wirtschaftliche Strukturen berühren, erscheinen als umfassend und komplex. Zwischenetappen auf dem Weg, Erleichterungen für Journalistinnen mit Kindern zu erzielen, werden von einigen Redakteurinnen offensichtlich deswegen nicht wahrgenommen.

Die „Macht der Verhältnisse" läßt einige Redakteurinnen an Möglichkeiten zweifeln, durch kollektives Handeln auf ihre berufliche Situation Einfluß nehmen zu können. Wahrnehmungen von Handlungserfolgen, die erste Schritte zur Veränderung bestehender Bedingungen darstellen können, werden im wesentlichen aus zwei Gründen beeinträchtigt oder verhindert: Erstens schätzen Redakteurinnen sozio-ökonomische Rahmenbedingungen und die von ihnen profitierenden Männer als veränderungsresistent ein. Zweitens sind sie überzeugt, daß die für Benachteiligungen von Journalistinnen verantwortlich gemachten gesellschaftlichen Strukturen einen zu komplexen und damit nicht realisierbaren Gestaltungsbedarf kennzeichnet.

Während es ‚aktiven' Journalistinnen gelingt, in „kleinen" Zwischenschritten, wie der Forderung nach einer Gleichstellungsbeauftragten, eine Möglichkeit zu sehen, sich in unterschiedlichen Zusammenschlüssen der Realisierung ihrer Ziele annähern zu können, scheint es einigen ‚passiven' Redakteurinnen nicht zu gelingen, einzelne Ansatzpunkte, d.h. kleine Etappenziele, kollektiven Handelns als Ergebnisse wahrzunehmen, die zumindest einer leichten Annäherung an ihr Oberziel dienlich sind.

5.2.5 Zusammenfassung und Bewertung negativer Einflußfaktoren für Motivationen kollektiven Handelns

Die Interviews illustrieren, daß es viele Erklärungen für Entscheidungen von Redakteurinnen gibt, sich keinem Zusammenschluß von Kolleginnen anzuschließen. Die vier Ergebnis-Erwartungen nehmen jeweils unterschiedliche Bedeutung ein und sind vielfältig ausgeprägt. In der Regel beeinträchtigen mehrere Faktoren Motivationen kollektiven Handelns von Redakteurinnen. Motivationshemmend wirkt sich vor allem Fehlen von Handlungsbedarf aus, der, wie ebenfalls Kap. 5.1 zeigt, auch als motivationsfördernder Aspekt von herausragender Bedeutung ist. Meistens werden Motivationen kollektiven Handelns durch eine Kombination von nicht vorhandenem Handlungsinteresse und anderen negativen Ergebnis-Erwartungen ungünstig beeinflußt.

Fehlendes Handlungsinteresse bedeutet, daß im Hinblick auf das Geschlechterverhältnis in den Medien viele ‚passive' Journalistinnen nicht die Notwendigkeit sehen, die bestehende Situation zu verändern, und daß sie keine ungünstigen Entwicklungen erwarten, auf die zu reagieren wäre.

Einige beklagen zwar Defizite in der massenmedialen Berichterstattung über Frauen, insgesamt aber sind für ‚passive' Redakteurinnen journalistische Ziele, Maxime oder Arbeitsweisen geschlechtsneutral. Somit entwickeln sie in bezug auf journalistisches Selbstverständnis kein spezifisches Interesse an einer Einflußnahme.

Hinsichtlich informeller Kommunikation äußern ‚nicht-aktive' Journalistinnen lediglich Bedürfnisse, die sich nicht nur im Rahmen eines beruflichen Frauenzusammenschlusses, sondern auch in einem gemischtgeschlechtlichen Verbund befriedigen lassen.

In Kap. 2 wurde herausgearbeitet, daß die berufliche Situation von Journalistinnen durch geschlechtshierarchische Strukturierung gekennzeichnet ist. Diskriminierungen und möglicherweise auch Gegenvorstellungen zum männlich geprägten Journalismus wurden als potentielle Handlungsinteressen formuliert und als motivationsfördernde Faktoren in Kap.5.1.1 bestätigt. Fehlender Handlungsbedarf bei ‚passiven' Redakteurinnen bedeutet nicht zwangsläufig, daß diese geschlechtsspezifische Benachteiligungen nicht wahrnehmen oder nicht erfahren. Viele von ihnen sind nicht an einem Zusammenschluß mit Kolleginnen interessiert, weil sie sich nicht oder nicht mehr von Diskriminierungen betroffen fühlen oder weil sie solche Formen erleben, für die sie ein gewisses Verständnis aufbringen oder auf die sie individuell und spontan reagieren. Ein Beispiel für sofortige Gegenwehr sind frauenfeindliche Sprüche von Kollegen.

Fehlendes Handlungsinteresse von Journalistinnen in bezug auf ihre beruflichen Bedingungen erklärt sich auch darin, daß einzelne Redakteurinnen sich nicht mit geschlechtsspezifischen Benachteiligungen anderer identifizieren oder daß einige wenige strukturelle Dimensionen von Diskriminierung nicht wahrnehmen.

Viele ,passive' Redakteurinnen, die kein Interesse an gemeinschaftlichen Aktivitäten mit Kolleginnen entwickeln, engagieren sich in gemischtgeschlechtlichen berufsbezogenen Zusammenschlüssen und in politischen Organisationen. Eine sich als personaler Faktor darstellende, als berufstypisch verstandene Neigung zum Einzelkämpfertum (vgl. Neverla/Kanzleiter 1984:191) kann damit nur in seltenen Fällen Grund für Verzicht auf kollektives Handeln sein und wird begleitet von weiteren motivationshemmenden Faktoren.

Einige ,passive' Journalistinnen berichten von unangenehmen, zuweilen sogar extrem unangenehmen Erfahrungen, die sie in - nicht immer nur geschlechtsspezifischen - Zusammenschlüssen von Gleichaltrigen in Kindheit und Jugend (teilweise auch später) machten. Einzelne ziehen daraus nachhaltige Konsequenzen und favorisieren individuelle Handlungsstrategien, die sie als erfolgreich erleben und erlebten. Sie betonen jedoch, daß sie keine Berührungsängste gegenüber Kolleginnen oder Kollegen entwickelt haben. In negativen Handlungs-Ergebnis-Erwartungen liegt somit ein weiteres wichtiges Motivationshemmnis für einige Redakteurinnen.

Negative Erwartungen gegenüber Zusammenschlüssen von Journalistinnen erklären sich auch aus Enttäuschungen, die die eine oder andere Interviewte mit einzelnen Kolleginnen erlebte. Diese resultieren unter anderem aus differenten Vorstellungen von Feminismus. Sie erzeugen Zweifel, Solidarität von anderen Journalistinnen erfahren zu können.

Motivationen kollektiven Handelns werden außerdem beeinträchtigt durch differenzierte Wahrnehmung von weiblichen gegenüber gemischtgeschlechtlichen Zusammenschlüssen und durch negative Beurteilung bestimmter Merkmale einzelner Frauenverbunde aus dem eigenen Umfeld. Die Unterscheidungskriterien beziehen sich unter anderem auf ihre Diskussionsinhalte, ihre Größe, ihr Erscheinungsbild und ihre formale Macht. Einige Journalistinnen betonen, daß gemischtgeschlechtliche Interessenvertretungen, wie Betriebs- oder Personalrat, erfolgversprechendere Allianzen sind als geschlechtsspezifische. Andere Redakteurinnen nehmen einen konkreten Handlungsverbund in ihrem beruflichen Umfeld wahr, von dem sie sich wegen deren Kommunikationsinhalten oder deren Formen öffentlichen Auftretens distanzieren. Dies kann, wie verschiedene Interviews zeigen, zu einer verallgemeinerten Sicht auf Frauenzusammenschlüsse führen und sich negativ auf Motivationen kollektiven Handelns auswirken. Eine kritische Haltung gegenüber einem Verbund von Kolleginnen kann aber auch, wie das Beispiel einer ,aktiven' Journalistin mit starkem Handlungsbedarf zeigt, dazu führen, sich einen Zusammenschluß zu suchen, der den eigenen Vorstellungen entspricht. Andere positive Erfahrungen, starkes Handlungsinteresse und

Erfolgserwartungen waren in diesem wie in anderen Fällen wichtiger als negative Seiten eines bestimmten Zusammenschlusses.

Zweifel am Erreichen von Handlungsergebnissen hängen in einzelnen Fällen mit grundsätzlicher Skepsis gegenüber Veränderungen im Geschlechterverhältnis zusammen. Ein Grund dafür liegt in der „Personalisierung" von Diskriminierungsursachen. D.h., einige Redakteurinnen bewerten geschlechtsspezifische Benachteiligungen, wie frauenfeindliche Sprüche, in erster Linie als Verhaltensweisen einzelner Kollegen, die in ihren Augen als Ausdruck eines misogynen Charakterzugs zu verstehen sind. Sie erwarten nicht, daß Männer sich ändern, und folglich nicht, daß diesbezüglich durch kollektives Handeln ein positives Ergebnis erzielt würde.

Im Gegensatz dazu reagieren einige, und zwar ‚aktive' Journalistinnen, auch auf solche Diskriminierungsformen und setzen einzelnen Kollegen auseinander, inwiefern ihr Verhalten diskriminierend ist. Vor allem aber nehmen sie herabwürdigende Umgangsformen von Männern als Anlaß, die darin zum Ausdruck kommenden, geschlechtsspezifische Benachteiligungen begünstigenden Strukturen zu bekämpfen.

Vereinzelt führen Redakteurinnen moralische Erwägungen ins Feld, um ihre Entscheidung gegen kollektives Handeln zu erklären. Sie distanzieren sich von Vorteilnahme, Vetternwirtschaft oder Protektionismus. Damit sprechen sie sich gegen eine Bedeutungsebene von Netzwerken aus, in der für viele ein wesentliches positives Charakteristikum liegt.

Die Untersuchung der Bedeutung von Rahmenbedingungen als Motivationen beeinträchtigender Faktor zeigt, daß ein Verzicht auf kollektives Handeln auch im Zusammenhang steht mit Mangel an Gleichgesinnten. Mehrere ‚passive' Journalistinnen finden keine Kolleginnen, mit denen sie eine gemeinsame Basis von Sympathie und frauenpolitischer Überzeugung verbindet.

Darüber hinaus erschweren formale Bedingungen, wie inhaltlich-organisatorische und räumliche Separierung oder terminliche und zeitintensive Beanspruchung, die Möglichkeit, sich einem regelmäßig zusammentreffenden Frauenverbund anzuschließen. In isolierenden Arbeitssituationen, wie beispielsweise in einem Ein-Personen-Ressort, befinden sich zwar auch einzelne Interviewte, die aufgrund ihrer Erfahrungen teilweise Wesensmerkmale von „Einzelgängerinnen" entwickelt haben, doch ist für diese das von ihnen mit ihrer Stelle wahrgenommene Prestige der Grund für die Übernahme jener Position. Eine Neigung zur Einzelgängerin erklärt zudem nicht als einziges ihren Verzicht auf kollektives Handeln. Er ist auch verbunden mit mangelnder Information über Treffen bzw. über Zusammenschlüsse von Kolleginnen, die Folge des isolierenden Arbeitsplatzes ist. Das trifft auch auf Journalistinnen zu, die in von Männern dominierten Ressorts oder Abteilungen arbeiten.

Motivationen kollektiven Handelns werden darüber hinaus besonders beeinträchtigt durch negative Ergebnis-Folge-Erwartungen. Sie bestehen in fehlender Wahrnehmung realisierbarer Zwischenschritte zur Erreichung von Handlungszielen und in Erwartungen ungewünschter Nebenwirkungen.

Zweifel gegenüber positiven Ergebnis-Folge-Erwartungen liegen darin begründet, daß einige Redakteurinnen strukturelle Eingriffe in das Geschlechterverhältnis und ebenso in sozio-ökonomische Bedingungen als unmöglich ansehen. Zwischenschritte auf dem Weg zur Chancengleichheit, die zumindest erste Verbesserungen (z.b. Gleichstellungsregelungen) bringen und die motivationsfördernd wirken können, wie das Beispiel ,aktiver' Journalistinnen zeigt, nehmen diese Redakteurinnen nicht wahr.

Für einzelne Redakteurinnen sind ungewünschte Nebenwirkungen mit entscheidend, auf kollektives Handeln zu verzichten: Sie befürchten neue Konfrontationen zwischen den Geschlechtern, die zusätzlich die Gefahr eines Erstarkens der Netzwerke von Männern beinhalten würden.

Nur einzelne ,passive' Journalistinnen sehen gemeinschaftliches Auftreten nach wie vor mit Ansehensverlust verbunden. Das Abgestempeltwerden ist aber für diese Redakteurinnen nicht der einzige und auch nicht wesentliche Grund, auf kollektives Handeln zu verzichten. In der von Neverla und Kanzleiter 1980 durchgeführten Untersuchung gilt die befürchtete Diffamierung (z.B. als „Schwache" oder „Stützungsbedürftige", Neverla/Kanzleiter 1984:192) noch als eine Hauptursache für Distanzierungen von Frauengruppen (Neverla/Kanzleiter 1984:195; vgl. auch Kap.2.3.3). Daß dieses Argument bei Berliner Redakteurinnen nur vereinzelt fällt und dann als beiläufiger Aspekt für Verzicht auf kollektives Handeln angeführt wird, kann als Ausdruck für einen Wertewandel verstanden werden, der Frauen zunehmend Öffentlichkeit zugesteht.

Zusammenfassend zeigen die Interviews ,passiver', wie bereits die ,aktiver' Journalistinnen, daß persönliches Interesse Voraussetzung ist für Entscheidungen zu kollektivem Handeln. Das bedeutet nicht, daß ,passive' Redakteurinnen geschlechtshierarchische Bedingungen im Journalismus nicht wahrnehmen: Einige fühlen sich nicht mehr davon betroffen; andere äußern Zweifel an Veränderungsmöglichkeiten im Geschlechterverhältnis überhaupt, die zuweilen fatalistische Züge annehmen. Ursache dafür sind unter anderem „Personalisierungen" von Diskriminierungsursachen oder die Wahrnehmung des marktwirtschaftlichen Systems als Verhinderer von Wandel. Diese Fälle verdeutlichen, daß Perzeption der Realisierbarkeit von Handlungszielen ein weiterer wesentlicher Aspekt ist, Verzicht auf kollektives Handeln zu erklären.

6 Schlußbetrachtung

Ein Ergebnis einer vorausgegangenen eigenen Untersuchung war Ausgangspunkt der vorliegenden Studie: Obwohl kollektives gegenüber individuellem Handeln als erfolgversprechenderes Vorgehen zur Durchsetzung von Interessen gilt, gehörten sehr wenig Journalistinnen einem Zusammenschluß von Frauen an. Die für West-Berlin repräsentative Befragung festangestellter Journalistinnen und Journalisten hatte ergeben, daß zwar 67 Prozent der weiblichen Interviewten einem Frauenverbund zur Durchsetzung ihrer Interessen für sinnvoll hielten, aber nur neun Prozent Mitglied einer solchen Allianz waren (Amend/Schulz 1993:29). Dieses Ergebnis verwundert um so mehr, weil gleichzeitig deutlich mehr als die Hälfte der weiblichen Befragten ungleiche Chancen für Journalistinnen sowie verschiedene Formen von Diskriminierungen wahrnahmen und sich 21 Prozent persönlich im Berufsalltag diskriminiert fühlten (ebd.:26f).

Die zugrunde gelegte Annahme, daß geschlechtsspezifische Benachteiligungen von Medienfrauen Interesse für kollektives Frauenhandeln auslösen könnten, führte zu folgenden Fragen: Wie läßt sich das vermeintliche Mißverhältnis erklären zwischen positiver Einstellung von Journalistinnen gegenüber geschlechtsspezifischen Zusammenschlüssen und ihrer tatsächlichen Entscheidung, in einem solchen aktiv zu werden? Vor allem aber: Warum schließen sich Journalistinnen mit Kolleginnen zusammen, warum unterlassen sie es?

Die Untersuchung stößt in eine Forschungslücke: Einzelne empirische Arbeiten zur Situation von Journalistinnen beschäftigen sich zwar am Rande mit dem Thema kollektives Handeln (Keil 1996; Amend/Schulz 1993; Neverla/ Kanzleiter 1984). Jedoch beschränken sich ihre Daten im wesentlichen auf Einstellungen gegenüber Frauenzusammenschlüssen und liefern damit allenfalls erste Erklärungsansätze.

Um Entscheidungen von Journalistinnen zu kollektivem Handeln zu ergründen, wurde der Forschungsblick auf den Motivationsprozeß fokussiert, der Handlungsentscheidungen vorausgeht. Die vorliegende Studie befaßt sich daher mit dem Einfluß, den persönliche Aspekte und äußere Rahmenbedingungen auf Motivationen kollektiven Handelns von Journalistinnen ausüben.

Eine Handlungsmotivationstheorie, die sowohl innere als auch äußere Einflußfaktoren in gleicher Weise integriert, entwickelte der Psychologe Heinz Heckhausen (1989). Sein vierstufiges Modell bildet den theoretischen Ausgangspunkt und den Analyserahmen der Untersuchung. Die motivationstheoretische Einbettung der Studie und die forschungspraktische Umsetzung von Heckhausens Modell eröffnet eine neue Perspektive auf Entscheidungen zu kollektivem Handeln. Als dem explorativen Charakter der Problemstellung adäquate

Untersuchungsmethode erweisen sich qualitative Interviews. Sie wurden mit 30 Redakteurinnen aus tagesaktuell arbeitenden Medienorganisationen in West-Berlin geführt, deren Auswahl das Sample der vorangegangenen Untersuchung zugrunde lag.

Der neue theoretische Zugang zum Thema in Verbindung mit dem gewählten methodischen Vorgehen ermöglicht es erstmals, die Komplexität von Handlungsmotivationen von Journalistinnen und die Vielfalt von Motivationsfaktoren detailliert zu erfassen und zu systematisieren sowie die wesentlichen bestärkenden und hemmenden Aspekte herauszufiltern.

Die Untersuchungsergebnisse revidieren teilweise Aussagen, mit denen Verzicht auf kollektives Handeln von Journalistinnen Anfang der 80er Jahre ansatzweise erläutert wurde (Neverla/Kanzleiter 1984). In den Interviews kommen unterschiedliche und differenziert gewichtete Faktoren zum Ausdruck, die in jeweils individuellen Kombinationen Motivationen kollektiven Handelns beeinflussen. Dennoch erweist sich die Bedeutung einzelner Aspekte als wesentlich für Entscheidungen von Redakteurinnen, sich mit Kolleginnen zusammenzuschließen. Ihnen gilt an dieser Stelle besondere Aufmerksamkeit.

Die Gesamtbetrachtung aller Interviews weist mit Handlungsbedarf bzw. Handlungsinteresse einen grundlegenden Einflußfaktor aus. Handlungsinteresse meint, daß äußere Faktoren, die die berufliche Situation von Frauen in den Massenmedien betreffen, als veränderungsbedürftig wahrgenommen werden. Bestätigt wird damit das gewählte Vorgehen, der Analyse der Interviews Heckhausens Modell zugrunde zu legen. Es räumt - anders als andere Theorien - Handlungsbedarf einen eigenen Platz im Motivationsprozeß ein.

Starkes Interesse von Redakteurinnen, in einer Allianz mit Kolleginnen aktiv zu werden, liegt in Diskriminierungen begründet. In den theoretischen Grundlegungen wurde herausgearbeitet, daß Arbeitsorganisationen Geschlechterhierarchien produzieren und reproduzieren und daß eine Gegenstrategie in kollektivem Handeln weiblicher Beschäftigter liegen könnte. Aussagen der Befragten bestätigen, daß Diskriminierungen von Unternehmensstrukturen ausgehen. Vor allem ihnen gelten Veränderungsbestrebungen von Redakteurinnen. Um auf medienorganisationsspezifische Bedingungen einzuwirken, erachten sie Frauenzusammenschlüsse als notwendig.

Das besondere Interesse an Einflußnahme auf geschlechtshierarchische Strukturen bestätigt die Eingangsüberlegung, daß Bedarf für kollektives Handeln von benachteiligenden Bedingungen hervorgerufen wird. Demgegenüber zeigt die vorliegende Analyse, daß Vorstellungen von einem ‚weiblichen Journalismus' kaum bestehen und von ihnen in einzelnen Fällen allenfalls nachrangiges Interesse an gemeinschaftlichem Agieren ausgeht. Die meisten interviewten Redakteurinnen distanzieren sich von einem geschlechtsspezifischen Verständnis ihrer journalistischen Berufsrolle. Weibliche journalistische Maximen oder ein entsprechendes Aufgabenverständnis stellen keinen Aspekt dar, der für Redakteurinnen von besonderer Bedeutung ist. Zwar beklagen viele Interviewte mangelnde Berücksichtigung von Themen, die die Lebenswirklichkeit von Frauen betreffen und abbilden. Darauf verändernd einzuwirken ist jedoch ein nachgeordneter Aspekt für Entwicklung von Handlungsbedarf.

Sehr wichtig, aber nicht vorrangig ist die Befriedigung kommunikativer Interessen: Viele Redakteurinnen suchen informelle Informationen und einen Rekreationsraum, der eine Gesprächsatmosphäre bereit stellt, die frei ist von männlichen Umgangsformen sowie Karriere- und Konkurrenzkämpfen.

Interessen, die Motivationen kollektiven Handelns von Journalistinnen fördern, beziehen sich also - neben der Realisierung verschiedener Kommunikationsbedürfnisse - vor allem auf die Bekämpfung geschlechtshierarchischer Strukturen. Feministische Interessenpolitik stellt sich als vorrangigen Handlungsbedarf dar. Er gilt sowohl der Abwehr als auch der präventiven Bekämpfung geschlechtsspezifischer Benachteiligungen, vor allem bezogen auf Medienorganisationen.

‚Betroffenheit' ist in diesem Zusammenhang ein zentrales Stichwort. Die Interviews zeigen, daß die Stärke des Handlungsinteresses in direktem Bezug zum Ausmaß erfahrener Diskriminierungen und ihren verletzenden Wirkungen steht. Kritische geschlechtsspezifische Erfahrungen sind wesentliche Impulse, sich mit Kolleginnen zusammenzuschließen. Darüber hinaus sensibilisieren sie für Wahrnehmungen unterschiedlicher Formen von Diskriminierungen und für die dahinter liegenden Strukturen. Redakteurinnen müssen sich jedoch nicht nach wie vor persönlich von geschlechtsspezifischen Benachteiligungen beeinträchtigt fühlen und für sich keine direkten Vorteile durch erzielte Veränderungen erwarten, um sich mit anderen zusammenzuschließen. Motivationsfördernd erweist sich außerdem potentielle Betroffenheit von geschlechtsspezifischen Behinderungen und Beeinträchtigungen, weil Redakteurinnen erwarten, daß sich möglicherweise ihr eigenes Umfeld nachteilig verändern kann und geschlechtshierarchische Strukturen sie beeinträchtigen könnten. Handlungsbedarf entsteht zuweilen auch durch „indirekte" Betroffenheit: Für manche Interviewte, die sich nicht persönlich diskriminiert fühlt, scheint Geschlechtsidentität damit verbunden zu sein, sich stark mit Diskriminierungen von Frauen allgemein zu identifizieren. Motivationen kollektiven Handelns sind für diese Redakteurinnen aber mit der Erkenntnis verknüpft, daß Veränderungen geschlechtshierarchischer Strukturen nur durch gemeinschaftliches Agieren erreicht werden können.

Die Darstellung, worauf sich Handlungsbedarf gründet, veranschaulicht die Vielfalt und Vielschichtigkeit *eines* positiv ausgeprägten Aspekts von Motivationen kollektiven Handelns: Das Interesse, mit anderen zusammen berufliche Geschlechterpolitik zu betreiben, beruht auf Ursachen, die auf der Bandbreite massiver persönlicher Betroffenheit auf der einen und einer altruistisch anmutenden Komponente auf der anderen Seite liegen. Jedoch: Kein Motivationsfaktor wirkt allein, erst im Zusammenwirken mehrerer kommt es zu Entscheidungen für kollektives Handeln.

Die Ansicht indirekt von Diskriminierungen betroffener Redakteurinnen, daß politisches Handeln von Frauen nur zusammen mit anderen zum Erfolg führen kann, deutet auf einen weiteren Motivationsaspekt hin: Erfahrungen mit Zusammenschlüssen. Die zitierte Einsicht ist keine theoretische Erkenntnis der Interviewten, sondern Folge früherer Zugehörigkeit zu einer Verbindung mit Geschlechtsgenossinnen: Redakteurinnen, die gemeinsam mit anderen Frauen aktiv sind, machten oft bereits zuvor mehr oder weniger intensive, aber positive Erfahrungen mit geschlechtsspezifischen Allianzen - zuweilen schon in Kindheit und Jugend. In diesen erlebten viele ein Gefühl persönlicher und gemeinsamer Stärke, zum Teil verbunden mit besonderer politischer Kraft.

Die Untersuchungsergebnisse veranschaulichen, daß für Motivationen kollektiven Handelns außerdem Erwartungen von besonderer Bedeutung sind, daß das gewünschte Ziel durch gemeinsames Agieren tatsächlich erreicht werden kann. Erfolgserwartungen werden bestärkt, wenn viele mögliche Handlungsschritte und kleine positive Zwischenetappen erkannt und angestrebt werden, die eine Annäherung an das Oberziel „Gleichberechtigung" wahrscheinlich machen. Motivationsfördernd wirkt sich außerdem ein Umfeld aus, in dem viele Journalistinnen anzutreffen sind und ein Frauenhandeln gegenüber aufgeschlossenes Klima herrscht.

Die wesentlichen Aspekte, auf die Entscheidungen zu kollektivem Handeln beruhen, können in umgekehrter Ausprägung das Verharren in Passivität erklären bzw. die Favorisierung individuellen oder kollektiven gemischtgeschlechtlichen Handelns.

Die Bedeutung von Handlungsbedarf als motivationshemmender Faktor zeigt sich darin, daß viele Redakteurinnen sich nicht mit Kolleginnen zusammenschließen, weil sie die bestehende Situation nicht als veränderungsbedürftig einschätzen oder weil sie an Einflußnahme auf berufliche Bedingungen interessiert sind, die beide Geschlechter betreffen.

Einige Journalistinnen verspüren keinen Handlungsbedarf mehr, weil sie sich zwar früher diskriminiert fühlten, aber derzeit nicht (und auch nicht mehr potentiell) und sich mit Benachteiligungen anderer nicht ausreichend identifizieren.[119] Zwar gibt es Interviewte, die dennoch in einem Zusammenschluß aktiv sind, aber bei jenen sind andere Motivationsfaktoren positiv ausgeprägt.

---

[119] Eine solche Veränderung kann z.B. bei einem innerbetrieblichen Arbeitsplatzwechsel eintreten, wie die Übernahme eines Ein-Personen-Ressorts. Während „die Randständigkeit" (vgl. Neverla 1986:134) dieser Arbeitsplätze aus der Zukunfts-/Aufstiegsperspektive negativ bewertet werden, betrachten die Betroffenen in der vorliegenden Untersuchung sie als Wunschpositionen oder empfinden sie als Gratifikation, zumal sie mit besonderem Prestige verbunden sind.

Von besonderer Bedeutung für Verzicht auf kollektives Handeln sind Zweifel, ob Geschlechterhierarchien jemals abgebaut werden können. Selbst einige Journalistinnen, die bestehende Geschlechterstrukturen vehement kritisieren, verzichten auf kollektives Handeln, weil sie sich nicht vorstellen können, daß dieses sie dem Ziel gleichberechtigter Bedingungen für Frauen näherbringt. Diese Zweifel muten teilweise fatalistisch an. Sie gründen sich z.B. bei einer Redakteurin darauf, daß sie gewisses Verständnis für Entscheidungen von Chefredakteuren aufbringt, die Frauen wegen ihrer Gebärfähigkeit (und der deshalb zu erwartenden Familienpause) als unternehmerisches Risiko einstufen und nicht einstellen. Sie lehnt solche Entscheidungen (und die Begründung dafür) ab, betrachtet sie aber als Ausdruck marktwirtschaftlicher Gesetze, die Frauen nicht ändern können. Das Beispiel zeigt, wie wichtig für Motivationen kollektiven Handelns die Einschätzung ist, ob und wie Diskriminierungen bekämpft werden können.

Die Frage, ob kollektives Handeln geeignet ist, sich einem Oberziel, wie Gleichstellung der Geschlechter, anzunähern, würde bei Heckhausen zu Ergebnis-Folge-Erwartungen (Heckhausen 1989:469f) gehören. Dazu zählen außerdem Nebenwirkungen und Fremdbewertungen, die ebenfalls Handlungsmotivationen beeinträchtigen können.

Negative Nebenwirkungen („die Mauer [zwischen den Geschlechtern, U.S.] wird höher" (6:144)) sehen zwar einzelne Interviewte als eine mögliche Gefahr kollektiven Handelns an. Doch wirken andere Motivationsfaktoren stärker, weshalb solche unerwünschten Folgen Motivationen gemeinschaftliches Agieren nicht hemmen.

Ähnlich verhält es sich mit Fremdbewertungen: Noch Anfang der 80er Jahre führten Neverla/Kanzleiter Befürchtungen von Journalistinnen, als Schwache oder Stützungsbedürftige diffamiert zu werden (vgl. Neverla/Kanzleiter 1984: 192), als ein wesentliches Argument an, daß gegen Frauenzusammenschlüsse sprach. Die in der vorliegenden Arbeit interviewten Redakteurinnen teilen solche Befürchtungen nicht. Zwar gelten für sie besondere Rahmenbedingungen: Sie lebten und arbeiteten zum Untersuchungszeitpunkt in West-Berlin, wo es vielfältige feministische Aktivitäten und Initiativen sowie mehrere Zusammenschlüsse von Journalistinnen oder Medienfrauen seit Jahren gibt, die über einzelne Medienorganisationen hinausgehen. Dadurch könnten nicht nur Wahrnehmungen der Interviewten dieser Studie für geschlechtshierarchische Bedingungen und die Notwendigkeit feministischer Interessenpolitik in besonderem Maße geschärft worden sein, sondern auch die ihrer Kollegen. Diese hatten in der vorausgegangenen Studie Frauenzusammenschlüsse ebenfalls mehrheitlich positiv bewertet (Amend/Schulz 1993:29).

Dennoch erscheint die These plausibel, daß Verzicht, sich mit Geschlechtsgenossinnen zusammenzuschließen, heute in der Regel *nicht* mehr mit Furcht vor Ansehensverlust verbunden ist. Denn einerseits scheint ein feministischen Interessen gegenüber offeneres Klima zu herrschen; Ausdruck dafür sind unter anderem Gleichstellungsverabredungen, die beispielsweise in Parteien oder Unternehmen getroffen wurden. Interviewte Redakteurinnen berichten zudem von der Akzeptanz ihrer Frauenzusammenschlüsse durch Kollegen. Andererseits verdeutlichen die Untersuchungsergebnisse eine Fülle anderer Faktoren, die Motivationen kollektiven Handelns beeinträchtigen.

Zum Alltagsverständnis gehört, daß jüngere Frauen Emanzipationsbestrebungen ihres Geschlechts kritisch gegenüberstehen. Darin eine Erklärung verminderten Engagements von Frauen für ihre Belange zu vermuten, geben die Untersuchungsergebnisse keine eindeutigen Hinweise. Worin allerdings - insbesondere für jüngere Frauen - ein Problem bestehen könnte, ist die Unterschiedlichkeit von Zielen, Inhalten und Vorgehensweisen von Zusammenschlüssen. Die Interviews unterstreichen, daß die in den theoretischen Vorüberlegungen vorgenommene Differenzierung von Allianzen für Motivationen kollektiven Handelns von Bedeutung sind: Förderlich wirkt es, für unterschiedliche Handlungsinteressen auf mehrere Handlungsverbunde zurückgreifen zu können, die unterschiedlichen Bedürfnissen entsprechende Zielsetzungen verfolgen.

Gehemmt werden Motivationen kollektiven Handelns hingegen, wenn Redakteurinnen bestimmte Merkmale eines Handlungsverbunds in ihrer Nähe kritisieren und jenen gleichzeitig als einen typischen Vertreter von Frauenverbindungen wahrnehmen. Ablehnung richtet sich unter anderem gegen die Art des öffentlichen Auftretens von Zusammenschlüssen (z.B. konfrontative Kampf- oder Umgangsformen) oder gegen deren Ziele und Beziehungsstrukturen (z.B. Gruppencharakter, Selbstfindungsprozesse und deren Thematisierung). Wenn bestimmte Merkmale bei einer Frauenallianz nicht mit den Vorstellungen einer an kollektivem Handeln Interessierten übereinstimmen, kann dies ihre Handlungsmotivation massiv beeinträchtigen.

Da von unterschiedlichen Bewußtseinsprozessen beim Zusammentreffen mehrerer Generationen auszugehen ist, können unterschiedliche Interessen und vor allem unvereinbare Kommunikationsbedürfnisse aufeinanderstoßen. Sie könnten junge Frauen von gemeinsamen Engagement abhalten.

Die vorliegende Analyse bestätigt das gewählte Vorgehen, den Handlungsmotivationsprozeß von Individuen zu untersuchen, um den relativ geringen „Organisationsgrad" von Journalistinnen in bezug auf geschlechtsspezifische Zusammenschlüsse und um den vermeintlichen Widerspruch zwischen positiver Einstellung zu kollektivem Frauenhandeln und Verzicht darauf zu erklären.

Die Bezugnahme auf Heckhausens Motivationsmodell erweist sich aus zwei Gründen als vorteilhaft: Es stellt einerseits einen methodisch-systematischen Zugang zum Analysematerial bereit, der andererseits sowohl personale als auch äußere Einflußfaktoren für Motivationen kollektiven Handelns berücksichtigt.

Ein wichtiges Verdienst der vorliegenden Untersuchung liegt darin, daß sie sowohl besondere Motivationsfaktoren aufzeigen und systematisieren als auch ihre Komplexität verdeutlichen konnte. Tiefe und Dichte der Ergebnisse ist allein qualitativen Interviews zu verdanken.

Eine gültige Aussage darüber, welche Kombinationen von Einflußfaktoren mehrheitlich Entscheidungen zu kollektivem Handeln hemmen, ermöglichen sie nicht. Vor dem Hintergrund der Vielfalt und Vielschichtigkeit von förderlichen und hemmenden Motivationsfaktoren sowie der Vielfalt ihrer Kombinationen ist dazu eine quantitative Untersuchung erforderlich, die entsprechende Häufigkeiten mißt. Sinnvollerweise sollte diese auf die Ausprägungen der in der vorliegenden Arbeit ermittelten Motivationsfaktoren aufbauen.

Die vorliegende Studie bezieht sich allein auf das Berufsfeld Journalismus. Ihre Befunde haben zwar keine Gültigkeit für andere qualifizierte Berufsgruppen. Dennoch können sie Anregungen geben, Verzicht auf kollektives Handeln in anderen Branchen zu erklären. Das zeigen folgende Betrachtungen.

Beim Journalismus handelt es sich um eine Profession, die häufig durch unregelmäßige, oft überdurchschnittlich lange und ungewöhnliche Arbeitszeiten gekennzeichnet ist. Außergewöhnliche Arbeitszeiten beeinträchtigen zwar Handlungsmotivationen, aber führen nur zusammen mit anderen Faktoren zum Verzicht auf kollektives Handeln.

Zum Beruf gehört darüber hinaus die alltägliche Auseinandersetzung mit Öffentlichkeit, die verbunden sein könnte mit besonderer Sensibilisierung für Macht von Lobbies. Trotz Wahrnehmung der Möglichkeiten, die Handlungsverbunde bieten, und der Befürwortung von Frauenzusammenschlüssen gehören jedoch nur wenig Journalistinnen einem solchen an, was darauf schließen läßt, daß diese berufliche Besonderheit wenig Auswirkungen auf die Fragestellung hat. Kenntnis öffentlicher Macht und der Zugänge zu ihr sowie die differenzierte Beurteilung unterschiedlicher Möglichkeiten und Erfolgschancen gemischtgeschlechtlicher gegenüber Frauenzusammenschlüssen erweisen sich eher als Folge eigener Erfahrungen in Zusammenschlüssen und durch eigene politische Aktivitäten.

Dem journalistischen Beruf haftet das Image des kreativen Einzelkämpfertums an. Mit einer entsprechenden Neigung dazu erklärten viele Journalistinnen in der Untersuchung von Neverla und Kanzleiter noch 1980 ihren Verzicht auf kollektives Handeln (Neverla/Kanzleiter 1984:191). Die Befunde der vorliegenden Studie bestätigen dieses Ergebnis nicht. Zwar machten einige wenige Redakteurinnen ausschließlich negative Erfahrungen mit Zusammenschlüssen und favorisieren individuelle Handlungsstrategien, zumal sie damit ihre Interessen immer durchsetzen konnten. Doch sie betrachten sich nicht als Einzelkämpferinnen. Vielmehr wirken in diesen Fällen noch weitere Faktoren motivationshemmend.

Die geringe Bedeutung berufsspezifischer Besonderheiten für Motivationen kollektiven Handelns von Journalistinnen weist über den Forschungsgegenstand hinaus: Befunde der vorliegenden Arbeit könnten weiteren Untersuchungen anderer Berufsfelder zugrunde gelegt werden. Das gewählte Vorgehen könnte sich auch als geeignet erweisen, Gründe für vermeintliche Diskrepanzen zwischen Einstellungen und Handlungsentscheidungen in anderen Berufen oder anderen Zusammenhängen zu untersuchen.

Literatur

Acker, Joan (1991): Hierarchies, Jobs, Bodies: A Theory of Gendered Organisations. In: Lorber/ Farrell: 162-179

Allmendinger, Jutta/ J. Richard Hackman (1994): Akzeptanz oder Abwehr? Die Integration von Frauen in professionelle Organisationen. In: Kölner Zeitschrift für Soziologie und Sozialpsychologie. 46.Jg. 1994/2: 238-258

Amend, Heike/ Ute Schulz (1993): Die quantitativen Interviews. In: Schulz/ Amend: 5-40

Angerer, Marie-Luise (1991): Ohne Echo - ohne Hall. Medialer Feminismus am Beispiel des Österreichischen Rundfunks. In: Angerer, Marie-Luise/ Johanna Dorer (1991): Auf glattem Parkett. Feministinnen in Institutionen. Wien: 111-133

Angerer, Marie-Luise u.a. (1995): Frauen in der Audiovision. Kurzfassung der Studie „Frauen in der österreichischen Medien- und Kulturindustrie". In: Medien-Journal 19.Jg. 1995/2: 3-20

Angerer, Marie-Luise/ Johanna Dorer (1994): Auf dem Weg zu einer feministischen Kommunikations- und Medientheorie. In: Angerer, Marie-Luise/ Johanna Dorer (Hg.)(1994): Gender und Medien. Theoretische Ansätze, empirische Befunde und Praxis der Massenkommunikation. Ein Textbuch zur Einführung. Wien: 8-23

Arbeitsgemeinschaft für Kommunikationsforschung e.V. (AfK) (1974): Repräsentative Journalistenquete. Eine Studie im Auftrag des Presse- und Informationsamtes der Bundesregierung. München

Aufermann, Jörg/ Hans Bohrmann/ Rolf Sülzer (Hg.)(1973): Gesellschaftliche Kommunikation und Information. Forschungsrichtungen und Problemstellungen. Ein Arbeitsbuch zur Massenkommunikation I. Frankfurt am Main

Auhagen, Ann Elisabeth/ Salisch, Maria von (Hg.)(1993): Zwischenmenschliche Beziehungen. Göttingen u.a.

Baacke, Dieter (1980): Kommunikation und Kompetenz. Grundlagen einer Didaktik der Kommunikation und ihrer Medien. (2.Aufl.) München

Baerns, Barbara (1991): Öffentlichkeitsarbeit oder Journalismus? Zum Einfluß im Mediensystem. (2. Aufl.) Köln

Baerns, Barbara (1989): Image und Alltag der Journalistin. Probleme und Befunde einer Untersuchung zum Berufsbild von Abiturientinnen, die Journalistin werden wollen. In: Voigt, Dieter (Hg.): Qualifikationsprozesse und Arbeitssituation von Frauen in der Bundesrepublik und der DDR. Schriftenreihe der Gesellschaft für Deutschlandforschung. Bd. 27. Berlin: 201-235

Bahrdt, Hans Paul (1987): Schlüsselbegriffe der Soziologie. Eine Einführung mit Lehrbeispielen. (3. Aufl.) München

Baldes, Ingrid (1984): Journalistin - ein Traumberuf? Zürich

Ballhausen, Anne/ Uta Brandes/ Marva Karrer/ Robert Schreiber: Zwischen traditionellem Engagement und neuem Selbstverständnis - weibliche Präsenz in der Öffentlichkeit. Eine empirische Untersuchung zur politischen und sozialen Partizipation von Frauen. Bielefeld

Baum, Achim (1994): Journalistisches Handeln. Eine kommunikationstheoretisch begründete Kritik der Journalismusforschung. Opladen

Baur, Elke (1978): Aus Benachteiligung wuchs Solidarität. Wächst sie? Frauengruppen in den Rundfunkanstalten. Die AKT im besonderen. In: medium 8.Jg. 1978/12: 24-27

Beasley, Maurine (1989): Newspapers. Is there a New Majority Defining the News? In: Creedon: 180-194

Becher, Vera/ Inge von Bönninghausen/ Ute Remus/ Karin Schwarz/ Ursula Wilhelm/ Rita Zimmermann (1981): Die Situation der Mitarbeiterinnen im WDR. Köln

Beck-Gernsheim, Elisabeth (1980): Das halbierte Leben. Männerwelt Beruf - Frauenwelt Familie. Frankfurt am Main

Beck-Gernsheim, Elisabeth (1976): Der geschlechtsspezifische Arbeitsmarkt. Zur Ideologie und Realität von Frauenberufen. Frankfurt am Main

Beck-Gernsheim, Elisabeth/ Ilona Ostner (1979): Mitmenschlichkeit als Beruf. Eine Analyse des Alltags in der Krankenpflege. Frankfurt am Main/ New York

Beck-Gernsheim, Elisabeth/ Ilona Ostner (1977): Der Gegensatz von Beruf und Hausarbeit als Konstitutionsbedingung weiblichen Arbeitsvermögens. Ein subjektbezogener Erklärungsansatz zur Problematik von „Frau und Beruf". In: Beck, Ulrich/ Michael Brater (Hg.): Die soziale Konstitution der Berufe. Materialien zu einer subjektbezogenen Theorie der Berufe. Frankfurt am Main/ New York: 25-53

Becker, Barbara von (1980): Berufssituation der Journalistin. Eine Untersuchung der Arbeitsbedingungen und Handlungsorientierungen von Redakteurinnen bei einer Tageszeitung. München

Becker-Schmidt, Regina (1987): Die doppelte Vergesellschaftung - die doppelte Unterdrückung: Besonderheiten der Frauenforschung in den Sozialwissenschaften. In: Unterkircher, Lilo/ Ina Wagner (Hg.): Die andere Hälfte der Gesellschaft. Soziologische Befunde zu geschlechtsspezifischen Formen der Lebensbewältigung. Wien: 10-25

Becker-Schmidt, Regina/ Gudrun-Axeli Knapp (1987): Geschlechtertrennung - Geschlechterdifferenz. Suchbewegung sozialen Lernens. Bonn 1987

Beer, Ursula (1990): Klasse, Struktur, Geschichte. Soziale Konstituierung des Geschlechterverhältnisses. Frankfurt am Main/ New York

Beer, Ursula (1989): Geschlechtliche Arbeitsteilung als Strukturelement von Gesellschaft - ein theoriepolitischer Kurzschluß der Frauenforschung? In: Müller, Ursula/ Hiltraud Schmidt-Waldherr (Hg.): FrauenSozialKunde. Wandel und Differenzierung von Lebensformen und Bewußtsein. Bielefeld: 298-316

Benhabib, Seyla/ Judith Butler/ Drucila Cornell/ Nancy Fraser (1993): Der Streit um Differenz. Feminismus und Postmoderne in der Gegenwart. Frankfurt am Main

Bernardoni, Claudia/ Vera Werner (Hg.)(1987): Ohne Seil und Haken. Frauen auf dem Weg nach oben. Deutsche UNESCO-Kommission, Bonn

Biester, Elke/ Brigitte Geißel/ Sabine Lang, Birgit Sauer/ Petra Schäfter, Brigitte Young (Hg.) (1992): Staat aus feministischer Sicht. Dokumentation des workshops der ad-hoc-Gruppe „Politik und Geschlecht" in der Deutschen Vereinigung für politische Wissenschaft (DVPW) anläßlich des 18. Wissenschaftlichen Kongresses der DVPW, Oktobre 1991

Blumschein, Christine (1981): Männer machen das Programm, Frauen helfen ihnen dabei. Initiativen und Aktivitäten der Frauen in den Rundfunkanstalten. In: medium, 11.Jg. 1981/8: 9-13

Böckelmann, Frank/ Claudia Mast/ Beate Schneider (Hg.) (1994): Journalismus in den neuen Ländern. Ein Berufsstand zwischen Aufbruch und Abwicklung. Konstanz

Böckelmann, Frank/ Walter A. Mahle (1994): Arbeitslosigkeit und Berufswechsel. In: Böckelmann: 19-141

Bönninghausen, Inge von (1992): Im Schatten der Scheinwerfer. Internationale Aktivitäten von Frauen für Frauen bei Hörfunk und Fernsehen. In: Fröhlich 1992a: 25-36

Bönninghausen, Inge von (1990): Der andere Blick oder Schielen nach der Gunst der Herrschenden. In: Mühlen-Achs, Gitta (Hg.): Bildersturm. Frauen in den Medien. München: 128-140

Bosetzky, Horst/ Peter Heinrich (1980): Mensch und Organisation. Köln/ Stuttgart/ u.a.

Bourdieu, Pierre (1987): Die feinen Unterschiede. Kritik der gesellschaftlichen Urteilskraft. Frankfurt am Main

Brackert, Gisela (1989): Der Deutsche Journalistinnenbund. In: Feministische Studien 1989/2: 146-147

Brandstätter, Hermann (1993): Persönliche Verhaltens- und Leistungsbedingungen. In: Schuler, Heinz (Hg.) (Mithg. Brandstätter/ Walter Bungard/ Siegfried Greif/ Eberhard Ulich/ Bernhard Wilpert): Lehrbuch Organisationspsychologie. Bern/ Göttingen/ Toronto/ Seattle: 213-233

Braszeit, Anne/ Ursula Müller/ Gudrun Richter-Witzgall/ Martina Stackelbeck (1989): Einstellungsverhalten von Arbeitgebern und Beschäftigungschancen von Frauen (Hg.: Der Bundesminister für Arbeit und Sozialordnung) Bonn

Breed, Warren (1973): Soziale Kontrolle in der Redaktion: eine funktionale Analyse. 1955. Nachdruck in: Aufermann et al.: 356-378

Brinkmann, Annette/ Andreas Joh. Wiesand (1995): Frauen in Hörfunk und TV. In: Medien-Journal 1995/2: 29-35

Bruckner, Elke/ Karin Knaup (1990): Frauen-Beziehungen - Männer-Beziehungen? Eine Untersuchung über geschlechtsspezifische Unterschiede in sozialen Netzwerken. In: Müller, Walter et al.: 43-62

Bruijn, Jeanne de/ Eva Cyba (Hg.)(1994): Gender and Organizations - Changing Perspectives. Theoretical Considerations and Empirical Findings. Amsterdam

Brumlop Eva/ Friederike Maier (Hg.)(1995): Geschlechterpolitik in Organisationen. Sozialwissenschaftliche Arbeitsmarktforschung. Arbeitspapiere. 1994/4 Gelsenkirchen

Büchner, Karin (1993): Handbuch Frauen-Netzwerke. Wer sie sind - wie sie wirken - wo sie zu finden sind. Düsseldorf/ Wien

Bürger, Britta (1986): Konzeptionen eines frauenpolitischen Magazins im Hörfunk am Beispiel des Sender Freies Berlin: Zeitpunkte. Berlin (unv. Magisterarbeit)

Bundesministerium für Familie, Senioren, Frauen und Jugend (BMfFSFJ)(Hg.)(1998): Frauen in der Bundesrepublik Deutschland. Bonn

Burrell, Gibson (1991): Sexualität und Organisationsanalyse. In: Krell/Osterloh: 122-147

Butler, Judith (1991): Das Unbehagen der Geschlechter. Frankfurt am Main

Clemens, Bärbel/ Sigrid Metz-Göckel/ Aylâ Neusel/ Barbara Port (Hg.)(1986): Töchter der Alma Mater. Frauen in der Berufs- und Hochschulforschung. Frankfurt am Main/ New York

Cockburn, Cynthia (1993): Blockierte Frauenwege. Wie Männer Gleichheit in Institutionen und Betrieben verweigern. Hamburg/ Berlin

Cockburn, Cynthia (1988): Die Herrschaftsmaschine. Geschlechterverhältnis und technisches Know How. Hamburg/ Berlin

Corboud, Adrienne (1988): Zur Berufssituation der Schweizer Journalistinnen. In: Bosshart, Louis (Hg.): Frauen und Massenmedien. Eine Bestandsaufnahme. Aarau/ Frankfurt am Main/ Salzburg: 1-29

Corboud, Adrienne/ Michael Schanne (1987): Sehr gebildet und ein bißchen diskriminiert. In: Publizistik 32.Jg. 1987/3: 295-304

Creedon, Pamela (Hg.) (1989): Women in Mass Communication. Chnanging Gender Values. Newbury Park

Dackweiler, Regina (1995): Ausgegrenzt und eingemeindet. Die neue Frauenbewegung im Blick der Sozialwissenschaften. Münster

Deutscher Frauenrat (Hg.) (1991): Handbuch Deutscher Frauenorganisationen. (6. erweiterte und überarbeitete Aufl.) Bochum

Dick, Ulla (1994): Netzwerke und Berufsverbände für Frauen. Ein Handbuch. Reinbek bei Hamburg

Diewald, Martin (1991): Soziale Beziehungen: Verlust oder Liberalisierung? Soziale Unterstützung in informellen Netzwerken. Berlin

Donsbach, Wolfgang (1982): Legitimationsprobleme des Journalismus. Gesellschaftliche Rolle der Massenmedien und berufliche Einstellung von Journalisten. Freiburg/ München

Draht, Jochen (1977): Die Rundfunkjournalistin. Motivation und Berufswirklichkeit. In: Freise/ Draht: 141-242

Dygutsch-Lorenz, Ilse (1973): Journalisten und Rundfunk. Empirische Kommunikationsforschung am Beispiel einer Rundfunkanstalt. Düsseldorf

Dygutsch-Lorenz, Ilse (1971): Die Rundfunkanstalt als Organisationsproblem. Ausgewählte Organisationseinheiten in Beschreibung und Analyse. Düsseldorf

Eichinger, Margarete (1975): Redaktion und Umwelt. Die Redaktion „Aktueller Dienst" des ORF-Fernsehens und ihre Beziehungen zu sechs ausgewählten Umweltbereichen. Salzburg

Engelmann, Peter (Hg.)(1990): Postmoderne und Dekonstruktion. Texte französischer Philosophen der Gegenwart. Stuttgart

epd (1988): IG Druck gegen Gründung des „Journalistinnenbundes". In: Der Tagesspiegel v. 5.3.1988: 31

Erbring, Lutz (Hg.)(1995): Kommunikationsraum Europa. Konstanz

Fabris, Hans Heinz (1979): Journalismus und bürgernahe Medienarbeit. Formen und Bedingungen der Teilhabe an gesellschaftlicher Kommunikation. Salzburg

Ferguson, Kathy E. (1985): Bürokratie und öffentliches Leben. Die Feminisierung des Gemeinwesens. In: Diamond, Stanley/ Wolf-Dieter Narr/ Rolf Homann (Hg.): Bürokratie als Schicksal? Leviathan, Sonderheft 6: 54-75

Ferguson, Kathy E. (1984): The Feminist Case Against Bureaucracy. Philadelphia

Fischer, Wolfram/ Martin Kohli (1987): Biographieforschung. In: Voges, Wolfgang (Hg.): Methoden der Biographie- und Lebenslaufforschung. Opladen: 25-49

Fix, Oliver (1988): Organisation des Rundfunks. Wiesbaden

Flick, Uwe/ Ernst von Kardoff/ Heiner Keupp/ Lutz von Rosenstiel/ Stephan Wolff (Hg.)(1991): Handbuch Qualitative Sozialforschung. Grundlagen, Konzepte, Methoden und Anwendungen. München

Freise, Heinrich (1977): Das Bild der Journalistin in der Kommunikatororganisation Rundfunkanstalt. In: Freise/ Draht: 13-137

Freise, Heinrich/ Jochen Draht (1977): Die Rundfunkjournalistin. Das Bild der Journalistin in der Kommunikatororganisation Rundfunkanstalt. Motivation und Berufswirklichkeit. Berlin

Frevert, Ute (1979): Vom Klavier zur Schreibmaschine - Weiblicher Arbeitsmarkt und Rollenzuweisungen am Beispiel der weiblichen Angestellten in der Weimarer Republik. In: Kuhn, Anette/ Gerhard Schneider (Hg.): Frauen in der Geschichte. Bd.1. Düsseldorf: 82-112

Fröhlich, Romy (1995): Ausbildung für Kommunikationsberufe. In: Fröhlich/ Holtz-Bacha (1995b): 92-135

Fröhlich, Romy (Hg.) (1992a): Der andere Blick. Aktuelles zur Massenkommunikation aus weiblicher Sicht. Bochum

Fröhlich, Romy (1992b): Gender switch. Zur Feminisierung der Kommunikationsberufe in den USA und Deutschland. In: medium 22.Jg. 1992/1: 70-73

Fröhlich, Romy/ Christina Holtz-Bacha (1995a): Geschlossene Gesellschaft? Zwischen Majorität und Minorität - Frauen in der Publizistik. Bochum

Fröhlich, Romy/ Christina Holtz-Bacha (unter Mitarbeit von Jutta Velte) (1995b): Frauen und Medien. Eine Synopse der deutschen Forschung. Opladen

Fürst, Birgit (1989): Absolventinnen der Deutschen Journalistenschule. Ergebnisse einer Befragung zum Berufsweg von Frauen im Journalismus. In: Publizistik 34.Jg. 1989/1-2: 146-151

Gallagher, Margaret (1990): Women and Men in Broadcasting. Prospects for Equality in the 90s. A Summary. (Commission of the European Communities - Steering Committee for Equal Opportunities in Broadcasting) Athen 7.-10.11.1990

Gerhard, Ute (1995): Sozialwissenschaftliche Frauenforschung: Perspektivenwechsel und theoretische Diskurse. In: Schäfers, Bernhard (Hg.): Soziologie in Deutschland. Entwicklung - Institutionalisierung und Berufsfelder - Theoretische Kontroversen. Opladen: 199-212

Giddens, Anthony (1988): Die Konstitution der Gesellschaft. Grundzüge einer Theorie der Strukturierung. Mit einer Einf. v. Hans Joas. Frankfurt am Main/ New York

Gildemeister, Regine (1992): Die soziale Konstruktion von Geschlechtlichkeit. In: Ostner, Ilona/ Klaus Lichtblau (Hg.)(1992): Feministische Vernunftkritik. Ansätze und Traditionen. Frankfurt am Main/ New York: 220-239

Gildemeister, Regine/ Angelika Wetterer (1992): Wie Geschlechter gemacht werden. Die soziale Konstruktion von Zweigeschlechtlichkeit und ihre Reifizierung in der Frauenforschung. In: Knapp/Wetterer (Hg.): 201-254

Gottschall, Karin (1990a): Vom ‚weiblichen Arbeitsvermögen‘ zur ‚doppelten Vergesellschaftung‘ - Zur Rezeption und Kritik eines für die Frauenforschung zentralen Paradigmas. In: Autorinnengemeinschaft des Arbeitskreises Sozialwissenschaftliche Arbeitsmarktforschung (SAMF): Erklärungsansätze zur geschlechtsspezifischen Strukturierung des Arbeitsmarktes. Paderborn: 40-53

Gottschall, Karin (1990b): Frauenarbeit und Bürorationalisierung. Zur Entstehung geschlechtsspezifischer Trennungslinien in großbetrieblichen Verwaltungen. Frankfurt am Main/ New York

Grabbe-Egloff, Ilka (1987): Handlungstheorie. In: Grubitzsch, Siegfried/ Günter Rexelius (Hg.): Psychologische Grundbegriffe. Reinbek: 433-443

Gruber, Thomas (1975): Die Übernahme der journalistischen Berufsrolle. Eine sozialwissenschaftliche Analyse. Nürnberg

Hagemann-White, Carol (1993): Die Konstrukteure des Geschlechts auf frischer Tat ertappen? Methodische Konsequenzen einer theoretischen Einsicht. In: Feministische Studien 11.Jg. 1993/2: 68-78

Hagemann-White, Carol (1984): Sozialisation: weiblich - männlich. Opladen

Hausen, Karin (Hg.) (1993): Geschlechterhierarchie und Arbeitsteilung: zur Geschichte ungleicher Erwerbschancen von Männern und Frauen. Göttingen

Hausen, Karin (1993): Einleitung. In: Hausen (Hg.): 7-16

Hausen, Karin/ Gertraude Krell (Hg.)(1993): Frauenerwerbsarbeit: Forschungen zu Geschichte und Gegenwart. München/ Mering

Heckhausen, Heinz (1989): Motivation und Handeln. (2. völlig überarb. u. erg. Aufl.) Berlin/ Heidelberg/ New York u.a.

Hearn, Jeff/ Deborah L. Sheppard/ Peta Tancred-Sheriff/ Gibson Burrell (Hg.)(1989): The Sexuality of Organization. London/ Newbury Park/ New Delhi

Hearn, Jeff/ Wendy Parkin (1983): Gender and Organizations: A Selective Review and a Critique of a Neglected Area. In: Organization Studies 1983/4: 219-242

Hennen, Manfred (1990): Soziale Motivation und paradoxe Handlungsfolgen. Opladen

Hienzsch, Ulrich (1990): Journalismus als Restgröße. Redaktionelle Rationalisierung und publizistischer Leistungsverlust. Wiesbaden

Hirschauer, Stefan (1993): Dekonstruktion und Rekonstruktion. Plädoyer für die Erforschung des Bekannten. In: Feministische Studien 11.Jg 1993/2: 55-67

Hirschauer, Stefan (1992): Konstruktivismus und Essentialismus. Zur Soziologie des Geschlechtsunterschieds und der Homosexualität. In: Zeitschrift für Sexualforschung 5.Jg. 1992: 331-345

Hirschauer, Stefan (1989): Die interaktive Konstruktion von Geschlechtszugehörigkeit. In: Zeitschrift für Soziologie. 18.Jg. 1989: 100-118

Hofer, Arthur (1976): Unterhaltung im Hörfunk. Ein Beitrag zum Herstellungsprozeß publizistischer Aussagen. Erlangen-Nürnberg

Hoff, Ernst (1985): Datenerhebung als Kommunikation: Intensivbefragung mit zwei Interviewern. In: Jüttemann, Gerd (1985): Qualitative Forschung in der Psychologie: Grundlagen, Verfahrensweisen, Anwendungsfelder. Weinheim/ Basel: 161-185

Hoff, Ernst/ Lothar Lappe/ Wolfgang Lempert (1983): Methoden zur Untersuchung der Sozialisation junger Facharbeiter. Berlin

Hohn, Ilse (1985): Frauengruppen in den Rundfunkanstalten: Initiativen und Strategien gegen von Männern dominierte Arbeitsstrukturen und Programme. Eine Untersuchung der Arbeitssituation der Rundfunkmitarbeiterinnen und ihrer betrieblichen Interessenvertretung. Berlin (unv. Magisterarbeit)

Holtz-Bacha, Christina (1995): Maßnahmen zur Gleichstellung von Frauen und Männern in den Medien. In: Fröhlich/ Holtz-Bacha (1995b): 41-91

Holtz-Bacha, Christina (1990): Wenn Frauen den Journalismus erobern oder: Was bringt die Quotierung? In: Media Perspektiven 1990/8: 497-503

Holzbecher, Monika/ Anne Braszeit/ Ursula Müller/ Sibylle Plogstedt (1990): Sexuelle Belästigung am Arbeitsplatz. Stuttgart/ Berlin/ Köln

Hopf, Christel (1991): Qualitative Interviews in der Sozialforschung. Ein Überblick. In: Flick et al.: 177-182

Hopf, Christel (1984): Einleitung. In: Hopf, Christel/ Elmar Weingarten (Hg.): Qualitative Sozialforschung. (2.Aufl.) Stuttgart

International Federation of Journalists (IFJ) Prepared by Kate Holman (Hg.) (1992): Women in the News. International Survey of Women's Rights in Journalism. Brüssel

Itzin, Catherine/ Janet Newman (Hg.)(1995): Gender, Culture and Organizational Change. London

Joas, Hans (1992): Die Kreativität des Handelns. Frankfurt am Main

Johnstone, John, W.C./ Edward J. Slawski/ William W. Bowman (1976): The News People. A Sociological Portrait of American Journalists and Their Work. Urbana Illinois

Jüngling, Christiane (1991): Geschlechterpolitik in Organisationen. Machtspiele um Chancengleichheit bei ungleichen Bedingungen und männlichen Spielregeln. In: Krell/Osterloh: 173-205

Kanter, Rosabeth Moss (1977a): Men and Women of the Corporation. New York

Kanter, Rosabeth Moss (1977b): Some Effects of Proportions on Group Life: Skewed Sex Ratios and Responses to Token Women. In: American Journal of Sociology. Vol. 82 1977: 965-990

Kardoff, Ernst von (1991): Soziale Netzwerke. In: Flick et al.: 402-405

Keil, Susanne (1996): Frauen in Führungspositionen im öffentlich-rechtlichen Rundfunk. Handlungsspielraum zwischen Politik, Ökonomie und Organisation. In: Mast: 375-392

Keil, Susanne (1992): Gibt es einen weiblichen Journalismus? In: Fröhlich (1992a): 37-54
Klaus, Elisabeth (1998): Kommunikationswissenschaftliche Geschlechterforschung. Zur Bedeutung der Frauen in den Massenmedien und im Journalismus. Opladen/ Wiesbaden
Klaus, Elisabeth (1995a): Massenmedien in Umbruchphasen: Eine Chance für Frauen? In: Erbring: 419-435
Klaus, Elisabeth (mit Sylke Lorenz, Kerstin Mahnke und Michaela Töpfer) (1995b): Zum Umbruch, Schätzchen. Lesbische Journalistinnen erzählen. Pfaffenweiler
Klaus Lissy/ Angelika Engler/ Alexa Godbersen/ Annette Lehmann/ Anja Meyer (Hg.)(1993): „Wir waren ja die Trümmerfrauen in diesem Beruf". Medienfrauen der ersten Stunde. Dortmund
Knapp, Gudrun-Axeli (1993): Segregation in Bewegung: Einige Überlegungen zum „Gendering" von Arbeit und Arbeitsvermögen. In: Hausen/Krell: 25-46
Knapp, Gudrun-Axeli (1992a): Macht und Geschlecht. Neuere Entwicklungen in der feministischen Macht- und Herrschaftsdiskussion. In: Knapp/Wetterer: 287-325
Knapp, Gudrun-Axeli (1992b): Neuere Entwicklungen in der feministischen Machtdiskussion. In: Biester et al.: 19-36
Knapp, Gudrun-Axeli (1988): Die vergessene Differenz. In: Feministische Studien 6.Jg. 1988/1:12-31
Knapp, Gudrun-Axeli (1987): Arbeitsteilung und Sozialisation: Konstellationen von Arbeitsvermögen und Arbeitskraft im Lebenszusammenhang von Frauen. In: Beer, Ursula (Hg.): Klasse Geschlecht. Feministische Gesellschaftsanalyse und Wissenschaftskritik. Bielefeld: 236-273
Knapp, Gudrun-Axeli/ Angelika Wetterer (Hg.)(1992): TraditionenBrüche. Entwicklungen feministischer Theorie. Freiburg (Breisgau)
Knights, David (1997): Organization Theory in the Age of Deconstruction: Dualism, Gender and Postmodernism Revisited. In: Organization Studies 18.Jg. 1997/1: 1-19
Köcher, Renate (1985): Spürhund und Missionar. Eine vergleichende Untersuchung über Berufsethik und Aufgabenverständnis britischer und deutscher Journalisten. Allensbach
Krebsbach-Gnath, Camilla: Netzwerke. In: Lissner, Annliese/ Rita Süßmuth/ Karin Walter (Hg.) (1988): Frauenlexikon. Wirklichkeiten und Wünsche Von Frauen. Freiburg/ Basel/ Wien
Kreisky, Eva (1995): Der Stoff, aus dem die Staaten sind. Zur männerbündischen Fundierung politischer Ordnung. In: Becker-Schmidt, Regina/ Gudrun-Axeli Knapp (Hg.): Das Geschlechterverhältnis als Gegenstand der Sozialwissenschaften. Frankfurt am Main/ New York: 85-124
Kreisky, Eva (1992): Der Staat als „Männerbund". Der Versuch einer feministischen Staatssicht. In: Biester et al.: 53-62
Kreisky, Eva (1988): Bürokratie und Frauen. In: Österreichische Zeitschrift für Politikwissenschaft. 7.Jg. 1988/1: 91-102
Krell, Gertraude/ Margit Osterloh (Hg.)(1991): Personalpolitik aus der Sicht der Frauen - Frauen aus der Sicht der Personalpolitik. Was kann die Personalforschung von der Frauenforschung lernen? München/ Mehring
Kruse, Lenelis/ Annette Niederfranke/ Ute Hartmann (1991): Frauen in Führungspositionen. Gutachten für die Enquéte-Kommission „Zukünftige Bildungspolitik - Bildung 2000" des 11. Deutschen Bundestags. Bonn
Kuhlmann, Ellen (1996): Gegen die sexuelle Belästigung am Arbeitsplatz. Juristische Praxis und Handlungsperspektiven. Opladen
Kunczik, Michael (1988): Journalismus als Beruf. Köln/ Wien
Lafky, Sue A. (1991): Women Journalists. In: Weaver/Wilhoit (1991): 160-181
Lafky, Sue (1989): Economic Equity and the Journalistic Work Force. In: Creedon: 164-179

Lamnek, Siegfried (1995a): Qualitative Sozialforschung. Bd.1. Methodologie. (3., korrigierte Aufl.) Weinheim

Lamnek, Siegfried (1995b): Qualitative Sozialforschung. Bd.2. Methoden und Techniken. (3., korrigierte Aufl.) Weinheim

Lenk, Hans (Hg.)(1977-1984): Handlungsdisziplinen interdisziplinär. Bd.1; 2,1; 2,2; 3,1; 3,2; 4. München

Lenk, Hans (1980): Vorwort des Herausgebers zum Gesamtwerk. In: Lenk (1980) Bd.1: 9-14

Lindemann, Gesa (1992): Zur sozialen Konstruktion der Geschlechtszugehörigkeit. In: Pfäfflin, demann/ Astrid Junge: Geschlechtsumwandlung: Abhandlungen zur Transsexualität. Stuttgart/ New York: 95-102

Luckmann, Thomas (1992): Theorie des sozialen Handelns. Berlin/ New York

Lorber, Judith/ Susan A. Farrell (Hg.)(1991): The Social Construction of Gender. New Park/ London/ New Delhi

Lünenborg, Margret (1997): Journalistinnen in Europa. Eine international vergleichende Analyse zum Gendering im sozialen System Journalismus. Opladen

Lünenborg, Margret (1990): Weibliche Identität und feministische Medienöffentlichkeit. Eine Oral-History-Studie mit Journalistinnen in feministischen Medien und Redaktionen. Dortmund (Diplomarbeit)

Mahle, Walter A. (Hg.)(1993): Journalisten in Deutschland. Nationale und internationale Vergleiche und Perspektiven. München: 89-106

Mahle, Walter A./ Frank Böckelmann (1994): I. Arbeitslosigkeit und Berufswechsel. In: Böckelmann et al.: 17-141

Marchal, Peter (1994): Frauen in Fernsehberufen - oder: Statistik als Politik. Analysen aus organisations- und berufssoziologischer Sicht. In: Wermke: 235-285

Mast, Claudia (Hg.) (1996): Markt - Macht - Medien. Publizistik im Spannungsfeld zwischen gesellschaftlicher Verantwortung und ökonomischen Zielen. Konstanz

Mayer, Susanne (1983): Ohne lenkende Männerhand. Redakteurinnen der „taz" versuchen ein Stück Utopie. In: Die Zeit v. 25.2.1983:62

Mayring, Philipp (1990): Einführung in die qualitative Sozialforschung. Eine Anleitung zu qualitativem Denken. München

Mayring, Philipp (1988): Qualitative Inhaltsanalyse. Grundlagen und Techniken. Weinheim

Mead, Margaret (1974): Jugend und Sexualität in primitiven Gesellschaften. Geschlecht und Temperament in drei primitiven Gesellschaften Bd. 3. (3. Auflage) München

Merten, Klaus/ Siegfried J. Schmidt/ Siegfried Weischenberg (Hg.): Die Wirklichkeit der Medien. Eine Einführung in die Kommunikationswissenschaft. Opladen

Mills, Albert (1988): Organization, Gender and Culture. In: Organization Studies 9.Jg. 1988/3: 351-369

Mills, Albert/ Peter Tancred (1983): Gendering Organisational Analysis. London

Modelmog, Ilse (1991): Macht und Phantaise. Zur Décollage von struktureller Herrschaft und Geschlechtszirkel. In: Krell/Osterloh: 409-426

Mühlfeld, Claus/ Paul Windolf/ Norbert Lampert/ Heidi Krüger (1981): Auswertungsprobleme offener Interviews. In: Soziale Welt. Zeitschrift für sozialwissenschaftliche Forschung und Praxis.32.Jg 1981/1: 325-352

Müller, Walter/ Peter Ph. Mohler/ Barbara Erbslöh/ Martina Wasmer (1990)(Hg.): Blickpunkt Gesellschaft. Einstellungen und Verhalten der Bundesbürger. Opladen

Müller, Ursula (1993): Sexualität, Organisation und Kontrolle. In: Aulenbacher, Brigitte/ Monika Goldmann (Hg.): Transformationen im Geschlechterverhältnis. Beiträge zur industriellen und gesellschaftlichen Entwicklung. Frankfurt am Main/ New York, S. 97- 114

Mühlen-Achs, Gitta (1987): Unbeschreiblich weiblich? In: Psychologie heute special: Frauen, war das wirklich alles? Weinheim: 38-46

Neidhardt, Friedhelm (1979): Das innere System sozialer Gruppen. In: Kölner Zeitschrift für Soziologie und Sozialpsychologie. 31. Jg. 1979: 639-660

Neuberger, Oswald (1993): Beziehungen zwischen Kolleg(inn)en. In: Auhagen, Ann Elisabeth/ Maria von Salisch (Hg.): Zwischenmenschliche Beziehungen. Göttingen: 257-278

Neuberger, Oswald (1989): Organisationstheorien. In: Roth, Erwin (unter Mitarbeit von Heinz Schuler und Ansfried B. Weinert) (Hg.)(1989): Organisationspsychologie. Enzyklopädie der Psychologie. D III. Bd.3. Göttingen: 205-250

Neujahr-Schwachulla, Gaby/ Sibylle Bauer (1993): Führungsfrauen. Anforderungen und Chancen in der Wirtschaft. Stuttgart

Neverla, Irene (1994): Männerwelten - Frauenwelten. Wirklichkeitsmodelle, Geschlechterrollen, Chancenverteilung. In: Merten et al.: 257-276

Neverla, Irene (1986a): Balanceakt zwischen Angleichung und Abweichung im Journalismus. Aspekte beruflicher Sozialisation von Journalistinnen. In: Publizistik 31.Jg. 1986/1-2: 129-137

Neverla, Irene (1986b): Öffentlichkeit und Massenmedien. Von Menschen und Frauen. In: Bagdadi, Nadia/ Irene Bazinger (Hg.): Ewig lockt das Weib? Bestandsaufnahme und Perspektiven feministischer Theorie und Praxis. Weingarten: 213-223

Neverla, Irene (1983): Arbeitsmarktsegmentation im journalistischen Beruf. In: Publizistik 28.Jg. 1983/2: 343-362

Neverla, Irene/ Gerda Kanzleiter (1984): Journalistinnen. Frauen in einem Männerberuf. Frankfurt am Main/New York

Ortner, S./ H. Whitehead (1981): Sexual Meanings. The cultural construction of gender and sexuality. Cambridge

Osterloh, Margit (1983): Handlungsspielräume und Informationsverarbeitung. Bern/ Stuttgart/ Wien

Ostner, Ilona (1991): Zum letzten Male: Anmerkungen zum „weiblichen Arbeitsvermögen". In: Krell/ Osterloh: 107-121

Ostner, Ilona (1978): Beruf und Hausarbeit. Die Arbeit der Frau in unserer Gesellschaft. Frankfurt am Main

Pater, Monika (1994): Die Zukunft des Journalismus - Chancen für Frauen? In: Weischenberg, Siegfried/ Klaus-Dieter Altmeppen/ Martin Löffelholz, unter Mitarbeit von Monika Pater: Die Zukunft des Journalismus. Technologische, ökonomische und redaktionelle Trends. Opladen: 183-205

Penrose; Virginia/ Clarissa Rudolph (Hg.)(1996): Zwischen Machtkritik und Machtgewinn. Feministische Konzepte und politische Realität. Frankfurt am Main/ New York

Pomata, Gianna (1983): Die Geschichte der Frauen zwischen Anthropologie und Biologie. In: Feministische Studien 2 S. 113 - 127

Pringle, Rosemary (1989): Bureaucracy, Rationality and Sexuality: The Case of Secretaries. In: Hearn et al.: 158-177

Pringle, Rosemary (1988): Secretaries Talk. Sexuality, Power and Work. London

Prokop; Ulrike (1976): Weiblicher Lebenszusammenhang. Von der Beschränktheit der Strategien und der Unangemessenheit der Wünsche. Frankfurt am Main

Pukke, Antje-Susan (1993): Mehr Erfolg für Frauen. München

Rakow, Lana F. (1989): A Bridge to the Future. Re-Visioning Gender in Communication. In: Cree-dom: 299 - 312

Rakow, Lana F. (1986): Rethinking Gender Research in Communication. In: Journal of Communi-cation 1986: 11-26

Ramsay Karen/ Martin Parker (1992): Gender, Bureaucracy and Organizationals Culture. In: Sa-vage/ Witz: 253-277

Rastetter, Daniela (1994): Sexualität und Herrschaft in Organisationen. Eine geschlechterver-gleichende Analyse. Opladen

Reinhard, Ute (1988): Sie ist der Boß. Karriere-Frauen berichten. München

Reuband, Karl-Heinz (1990): Krisenerfahrungen und Bewältigungsstrategien: Das Depressionserle-ben und die Bedeutung sozialer Unterstützungsnetzwerke. In: Müller, Walter et al.: 17-42

Riegraf, Birgit (1996): Geschlecht und Mikropolitik. Das Beispiel betrieblicher Gleichstellung. Opladen

Robinson, Gertrude J. (1973): Fünfundzwanzig Jahre „Gatekeeper"-Forschung: eine kritische Rückschau und Bewertung. In: Aufermann et al.: 344-355

Rosenbauer, Hansjürgen (1992): Modell Brandenburg. Zur Entstehungsgeschichte des ORB. In: ARD-Jahrbuch 1992, 24.Jg.: 33-41

Rückel, Roland R. (1975): Lokalredakteure. Eine vergleichende Rollenanalyse. Opladen

Rühl, Manfred (1989): Organisatorischer Journalismus. Tendenzen der Redaktionsforschung. In: Massenkommunikation. Kölner Zeitschrift für Soziologie und Sozialpsychologie, Sonderheft 30: 253-269

Rühl, Manfred (1979): Die Zeitungsredaktion als organisiertes soziales System. Bd. 14 der Reihe des Instituts für Journalistik und Kommunikationswissenschaft der Universität Freiburg. (über-arbeitete und erweiterte 2. Aufl.) Freiburg, Schweiz

Sandner, Karl (1990): Prozesse der Macht. Zur Entstehung, Stabilisierung und Veränderung der Macht von Akteuren in Unternehmen. Berlin/ Heidelberg

Savage, Mike/ Anne Witz (Hg.)(1992): Gender and Bureaucracy. Oxford

Schäfers, Bernhard (1995): Die Grundlagen des Handelns: Sinn, Normen, Werte. In: Korte, Hermann/ Bernhard Schäfers (Hg.): Einführung in Hauptbegriffe der Soziologie. (3. verb. Aufl.) Opladen: 17-34

Schenk, Michael (1983): Das Konzept des sozialen Netzwerkes. In: Gruppensoziologie. Perspek-tiven und Materialien. Kölner Zeitschrift für Soziologie und Sozialpsychologie, Sonderheft 25: 88-104

Scheu, Ursula (1977): Wir werden nicht als Mädchen geboren - wir werden dazu gemacht. Zur frühkindlichen Erziehung in unserer Gesellschaft. Frankfurt am Main

Schneider, Beate/ Klaus Schönbach/ Dieter Stürzebecher (1994): Ergebnisse einer Repräsentativbe-fragung zur Struktur, sozialen Lage und zu den Einstellungen von Journalisten in den neuen Bundesländern, In: Böckelmann et al.: 143-230

Schneider, Beate/ Klaus Schönbach/ Dieter Stürzebecher (1993a): Westdeutsche Journalisten im Vergleich: jung, professionell und mit Spaß an der Arbeit. In: Publizistik 38.Jg. 1993/1: 5-30

Schneider, Beate/ Klaus Schönbach/ Dieter Stürzebecher (1993b): Journalisten im vereinigten Deutschland. Strukturen, Arbeitsweisen und Einstellungen im Ost-West-Vergleich. In: Publizi-stik 38.Jg. 1993/3: 353-382

Schneider, Wolfgang Ludwig (1994): Die Beobachtung von Kommunikation. Zur kommunikativen Konstruktion sozialen Handelns. Opladen

Schönbach, Klaus/ Dieter Stürzebecher/ Beate Schneider (1994): Oberlehrer oder Missionar? Das Selbstverständnis deutscher Journalisten. In: Neidhardt, Friedhelm: Öffentlichkeit, öffentliche Meinung, soziale Bewegungen. Kölner Zeitschrift für Soziologie und Sozialpsychologie, Sonderheft 34: 139-161

Schulz, Rüdiger (1974): Entscheidungsstrukturen der Redaktionsarbeit. Eine vergleichende empirische Analyse des redaktionellen Entscheidungshandelns bei regionalen Abonnementszeitungen unter besonderer Berücksichtigung der Einflußbeziehungen zwischen Verleger und Redaktion. Mainz

Schulz, Ute (1993a): Karriereorientierung und Aufstiegsbedingungen. In: Schulz/Amend: 47-108

Schulz, Ute (1993b): Journalistinnen im Medienvergleich: Mal mehr, mal weniger benachteiligt? Ergebnisse einer Telefonbefragung. In: Publizistik 38.Jg. 1993/4: 542-556

Schulz, Ute/ Heike Amend (1993): Gebremste Karriere. Die berufliche Situation von Berliner Journalistinnen. Eine empirische Untersuchung. Berlin

Schumm-Garling, Ursula (1973): Organisationssoziologische Überlegungen zur Medienanalyse. In: Aufermann et al., S. 402 - 420

Segerman-Peck, Lily M. (1994): Frauen fördern Frauen. Netzwerke und Mentorinnen. Ein Leitfaden auf den Weg nach oben. Frankfurt am Main/ New York

Sofsky, Wofgang (1994): Koalition. In: Sofsky, Wofgang/ Rainer Paris: Figurationen sozialer Macht: Autorität, Stellvertretung, Koalition. Frankfurt am Main: 248-379

Smith, Conrad/ Eric S. Fredin/ Carrol Ann Ferguson Nardone (1989): Television. Sex Discrimination in the TV Newsroom - Perception and Reality. In: Creedon: 227-246

Spöhring, Walter (1989): Qualitative Sozialforschung. Stuttgart

Statistisches Bundesamt (Hg.)(1995): Statistisches Jahrbuch 1995. Wiesbaden

Steen, Uta van (1988): Macht war mir nie wichtig. Gespräche mit Journalistinnen. Frankfurt am Main

Treibel, Annette (1997): Einleitung: Von den Schwierigkeiten der Soziologie, die Gegenwartsgesellschaften zu untersuchen. In: Treibel, Annette (1997): Einführung in soziologische Theorien der Gegenwart. Opladen (4., verbesserte Aufl.): 9-18

Türk, Klaus (1992): Organisationssoziologie. In: Frese, Erich: Handwörterbuch der Organisation. (3. völlig neu gestaltete Auflage) Stuttgart: 1634-1648

Türk, Klaus (1989): Neuere Entwicklungen in der Organisationsforschung. Ein Trend-Report. Stuttgart

Tyrell, Hartmann (1983): Zwischen Interaktion und Organisation I: Gruppe als Systemtyp. In: Gruppensoziologie. Perspektiven und Materialien. Kölner Zeitschrift für Soziologie und Sozialpsychologie, Sonderheft 25: 75-87

Veith, Monika (1988): Frauenkarriere im Management. Einstiegsbarrieren und Diskriminierungsmechanismen. Frankfurt am Main/ New York

Völger, Gisela/ Karin von Welck (Hg.)(1990): Männerbande - Männerbünde. Zur Rolle des Mannes im Kulturvergleich. Mit einem einführenden Essay von René König. Bd. 1. Köln

Wankell, Susanne (1992): Risse in der Männerwelt. In: journalist 1992/2: 15-19

Weaver, David H./ G. Cleveland Wilhoit (1996): The American Journalist in the 1990s. U.S. News People at the End of an Era. Mahwah, New Jersey

Weaver, David H./ G. Cleveland Wilhoit (1991): The American Journalist. A Portrait of U.S. News People and Their Work. (2.Aufl.) Bloomington

Weber, Max (1972): Wirtschaft und Gesellschaft. Grundriß der verstehenden Soziologie. (5. revid. Auflage) Tübingen

Weischenberg, Siegfried (1994): Journalismus als soziales System. In: Merten et al.: 427-454
Weischenberg, Siegfried (1992): Journalistik. Theorie und Praxis aktueller Massenkommunikation. Band 1: Mediensysteme, Medienethik, Medieninstitutionen. Opladen
Weischenberg, Siegfried (1989): Der enttarnte Elefant. Journalismus in der Bundesrepublik - und die Forschung, die sich ihm widmet. In: Media Perspektiven 1989/4: 227-239
Weischenberg, Siegfried/ Martin Löffelholz/ Armin Scholl (1994a): Merkmale und Einstellungen von Journalisten. Journalismus in Deutschland II. In: Meide Perspektiven 1994/4: 154-167
Weischenberg, Siegfried/ Susanne Keuneke/ Martin Löffelholz/ Armin Scholl (1994b): Frauen im Journalismus. Gutachten über die Geschlechterverhältnisse bei den Medien in Deutschland. (Auftrag der IG Medien) Stuttgart
Weischenberg, Siegfried/ Martin Löffelholz/ Armin Scholl (1993): Journalismus in Deutschland. Design und erste Befunde der Kommunikatorstudie. In: Media Perpektiven 1993/1: 21 -33
Weiß, Hans-Jürgen (1994): Problem Repräsentativität: Journalismus - ein sperriges Berufsfeld. In: Sage & Schreibe 1994/2: 46
Welser, Ursula von (1978): Frauen im WDR. In: Aktion Klartext (Hg.): Frauen und Medien. Berichte, Kritik, Fragen, Vorschläge. Bielefeld: 10-28
Wermke, Jutta (Hg.)(1994): „Frauenberufe" im Fernsehen - Frauen in Fernsehberufen. Untersuchungen aus psychologischer, soziologischer, sprachkritischer und produktionsästhetischer Sicht. Weinheim
Werner, Vera/ Claudia Bernardoni (1987a): Die Bedeutung des beruflichen Aufstiegs von Frauen. (Studie zum Forschungsstand). In: Bernardoni/Werner: 17-87
Werner, Vera/ Claudia Bernardoni (1987b): Erfolg statt Karriere - Einstellungen erfolgsorientierter Frauen zum beruflichen Aufstieg (Interviewstudie). In: Bernardoni/Werner: 89-169
West, Candace/ Zimmermann, Don: Doing gender. In: Lorber/ Farrell: 162-179
Wetterer, Angelika (1993): Professionalisierung und Geschlechterhierarchie: Vom kollektiven Frauenausschluß zur Integration mit beschränkten Möglichkeiten. Kassel
Wetterer, Angelika (1992): Theoretische Konzepte zur Analyse der Marginalität von Frauen in hochqualifizierten Berufen. In: Wetterer (Hg.) S. 13 - 40
Wetterer, Angelika (Hg.)(1992): Profession und Geschlecht: Über die Marginalität von Frauen in hochqualifizierten Berufen. Frankfurt am Main/ New York
Wetterer, Angelika (1986): Was sagen subjektive Diskriminierungserfahrungen über die objektive Situation von Wissenschaftlerinnen aus? In: Clemens et al.: 273-286
Wiesand, Andreas Joh. (in Zusammenarbeit mit Karla Forbeck und Trixi Trommer) (1987): Frauen im Kultur- und Medienbetrieb. Datenerhebungen und zusammenfassender Bericht (Pilotstudie) des Zentrums für Kulturforschung für das Bundesministerium für Bildung und Wissenschaft. Bonn
Wirths, Sabine (1994): Freiberuflerinnen im Journalismus. Selbstverständnis, Arbeitsformen, Probleme und Strategien. Münster/ Hamburg
Witz, Anne/ Mike Savage (1992): The gender of organisations. In: Savage/ Witz: 3-62
Witzel, Andreas (1982): Verfahren der qualitativen Sozialforschung. Überblick und Alternativen. Frankfurt am Main/ New York
Woodward, Alison E. (1994): Gender and European Bureaucracy: Backlash or Backwater? unveröffentlichtes Manuskript für die Tagung: Backlash or New Horizons? Studying Genders and Gender Relations: re-focusing theory and research. Universität Bielefeld, 14.-16. Juli 1994
Zachmann, Karin (1993): Männer arbeiten, Frauen helfen. Geschlechtsspezifische Arbeitsteilung und Maschinisierung in der Textilindustrie des 19. Jahrhunderts. In: Hausen: 71-96

Ziegler, Rolf (1984): Norm, Sanktion, Rolle. Eine strukturale Rekonstruktion soziologischer Begriffe. In: Kölner Zeitschrift für Soziologie und Sozialpsychologie 1984/3: 433-463

Zoonen, Liesbet van (1995): Gender and the political Economy of Broadcasting in Western Europe. Or: The Feminization of European Television. In: Erbring: 470-476

Zoonen, Liesbet van (1994): Feminist Media Studies. London

Zurmühl, Sabine (1989): Überlegungen zum Selbstverständnis des Journalistinnenbundes. In: Feministische Studien 7.Jg. 1989/2: 147-150

Anhang

Auswahl des Untersuchungssamples

Die 30 Interviewten verteilen sich folgendermaßen auf die zur Auswahl zugrunde gelegten Kriterien:

Medium:

SFB (Sender Freies Berlin)	6
RIAS (Rundfunk im amerikanischen Sektor)	6
Hundert,6	1
Tagesspiegel	4
taz (die tageszeitung)	5
Berliner Morgenpost	4
B.Z.	2
Volksblatt Berlin	2

Ressort:

Politik/Nachrichten	9
Wirtschaft	2
Sport	1
Lokales	5
Frauen	2
Wissenschaft/Bildung	1
Kultur	5
Kinder/Jugend/Familie	1
Magazine/Zeitfunk	4

Karriereinteresse:

sehr stark	6
stark	8
weniger stark	12
kein Interesse	4

Diskriminierungserfahrungen im Berufsalltag:

ja	9
nein	21

Geschlechterverhältnis in Redaktion:

Ein-Frau-Redaktion	2
mehrere Frauen	1
1 Mann/mindestens 3 Frauen	3
50:50 (kleine Gruppe: bis 3 Personen)	2
50:50 (mittlere Gruppe: bis 9 Personen)	5
50:50 (große Gruppe: ab 10 Personen)	9
mindestens 2 Frauen/mehr als 6 Männer	4
1 Frau/mehr als 3 Männer	4

zusammengefaßt:

Frauen in der Überzahl	6
Fifty/Fifty	16
Männer in der Überzahl	8

Zusammenschluß Journalistinnen:

organisiert	4
nicht organisiert	26

Alter:

20-30 Jahre	7
31-40 Jahre	14
41-50 Jahre	8
über 50 Jahre	1

Lebenssituation:

hat ein Kind	6
hat zwei Kinder	1
will Kind	10
wegen Beruf auf Kind verzichtet	7
nicht wegen Beruf auf Kind verzichtet	3
weiß nicht/ keine Angabe	3

Leitfaden

1. **Bitte erzählen Sie, wie es dazu kam, daß Sie Journalistin wurden!**

2. **Wenn Sie sich in die Anfangszeit Ihrer journalistischen Berufstätigkeit zurückversetzen, wie haben Sie diese Zeit erlebt?**
   - Erfolgserlebnisse
   - Schwierigkeiten - Verarbeitungs- und Umgangsstrategien
   - Atmosphäre (Zusammenarbeit mit betreuenden oder ausbildenden Personen oder Kollegen
   - Vorstellungen (inhaltliche Ziele, politische Absichten, Ressort/Position)

3. **Können Sie bitte Ihren beruflichen Werdegang schildern?**
   - Ressort-/Medienwechsel - warum?
   - Wichtige Erfahrungen (Erfolgserlebnisse)
   - Schwierigkeiten
   - Verarbeitungs- und Handlungsstrategien
   - Förderung oder Behinderung in der beruflichen Laufbahn
   - Einflüsse für berufliche Entscheidungen (Jugend, Schule, Beruf) (Kollegen, Vorgesetzte) (berufliche/ Medienorganisations-Bedingungen)

4. **Und nun zu Ihrer jetzigen Berufssituation. Würden Sie uns bitte Ihre Tätigkeit beschreiben?**
   - Kollegen, Verteilung von Verantwortung
   - Arbeitsatmosphäre (Kooperation, Konkurrenz, Konflikte)
   - Zusammenschlüsse (z.b. Kantinen- oder Freizeitgruppen) - Freundschaften
   - Verhältnis zu Kollegen
   - Schwierigkeiten? Ursachen?
   - Umgangsstrategien - Handlungsstrategien
   - Verhaltensänderung bei beruflichen Kontakten herrufende Erlebnisse (Kollegen, Mitarbeitern, Außenkontakten)
   - (Insgesamt betrachtet, was gefällt Ihnen besonders in der Redaktion, was stört Sie?)

5. **Was macht für Sie eine gute Journalistin aus?**
   - Eigenschaften, Fähigkeiten, Arbeitsweise
   - Realisierungsmöglichkeiten dieser Vorstellungen (Grenzen? Strategien)
   - Unterschied zu denen von Kollegen/innen?
   - Veränderung der Vorstellungen? wodurch?
   - Vorbilder

6. Welche beruflichen Pläne haben Sie?
- Haben sich diese im Lauf der Zeit geändert? warum?
- Bewertung von Handlungsstrategien (Gründe, Möglichkeiten, Freiräume, Grenzen)
- Journalistinnengruppen, Kontakte zu Kolleginnen/Kollegen
- Handlungsentscheidungen
- Erwartungen (Schwierigkeiten, Unterstützung)
- Bedeutung des Geschlechts der Redaktionsmitglieder
- Bewertung und Beurteilung von Handlungsstrategien in bezug auf Geschlecht

7. Welche Bedeutung hat es für Sie, eine Frau in diesem Beruf zu sein? (Vorteile, Nachteile)
- Werden Ihnen als Frau bestimmte Erwartungen entgegengebracht?
- Geschlechtsspezifische Benachteiligung (typische Situationen, Erlebnisse)
- Bedeutung, Wirkung
- Ursache
- Verhalten
- Gespräche über geschlechtsspezifische Erfahrungen/ berufliche Probleme (mit wem? Wie intensiv? In welchem Rahmen?)
- Vorstellungen zu Wahrnehmungen und Erfahrungen anderer Journalistinnen
- Förderung von Frauen (tun Sie es?)

8. Zum Schluß noch ein paar Fragen zu Ihrem Elternhaus und zu Ihrer Jugend. Was meinen Sie, worauf haben Ihre Eltern bei Ihrer Erziehung besonderen Wert gelegt?
- Einfluß von Eltern auf berufliche Pläne (Bedeutung Mutter, Bedeutung Vater) (Berufstätigkeit der Eltern)
- Erfahrungen aus Jugend- oder Studienzeit mit Gruppen

9. Möchten Sie noch etwas ansprechen, das Ihnen wichtig ist, sei es im Beruf oder Vereinbarung Beruf/Privatleben?